哈佛魔法

從 Do Harvard 到 Do World 的哈佛人領袖性教育民族誌

Harvard Magic

袁汝儀 著

遠流

哈佛魔法　目錄

導讀

潘英海

　　《哈佛魔法》我是一口氣讀完的。除了文字流暢、概念清晰之外，最主要的有三個理由，一是《哈佛魔法》讓我看見「宇宙」、「旅人」、「旅程」的概念，二是《哈佛魔法》所顯示的民族誌魔法，三是透過《哈佛魔法》所揭露的美國價值。

《哈佛魔法》的宇宙、旅程與旅人

　　要閱讀《哈佛魔法》，應該要先瞭解一下七〇年代末的科幻電影《星際大戰》。我這麼說，是有原因的，因為我認為《星際大戰》是《哈佛魔法》書寫底層的美國喻涵架構（metaphor or metaphorical framework）。

　　我和袁汝儀是老朋友，八〇年代，她和她的先生與我都留學於美國奧勒岡大學，雙方家庭交好，經常分享彼此的想法。記得有一次，我們再一起聊天，剛好聊到科幻電影，袁汝儀興致勃勃地告訴我：「潘英海，你一定要去看《星際大戰》，帶著老婆小孩一起去看。」接著，在我的詢問之下，她娓娓說了許多要去看的理由。晃眼已是二十多年前的事了，當時的細節已不復記憶，但是，我永遠記得當時她提到《星際大戰》時的興奮神情。我們一家去看了，都很喜歡，之後便也成了《星際大戰》的影迷。《星際大戰》這部電影，是描寫一個遙遠銀河系中各種旅人的旅程，也包括為了維護和平正義

使命的絕地武士，穿梭於各種宇宙之間，與各種邪惡勢力鬥爭。

　　重點不在於去瞭解《星際大戰》，而在於《哈佛魔法》中四位旅人（約翰、黛君、茹絲、潔西卡）的旅程、他們的會合點（哈佛 AIE 機構）、以及揭露哈佛魔法的三個主要宇宙（明星宇宙、公司宇宙、聖戰宇宙），並藉此我們得以接近美國的宇宙觀、價值觀以及教育觀。我認為，如果要「閱讀」《哈佛魔法》，應該要先理解「宇宙」、「旅人」、「旅程」這幾個基本概念，這是具有理論性的「隱喻」。詮釋學大師保羅‧里柯（Paul Ricouer）認為「隱喻」是「文本」解讀的最重要關鍵。[1] 在「隱喻」與「文本」的辯證性過程中，借用人類學者葛茲（C. Geertz）的概念來說，讀者就可以深入瞭解作者的意圖，對「文本」進行「深層描述」（thick description）。[2]

《哈佛魔法》的民族誌魔法

　　解讀《哈佛魔法》，我想還要理解另一個魔法，那就是，民族誌工作者的魔法（ethnographer's magic）。

　　袁汝儀的藝術教育研究，一直採用人類學的長期田野工作研究法。這是她第四本以人類學田野工作研究法，蒐集教育民族誌的資料。第一本是在她進行博士論文研究的時候，當時是以台北市的龍山寺為田野地點，企圖瞭解在地的美學觀。[3] 第二本，是在一所小學裡進行的青少年次文化調查，[4] 第三本，她踏上歐洲，探索荷蘭的藝術師資教育與制度。[5] 第四本，就是這本

---

[1] Paul Ricoeur，1981，"Metaphor and the Central Problem of Hermeneutics "，*Hermeneutics and the Human Science*。Reprint。Cambridge University Press. pp. 165-181。

[2] 「深層描述」來自來是人類學者 C. Geertz 的理論。參見 Clifford Geertz，1973，"Thick Description "，*The Interpretation of Cultures*。New York: Basic Books. pp. 3-32。

[3] 參見 Yuan, J. I.，1986，"A Preliminary Study on the Emic Aesthetic Valuing of a Group of Taiwanese Temple Participants Concerning the Temple Art "。Unpublished Doctoral Dissertation. University of Oregon. Eugene, Oregon.

以美國的哈佛大學為田野地點，研究哈佛的碩士級藝術教育。四次的長期田野研究，一次比一次精彩，一次比一次老練。坦白地說，台灣的人類學者雖然有不少到異地研究的學者，但是還沒有像袁汝儀這樣，以歐美國家為田野地點，並進行長期研究者，我認為這點是特別值得肯定的！

人類學田野工作的奠基者馬凌諾斯基（B. Malinowski）曾以民族誌工作者的魔法說明民族誌的魔法效應。[6] 民族誌的魔法，是將田野工作者的異地體驗與瞭解，透過文字的敘述，帶領讀者穿梭於想像的時光隧道，進入陌生的異文化宇宙，開展異文化之旅。通常，民族誌的魔法只能讓我們體驗一個宇宙，但是《哈佛魔法》讓我們體驗哈佛大學的三個宇宙：公司宇宙、明星宇宙、聖戰宇宙。當我看完《哈佛魔法》的時候，我拍案叫絕，深有所感。

1996-1997 年我在國科會補助之下，以訪問教授的身份前往哈佛。我一到哈佛，最深的感觸是哈佛的人文與學術揉和著濃濃的資本主義氣息。記憶中，哈佛旗下擁有超過 460 家大大小小的公司，是全球最大的以營利發展非營利的組織。如果我們不從「公司」的角度來理解哈佛的經營，我想我們無法理解資本主義下的哈佛。《哈佛魔法》的重要貢獻之一，我認為，就是透過民族誌的書寫揭露哈佛的「公司宇宙」。

其次，《哈佛魔法》的民族誌書寫，揭露了哈佛亮麗的「明星宇宙」。哈佛大學網羅了數不盡的諾貝爾獎的主，數不盡的各領域名師。哈佛，不僅只是一種學術品牌，更是學術界的好萊塢。哈佛的「領袖性」教育培育哈佛人特殊的領袖氣質，將哈佛人培養成一顆顆閃爍的明星。袁汝儀在 AIE（

4 參見袁汝儀，2000。〈非官方說法：台灣兒童審美價值觀之田野研究〉。《一九九五國際藝術教育學會——亞洲地區學術研討會論文集：文化・社會・藝術教育（下）》，頁 860-913。

5 袁汝儀，2010，《荷蘭視覺藝術與師資訓練：一個西方案例的教育民族誌研究》。國立暨南國際大學人類學研究所出版中。

6 參見 B. Malinowski，1922，*Argonauts of the Western Pacific*。New York: E. P. Dutton.

Arts in Education）的研究，顯示「哈佛人」的形塑，是「哈佛人」認同教育與「領袖性」教育的整合；而「哈佛人」的明星氣質，還賴「領袖性」教育的薰陶，才能讓明星站在高處。

再者，做為一個「哈佛人」是有使命的，對人類要講貢獻的。每個「哈佛人」要面對各自的聖戰，也許是學術的、也許是世俗的、也許是人類文明的⋯⋯。聖戰宇宙，不僅賦予「哈佛人」使命感，更是創造「哈佛人」認同感與歸屬感──不是單純的學校歸屬感而已，更是一種「聖戰宇宙」的人生價值觀。

《哈佛魔法》的美國價值

台灣的文化與價值觀，雖然是多元的，但是自從世界第二次大戰以來，一直深深地受到美國的影響。即使到今天，留學美國還是首選，政治經濟還是受美國左右，文化思想還是唯美國馬首是瞻。但是，我們對美國文化的價值真的瞭解了嗎？我認為，我們的瞭解仍流於瞎子摸象，特別，是對美國教育。

如同《哈佛魔法》在結論中所指出的，「哈佛人」的認同教育，是與哈佛人的「領袖性」教育，同步進行的。學生們入學前的個人聖戰，入學後，由「做哈佛」的聖戰，朝「做世界」的聖戰發展。而這種「追求」的故事，就是美國價值之展現。要之，文化認同，即為一種文化價值的呈現。《哈佛魔法》說明的，不只是一個哈佛的認同過程，也是美國文化價值的內涵及其形塑的歷程。

《哈佛魔法》可以談論的地方很多，個個都值得讀者借鏡、思考。以上三個要點的陳述，只是一種閱讀。閱讀的方式與角度很多，從詮釋學的觀點而言，作者完成「文本」之後，「讀者」最大，不同「讀者」的解讀與同一「讀者」不同情境下的解讀，都顯示「文本」理解的多元、多樣可能性，每

一種可能性也都代表一種未來性。[7]更進一步,「文本」所隱藏的意圖,自有其自主性,與讀者的解讀產生辯證性的理解,帶領讀者進入各自的「旅程」。

　　《哈佛魔法》不僅只是寫給藝術教育的人看,對哈佛有興趣的人、對教育改革有興趣的人、對領袖教育有興趣的人、對民族誌書寫或教育民族誌有興趣的人,以及想要瞭解美國價值的人,我認為都是一本不可不讀的好書。

【導讀者簡介】潘英海,國立暨南國際大學人類學研究所副教授兼所長、國立暨南國際大學原住民教育文化與生計發展中心主任、數位典藏國家型科技計畫生活與文化主題小組召集人、數位典藏國家型科技計畫人類學組召集人。潘教授學術研究的重點,在文化合成理論、族群研究(平埔族、畬族)、民俗知識、儀式研究、詮釋人類學、知識人類學、數位文化與資訊社會、物質文化研究。

---

[7] Stefan Collini (ed.),1996,*Interpretation and Overinterpretation*,7th printing. Cambridge University Press.

自序

　　1997 年 2 月，我教書之外還兼任系主任，剛為我工作的單位：國立臺北師範學院藝術與藝術教育學系，完成一份申請設立藝術教育碩士班的文件，內容是靠參考各方文獻來編寫，拼拼湊湊的，雖及時送出，但自覺對於「藝術教育碩士級教育」的整個設計，所知實在太少，將來不論通過還是不通過，全案都必須再修訂，執行細節也需要思考。這些工作實際上要如何進行？我並沒有什麼概念，一切問題只能放在心裡。

　　同年寒假期間，我來到哈佛大學所在的美國麻塞諸塞州波士頓城郊的劍橋市，訪問我的好友，當時在哈佛大學人類學系做訪問學者的潘英海教授和他的家人。那時節，雪下得很大，亞熱帶來的我凍得受不了，躲在屋子裡一點也不想出去。到了快要離開前三天，天氣微晴，潘夫人陳淑花女士鼓勵我去哈佛大學看看，我不好意思推辭，決定披掛出門。出發前，因恐在雪地裡亂走太辛苦，先打了一個電話到哈佛大學的總機，問有沒有藝術教育方面的單位——當時就我的了解，哈佛是沒有這樣的單位，與總機人員聊天，純粹是碰碰運氣。哪知總機小姐竟說，一年前教育學研究院（Graduate School of Education）正好成立了一個相關的碩士學位單位，應該跟藝術教育有關，我一聽大喜，心想：看這個就行了，一方面對潘夫人有個交代，一方面也了解一下別人藝術教育碩士班是怎麼設計的，將來若需要重寫申請案的話，也可有個參考。

　　那天，我見了這個碩士班的主任潔西卡・霍夫曼・戴維斯（Jessica Hoffmann Davis），當我們坐下來說話時，卻發生了一個問題。這個碩士班叫一個我當時覺得很奇怪的名字：「教育中的藝術」（Arts in Education，簡稱 AIE）專班。儘管潔西卡很耐心地說明，說這個班不是從事「藝術教育的教育」（the education of art-education），不是「藝術教師的教育」，不是「藝術的教育」（education of art），更不是「教育的藝術」（art of education），而是「教育中的藝術」（arts in education）、是「一種藝術教育上的創新作法」。然後她又說，AIE 提供的是「教育者，包括藝術教育者，的訓練」，但重點是教育，不只是藝術或藝術教育。我聽得一片糊塗，似乎我過去對藝術教育的一點概念，及對美國藝術教育的粗淺認識，都落在「不是……」的範圍內。

　　我知道 "Art Education" 是我的專業領域的名稱，有時候，為了突顯藝術教育的整合性以及專業性，藝術教育者會使用 "Arts Education" 這個詞；有時候，為了強調藝術教育的平民化、多元化特質，藝術教育者會使用小寫的 "art education" 或者複數的 "arts education"；另外，藝術教育界還有 "Education through art" 或 "Education in the arts" 的說法，分別代表「環境論」與「本質論」的觀點，可就是沒聽過 "Arts in Education"。再者，潔西卡又說 AIE 的碩士學生，不用寫碩士論文，修業一年即可獲得學位。如此短促的形式，學生豐富的內涵設計要如何才能稱得上是個碩士班？老師的教學重點是什麼？學生實際上又學到了什麼？有什麼我可以學習參考的地方？一連串的問題及懷疑，引出無窮的好奇心。在大約二十分鐘的會面時間結束前，我倆決定，由我申請來教育學院做訪問學者，若能通過學院的審核，就可以花一年的時間，好好弄個清楚。當時我並不知道，如此開啟的，是我和 AIE 長達十年的緣份。

　　我原初的研究動機非常簡單，我想了解這個所謂「教育中的藝術」的碩士班，到底是什麼？我想使用人類學民族誌的田野方法收集資料，用文化詮

釋的概念分析資料，了解這個碩士班的藝術教育情形，以便決定 AIE 的設計，能如何有益於我自己的工作。1998 年 7 月到 1999 年 8 月這一年，[1] 我在 AIE 很努力地旁聽各種課程，積極地進行各種田野調查該做的工作，訪談、觀察、紀錄（日誌、筆記、錄音、錄音帶複製及轉拷）、攝影、蒐集文獻（包括各種文件、影音資料、書籍與期刊）等等，每天忙進忙出，晚上與週末則盡量用來繕打與整理資料，追蹤所有的線索。

在這一年年頭時，在臺灣的系裡，將我一年前提出的研究所設置案，略作修改後又提交出去，到了年尾，我聽說審查通過了，我的原始研究動機霎時消失了大半，然而新的研究動機，卻比之前還要強烈。一年下來，我的田野經驗和累積的資料，足夠我描述與討論 AIE，可是我漸有理由相信，AIE 不只是 AIE，我看到的並不是「全貌」，AIE 的教育內涵應不止於必修課堂與傳統所謂正式教育活動之所見，如果執意切割，則我所報告的絕非有意義的片段。

事實上，這一年的工作，讓我覺得整個研究的設想，應該從「以 AIE 為脈絡的核心」，修正為「在脈絡中的 AIE」，也就是仍將 AIE 當作焦點，但是畫面大為擴大。這麼做的原因至少有兩個，第一、AIE 只有主任與助理共兩人，面對四十幾個學生的，就是這兩人，其他列名的教師只是學生們的選課教師，不參與 AIE 行政或決策，即使 AIE 的內部和外部顧問，一年也才見兩次面，這些加起來只有一小群人，不可抹煞的倒是 AIE 背後的龐大機構。第二、「哈佛」這個名字，對這個大學裡的所有人，和大學以外的人，具有出乎我意料的、強大的符號意義，我無法切割也不可能跳過這個因素，就算以我一人之力，並無可能徹底處理如此大的田野，至少我應該從中選擇一條突出的線索，做進一步的探究。後來我選擇的，就是各種哈佛文獻中不斷強調，而我手中已有的資料也顯示可能有意義的線索：「領袖性」教育。

---

[1] 感謝行政院國家科學委員會補助本年專題研究經費。

　　再度重整之後的研究目標，仍維持以民族誌的方式，描述哈佛大學教育學研究院「教育中的藝術」碩士班，但是放在「領袖性」教育的眼光下觀看。所以，這份報告不是要評估 AIE 的成敗，而是要以「領袖性」教育的觀點，深入描述或詮釋一個藝術教育現象。

　　就這樣，我釐清了一些疑點，也開闢了新的研究方向，而海外研究一年的期限也已到達。接下來，我必須回到工作崗位，應付一面在臺灣教學、一面在美國做學術研究的現實。2001 年暑期 7 月初到 9 月上旬，我又回到哈佛教育學院待了三個月，這次時間多花在探索 AIE 以外的學院行政與大學行政。2004 年 2 月到 9 月，[2] 趁教授休假期間，除了田野工作，開始一面進行一些院級與校級人員的訪談與資料蒐集，一面閱讀與分析資料、動手寫報告，此次正逢潔西卡退休，史帝夫・賽戴爾（Steve Seidel）繼任。2005 年暑假，我除了繼續田野工作與寫作之外，主要是閱讀圖書館中收藏的文獻。2007 年寒假重回田野[3]，主要工作是至各地追蹤旅人（journeyman）現況。2008 年完成初稿，暑假來美，向重要研究對象報告研究狀況，補充文獻與田野資料，並就稿件內容向幾位我特別敬重的朋友請教。如此，田野工作約計二十八個月，文字報告重寫、重組無數次，整個研究斷續進行了十年。

　　研究哈佛 AIE，可以說，是明確地挑戰了我的美國留學以及西式教育背景，讓我更加體會到：「跨文化了解」（cross-cultural understanding）並非易事，聲稱在美國受過教育，與了解美國並因此而更了解自己，有很大的距離。十年來，我雖常苦於不斷停頓與再啟動，新的觀點與長期的田野工作，卻也幫助我理解了頭一年的田野資料以及後續的發展。時間是民族誌研究效度與信度的最佳保障，時間解決了研究關聯性的疑慮，也化解了我眾多的誤解、盲點與疑問，時間幫助我觀察到只有時間能篩選出來的文化元素，讓我親

2　這段時間感謝哈佛大學燕京學社聘為訪問研究員，得以合法停留美國。

3　感謝國科會人文處「專書寫作計畫」補助本年經費。

見變中的不變與不變中的變，並讓田野中的現象能自然地交互解釋，發展至較大週期與較高頻率模式的出現時刻，使田野工作能順勢抵達一個可以合理結束的終點。

　　將一個教育單位，當作一個文化機構，以文化觀的角度，切入其教育表象，了解其文化的傳承形貌，是教育民族誌的主要工作。這次我研究 AIE，與之前研究臺北龍山寺寺廟參與人、臺北縣 M 國小五年級學生及荷蘭多德瑞克師範學校，比較起來，至少有兩個不同之處。首先，哈佛 AIE 的環境中，有很多學術性文獻，我必須改變長期以來將學術文獻孤立看待的習慣，試著將這些學術文獻一體視為文化產物，不只是從個人的學術成就表徵這個角度，來看待學術報告，更注意這些文獻，在其文化脈絡中、從當事人（研究者、作者、解讀者、應用者、出版者與資助者……）的角度，領會究竟發生了什麼後設與前設作用。這個經驗對我來說，是活化學術性文獻的意義，並領會文化觀的在啟發思考上的價值。其次，比起荷蘭的研究來，哈佛這個環境對英語表達的要求，較荷蘭為高，用字遣詞不輕鬆，為免訪談雙方負擔，正式的對話前，我會先準備問題，並要求錄音，其餘則盡力筆記。在田野初期，由於約會時間常嫌短促，我設計了一些幾乎不需要我多插嘴、但具有開放性的訪談架構，譬如說請受訪者圍繞著 AIE，談談個人的 AIE 之前、之中、之後經驗與感受，不想，如此所得之內容十分珍貴，成為後續訪談很好的基礎，並促成最後研究報告，以旅人的隱喻開始切入撰寫，仍依之前、之中、之後的方式，劃分章節架構。

　　本書中人物身份的透露與否，有下列幾個原則。本書出版時已過世者、歷史人物或名人，用真名。在世者中，哈佛教師部分，除極少數是經同意全面使用真名外，一般教師之學術或專業身份不變，報導者身份隱藏，其餘人士則均使用假名。特殊情形下，會改變或隱藏人物特徵，或略過文獻出處，以避免暴露身份。機構名，無法隱藏者如哈佛大學、教育學院、AIE、零計畫等，予以保留，其餘，若無關緊要則可提，否則避過。批准我進行研究的

教育學院，十分尊重我的研究工作，過程中僅由院長發信要求不得對外宣稱
研究結果係獲該院認同，或代表該院的意見。

　　研究資料上，就跟所有的研究一般，僅限於許可之下可取得、可使用、
可引用者，寫作也盡量兼顧研究目的與倫理原則。沒有作者、未公開出版或
者非學術性資料，引用時在註腳中說明，並盡量顯示原文，學術性資料或公
開出版資料，則在註腳中簡單顯示，詳細出版資訊則置於「參考資料」之中
。資料量方面，直接與研究經費資源有關，故現有的，已是我可調度資源的
極限。訪談資料，均事先請對方簽署同意書與授權書。旁聽課堂係先經教師
同意，由教師告知學生，或由其邀我在課堂上做自我介紹，說明來意之後才
開始。田野初期，在雙方互信尚未穩固之前，學生的訪談是由 AIE 安排，後
來漸漸開放，但我的謹慎並未鬆懈。

　　資料整理與寫作是很大的挑戰。本書的寫作，是在沒有預設課題或結論
的狀況下就開始動筆，寫作時心裡極為振奮，因寫作本身就能促進思考與分
析，越寫越清晰，越寫越知道下一次田野中要問什麼、哪些資料還需補充等
等，因此寫作與田野是同時並進的。大量的資料如何合理地依序呈現，並導
向合理的結論也是挑戰，不論是章節的安排與定調、與研究對象的敘事距離
、文字的風格、閱讀節奏的設定、讀者認知狀態的推斷，以及多元證據的逐
漸呈現等等，都是在一次又一次的改寫中緩慢成形。經過一番雕鑿與汰換後
的文稿，較能完全專注於結論的呈現，不將資料、分析與討論截然劃分，而
是三者依序融合，以更貼近讀者的方式將我的發現寫出來。同時，為了閱讀
順暢起見，我將所有的來源註及其他註釋都放在註腳中，僅保留部分原文，
以助了解。

　　閱讀本報告時，有必要注意幾點。首先，本研究借用人類學民族誌的田
野研究方法，以藝術教育為焦點，試圖了解研究對象團體（AIE）所展現的
藝術教育現象，形成某種有限之文化詮釋，以及教育啟示，因此讀者宜抱持
平常心與平等的態度，避免以「優良教育案例」、「教育評鑑報告」、「國

外課程研究」等的心情閱讀本報告。其次,有關哈佛的研究、評論與大眾讀物,不計其數,我的最後文稿是從 AIE 著手,發現哈佛的「領袖性」教育實況,再回到對 AIE 藝術教育的理解,但主要是個有關人的研究,而不只是一個機構研究。再者,本研究中不特定人的第三人稱代名詞,採用「他／她」,以維男女平等之精神。最後,本研究是秉文化人類學解讀文化的精神進行,研究對象與讀者之間,有某種程度的文化距離,但中文世界的讀者仍是世界文化的一部分,仍是地球村的一員,因此我和讀者之所以能透過文字,一起體會書中主人翁的旅程,乃是因為大家都共享著許多相通之處:文化的也好、超越文化的也好。

我在研究之初,以為哈佛終會是聰明、富貴、幸福、成功的總合,結果發現哈佛竟是受苦、負重的代名詞。這讓我意識到,即使在資訊發達的今日,我對這個時常出現在媒體與工作中的標籤之認識,仍是異常短淺,仍必須倚賴長時間累積的田野資料來重建。我分享此一珍貴的再認識過程,就是希望能呈現:哈佛教育學院的「教育中的藝術」碩士班,不只是一個培養藝術教育碩士的場域,同時是其師生在哈佛的明星宇宙、公司宇宙、聖戰宇宙中脫胎換骨旅程的發生地;田野資料顯示,這個碩士班具體而微地說明哈佛的教育魔法,不但建構了師生的「哈佛人」認同、滋養了師生的「領袖性」,並且,由於三宇宙對主體及其使命的特有淬煉,師生們「做哈佛」(操作哈佛的三宇宙)即如「做世界」(操作各人周圍的世界、改變哈佛以外的世界)之演練。

本書的第 1 章,先藉描述哈佛的三宇宙,來揭開哈佛魔法的序幕,並說明我的研究架構。第 2 章,將眼光投向教育學院的當下與過去,討論美國教育界與各大教育學院的浮動本質,點出商議的意義與重要性,並由對照「領袖」的教育、「教育領袖」的教育以及「領袖性」教育三者,來突出「領袖性」教育這個的研究焦點。第 3 章,主要是介紹四位主要人物之中的三位,描述他／她們進入哈佛 AIE 之前的旅程,並以另外三位 AIE 同學為對照,

建構 AIE 人進入哈佛之前的面貌。第 4 章，集中介紹第四位旅人，即潔西卡，並將她放在家庭、哈佛與美國藝術教育界的脈絡之中，開始窺見哈佛教育對個人的影響。AIE 是四旅人旅程之會合點與共同起點，所以第 5 章，描述潔西卡創建 AIE 的歷程，討論此歷程為何可被視為成功的「做哈佛」案例。第 6 章，解析 AIE 人核心課的理路與特徵，也是顯示 AIE 教育是哈佛文化的產物。第 7 章，旁觀核心課實施的情況，看見旅人的互動以及其間的「領袖性」教育。第 8 章，觀察核心課外 AIE 學生與教育學院內其他學生的非正式學習歷程，顯示學生在哈佛的內在旅程，亦屬「做哈佛」過程，突顯「哈佛人」認同教育與「領袖性」教育並行之情形。第 9 章，追蹤四位旅人在哈佛會合後以及自哈佛畢業後的旅程，尋找十年間個別發展的情形，除再次顯示「哈佛人」認同教育與「領袖性」教育並行，並進一步顯示，師生畢業前的「做哈佛」與畢業後的「做世界」，兩者間有關聯性。最後一章，整合前面各章的發現，指出 AIE 不只是從事藝術教育，AIE 的教育，是哈佛魔法般教育歷程的一部分，其深層的文化傳承有三：「哈佛人」認同教育、「領袖性」教育，以及由「做哈佛」邁向「做世界」的教育。本章結束前，並簡短討論未來應用此研究之可能。

　　本書的完成，要特別要感謝書中的幾位關鍵性的旅人，感謝他她們樂於助我完成我的研究，不介意我到處跟班發問、追蹤刺探，即使離開哈佛，仍繼續見面維持聯繫。「願意配合研究」這個條件，表面上看來也許消極，但想想他／她們是歷經十年而不悔的被研究對象，就必須改變以為他／她們是消極的想法，並佩服他／她們對我的耐心與愛護，或者對一個學術價值並不明確的工作的期許與肯定。

　　最後，我要感謝充滿藝術教育理想與熱情的 AIE 人（包括前後兩位主任、兩位行政助理及學生們），教育學院高瞻遠矚的五任院長、行政主管與行政人員，眾多哈佛教育及其他學院的教師與博、碩士生，極富知識服務精神的葛特曼圖書館（Monroe C. Gutman Library）歷任館長與館員，「哈佛零計

畫」的多位研究員與工作者，慷慨容許我參與旁聽的教師與學生，照顧國際學生與學者的哈佛大學國際辦公室，關切中西文化發展的燕京學社、燕京圖書館、東亞中心及劍橋新語的各位師長，睿智的哈佛大學秘書長，令人敬佩的 AIE 外部顧問與演講系列的各位講員，美國藝術教育界多位前輩，關切旅外學人的駐波士頓辦事處官員與工作人員，幫助我在劍橋安頓下來的陳淑花女士，多位給我精闢回饋做我明鏡的學者：（以姓氏筆劃序）王雅各教授、呂金燮教授、李卉老師、黃慶祥教授、潘英海教授、閻鴻中教授，遠流出版公司寬弘的王榮文發行人與堅持品質的編輯團隊，我的助理侯淑鳳小姐、章敏小姐、林華鈴小姐，以及在背後鼓勵我、支持我的家人，您們對我的研究和我本人的幫助，均將永誌我心。

袁汝儀

2010 年 1 月 3 日

於國立臺北教育大學

1

哈佛大學三宇宙——民族誌的田野

我小的時候,「宇宙」(universe)這個天文名詞,代表包括地球、太陽系、銀河及銀河以外的「不可再大之大」,斷不是個常用字。可是到了哈佛大學,這個觀念就不適用了。

光是以 2005 年暑假短短兩個月為例,我先是聽到一位教授說,在哈佛大學的校園裡,不同的人形成小圈子,有如同時並存著的幾個不同的「宇宙」,在各自的軌道上運行,互不交錯,讓我驚訝,這位向以嚴謹著稱的教授,用詞為何如此誇大。接著,我碰到一位出身麻省理工學院(Massachusetts Institute of Technology, MIT)的哈佛職員,笑說哈佛視這所鄰近的知名學院為「查理士河下游的小職業學校」,因為「哈佛總自以為是宇宙的中心」。之後不久,我又看到 2005 年初出刊的一本哈佛校刊《哈佛雜誌》(*Harvard Magazine*),裡面第一個專欄叫「當前:擴展中的哈佛宇宙」(Right now: The expanding Harvard universe),[1] 細看其內容,是介紹一位哈佛教授的研究成果,不過是有關維他命 D 在癌症預防上的意義。

由上述這三個例子,及許多其他的例子,哈佛人對「宇宙」的概念,都

---

[1] 報導者是 Lambert, C.,此文標題 "Too Much Sunscreen?"。

不是我原先所知的涵意，而是以「宇宙」來隱喻哈佛的疏離、哈佛的傲慢或哈佛的貢獻與成就。也許，使用「宇宙」這樣的名詞，只是我田野這段時間的風氣，但我研究哈佛十年後，越來越能適應這樣的尺寸，並且感同其中的想像空間，反正細說哈佛大學是做不到、也不可能做到的事，就借這個「宇宙」的隱喻，以「宇宙並存」的概念，介紹「哈佛大學」、「哈佛公司」與「哈佛教育學研究院」這三個場域，三者交錯的所在，就是本研究的田野。

明星宇宙

　　哈佛大學的第一個宇宙，我稱之為明星宇宙（Celebrity Universe），因為我唸過、教過、研究過、訪問過的亞、歐、美大學中，從沒有一所如哈佛大學這樣，像明星一般深刻地自覺於自己的魅力形象，如此刻意地經營自己的領先地位，並毫不保留地推銷自己的重要性。任何人一到哈佛，就會在各種場合聽到或讀到各種統計與其比較意義：校務基金兩百二十六億美金，大學圖書館系統藏書一千五百餘萬冊，[2] 前者是世界最大的校務基金，後者是美國最老的、世界最大的學術研究圖書館系統，[3] 立校至今超過三百六十年，是美國歷史最悠久的大學，[4]1998 年研究學院前三名排名中出現最多次，[5] 有十五位美國總統畢業於或接受過哈佛的榮譽學位，[6] 著名的閣員、智庫人員、企業主、專業人士、學者則不計其數。哈佛大學總校區位在麻塞諸塞

---

[2] 這是 2005/8/15 哈佛大學官網中 Harvard at a Glance 版上的數字，到 2008/10/20 同一版上顯示的數字則已增至三百六十九億，藏書增至一千六百萬餘冊。

[3] *Harvard University, Office of News and Public Affairs* (2002)，頁 23。

[4] 同上，頁 7。

[5] 1998 年的 *U.S. News & World Report*，Annual Guide: Exclusive rankings 是排名第一。

[6] *Harvard University, Office of News and Public Affairs* (2002)，頁 116，不含 2002 年後來者。

州最大城波士頓城郊的劍橋市（Cambridge City），風光明媚的查理士河（Charles River）畔，[7] 校園除了個別大樓的門禁區外，其餘基本上都是觀光勝地，一年到頭都有世界各地慕名而來的遊客。

1638 年，一個名叫約翰‧哈佛的傳教士，遺囑將一半的遺產及藏書，捐贈給一個當時還沒有名字的學院（已先於 1636 年成立 ），後來該學院即以這位慷慨的捐贈者命名。[8] 哈佛本人據說相貌平平，但他放大了很多的銅像，卻描寫一個極為英俊沉穩的白種年輕男性，穿著殖民時代富裕階級的服裝，膝上擺著一本展開的書，坐在巨木環繞綠草如茵的總校園中，以一棟巨大的白色大理石建築為背景，陷入沉思之狀。這座銅像，和周圍建築群的仿希臘、仿羅馬、仿哥德、仿文藝復興、仿維多利亞、仿愛德華及新英格蘭殖民地風格元素，還有內部充斥著的成名校友與重要捐贈者油畫像、刻著名言的銅牌、具有石雕細節的建築大廳，以及外人較會接觸到的遊客中心、新聞辦公室、大學警察隊等等，無數的細節，都會讓人驚訝於哈佛的富與貴，以及它對經營一套面對大眾的形象的認真。

某些哈佛教授的外型令人不得不聯想到明星，以教育學院為例，備受尊敬的兩位資深女教授凱瑟琳‧史諾（Catherine Snow）和莎拉‧勞倫斯‧萊福特（Sara Lawrence-Lightfoot）的衣著，就很令人刮目相看：史諾的特色是寬邊帽、窄短裙與大花彩色絲襪；萊福特是哈佛第一位黑人女教授，則有高聳的扇形髮簪、大型非洲首飾與穆斯林式長袍，兩人都著作等身，同時又是波士頓地區的名人。有一學期，我獲准旁聽萊福特的教育人類學課，她上課時講稿完全事先精心寫好，配合視聽媒體，由她以獨白的方式朗誦，已堂堂令人動容，學期最後的一節課，她再朗讀一首自作的長詩，表達她個人對學

---

[7] 哈佛商學院在奧斯頓（Alston）校區，醫學院與公共健康院在長木（Longwood）校區，均不屬總校區所在的劍橋市，而是位在鄰近的查理士河彼岸與波士頓市區內，植物園及倉庫等則分佈更遠。

[8] *Harvard University, Office of News and Public Affairs* (2002)，頁 7。

生們的感謝、期許與祝福，更使全場沒有一雙眼睛是乾的，讓我深切感受到哈佛與眾不同、無以名狀的明星磁場。

其實，校園中的演講會上有許多這樣震撼性的演出，聽眾報以全場起立熱烈鼓掌歡呼吹口哨者，所在多有，一年到頭川流不息的世界級名流、各行各業明星，如南非人權領袖曼德拉、達賴喇嘛、美國聯準會主席葛林斯班、聯合國秘書長安南等，從全球各地來此與學生親切對話，面對面交流經驗、回答問題。還有一個有趣的活動，是全美最老劇團、有一百多年歷史的哈佛學生戲劇社「麥粥俱樂部」（Hasty Pudding Club）每年的一件大事，是選出兩位傑出演藝人員，頒給「年度男子獎」與「年度女子獎」（The Man and Woman of the Year Awards），獲獎的演員，例如茱麗亞·羅勃茲、安東尼·霍普金斯、湯姆·克魯斯等，均親自前來劍橋受獎，與學生一起同臺表演，接受學生捉狹，一同搞笑、派對狂歡，並於市內化裝遊行。[9]

哈佛校園裡，有九十處以上的綜合性或專門圖書館，[10] 其中總圖書館又名懷登能圖書館（Widner Library），是為紀念一位逝於鐵達尼號船難的懷登能家族長男而建，館中央是逝者生前高大書房的原狀重建，連桌上的眼鏡都保存原狀，置身其間，恍若時光倒流。另有十三個各類博物館，擁有世界級的珍藏。各種座談會、發表會、演講會、募款餐會活動，除了讓學生可以與社會上層摩肩擦踵、直接對話之外，還可以享受擺在有檯布和大型花飾的長桌上的精美餐點，由大量穿著制服的人員穿梭服務，有時還外加小型室內樂助興。一些外人看來不像學生可以參加的排場，在此只是家常便飯。學生活動種類以及各種運動休閒資源，則可說應有盡有，[11] 隨時還有校友與大企業鉅額捐輸，繼續錦上添花。一些特別富裕的學院如商學院與法學院，其宿

---

9 Samuels etl. (1998)，頁 197。
10 *Harvard University, Office of News and Public Affairs* (2002)，頁 23。
11 Samuels etl. (1998)，頁 185-220。

舍、圖書館、餐廳、交誼廳等幾乎年年輪流整建，設備周全、富麗堂皇，務求與學生們將來預期的生活水準接軌，寵愛學生毫不手軟。

物質的、精神的和體制的資源之外，還有人脈資源。校園裡的學生來自各階層各文化，其中不乏國內外顯貴之後。1999 年畢業生裡，有美國副總統高爾及臺灣司法院長的女兒，還有其他各國權貴子女、多才多藝或者具有重要生活經驗的學生。教師也皆一時之選，一位哈佛的教授說，哈佛如果要聘用一位終身職候選人，會向整個世界去找，不只要優秀的，而且要該領域最頂尖的學術與思想領袖。這樣的教師與學生濟濟一堂，在校時有相濡以沫、互相結交的機會，離校後，還有無盡的灌頂可能，蘊藏其中。

哈佛這一部分的表象，給初來者或外人的感覺，是與日常生活截然不同的。在我的日常生活裡那種瓜得瓜、種豆得豆，孜孜矻矻、汲汲營營、柴米油鹽醬醋茶的概念，到了哈佛似乎都不適用了。一旦進了哈佛，許多從前可能想不到、不敢想、不可能的事，都變成可能、有路可循，甚至被鼓勵去追求。這，就是所謂哈佛的「魔法」。這也是為什麼，當觀光客排隊上前去摸約翰・哈佛銅像的左鞋尖以祈求智慧與幸運時，一切都顯得如此正常。

就像超人、牛仔、漢堡、自由女神像、好萊塢、微軟、爵士樂、或者棒球，「哈佛」可說是美國文化圖像的一部分，自成一組特定的意義。在大眾傳播媒體上，哈佛是一組符號，代表權威性發言者與專業分析者。比如在電影與小說中，哈佛人代表世界級的學術權貴、專家中的專家、天才智庫怪胎、終極政治推手與各國皇室子弟的集合體。「哈佛」有如一整套貫穿真實與虛幻的符號，如同語言，可以溝通；如同財產，可以交換；如同遊戲，可以展演；如同神話，可以認同。這種形象對於吸收頂尖教師與學生、推動哈佛人無遠弗屆的影響力、招來更多更大筆的捐獻、吸引校友代代輸誠、給哈佛帶來無限的資源與想像空間等等，都有無可比擬的價值。

本研究的焦點場域，是哈佛大學教育學研究院裡的一個小型碩士班，名稱是「教育中的藝術」（Arts in Education，以下簡稱 AIE），含有教師兼主

任一人，助理（或行政協調）一人，學生數十人，開課教師散在學院內其他單位，活動地點以教育學院為主，但在田野中觀察，AIE 師生可以合法插手或動用（tap into）的資源（resource），以及可能的活動範圍，散佈大學各處，甚至遠達各大學圖書館（如透過館際合作）、公私立美術館與博物館（如透過學生實習）、演藝團體與個人、藝術學院、大小信託基金會、媒體、公私立學校系統、甚至國會與白宮（以上皆可以逸代勞地透過邀請演講、研討會、甚至學生社團活動而直接接觸）。因此活動的間接範圍，可以廣及美國東北角以外的全世界。就個人來說，這個資源表單無邊無際，極限只受時間、精力與動力的限制。哈佛大學這種打通關的力量，是身為明星長春藤學校三百多年下來，累積的結果。

　　「上流社會」（upper class）、「奢華」（opulence）、「老富」（old rich）、「閃耀」（glitz）、「光彩」（glamour）、「氣息」（flare）、「甘美樂（Camelot）[12]、「明星氣質」（star quality）、「明星魅力」（star-power）、「皇家」（royalty），是外人描述哈佛的常用名詞。負面的名詞也很多，「虛榮」（vanity）、「造作」（contrived）、「虛偽」（phony）、「浮誇」（pomp 或 hype）、「被寵壞的」（spoiled）。對不知哈佛概念內存在多個宇宙的外人來說，很容易把這個長期打造出來的外表，或者富裕階級白人男性的形象，當作哈佛的全部，會或多或少用這種標準，去對待，要求每個哈佛人。不管走到哪兒、做什麼、說什麼，哈佛人因為哈佛，總難獲得平常心的對待。哈佛的學生，不論進去之前是誰，離開哈佛之後，可能就被視為崇拜與追隨的對象，可能被自動升級為強勁的敵手，也可能被貼上傲慢或者包裝多於實質的標籤。也就是說，一旦成為哈佛人，就不再是平常人了。一個在哈佛常聽到的說法是，「離哈佛越遠，哈佛越有價值」（The

---

[12] 英國傳說中亞瑟王的城堡樂土之名，用來比喻甘迺迪總統時代的白宮，後者內閣成員多出自哈佛者，其中還包括一位哈佛教育學研究院院長。

more you get away from Harvard, the more Harvard's worth），意思是說，在哈佛附近有很多哈佛人，因此不稀罕，走遠一點就不一樣了。對我來說，這句話顯示明星宇宙是建立在距離、想像，甚至誤解之上的。

哈佛的形象固然是刻意經營的結果，但也不可能長期靠空穴來風，憑空捏造，而是要靠其他宇宙的增強，才能隨時給哈佛這個容易空洞化的傳奇，填入充實的內涵與更多的想像空間。外界對哈佛的了解，不能只停留在明星宇宙。

公司宇宙

與明星宇宙平行但一體的，是一個截然不同的精算、審慎而隱密保守的公司宇宙（我稱之為 Corporate Universe）。哈佛大學的行政體，全名叫「校長與哈佛學院同儕」（The President and Fellows of Harvard College），簡稱「哈佛公司」（The Harvard Corporation），設立於 1650 年，是西半球最老的公司，[13] 也是所有哈佛大學的財產管理者、政策制定者、學位之授與者及各種合約的具名者，是大學最高權力機構。[14] 除了大學本身之外，哈佛公司還擁有相關但獨立營運的管理公司（Harvard Management Company）、地產規劃公司（Harvard Planning & Real Estate）、雜誌社（Harvard Magazine）、蒸汽發電廠（Steam Plant）、植物園（Arnold Arboretum）與出版社（Harvard University Press）等。[15] 其中哈佛管理公司及地產規劃公司負責將公司財產增值，以錢滾錢，為大學做有效投資。[16] 整體來說，這個「公司宇宙」的主角

[13] *Harvard University, Office of News and Public Affairs* (2002)，頁 83。
[14] Samuels etl. (1998)，頁 15。
[15] *Harvard University, Office of News and Public Affairs* (2002)，頁 84-85。

，是公司的管理人與員工，至於環繞著公司的千千萬萬金主、學生與校友，則是公司募款與服務的對象，以及公司存在的理由。

外人很難了解哈佛的公司宇宙，因為它成立於美國立國之前，現行美國的任何法律都不適用於它，都管不著它；而且，哈佛雖是公司卻不營利，因此也享受宗教團體或者慈善團體不用繳稅、不必報帳的待遇，也不受任何從國家到地方之各單位組織的監控與管理，這種世界上獨一無二極為特殊的地位，益增哈佛的神秘感。對這種特殊的神秘氣質，一位老校友兼哈佛觀察人，說得一針見血：

> 做為一個私有的非營利機構，哈佛是無監督工業的領袖，而且它不必向任何股東負責。〔因此〕誇示它自己怎麼辦事，對它所享受的競爭優勢是不利的。[17]

以田野的觀察，哈佛非比尋常的「獨立」性，使哈佛人對哈佛事，特別有一種「獨特感」與「擁有感」，以及一種很實在的「認同感」，就像一國的國民對待其國家似的。

根據 1999 年我對哈佛秘書長等人的訪談，並參考大學的相關資料，得知哈佛大學的最上層，是兩個管理委員會，其中一個就是「校長與哈佛學院同儕」，由 6 位年長的義工互相選舉組成（校長是第 6 人），這 6 人與列席的財務長每年聚會 15 次，每次歷時約一天到一天半，討論決定哈佛大學的各項重大政策，以及任用校長的事宜。另一個管理委員會是「監察人會」（

---

[16] 1998/12/17，*The Boston Globe*（City Edition，ECONOMY，版 B17）報導說，哈佛的財務經理人上一年度的年薪驚人，有三個人在一千萬美元上下，遠超過校長的薪水，但並沒有說明校長的薪水數字。LEXIS®-NEXIS®Academic Universe-Document，1999/5/20 下載自 http://hplusproxy.harvard.edu:800/...5=cc1c3e63f7010a447f5279fe4937bb54。

[17] Vingeland (1986)，頁 100。原文 "As a private, non-profit institution, Harvard is the leader in unregulated industry, and it is accountable to no stockholders. To boast about how it conducts its affairs would be inimical to the competitive advantages it enjoys."

Board of Overseers），裡面有包括校長在內約 30 人，除校長是由「同儕」任命之外，其餘是由全體約二十八萬五千位校友每年選出 5 人，每人任期 5 至 6 年，每年開會 7 至 8 次，討論並同意「同儕」的決定，對「同儕」提出報告與建議，共同管理所有大學事務與校務基金。「監察人會」下面有一個文理教師團（Faculty of Arts and Sciences，簡稱 FAS）。FAS 下包含三個部門，第一是哈佛學院（Harvard College），下設各種大學科系；第二是文理學研究院（Graduate School of Arts and Sciences），下設各種研究所；第三是延長教育組（Division of Continuing Education），下設各種開放學程，一個學術交流單位：雷德克里夫高等研究學社（Radcliffe Institute for Advanced Study，1999 年併入哈佛前，原是一所與哈佛平行的女子學院），及九個碩士級以上的教學與研究單位，即商學院（Business School）、設計學院（Design School）、神學院（Divinity School）、教育學研究院（Graduate School of Education）、甘迺迪政府學院（John F. Kennedy School of Government）、法學院（Law School）及醫學教師團（Faculty of Medicine），含醫學院（School of Medicine）、牙醫學院（School of Dental Medicine）、公共健康學院（School of Public Health）。[18]

　　哈佛的每個單位都是獨立自主的，此即哈佛俗稱之「每個澡盆都站在自己的盆底上」（Each tub stands on its own bottom），也就是一般企業界所謂「利潤中心」、「自籌所需」的意思。上下之間的管理，是由「監察人會」定期或在特殊情況時任命「訪視團」（Standing or Visiting Committee），到學院視察並向「監察人會」提出報告。「訪視團」的團長通常是一位「監察人」，團員由各單位主管提名專業、學養聲望俱高者擔任，但向「監察人會」負責。學院的院長（Dean）是由校長任命，執行校長的治校理念，任期三至十五年不等，主管學院的財務、人事與課程。[19] 針對特殊的問題，校長

---

[18] *Harvard University, Office of News and Public Affairs* (2002)，頁 83 與頁 88。

或院長也可以裁示成立較長期的調查小組（稱作 Standing Committee）或臨時性的專案小組（稱作 Ad Hoc Committe），向下做深入研究，向上提出報告與建議。

除了校長、秘書長（Provost）、財務長（Treasurer）、各學院院長（Dean）、法律總顧問兼副校長（Vice President and General Counsel）、校友事務與發展副校長（Vice President, Alumni Affairs and Development）、政府／社區與公共事務副校長（Vice President, Government, Community and Public Affairs）、行政副校長（Vice President, Administration）與財務副校長（Vice President, Finance）[20] 之外，哈佛公司各層級工作人員的職稱、合約形式與執掌，極為複雜龐大。以 1999 年為例，公司每年預算約二十億美金，員工一萬五千人中，教師兩千多人，一萬兩千專職員工，其他還有無數的流動性零工，每週約用得著一千二百至一千五百人，[21] 無怪這個公司是劍橋與波士頓地區最大的單一雇主與經濟重心。[22]

撇開流動人力不談，公司的固定人員，目前只以教育學院來說，約分五大類，茲就與本研究相關的人士，分別加以說明。掌握學院決策與聲望的，是第一類終身職教師（tenured track faculty，如講座教授與教授等）。比如霍華・嘉德納（Howard Gardner，下稱嘉德納）[23] 的身份，是教育學院的「約翰與伊麗莎白・哈卜斯認知與教育講座」[24] 教授，薪酬與開銷由此講座之基金支付，因此他在教育學院的教學工作不另支薪，他同時也是文理教師團的

---

[19] 同上，頁 83。

[20] 同上，頁 89-98。

[21] 根據 Living Wages' Rallies Criticize, "Link Harvard Labor Issues" 一文（*Harvard University Gazette*, June 10, 1999）中，頁 1 與頁 4 的估計。

[22] Harvard University (2002)，頁 135。

[23] 「零計畫」前主任之一，「多元智能」教育理論的作者，本書會再進一步介紹。

[24] John H. & Elisabeth A. Hobbs Professor of Cognition and Education，哈卜斯夫婦是這個特定領域講座教授相關開銷的捐贈者。

兼任教授。教育學院的歷任院長均是終身職講座教授，他／她們任院長時的團隊，是各自從其他終身職教師中挑選的，院長卸任後，可專任教職或辭職他就。終身職教師鮮少從非終身職教師中升上來，終身職教師基本上是由學院向全美國及全世界招請或「挖角」而來，院裡決定後，還必須經「公司同儕」及「監察人會」通過。

第二類是非終身職的教師（non-tenured track faculty），如副教授、助理教授、兼任教授、資深講師、講師等，他們的合約有時間限制，時間到就得離開。此類教師的待遇相對不高，一般校內的說法是，由於在哈佛任教，對個人學術生涯的發展具有無形的利益，故哈佛給予名位之餘，薪給並不多，而且除了本身的工作之外，都要兼一些義務性質的行政工作。這一類教師比如潔西卡・霍夫曼・戴維斯（Jessica Hoffmann Davis，真名，下稱潔西卡）與史帝夫・賽戴爾（Steve Seidel，真名，下稱史帝夫）兩人，對 AIE 而言，都是講師（Lecturer on Education）兼 AIE 前後任的主任（Director），史帝夫同時還兼「零計畫」的主任，兩人都有哈佛教育學院的博士學位（Doctor of Education，簡稱 Ed.D.），兩人因主持 AIE 的緣故，均受聘為「派翠西亞・包曼與約翰・藍諄・布萊恩教育中的藝術講座」（Patricia Bauman and John Landrum Bryant Chair in Arts in Education），人事費用由講座基金支付。非終身職教師若有意朝終身職發展，必須打算先離開哈佛，就算不想朝終身職發展，合約結束時，要看學校是否續約，否則仍必須離開。以教育學院來說，副教授極為罕見，因為終身職教授基本上不由內升，也就是不由院內的副教授升上來，是向外聘來的，故院內幾乎沒有副教授這個層級的教師。不管是終身職教師還是非終身職教師，合約的內容人人不同，有如最高機密，沒人知道其他人得到什麼，越高層者的合約，越諱莫如深。

第三類是專業行政主管（officer，如負責課務、學生就業輔導、校友會與招生等工作之管理階層），他們大都擁有博士學位，多因任務而聘用，不屬於工會，不受工時約束，因此不能下班就不管事，但也不必隨院長進退。

　　第四類行政人員（staff，如圖書館館員、各單位行政助理、學生諮商師、募款專案經理、人力資源管理人員等），與第五類硬體管理人員（custodian，如水電工、警衛、清潔工與各種外包單位人員等），凡哈佛所聘的人，都屬於「哈佛職員與技術員工會」（Harvard Union of Clerical and Technical Workers，簡稱 HUCTW），不是哈佛聘的，則分屬各職業工會。第四類人員等級雖不高，學歷常頗不凡，比如 AIE 的第一位助理凱特，是麻省理工學院生物系畢業，第二位行政協調亞力克斯，則有一個文學碩士學位。兩人進入哈佛工作都有十年以上，到 AIE 之前，都曾在其他哈佛的部門工作過。

　　以上這五類人員，各有升遷管道，第二類不可能升為第一類（除非離開哈佛到他校任教且研究成果特別優秀），第三類也不可能變成第二類，以此類推。但五類之間最大的差別，就是待遇。所謂待遇，除了薪資之外，還包括自主權、通關運用（access）權、決策權、判斷權、發言權、插手權，以及對他人待遇行使給予或剝奪的權威、通過某些門禁的通行權、參與哪些會議的出席權等等。不管是學校、是體制、還是個人，大家的目標都是爭取更高待遇，或是維持待遇上的優勢。

　　公司對錢與權分配之重視，到處可見。比如說，去豪華的奧林匹克級布拉結泳池（Blodgett Pool），學生（公司顧客）繳費遠高於教職員（公司員工），而學生和員工又區分很多種。[25] 又比如說，在世界各大都市的一百四十八個哈佛俱樂部（Harvard Club），校友及第一、二、三類人員可使用，第四類人員經爭取後終可使用，學生則須由可使用者帶進去，而第五類人員及世界上所有其他人，則不能使用哈佛俱樂部，除非被前類人員帶進去。再比如說，第五類人員在校園裡移動、工作，除非必要，是走校園地下的地下道或工作門。

---

[25] 根據 2005/9/3 下載自 http://gocrimson.collegesports.com/ot/pricinginfo.html。

　　學院與學院之間的地位，也因其院務基金大小與社會權勢而異，教育學院（Harvard Graduate School of Education，簡稱 HGSE 或 GSE，下稱教育學院或學院）設立於 1920 年，可用基金較少，在校內的聲勢無法與醫學院、法學院相比，佔地也不及商學院的十分之一，但據說，教育學院的地位，要比文理學研究院或設計學院要好。

　　當然，大機構內部必有的部門鴻溝、充滿陷阱的儀節（protocol）、結構調整的壓力、強大個人意志之間的傾軋、不安全感引發的猜忌與流言等等，在此均不可免，但基本的法治精神、公正性和人性考量，還足以維持公司運作，並經營出良好的工作環境，以及給員工的各項福利照顧，因此大夥對哈佛的忠誠、滿意與愛戴，就跟對哈佛的怨懟、譏諷與撇清一樣，都很真實。我想我可以說，哈佛教職員工對哈佛公司的感覺，是由愛與恨深深地交織起來的。

　　談到哈佛公司，不能不談錢與權。有一回，我在哈佛的卡本特中心（Carpenter Center）參加一個人類學影片的放映會，片子是說西南非布希曼族群因為戰亂貪腐、文化變遷與極度貧困所造成的顛沛流離。美國籍作者[26]於映後座談會上說，他和他的家庭如何代代接力、對抗顢頇的非洲政治與腐化的中間人。滿頭銀髮的作者最後並指出，水井是這些布希曼人生存的關鍵，一旦缺錢修復區區一個打水用的幫浦，就足以使附近族人求生的一切努力，付諸東流，甚至無法挽回進一步沉淪的命運。此時，場中一群坐在一塊的女士們，開始交頭接耳，作者話聲一落，其中一位較年輕的女士便舉手，很乾脆地問講者：「我們能幫什麼忙？」（How can we help ？）意思是：「你說個數字吧！」講者在臺上聽了，有幾秒鐘說不出話來，臺下的聽眾也楞住了，經過一陣沉寂之後，全場才被這戲劇化的情景逗笑了。為什麼？一般人不會遇到錢被自動送上門來的事，但這是哈佛，什麼都可能。

---

[26] 影片作者是 John Kennedy Marshall，影片名稱《喀拉哈里家族》（A Kalahari Family）。

　　哈佛在募款上的魔法，的確不凡。根據一位募款人員的說法，捐款者對哈佛，或任何與哈佛有關之對象的捐款熱誠，有時就像這位女士一般，哈佛的募款人員有時候自嘲只需一通電話問道：「嗨！想捐錢給哈佛嗎？」（Hi, would you like to give to Harvard?）對方即已榮幸得開始掏支票本寫數字了。

　　1998-1999 學年度教育學院的碩士學生，每人一年的學費大約要花兩萬四千美金，然而這些學費加起來，只應付了學校一年開銷的三分之一。和一般美國的州立大學不同，哈佛沒有地方稅款支援，要生存發展，除了靠學生所繳的高額學費外，必須開源節流。美國非營利機構的收益與借貸都不需繳稅，哈佛利用此優勢，其積極參與的金融活動，規模之大，超過我可以理解的能力。[27] 校內各單位隨時都要自行或接受指示，檢討本益，更要分別盯緊聯邦、州與地方政府的可用資源。另外，各學院都有各自專責的校友辦公室（Alumni Office）與校務發展辦公室（Development Office），無止境地取悅校友、金主，爭取來自各大基金會與企業的資源。

　　一位老深得其道的教授為我說明，哈佛爭取的資源可以大分成四種：一、為特殊目的「捐贈」（endowment），是直接進入學校或學院戶頭的，不需要每年申請，可以年年使用利息，盡量不動本金。但利息會隨利率而有高低，而且多年後，不論是特殊目的還是業務對象，都可能人事全非，執行上因此會產生一些困難。二、「專案」（grants），有如工作合約，並不是禮物，執行期限到的時候，金主要看成果和產品，壓力比較大。三、「補助」（fellowship），沒有明顯的要求，但是不表示沒有，只是未明說，需要通過溝通來了解。四、「贈與」（gifts），是完全沒有附加要求的，不需要特別工作也不需要成果，是最受歡迎的一種資源，可惜並不多見。其他有特定目

---

[27] Vingeland（1986），頁 101-103 提到的有證券、創投基金、股票交易、選擇權、免稅債券等，外加四千多畝地產，以及自有的完全能源發電廠（total-energy power plant）、無從估價的善本書、古董、藝術真跡，及源源不絕的捐贈。

的的款項，可能匯入校務或院務基金做進一步的投資，可用作獎學金、研究專案、社區服務、建立研究中心或設置講座聘請教授等。除了金錢之外，也有贈送服務或硬體的，包括硬體建物、軟體設施、特殊維修與技術服務等。另外還有機會的授予，例如為學生職業輔導、提供實習名額、透露開缺消息、給個面試機會或者一個守門人的名字與電話號碼等。哈佛人所謂「哈佛開門」（Harvard opens doors），即是此意。

　　哈佛擁有上千名的募款人員，[28] 孜孜耕耘既有的與潛在的募款對象，隨時向可能捐款者噓寒問暖。為保持聯絡而印刷的精美刊物、通訊、傳單等，源源不絕、準時寄達。為捐贈者準備的好處，從各種精緻禮品、足球賽俯瞰靶區的包廂票、搶手音樂會的座位、哈佛俱樂部的緊急訂位，到有錢也得不到的名人聚會邀請函、在重要場合受邀公開致詞的機會、藝術大展前夜預睹名作並與藝術家本人聊天的特權，以及親手把玩學校博物館中的珍藏、為自捐建築物命名啟用、與各自仰慕的著名教授午餐、為本人畫像或感謝銅牌揭幕等等，不一而足。資源越多的學院，能提供的有形與無形的回饋就越多，對捐贈者的吸引力就越大。進到公司基金的錢，公司會再加以投資，可說是利上滾利，累積下來的是其他大學難以匹敵的財富與權勢。比如說，2005 年時，基金結算 226 億美金，[29] 遠超過同年第二名耶魯大學的 127 億。若不要只談大學基金之間的比較，在整個美國的基金機構之中，該年哈佛大學的基金也僅次於「比爾與麥玲達・蓋茲基金會」（Bill & Melinda Gates Foundation）的 287 億。[30]

　　「神話性的」（mythical）、「建立人脈」（networking）、「向上

---

[28] 根據一位參加過全校性發展部門人員聯合會議的人員就會場中的人數推估出來的。

[29] 到 2008 年，基金數字已升到 300 億美金，2008/8/28，http://www.news.harvard.edu/glance。

[30] Di Mento (2005)，頁 4。即使蓋茲當年因使用母校哈佛的電腦營利而被退學，但哈佛仍能說服他，捐一批高科技大樓給母校。

流動」（upward mobility）、「精明」（shrewdness）、「壓力」（tension
或 pressure）、「競爭」（competition）、「聲望」（prestige）、「威信
」（cachet）、「緊縮措施」（austerity measure）、「募款專案」（capital
campaign），是在公司宇宙裡常聽到的名詞。哈佛人生活中最直接的因素，
都在無外界力量監督的公司環境裡，對公司內部的人們來說，外界的種種，
沒有內部因素來得重要。無怪外界對哈佛的想像，常會朝負面的「老大哥」
（Big Brother）、「勢利眼」（snobbish）、「不透明」（secrecy）、「貪心
」（greedy）、「政治化的」（politicized）、「傲慢」（arrogant）、「企業
心態」（corporate mentality）、「近親繁殖」（inbreeding）、「政治正確」
（political correctness）的方向想像。

　　如果哈佛只是明星宇宙加上公司宇宙，這樣的哈佛與一個跨國企業，在
「宇宙並行」的概念上幾乎沒有差別。再者，享受非營利教育公司之優勢地
位的哈佛，對自身所在環境的關切，自然會高於對外在世界的注意力──能
打倒哈佛的，只有哈佛自己！既然如此，哈佛的特色，顯然不止於此。

聖戰宇宙

　　和第一與第二宇宙平行一體的，還有一個同樣突出的第三宇宙，也是我
認為哈佛最特殊的面向。以田野觀察所得，這是一個聖經式的正義與邪惡永
恆對壘的宇宙，我名之為「聖戰宇宙」（The Holy War Universe）。在本書
中，不論新教教派或天主教各派都統稱基督宗教，我不是基督徒，也沒有特
別的宗教認同，此一感受是來自田野中聽過的許多演講（包括課堂上的）以
及讀過的資料，我覺得在哈佛教育學院有一種強大的「冷靜」、「相對觀」
與「學術中立」裡，又有一種同樣強大的「熱情」、「絕對」、「反中立」
的作用力量與方向，一種不能被輕易貶抑為「政治正確」的力量，它使這個

大學與學院帶著一種特異的宗教性色彩。

有一日，我發現一本蠻特殊的書，叫《在哈佛發現上帝：有思想的基督徒之精神旅程》，[31] 此書裡收錄了四十二篇證辭，其中大部分是各學院出身的哈佛人，內容頗能呼應我的感受。茲選其中一篇標題為〈哈佛，光明何？〉（Harvard, what of the light?）的詩文，節錄其中一小段並翻譯如下：

> 從你的光明，哈佛，
>
> 爐中的火，山頂上的燈，一個熊熊的
>
> 焰火，向黑暗宣告，不死的
>
> 光明創造者！[32]

在基督宗教傳統中，上帝（或耶和華）的別稱就是「光明的創造者」。根據聖經，帶著原罪的人類要相信救贖，要以神為榜樣、向神學習，經文中就人類與自我、與世界、與異教、與魔鬼爭戰的記載很多。到了現在，基督宗教的背景使很多美國人相信有「普世價值」的存在，哈佛校訓 Veritas 即拉丁文「真理」之意，[33] 轉換在田野中的意義，是以真理為武裝，並為真理而戰。哈佛「聖戰宇宙」的敵人，就是世間一切欺善怕惡的怯懦、憤世嫉俗的油滑、袖手旁觀的冷漠、以及屈服強權的軟弱；追求的，是公共的利益、靠學術研究推動的思想與實務改革，而為了追求真理、為他人做無私的犧牲

---

[31] 參見 Kulberg (2007)，標題原文：Finding God at Harvard: Spiritual journeys of thinking Christians。

[32] 同上，頁 88-89。原文 "Out of your light, Harvard A fire on the hearth, a lamp on the hill, a crackling Beacon, proclaiming to darkness, the deathless Creator of light!"

[33] 拉丁文 Veritas，是羅馬神話中的真理女神之名，此字即哈佛校訓。根據 Schlesinger (2005) 一書的前言（頁 ix-x）指出，以 Veritas 為校訓，是經過一番拉扯，直到 1885 年才確定。Schlesinger 認為，Veritas 的重點是開放性、自由思想、意見衝突、決心與說真話，說明了哈佛大學超過三百七十年來與各種真理的敵人——教派主義、國家主義、貴族主義、種族主義、性別主義、我族中心主義——戰鬥的歷史。

，才是公認的桂冠，任何榮耀與世俗的考量，在這個宇宙裡，都要服膺高遠、永恆的理想，才具有意義。

自許人中菁英的哈佛人是一個圈子，外人很難未經圈內人層層的篩選，而加入其間。他／她們之間的溝通，使用大量的偏僻辭彙、專業術語、複雜的隱喻與深奧的幽默，足以令一般人仰之彌高、心存敬畏，他／她們以交換或較量學養為社交娛樂，至於科學資料、哲學思想、成串統計數字、高明的想像力與輝煌的自傳，則是重要的依據與內容，即令如此，他／她們還是要被聖戰宇宙檢驗。

教育學研究院的聖戰工作，就是做社會十字軍工作以及推動社會變革。哈佛的聖戰，不是聖經上傳統的有血聖戰。事實上，在哈佛，聖經是與政客、媒體一齊被公開嘲諷的對象。但是，骨子裡耶穌基督卻是聖戰士在世間的終極典範。在哈佛這第三個宇宙中，真正受推崇的，不是為學術而學術的書蠹，而是關心以美國為主、包括全世界在內之當代問題的運動者（activist），這個運動者所呼籲的，是世界和平與普遍人權乃至全體人類共同的前景，挑戰的，是科學公案、癌症、貧窮、能源危機、環境污染、種族歧視、社會不公等等。以教育學院為例，無私的「目的」（cause）、公義的「召喚」（calling）、與超難的「任務」或「使命」（mission），就是院裡師生介入他人事務或公共事務的門票，選擇為多數人的困境尋找改善或解決之道，不斷地對抗腐敗、強權，持續地伸張人道與正義，一面向內心深處尋求解答，一面高舉旗幟引導世人前進的方向，被認為就是教育工作者的天經地義。以耶穌基督為楷模的聖戰，是哈佛人的自我期許，這是校園生活中一再啟發學生的方向，也是募款或招生時，最常聽到的說法。

在田野中我感覺，教育學研究院在哈佛學院中，就像一個聖戰導師的駐紮點，或是聖戰雄兵的訓練營。這一點可以從學院的自述，以及田野中常見的現象來了解。根據一本學院的教師通訊錄前言，[34] 哈佛教育學院的任務（mission）[35] 是，「推進全世界兒童與成人之教育，尤其注意為全美國兒

童開創更高水準學習之條件。」[36] 而這個任務的三項「執行策略」（strategy for carrying out its mission），第一項是「發展能設計並執行改革的領袖」（Develop **leaders** to design and implement change），第二項與第三項是「透過研究開發能改善實務的想法」及「推動全國性教育對話」（Generate **ideas** through research that improve practice 及 Promote a national **dialogue** on education）。看得出來，三項策略的原文中，各有一個字是特別加粗的，那就是：領袖、想法、對話。

　　田野裡，就像「宇宙」這個字眼在哈佛的使用傳統，「領袖」（leader）這個字，在教育學院裡，也有一大群相關字、同義字，而且常圍繞在最高級、最戲劇性、最豐富的符號意象層次。除了「領航者」（beacon 或 navigator）、「平衡者」（equalizer）、「催化者」（catalyst）、「主角」（protagonist）、「干涉者」（interloper）之外，還有潔西卡常用的「推動世界者」（world mover）、「震撼世界者」（world shaker）、「行動者」（activist），還有校園中常聽或看到的「領隊」（captain）、「對話者」（interlocutor）、「裁決者」（dominator）、「十字軍」（crusader）、「變革管理者」（change manager）、「開路人」（trail blazer）、「尋路者」（pathfinder）、「先鋒」（forerunners）、「拓邊者」（boundary-pusher）、「創新開拓者」（ground-breaker）、「催生者」（usher）、「看守者」（stewards）和「英雄」（hero）等。這些名詞，都指一個顯然孤高、清楚己身目的的情勢製造者、環境改變者，他／她可能站在眾人前面、旁邊或者後面，個性可能高瞻遠矚，或者強悍險詐，或者溫暖友善，或者以上所有，總之

---

[34] 參見 Office of External Relations (1998)。

[35] 英文裡 "mission" 與「天命」、「使命」、「任務」意義相近，也代表「教會所在」。

[36] Office of External Relations (1998)，頁 6。"To advance the education of children and adults around the world, with special emphasis on creating the conditions for all children in the United States to learn at much higher levels."

，這個人不是面目模糊的「大眾」之一，而是在眾人之前、之外、之上的「領袖」。

與這些「領袖」相關名詞並行的，還有很多相關的動詞，例如「改革」（reform）、「創新」（innovate）、「衝擊」（impact）、「再架構」（reframe）、「挑戰極限」（push the envelope）、「倡議」（advocate）及「創造性思考」（think creatively）等等。當然也有負面的嘲諷性形容詞，例如「象牙塔」（ivory tower）、「自以為是」（so full of themselves、self-righteous 或 pretentious），以及帶有貶抑意味的「菁英化」（elitist）。看田野中出現的這些辭令可以領略，學院所謂「領袖」，並不一定是臺灣所謂的「層峰」、「長官」、「成功者」或「富人」，聖戰領袖可能不是長官，可能並不成功也不富有，但是堅守原則、付諸行動，而且，具有聖戰色彩的英雄，是開天闢地卻不見得為人們普遍接受的先鋒人物。這一點，也可以見諸學院學術研究的整體表現。

第二次大戰之後，哈佛教育學院在美國教育界的聲勢，很快地回升，主要是因為教師人數大增後，研究成果開始展現。我訪問院內人員，並檢視參考特藏室的資料，自行列出下列我認為最具代表性的幾項成果：主導美國公立學校的反種族隔離政策（如 Harold Howe II）、推動美國教育公共化的「初等與中等教育法案」（Elementary and Secondary Education Act，簡稱 ESEA，主要人物 Francis Keppel），研究英文閱讀致力提升美國國民識字率（如 Jeanne Chall），參與平衡文化與教育落差的兒童電視節目《芝蔴街》之製作（如 Gerald Lesser），打破文化熔爐的迷思倡議尊重文化差異（如 Nathan Glazer），在六〇與七〇年代振臂疾呼道德教育的重要性（如 Lawrence Kohlberg），批判性別差異在教育研究中被忽視的學術傳統（如 Carol Gilligan），調查美國教育現場之真相而顯示多項教育迷思（如 Sara Lawrence-Lightfoot），探討世界各地教育與社會之關係以促進跨文化了解與文化超越（如 Robert Le Vine），研究口語、語言與識字能力三者之發展及

其與社會文化發展的關係（如 Catherine Snow），反對單一化的智商與測驗並提出智能是多元的觀念（如 Howard Gardner），提出道德智慧之概念以處理陷入危機之青少年教育問題（如 Robert Coles）。

這些教授中，很多是臺灣教育界耳熟能詳的大人物，面對學院近百年的歷史及無數著有成就的人員，這些樣本必然失之太簡，然而對本研究來說，最重要的，是要指出這些教師們在學術界的開創事蹟，亦即他／她們為無數不認識的人的福祉而獻身的工作，就是學院學生的聖戰角色範本。上述哈佛教育學院的教師，很多本身就是哈佛大學或者教育學院的校友，他／她們的工讀生、實習生或研究助理當然也是，這群人一代代接力進入美國以及世界教育界的領導階層，參與尖端工作，主導教育政策與思想，造成全球性的影響。在 2008 年教育學院的院刊主題是健康與教育的關係，由麥卡尼院長寫的前言裡，可知學院認為的學生模範，是做什麼樣事業的人：

> 在這期 *Ed.* 中，你可以讀到幾位在健康相關領域裡工作的學生和校友，
> 譬如說，一位在奧勒崗州工作的神經外科醫師。很多人則是在健康相關
> 的計畫案中工作，譬如說，一位博士生正在幫助坦桑尼亞的街頭流浪兒
> ，另一位在紐約市探索導致 HIV/AIDS 的涉險行為及心理經驗，我們的
> 一位學生還協助太空總署（NASA）思考，如何教育太空人了解憂鬱症
> ，並且互相診斷發現這個問題。[37]

人的社會不斷演變，教育上的聖戰，永遠沒有完結的一天，每個人只是接力長跑中的一環，因此哈佛教授追思禮上，最常聽到的，是以「未完的事務」（unfinished business）[38] 來喚起後起者繼續奮鬥的力量。「未完的事務

---

[37] McCartney (Summer 2008)，頁 3，前言。

[38] 例如，Walsh (Winter/Spring, 1999) 報導，在柯伯格（Lawrence Kohlberg）驟逝一週年的紀念會上，嘉德納以 "the 'unfinished business' of a figure who was larger than life." 來描述其人其事。

」，可說是一種永恆地指向未來的生活方式。聖戰概念的根源與西方文明幾乎同壽，從希臘哲學的二元論，到基督宗教的原罪，到尼采的存在本質等，是西方具有主導性的價值體系。在此意義下，聖戰角色模範們在教育學院裡的工作，是要培育賡續聖戰的種子。不過，哈佛培養的，不是螺絲釘或小兵，而是大小聖戰的領袖（leaders），這種領袖不只是以血統（哈佛的血統）領導，並且是以想法（idea）領導，領袖的風格則是對話（dialogue），不是宰制，但很明白地，領袖是領先的，是推著、拉著大家向前進的那個人。

哈佛大學──三宇宙的交會處

　　明星宇宙、公司宇宙與聖戰宇宙，都是哈佛大學。哈佛大學不是三宇宙的總和，哈佛大學是三宇宙運作的共同場域。三宇宙，一個是亮麗高貴的氣息與包裝，一個是金權森嚴的結構與管理，一個是救贖者的熱情與勞力，表面上看起來迥然不同，學生也不一定理解其作用。然而根據我的田野觀察與訪談，學生來教育學院的目的，基本上，是要加強自己想要的能力，以增加自己進入理想行業或位置的機會、增加自己未來的收入、讓自己接近期待中的生涯，或者因哈佛的教育經驗而拓展出來的新生涯。他／她們進入哈佛之後的旅程，會無可避免地與這三個宇宙交錯，有如洗禮一般，三宇宙將在無形之中改變他／她們。進入哈佛之後，一切均將改變。

　　三宇宙是哈佛的三個截然不同的面向，但各有軌道，各有各的骨架血肉與靈魂，三者平行而互相襯托，使哈佛的同一個人、同一件事，在一個宇宙中是實的，在另一個宇宙中則可能是虛的，更可能既真又假、既不真也不假；三宇宙互相之間，既是主、也是輔；同時是表象，也是本質。在現實生活中，三者交互或同時作用的情形，時隱時顯，難怪撲溯迷離。更甚者，如果完全由其中一項著眼，必然經不起檢驗而被推翻，只見兩者，仍舊破綻百出

。非得三個一起交錯著看，方才略得概要。

　　三宇宙之間差異如此大，又同處哈佛之中，矛盾是必不可免的。一個著名的例子，是南非投資事件。1978 年，哈佛投資獲利的對象中，有許多是與南非白人政府做生意的公司。消息傳出，校內外輿論要求哈佛撤資（divest），以示對南非種族隔離政策的反對立場，哈佛的明星聲譽因此受到來自各方的強大質疑。著名的種族問題協商者、黑人政治名人傑西‧傑克森（Jesse Jackson）牧師應邀來校園串聯演講，當天波克校長（Derek Bok）並未露面，引得各方更不諒解。一位作者推測，其實身為哈佛的校長，波克必須考慮不少因素，許多哈佛的捐贈者與朋友在這種公司工作、學生與家長可能靠投資這種公司來繳學費，哈佛撤資的影響遠大於哈佛本身，而管理大學基金投資計畫的工作，本已極為敏感而且複雜，校長必須考慮是否會使這項工作受到額外的負面影響。[39] 也就是說，即使哈佛因為違反了聖戰宇宙的主題，而遭到攻擊，它的反應並不能只因明星宇宙的壓力而定，還要考慮公司宇宙的角度。

　　另一個例子，則直接與教育學院有關。好萊塢影星、反越戰運動者、有氧體操大師，也是媒體大亨泰德‧透納的夫人珍‧芳達（Jane Fonda），於2001 年 3 月 3 日，宣佈捐贈一千兩百五十萬美元給哈佛教育學院——學院有史以來最大一筆捐贈，成立一個研究中心（全名 Harvard Center on Gender and Education），研究因性別而產生之學習與發展差異。珍‧芳達在哈佛俱樂部接受《紐約時報》訪問時說，她相信傳統的性別角色是許多教育問題的源頭，包括為什麼男生使用禁藥 Ritalin 的可能性是女生的兩倍，以及為什麼中學女生不再在課堂上發言，為此，一部分成立中心的錢，將用來成立一個教授講座，以她最敬佩的學院性別研究教授 Carol Gilligan 命名。在此之前與捐贈消息見報當天，珍都應邀來學院演講，分別發表她對女孩及男孩教

---

[39] 見 Vingeland (1896)，頁 103-104 的描述。

育的想法。[40] 六天之後，一位女性學者在《華爾街日報》上發表評論，批評 Gilligan 的研究站不住腳，說美國青少女其實享有世界上同齡女孩中最大的發展空間，並不適合以 Gilligan 所謂「溫和而善良」（nice and kind）這種刻板印象來描述，而美國男孩的不良行為與暴力，經過三十年研究的累積，已知與父親的疏離關係大過與母親的分離因素，她質疑教育學院接受這份贈禮，是為 Gilligan 爭議性的理論背書，而一位影星對此理論的崇拜，並不能使此理論更具學術說服力。[41] 不但如此，這名作者還點名院長與一位副校長，要哈佛的公司宇宙拿出道德勇氣，不要見利忘義。[42] 以本研究的目的而言，重點不是這些批評的正確與否，而是由批判力道之重可以看出，外人似乎也能體會明星宇宙、公司宇宙與聖戰宇宙合體的力量，毫不懷疑此一研究中心將產生的影響，不但如此，批評者能利用三宇宙互相間的矛盾，進行批判。

　　到了 2003 年 2 月 4 日，《紐約時報》再次報導，哈佛教育學院的發言人對外宣稱，由於股票市場長期低迷以及哈佛大學對設立研究中心的新規定，哈佛教育學院與珍共同決定，由教育學院歸還珍已捐出來的六百五十萬美元的用剩部分，發言人並且說，由於利率下降，珍將不能完成其餘的答應款項，教育學院留下來的部分捐款，將用來支持一個特別的課程，以提升教師對性別、種族以及階級因素對學生學習的影響的了解。[43] 我探詢院內教職員的說法是，珍有部分的要求相當強勢，影響了中心未來學術研究的獨立性，大學方面不同意捐贈者如此強力介入的作法，原公佈的中心主任因此不願就

---

[40] 《紐約時報》報導，標題 Fonda Donates $12.5 Million for Gender Center at Harvard，By Kate Zemike，Late Edition (East Coast)。New York，N.Y.: Mar 3, 2001，版 A7。

[41] 《華爾街日報》報導，標題 Taste: The Fonda Effect — Harvard gives bad ideas new life. How? By taking a celebrity's money，By Christina Hoff Sommers (Eastern Edition)。New York，N.Y.: Mar 9, 2001，版 W15。

[42] 同上。

[43] 《紐約時報》報導，標題 Harvard is Returning Donation from Jane Fonda for New Center，By Sara Rimer，Late Edition (East Coast)。New York，N.Y.: Feb 4, 2003，版 A14。

職，其他教授也不願意接手，全案只好懸宕。真正的原因為何，並非本研究之重點，重要的是，從三宇宙的角度來看，明星人物珍做了符合她形象的驚世捐款，公佈之前，請珍風光地到哈佛來演講，捐款消息公佈時，教育學院招待記者、出專刊，以明星宇宙的排場招待珍，然而募款與行政人員一番辛苦耕耘最後卻功虧一簣，是由於未能滿足聖戰宇宙對思想獨立、行動獨立以及為大眾福祉、而非個人主見而研究的要求。[44]

　　三宇宙間的矛盾正可突顯三宇宙的存在，以及三宇宙間之互動對了解哈佛事的重要性。不過，讀者們請不要誤會，總的來說，上述三宇宙間矛盾的情況並不多見，是故發生時常會躍上報端，大部分的時間，哈佛大學是享受著三個宇宙一起發揮的能量的，而學生所受的洗禮，也是在三宇宙共同且交錯的作用中進行著的。

　　哈佛富貴崇隆的面貌，必須有現實的資源去維護，還要有理想才有靈魂，有道德才有合法性。換個角度來說，哈佛龐大的行政隊伍需要老店的金字招牌與高遠無私的意義，來共同維繫與號召，而且工作要有果實、任務要有內涵，才留得住高品質的教職員工，有好的教職員工才撐得起宏偉的格局。再換個角度看，哈佛教育學院做為一個教育學術社群，需要使命感來驅動，需要神聖的目的來插手人間事務，也需要神話、巨大的資源與強悍的執行力做後盾，以使志業成真，如此學術研究才不致淪為空談，才能產生應有的影響，領先群倫，增益明星氣質與金權經營。三個宇宙各有各理路、各有其運作的原則，結合起來，就是美國社會無與倫比的主流中的主流機構，也就是本研究田野中充滿能量的教育場域。

---

44 墨菲院長卸任多年後，教育學院的網站上，仍將成立 Harvard Center on Gender and Education 這件事，列入墨菲的政績中。2006/12/1 下載自 http://www.gse.harvard.edu/news/features/Murphy_highlights06012001.html。

觀察三層次──旅人、AIE、三宇宙

　　臺灣乃至世界的藝術教育，不論是思想、理論、實施、政策，乃至領域範疇之定義與結構，都受到美國現行藝術教育思潮之影響。哈佛大學是美國最老的長春藤學校，長期以來，哈佛與其他美國著名大學的經營，是臺灣高等教育改革的重要範本；哈佛教育學院，是多次排名美國第一的教育學院，院內的「零計畫」（Project Zero，簡稱 HPZ 或 PZ）研究中心，更是美國與世界教育潮流的領先群。在這樣的環境中，哈佛教育學院中成立了 AIE 這個藝術教育碩士班，從一開始，就對臺灣的藝術教育界具有特別的意義。AIE 的成立，不只代表哈佛大學三百多年來，首次對藝術教育領域的明確接納，也代表哈佛教育學院對藝術的價值的肯定，更代表 PZ 在哈佛教育學院裡培養藝術教育人才的首航，本身就具有研究的價值。

　　哈佛這個研究對象，是極為複雜的現代機構，但從人類學的文化相對眼光和民族誌的田野方法來看，哈佛大學與原始部落或者庶民社會本質相似，都是人的社群，都具有可觀察的文化現象，以及進行文化詮釋與理解的可能性。本書就是以長達十年斷續的調查為本，不但要使 AIE 的描述與詮釋，能更緊密地與它所在的環境聯結，也試圖更清晰地編織整個哈佛大學教育的意義，作為了解 AIE 的背景。

　　教育，也是個複雜的東西，內在、外在作用的因素無數，隨時連動變化，加以人人都受有形或無形的教育，人人也都以不同形式進行著教育別人的工作，其作用的情況混雜難辨，因此是個無從徹底追究因果關係的領域。本研究所使用的民族誌田野研究方法，特別長於追索關係、脈絡、深層結構和潛在原則等，因此即使資料五花八門，也能慢慢理出頭緒。本研究透過大範圍、多層次、長時間的方式，目的是尋找文化的規律（pattern）。所謂文化的規律，就是在自然發展的文化場域裡，觀察各種人、事、物的展演，尋找可歸納的、頻繁出現的、足以貫穿各種現象的模式，與當事者反應之依歸，

即使這樣的文化解釋，可能不為當事人所察覺。

1998 年，我正式回到美國麻塞諸塞州劍橋市，開始研究。當時的我，來自臺灣一個相對迷你的師範學院，[45] 這個學校的全體學生，長期享受公費與壟斷式就業保障，除了面對教育部、教育局、同類師院及小學等相關單位之外，與外界的關係平淡，內部則像個父權式的大家庭，成員各就其位、各自努力，生活步調和緩平靜，平日可能有點小願望，可絕對沒有什麼「宇宙」來攪和妝點。說到我個人留學美國的經驗，係侷限於以奧勒崗州尤金市為中心的美國西岸，那是個講求多元主義、環境自覺與嬉皮價值的文化混合體，而我的學術專長則是走長程、低調路線的民族誌研究，與哈佛的高調、正式、主流、上流的味道，不只是極端不同，應該說是幾乎完全相對。這樣的我來到哈佛，特別感覺新奇。我原始的目標，是要試圖了解教育學院內新設立的這個藝術教育碩士班，名叫「教育中的藝術」，沒料到卻就此陷入三宇宙所製造的困惑、衝突與撩亂之中。上面有關三宇宙的存在與意義的理解，是研究十年之後，才漸漸發生的。

我是個藝術教育者，當初的研究興趣，是想有系統而且深入地了解，AIE 這個碩士班為什麼不稱作「藝術教育」，而稱作「教育中的藝術」？很好奇 AIE 的藝術教育理念與實施狀況，想知道 AIE 葫蘆裡到底賣的是什麼藥？第一年田野工作下來，我至少意識到，透過只有兩個全職工作者的 AIE，無法解釋 AIE 中所發生的教育現象。也就是說，如果我繼續只盯著 AIE 的師生、課程、課堂和日常生活，儘管已經很複雜了，AIE 的故事仍絕不可能明朗起來的。AIE 必須被放在更大的脈絡裡，也就是整個哈佛裡，才可能產生較具洞見的解讀，才足以回答「AIE 是什麼？」這個問題。

這麼一來，我原來「小而美」的研究，就變成「大而可怕」了。我的一年期研究補助，到 1999 年初便已告罄，假期也已用完，面對大量的田野資

---

[45] 2005 年，改制為國立臺北教育大學。

料，我不願放棄。未來即使我有能力自付經費、接受研究時間延長的現實，我還是必須面對此研究的知識論與方法論問題，因此我必須找到一個掌握「哈佛—教育學院—AIE」三者共同的鑰匙，讓我可以在新的研究局面中，突破「大而稀鬆」、「大而粗糙」的危機。如此經過多年斷續的自費研究與日思夜想，到 2005 年我終於領悟到：要了解 AIE，必須將 AIE 放在整個哈佛的脈絡中，而整個哈佛可以以三宇宙的方式來看待。

於是研究做了調整，原先追求了解 AIE 的初衷維持不變，研究問題仍是「AIE 的藝術教育為何？」，但研究焦點放大，改以哈佛三宇宙為田野的新範疇，但將 AIE 的脈絡放在「哈佛—教育學院—AIE」這條關係軸上，排除其他我無能為力的部分，然後將田野資料分為三個層次來檢視，也就是個別的人物（如特定的 AIE 旅人）、團體（AIE），與大環境（三宇宙）。三層次之中最大的那一層，也就是「三宇宙」這個田野大環境，已於本章到此之前的四節，做了初步的介紹，個人與團體這兩個層次，都會在此基礎上，陸續說明，以準備回答「AIE 的藝術教育為何？」這個問題。下一章，我要撇開充滿傳奇性與象徵性的三宇宙，先降到日常生活的層面，去看看田野中比較平實的一面，並討論幾個不斷出現的主旋律。

2

日常生活——進入田野

　　明星宇宙、公司宇宙、聖戰宇宙是我到哈佛很久以後，才穿透表象而發現的符號意義，在田野的日常生活中，實際上並不具有這麼高大的面貌，我接觸到的是活生生的人與事，細瑣而理所當然，有時顯得刻板枯燥，並無三宇宙那種動人心弦的力量；然而，幾個了解 AIE 的相關概念，正是在這樣的情況下累積出來的。

學院

　　我在教育學院內進行田野工作，事前雖然提出計畫，經層層批准，但是實際進行時，完全要看當下的情勢與條件、雙方的互信程度、個人的直覺判斷以及對場域的敏感度。我不小心踏入陷阱的情形不可勝數，每一次錯誤都要付出或大或小的代價，也學到寶貴的經驗。這種親身體驗，讓我可以同理哈佛大學教育學院內生活的另一個層次，一種不具有象徵性或隱喻性，而是實實在在的互動與存在。以下的描述，是來自我個人的觀點，也是來自我個人的文化背景的觀點，因此是以我為中心所作的觀察。

　　除了沒有發言權的硬體管理人員與臨時人員之外,院裡的權力結構大致可以分成三方,在本書中,三方合起來泛稱「院內」、「院內人」或「院內人士」。第一方是影響力最高的一方,是終身職、非終身職教師與專業行政主管這一群,其有力的程度,與前面所說公司宇宙的聘任等級、以及行政層級大致呼應。除了其中專業行政主管態度比較低調之外,這群人的特色,就是個性強,有很高大的自尊與權威,慣於一言九鼎,他/她們說話直接、不拐彎抹角、不迴避質疑與衝突、一針見血。他/她們是公眾人物,會應邀上媒體講話,有如院的公共財,任何人包括院外的人士都可以求見或者與之以電子郵件求教,但與他/她們真正的互動、面談,須先通過他/她們的秘書或助理。若能訂到約會,時間以十至十五分鐘為原則,超過這個長度要有特別理由。見面時,言簡意賅說完最好,否則時間一到,助理就會敲門暗示、明示,請您移步,再賴下去,連教授也站起來往外移動,並握手說再見了。

　　在院內,終身職或非終身職教授與專業主管們所形成的第一方,基本上是不與第二方的行政職員、或第三方的學生混處(mingle),也不做公事以外的生活交流;一面是大家都很忙,另一面可說是要脫干係、避免爭議,但第一方與第三方是師生關係,出於公共的學術互動責任與義務,就比與第二方同仁的關係要接近。至於第一方內部,據我所知,教授、主管們互相之間,除院長家裡舉辦的正式社交活動,之外並沒有太多時間廝混,公餘私下的社交也不多。即令如此,微妙的交流仍隨時在進行。它的方式是,透過大小會議、輔導學生時聽學生的描述、助理的轉述、學校及院內刊物的報導、小型活動場合的耳語、以及公開學術專題演講的內容,都可以接觸到各自最新的近況與研究情形,時間一久,即令是很片斷的資訊,也已足夠各自形成印象,以及相對應的態度。

　　純就做學術研究的教授(包括兼院長閣員者)來說,他/她們還有一個與學院並不一定相關的圈子。學術研究與寫作上通常有一個不明說的習慣,就是當要引用他人文獻時,會引用已知學術聲譽好、學術態度穩定的同僚,

大家長期互相引用對方的研究成果，必然形成親密的「引用圈」（quoting circle），這也許是一種學術上的保守態度，甚至是學閥現象的一部分。但我在其間一陣子之後，也能了解，將自己的學術聲望建立在「來路不明人士」的著作上，除非經過仔細查證，否則相較起來，倚賴「引用圈」還是要安全方便許多，因此是個學術界常見的現象。以哈佛教育學院來說，這個引用圈子並不只限於學院內的研究者，還包括鄰近學校以及全美同等級大學院校內的同儕同行，圈內成員互相之間是最佳的學術讀者、學術判準與學術回饋夥伴，同時也是學術研究與政策影響擴散的自然起點。參與這種圈子，有助於了解自己專業上的貢獻何在，甚至激發新的方向，這些情況都會導致著作理念上互相沁潤的效應，但作者間並不需要隨時直接接觸，可以靠閱讀圈內重要期刊與出版品，來達成實質的參與。

第二方是各種行政職員。如果撇開流動性的人口不談，純就其中久任者而言，則第二方與第一方人員的最大差異，不是在工作內涵，而是在思想與價值觀上。第二方人員比較接近我在奧勒崗大學見過的，那種追求內在自覺與精神完足、講究社會和諧與公義，會為環保而騎腳踏車、為護生而吃素、為愛和平而遊行等等的人。在院裡待了一陣子之後，我可以略看得出雇用這種人的好處，他／她們誠實勤懇，會自我要求、自我設限、認真服務，是哈佛可靠的日常基石，甚至是哈佛良心的支柱。相對的，哈佛也提供他／她們一個可以隱身其間、安身立命的所在，提供具有智力與道德挑戰性、能發揮善良影響力的崗位。我不是說，第一與第二方人員個個都有如我描述的一致特徵，但是由於比例多得令人驚訝，讓我覺得似乎有一個無形的安排，讓乍看之下極端對比的第二方人與第一方人員結合起來，互相尊重、互相制衡、互相補足，共同形成了哈佛教育學院，以及哈佛其他各學院的體制。

第三方人員是學生。學生是學院的顧客，他／她們雖然集第一方與第二方人的注意力於一身，但基本上是不同程度的過客。學生之中，博士生的說話地位，比碩士生高，不止是因為博士生的專業性高，也是因為待得久，與

第一和第二方都有長期的交流,熟悉院內的一切。相形之下,碩士班學生數量雖然龐大,但除了少數半時生可以待到第二年之外,每年都換一批新面孔,個個忙於應付新環境的挑戰,無暇社交。有關博士生的洞察力以及包括AIE在內的碩士生的學習狀況,未來會有幾個專章提及,在這一節,我先談第一方與第二方間的互動。

在臺灣,我工作的學校是個公家單位,一切的決策或變革,表面上講的是法規與流程。校內若有改變,其大原則是一層層往下知會,小的作法則是一層層往上簽准,在整個層層簽核的官僚體制中,原創性與冒險性的建議,會逐漸消失,權力與責任都分散由集體承擔,每個人也都在大量法規的管制與保障之下,誰也拿誰沒有絕對的辦法。因此在我的大學中,任何改變,小者或可成,大幅度者若非紛擾許久,就只有等更上級的裁示了。在這種情況下,改變不但很困難,而且很容易孳生一種個人在體制性運作中的非正式空間,早期叫「協調」,近年則有所謂的「喬事」,都是指一種人治的、檯面下的、私相授受的、規避監督的密室政治,但由於不循規章,一般同仁也是不得其門而入的。

哈佛大學和教育學院則不同。從未來將會介紹的不同年段教育學院結構表[1]的差距,可以看出來,大學和各學院大大小小的變革頻繁,幾乎都可獨立推動,變化既深且廣,使我每次到達田野,都要重新適應各種新狀況。哈佛是私立機構,而且是立國前即已存在的機構,不受美國各公私立調查機構或陽光法案規範,內部沒有統一的格式化公文書,沒有固定的行政程序,沒有對其有絕對影響力的外部勢力存在,一切文件事後皆送專屬庫房封存,視機密情況,數十年後才得公佈,公佈之前外人幾乎無法調閱,因此即使院內最重要的會議上,除了像經費預算這類明確的案子,是需要採取表決通過的手段之外,其他的一切都是以「商議」(negotiation)的方式進行的。

---

[1] 參見附件表一、表二。

　　「商議」這個字的動詞用法，可能是比較基本的：如 to negotiate a solution（協調各方以擬出一個解決方案）、to negotiate and resolve a conflict（透過商量來解決爭端）；可能比較技術性：如 to negotiate the language（弄懂專有名詞並自如地運用之）、to negotiate the libraries（搞清楚圖書館的各種設施與服務項目）；可能是比較籠統的：如 to negoiate a rough terrain（在困難中找出路）、to negotiate the rules（和各種規範纏鬥以完成自己要做的事）；也可能是比較抽象的：如 to negotiate personal identities（尋找個人的認同）、to negotiate the powers（與各方勢力的折衝）。也就是說，to negotiate 這個動作的對象，是各種內在或外在的困境。

　　再看田野裡，與 negotiation 有關的英語字彙與概念，約可大分為三類，第一類是課題建構類，主要是當事者秉持心中信念去定位、拿捏眼前的挑戰、發現問題、思考解決之道等的字眼，例如：reflect（反思）、problem finding（問題尋找）、reconsider（再思考）、recreate（再創造）、redefine（再定義）、reframe（再架構）、reorganize（再組織）、decoding（解碼）、planning（規劃）、propose（提案）、initiation（發起）、revise（修訂）、drafting（起草）、critical thinking（批判性思維）、envision（描繪願景）、reinventing（再發明）、reconceptualize（再概念化）、refashioning（再模塑）、grappling（深入玩味）等，以及一些較具隱喻性者如：wheel and deal（操弄）與 world making（創造世界）。

　　第二類是手段類，主要是當事者為了解決問題、實踐理想的各種行動方法、情狀與策略，例如：feedback（回饋）、problem solving（問題解決）、voicing（發聲）、elaboration（細說）、provoke（挑釁）、justification（說明道德性）、rationalizing（說明合理性）、promote（推動）、lobbying（遊說）、resonate（迴響）、networking（建立人脈）、exchange（交換）、interact（互動）、dialogue（對話）、cooperating（合作）、allying（結盟）、coalition（同盟）、collaborating（合作）、innovating（開創）、creating（

創造）、discussing（討論）、partnering（結為夥伴）、resolution（決議）、compromising（妥協）、reinforce（補強）、pushing for（推行）、securing resources（鞏固資源）、consensus forming（形成共識）、conflict management（衝突管理），conflict（衝突）以及具有隱喻性的像：thinking outside the box（跳脫框架的思考）、wheeling and dealing（操弄），ways of world making（創造世界的方法）與不流血的 war（戰爭）。

　　第三類是功能角色類，主要是代表懷著特定理想或使命感出來主持或倡導商議的人，例如：leader（領袖）、reformer（改革者）、agent of change（變革者）、advocator（倡議者）、conflict manager（衝突經理人）、interloper（干涉者）、catalyst（催化者）等，以及已提過的那些領袖的隱喻，例如：world maker、captain、crusader、trail blazer、pathfinder、forerunner、boundary-pusher、hero 等等。

　　三類字詞中的前兩類，一是知的，一是行的，互相間是循環運用的，比如說 reflect 的結果可能是 feedback，feedback 之後，又需要 reflect 了，或者problem-finding 與 problem-solving 之間的來回，但有些時候，同一個字可以混用，譬如說 planning，可以歸在第一類或第二類，端看內容而定。有趣的是，這些字對中文而言，幾乎全是外來字，而且英文的分化上，比中文細密得多。這讓我意識到，在英文中，具有主體開創以及團體共榮意味的商議字彙數量，是多於中文的。不僅如此，許多在哈佛情境中被認為是與商議相關的字眼，在中文意義裡，互相間似乎並沒有那種緊密的關聯性。

　　田野中，這三類字詞的基本意義，都指向一種在人群中尋找最佳——皆大歡喜或者可被接受的——解決方案與共識的工作。商議最重要的條件就是由一個人來發動，這個人，常是一個抱持某種公共性任務、使命感與改變藍圖的倡議者，而他／她商議的目的，是要達成讓自己能滿意的目標，不管這個目標是實質的公共利益，還是一種較佳的個人情狀。在團體的情境中，對方的利益也要重視，否則商議無法進行下去，發動者的私人利益，則只是商

議中可有可無的副產品，因為原理上，在會議桌上的提案如果能獲得認可、實現，對發動商議的人來說，他／她便已經得到他／她所要的了。在個人的情境中，商議是為了在自我與環境之間，獲得心理上新的平衡與適應，結果比較是由個人評斷。不論如何，商議如果完全只是為了私利，或者中途模糊了理想，都算是一種失敗，被認為更糟糕的行為，則是堅持己見、關閉商議之門、拒絕商議。

　　不管是團體情境，還是個人情境，商議都和交換（exchange）有關，兩者都是一來一往追求雙贏，但差別是商議的核心精神在於，發動商議的一方是為了改變對方而發動商議，是為了將自己本來的期望，以最少的程度妥協獲得實現。商議也和政治（politics）有關，兩者都代表在民主環境中以和平對話來推動變革，但商議比較中立。商議的玩家可以只有一個人──比如說商議自己的心理狀態時，可以由一個人發動，帶有改變他人的意味，若說政治則偏指多數人參與的遊戲，同時比較有黨派或策略性的意味。商議又與民主有關，美國式民主的重要主張之一，就是透過商議來造成改變，其他透過強制、脅迫、恫嚇、武力的手段，都不是最高政治能力的展現，也不是最先上場的手段。要釐清的是，哈佛所見之商議，不是從被商議的對象或群眾而發，而是從發動商議的這個人的角度，來看商議。最後，商議與聖戰有關，哈佛的商議，不管是包裝也好、藉口托辭也好，要發動得起來，必須超越個人，必須從一個公共議題開始。若理想性高，範疇大到接近永不可能完成的地步（像掃除貧窮與文盲、維護生態與文化多元性等），就是合法性最高的聖戰了。

　　在哈佛，商議很常見，而且有著多采多姿的運作方式，不論明的、暗的、個別的、集體的，都可以是商議的形式。比如說，校長的意思經與各院院長討論後，院長們可以自行詮釋實施；院長的計畫，要和內閣以及院內的終身教授討論，尊重他／她們的意思來做修訂；院務會議很少正式的提案與結論，多是討論案，會上很少直接爭論，也罕見追究是否確實執行，因為建議

是商議的一種形式，建議的人永遠可以建議，聽的人不一定要照做，全看各自拿捏，留下繼續商議的空間。表面上，這樣一個一切可談、一切可變的世界，似乎欠缺原則或者太過於彈性了，其實，缺少原則正可開放商議運作的空間，保證商議會持續，可以讓商議者放心參與商議。況且，只有在極其彈性的環境中，才特別需要商議的遊戲。

在哈佛教育學院裡，不管是結構的改變，還是院內個人生涯的變化、集體或個人意志的遂行與否，乃至單位的存廢興衰，皆隨時可能發生，不能大意。為了防止自己陷入困境，不論是第一還是第二方，每個人都很在意資訊的掌握。當不成文地運作時，任何事物的意義都可小可大，全看當下各方的默契與詮釋，以及接下來一步步的漣漪效應，有時節骨眼上一句話、一種說法，可以發生不可思議的效用。無怪在這種環境中，人人都小心翼翼，有很高的資訊敏銳度，每個人都隨時隨地交換資訊，建構商議的基礎。而商議的勝利者，勝利的原因與其在院內的身份地位並不一定直接相關，而是看商議的過程中，其對資訊的掌握，以及個人累積的商議籌碼而定，比如說在院內的人脈廣度、道理的強度、立場的包容度、道德訴求的高低程度等等。

在田野較早的時候，有一回，趁著五分鐘的下課時間，潔西卡與我趕赴女廁，只見裡面熙來攘往，沖水聲不絕於耳，潔西卡就在洗手檯前介紹我認識另一位也正在洗手的教授，廁間雖然寬敞清潔，但這種情況還是令我有點發窘。潔西卡見狀笑說，我這個民族誌學者應該注意到，學院裡的重要社交場所是洗手間，當時我只當她是開玩笑。漸漸地我發現，純交誼在院內忙碌的生活腳步中很少，但是交換資訊的活動，卻是隨時在進行著的。

再譬如之後的某一天，我踏出隆斐勒樓（Longfellow Hall），看見樓旁街角上一位院內人員正和一位同事說話，遠聽音調有點激動，她的眼角瞥見我，跟我揮揮手，我就轉過去站在旁邊等著和她打個招呼。旁聽不久，我就很驚訝地得知，她今早兩小時左右之前被解聘了。當然，她的驚訝比我大多了。她不斷地說事前她完全沒有訊息，完全不知道會這樣，回想之前雖曾有

改組之議，但是這在院內很平常，誰也沒說要裁撤整個辦公室，並且解聘所有的人云云。她說她與同事都屬於約聘，從兩星期前就一直聯絡主管，要談續約的事，但很奇怪地，卻一直聯絡不上，直到今天，終於見上面，卻得到如此一個壞消息，說是上面做的決定。現在，她必須馬上打包，還要立刻思考接下來將如何，她喃喃地說不想離開劍橋，她和她的夥伴處得很好，在這裡交了很多朋友，她想會先休息兩個月，看看有沒有其他機會等等。我的心情有點受影響，我知道哈佛大學是個私人公司，上自校長，下至員工，沒有人是絕對穩定的，但是當時我的感覺還是很不安。接下來，我經過一個辦公室，裡頭的人見我若有所思，問我怎麼了，我估量這事也不是秘密，就簡單說了這個消息後離開。到了下午，我經過同一間辦公室，裡頭人告訴我，他／她得知這個消息之後，立刻以電子郵件通告了幾個院內的朋友，由此引起了一陣網路上大規模的查證和意見交換，很快地，某種結論出現了：大夥不認同這種無預警、不經公平對話就粗糙執行的辭退方式。

我當時不知道這樣的意見，有什麼意義，但看後來各種哈佛第一方人物（包括薩摩斯校長）請辭事件的種種前因，很大一部分就是與這種小型個別事件的街談巷議有關，[2] 顯示第二方人員的意見一旦引起第一方與第三方某種程度的共鳴，累積起來，事情就不簡單了。話說當時，那是我第一次感受到，與第一方人員比較起來似乎微不足道、人微言輕的第二方人員，潛藏著某種龐大的集體力量，他／她們合起來，有如一個資訊交換與商議平臺，這個平臺，不一定只是維護小人物們的自身利益，也維持哈佛資訊圈內的某種

2　薩摩斯（Lawrence H. Summers）校長有關女性、種族、課程等的發言，引起校內人士軒然大波，雖然有許多人支持他，說薩摩斯的這些發言都被放大扭曲了，但多次事件演變的結果仍舊導致他的辭職。相關新聞很多，案例可見 *New York Times*，Alan Finder & Kate Zernike（2006/2/21）撰寫之報導，2008/8/11 下載自 http://www.nytimes.com/2006/02/21/education/21cnd-harvard.html?_r=1&scp=13&sq=Lawrence%20Summers&st=cse&oref=slogin。2008 年哈佛校友歐巴馬當選總統後，邀薩摩斯擔任其財政部長。

「正義」與「秩序」。這個小事件也使我知道，不論第一方還是第二方，乃至第三方，在哈佛，不論地位高低、輕重，都不能豁免於商議，而且代價很高，不能掉以輕心。以後，在很多節點上，都可以感受到這個團體無形的力量。我這邊呢，是使我從此對自己在院內的言行，變得十二萬分地瞻前顧後了。

　　即使在忙碌的教育學院生活當中，交換資訊並進行商議的機會，還是很多。諸如電子郵件與電話中、跨辦公室洽公時、排隊付賬買咖啡時、路上碰面打招呼時、在電梯口一同等電梯時、聽演講開始前閒聊時等等都屬之。這類時間非常短暫，只是幾句話，花不了一分鐘，有時我想拉長說話時間，多講幾句，對方就會道歉說有事要忙，接著揚長而去。當然也有比較長時間的非正式交流機會，常見於院內主辦的活動，比如說教授退休歡送會，致詞前後的社交時間，可以長到二、三十分鐘，這時各辦公室的人都來了，摩肩擦踵混在一起，人手一杯飲料，四處移動，這邊講、那邊講。看現場的聲量非常大，氣氛異乎平常地活絡，即使平日嚴肅的人，也展露出難得一見的笑顏，被歡送的人倒成了次要，主持人要說話，還得高聲引起注意才能打斷並轉移這種專注，使我最初還以為大家真的很享受派對與飲料。

　　當然，院內也有相對激烈的商議型態，但很罕見，而且只限第三方的學生來發動，[3] 發生這種事，意義當然不同凡響，未來會再專節討論。

　　資訊交換與商議的第一個重點是交換，譬如說我提供一項資訊，你提供我你對資訊的初步看法，並附帶一個要求我澄清的問題；我回答你要求的澄清，並請教你的更進一步的意見，一來一往中，如果任何一方停止加碼，交換就停止了。第二個重點是資訊本身的價值與詮釋，在來往問答的過程中，資訊逐漸明朗化、脈絡化，使判斷資訊明暗或層次的商議意義，以及被告知的用意等的社會意義，能得落實，這樣，資訊的附加價值才會提高。第三個

---

[3] 校內其他學院裡，曾有為提高基層人員起薪額度的街頭運動，是由學生發起的。

重點是評估與對方的關係，如果雙方沒什麼交情，見面時動作不必停，嘴裡說些天氣真糟什麼的，自然不用多消耗手上的資訊；如果有一點關係，就會用雲淡風輕地聊幾句，不多表露立場；如果交情好，透漏的就多。可見資訊交換本身，同時具有促進商議的作用，而且也是商議的一部分。[4]

　　另外一個資訊交換與商議的重點，比較不容易看出來，就是資訊交換與商議的對象，必須是自己人。哈佛以外的世界對院內生活不是沒有意義，但是大多還要經過哈佛自己的詮釋，才會發生影響。比如說，像「全球化」這種潮流，在臺灣大家很早就了解其重要性，在哈佛，1991 年時波克校長曾提出，校內反應不熱烈，[5] 要等薩摩斯校長 2002 年上臺，繼續推動國際化[6]之後，各院才漸有明確的動作與迴應，而到 2007 年，教育學院的國際學生人數，才有明顯增加。又比如說美國及世界各地對哈佛教育學院的輿論，要到全美教育學院排行榜的專項分數影響了院的排名，才會讓學院注意。[7] 各方人士若在外面放話呼籲，不會有用，因為哈佛除了自己，不用對任何人或單位負責，但同一批人若願受聘為贊助者、校友或外部顧問，親自飛來參加顧問會議，貢獻所長與資源，就有可能產生影響院內政策的結果。這也就是說，不論是人還是事，都必須進入哈佛的脈絡，接受哈佛機制的公斷，甚至變成其一部分，才可能與哈佛進行商議。此一重點對本研究的意義，將會逐

---

[4] 我做為一個民族誌研究者，並不能分享資訊，也不便過度關切或不關切特定資訊，因此無法很順利地加入資訊交換圈，除了訪談之外，我主要是靠時間累積資料以交叉對照。

[5] 根據 2008/8/11 下載自 *The Harvard Crimson*，1991/6/6，Lan N. Nguyen 寫的報導，http://www.thecrimson.com/article.aspx?ref=240493。

[6] 根據 2008/8/11 下載自 *The Harvard Crimson*，2005/11/7，Lawrence H. Summers 校長的發表 http://www.news.harvard.edu/gazette/daily/2005/11/07-lhs.html，在各項待推動事務中，有一項叫 "Extending the University's International Role"。

[7] 據 *Newsweek* 雜誌 2007 年的評等，哈佛教育學院又名列第一，各項分數中，各級學校教師與基層教育人員的評價，又遠高於其他教育學院，因此拉大了哈佛的領先差距。

漸展現。

下一節要談的，是教育學院中領袖人物的商議傳統、商議的需要以及重要性，並及於他們的發言中，可以歸納出來的「領袖性」與「領袖性」教育之相關概念；至於學生在院中的商議，則將在未來的章節中討論。

商議的意義

商議這個概念，對哈佛教育學院，並不是新事，是自學院的曙光年代，即已展開的實質行動。

在哈佛大學三百多年的歷史中，第一批教育方面的課程，是始於 1891 年保羅・亨利・漢納斯（Paul H. Hanus）。漢納斯受聘於當時的哲學分科（Division of Philosophy），[8] 他的頭銜是「教學歷史與教學藝術助理教授」（Assistant Professor of the History and the Art of Teaching），層級不高。[9] 根據當時的艾略特校長（Charles W. Eliot）給他的任命函，漢納斯的任務包括五項：(1) 就教學藝術與教學歷史講學；(2) 訪視為哈佛大學提供新生的學校，並維持某種禮貌而有益的關係；(3) 主持並為劍橋地區在職教師開授暑期課，並服務大量在暑期時到劍橋來的教師；(4) 參與新英格蘭地區的師資培育機構與教師組織，偶爾也需要跨出此地區；(5) 扮演推動在文理教師團（Faculty of Arts and Sciences）中設立一個新的「基礎師範」科系的推手。[10] 由這五項任務及聘書的旨意，可以看出，大學對漢納斯的一種理論與實務雙線並行，以及做為教育推動者的期許。漢納斯本人對窄化的「師範」（Normal

---

[8] Scheffler (Fall, 1991)，頁 6。亦可見於 Scheffler (September 26-28, 1991)。

[9] Hanus (1937)，頁 109。

[10] 同上，頁 108，原文 "the new 'Normal' department"。在頁 110 中漢納斯說基礎師範在當時是指訓練基礎學校 "elementary schools" 教師的師資培育機構。

）這個概念倒並不感興趣，他自承比較中意五項任務之後，補充的一句話
：「這個〔職務的〕功能是要由你慢慢去創造的。」[11] 他立即開始利用最後
這句話給他的空間，在前往劍橋市赴任的路上，四處串聯各地的教育領袖
，了解教育現況。[12] 有更高的期待與野心的他，與芝加哥大學的杜威（John
Dewey）和布朗大學的傑可布（Walter B. Jacob）三人一起成立了「全國大學
教育學教師會」（National Society of College Teachers of Education），此會最
初的會員，就是他們三人。[13]

　　1906 年 2 月 27 日，在艾略特告知波士頓地區一群人士說他將要設立一
所中學教師訓練機構之後，文理教師團才投票通過，在團下成立一個教育分
科（Division of Education）。[14] 新的分科內，除了漢納斯之外，還有兩名教
師、兩名兼任講師。[15] 當時所開課程有三個目標，一是為所有校內學生提供
教育課，無論該生是否有意成為一名教師。為了解教育是一項重要的社會功
能，這類課程包括教育史、教育問題、教育原則等，並且是其他課程的指引
與入門。二是為有志於教育工作的學生，及已經在職的教師，提供技術性的
職業訓練。三是為較有經驗的教師，提供未來成為校長與督導、教師訓練學
校教師、或學院教師的相關訓練。所有課程依照性質再分成適合大學部或研
究所階段學生者。[16] 由此可以看出通識性與專業性的教育課程並行，以及教
師訓練與教師晉級為教育領導人之訓練也共存的情形。就漢納斯本人來說，
最重要的是，他隻身超越了原先哈佛賦予他的角色，以自行詮釋的方式，突

---

[11] 同上，完整原文 "In enumerating these particulars I do not suppose that I have done more
　than touch the principal points which are now visible. The function is really one which you are
　gradually to create."
[12] 同上，頁 112-114。
[13] 同上，頁 229。
[14] Harvard University (1911)，頁 5。
[15] 同上，頁 4。
[16] 同上，頁 6-7。

破了任命函的主要內容。

　　其實漢納斯最終的希望，不但不是第一份聘書中所說的成立基礎師範即可，也不只是成立一個附屬於學團性質的分科，或者附帶提供研究所層級的課程，他希望的是比照哈佛的法律學研究院與醫學研究院，成立一個獨立而寬廣的教育學研究院。1903 年當他首次提出這個想法時（教育分科成立之前），使用的支持論述，包括提到哥倫比亞大學及芝加哥大學稍早前已分別成立的研究學院云云，[17] 對於此議，艾略特校長傳來的反應是，公司（The Corporation）與監事（Overseers）都反對再增加學院。漢納斯回信力爭，校長再回信稱，如果漢納斯可以自行籌到一筆可觀的款項，則此事可以考慮。[18]

　　分科設立後，大學部教師訓練課程的註冊率一直不高，繼任的校長羅威爾（Lawrence A. Lowell）認為，主要的原因是學生畢業後工作的收入不高、工作環境也不夠好，[19] 而且社會上與許多校內教師，就如漢納斯入哈佛之前一般，都不認為教育是一種專業（profession），這一直是分科的壓力。[20] 到 1911 年，大環境改變，美國都市化所帶來的青少年問題，引起了部分哈佛贊助者的關注，[21] 同年上任的新分科主任亨利・偉曼・荷姆斯（Henry Wyman Holmes），[22] 也很希望脫離處處掣肘的教師團，[23] 就趁著研究所課程的註冊率穩定時節，與漢納斯一起要求提升單位層級，成立研究學院，以增強教育的專業性。[24] 此議在 1915 年終經法人與羅威爾校長勉強同意，但並

---

[17] 同上，頁 215。

[18] Hanus (1937)，頁 214-215。

[19] Powell (1980)，頁 138。

[20] Hanus (1937)，頁 230 與 Powell (1980)，頁 129-132。

[21] Powell (1966)，頁 81。

[22] 同上，頁 80。

[23] 同上，頁 113。

[24] Powell (1980)，頁 133。

未提供任何實質的資源。1916 年的監察人會議，反而對漢納斯設下許多募款工作上的嚴苛條件。[25] 漢納斯並未因此退卻，一貫積極地對各地慈善家遊說與募款。[26] 到 1919 年，校外的商業界領袖們開始出現一種信念，認為高中是教育美國年輕一代適應二十世紀都市與工業社會的重點，這股共識匯聚為 1920 年共約二百萬的基金，讓哈佛大學的教育分科順利升格為教育學研究學院（Graduate School of Education），[27] 這是漢納斯又一次的勝利。

1920 年教育學研究院成立時，捐款者的用意，也許著眼於社會現象或需求，但羅威爾認為大學部的教育相關課程，應屬通識性質，所有與專業或實務有關的教育課程，應當都只開在新的研究學院，[28] 而且羅威爾比較偏重新教育研究學院在學術研究上的潛力，[29] 這是指他對學院找出教育專業的「一般性原則」（general principles）[30] 有興趣。相對的，院長荷姆斯，則對於教師訓練以外的、特殊化的專業生涯以及服務事業較有興趣。[31]

就以這樣的二元模式，後來的學院歷史家包威爾（Arthur G. Powell）回顧了學院頭八十年的發展，認為哈佛以外的社會與市場需要、哈佛公司的經營文化、哈佛三百多年的菁英教育傳統、與其他領域可相競爭的學術水準、教育學界的理想、技術與現實等，這些重要但截然不同的因素，對應了學院歷史中不同的學院教育定義。他發現學院歷史中曾經照顧到的項目，其光譜範圍極大，從學校教師的養成與進修、到教育專業人士的養成與社區服務、到純粹的教育學學術性研究，到兼重博雅的傳統菁英教育，而且在這個光譜上的每個點之間的辯論不斷，多方之間的角力不停，學院的角色、功能、內

---

[25] Hanus (1937)，頁 221、頁 216。

[26] 同上，頁 221-225。

[27] Powell (1980)，頁 134-136；Powell (1966)，頁 81 與 Hanus (1937)，頁 225。

[28] Powell (1966)，頁 129。

[29] 同上，頁 133。

[30] 同上，頁 83。

[31] Powell (1980)，頁 136。

涵也不斷調整，究竟什麼是教育專業的「一般性原則」，終無定論，所以路線也始終並存。[32]

　　對我來說，由包威爾的觀察可知，商議是自有學院以來就存在的活動。商議的精神深及學院本身的自我定位與認同，不但如此，以學院的歷史發展特徵來說，商議根本就是極為必要、重要的。

　　再進一步來看，這個歷史觀察所揭示的，也可以說是教育這個行業本身的特性。也就是說，教育這個行業，本來就內含著商議的必要性。哈佛教育學院各時期的組織架構、學習進程、學習內涵，均大不相同，在領域內部無定論的狀況下，其授與的學位名稱及修課年限也不斷變化。例如 1924 年，學院成立後四年，院內即開始研議，到 1927 年秋，將學位名稱由一年制改為二年制的教育碩士（Ed.M.）；1929 年經濟大蕭條降臨，1934 年再改為同是二年制教學藝術碩士（M.A.T.），但規定學生只須在校一年，學位是學院與教師團共同授與的；[33] 即使是三○年代，在哈佛及美國各大學校園中，教育做為一個學門的專業地位已見穩固，[34] 很多哈佛教育學院的措施已被廣為引用，[35] 然而在教育史家包威爾眼中，哈佛教育學院仍無法維持一個在美國社會中具有延續性的遠景。[36] 包威爾指出，以一種服務業來說，相較於醫師、律師及較少程度上文理學研究院其他各領域的工作，教育服務這一行的目標及顧客，都較不明確，會隨時間變化而且與常識性的效果評量不太合軌，

---

[32] 同上，頁 272-287。

[33] Sizer (1962)，頁 4-8。

[34] 同上，頁 18。

[35] 同上，頁 31。

[36] Powell (1980)，頁 284。

[37] 同上。原文 "Doctors were to cure illness, lawyers to win cases. Education's services, in contrast, were less specific in intention, less localized in time, and less susceptible to commonsense assessment of effectiveness. Indeed, it was frequently unclear whom the clients or beneficiaries of Harvard's educational services were intended to be."

[37] 此即包威爾所謂「不確定的專業」（The uncertain profession，亦包威爾書名）一詞的由來。包威爾認為，教育這種專業的內在不定性，造成哈佛教育學院有如「一個論壇」（a forum），他說：

> 對教育這個專業不停地進行重新評估；此工作無法使人感覺自信，但對教育整體有貢獻；它是無可避免而且是累人的，但也是學院開闊性、創性及自覺力的來源。[38]

這「不確定的專業」的看法，自 1983 年出現後，開始獲得迴響。兩名加州大學柏克萊分校教育系的前後任主任，可立佛與古德瑞，合作出版了《教育學院》一書，以美國十個具領先地位之教育學院為例，描述它們如何躋身多目標研究型大學（multipurpose research universities）中，在各行同儕們對其學術水準的懷疑裡，力求發展其「專業」地位的奮鬥史，[39] 其可歌可泣之經過，呼應了包威爾的說法。[40] 可立佛與古德瑞同時指出，這些教育學院的存在，是建立在整個美國廣大的教育實務界人口上，尤是小學、中學與高中的教師們。這些學院可說是教師們追求「專業」的教學實務能力，以及整體社會追求向上流動的需求下的產物。[41] 他們認為，教學能力與向上流動所需的知能，兩者皆可稱為「專業」——都在教育領域之內，但有著截然不同

---

[38] Powell (1983)，頁 287。原文 "In the midst of uncertainty, the School functioned as a forum where constant reassessment was not only inevitable and exhausting, but liberating and creative. In the end, Harvard's investment in education as a separate institutional center contributed to the subject and the profession not self-confidence but self-consciousness."

[39] 參見 Clifford & Guthrie (1988)，書中涵蓋的教育學院，包括哈佛大學、哥倫比亞大學、俄亥俄州大學、史丹佛大學、加州大學柏克萊分校、芝加哥大學、愛荷華大學、密西根大學、明尼蘇達大學與耶魯大學。

[40] 有關美國教育學院中師資培育在學術界的低地位問題討論，也可參見以密西根州立大學教育學院（College of Education）為藍本的 Labaree (2004) 一書，該書甚至以 "no use, no harm" 這句話總結美國教育學院因一直與各種不定性奮戰的結果。

[41] 根據 Clifford & Guthrie (1988)，頁 18，1987 年全美中小學教師人數是三千五百萬人。

的意義。前者是指能協助解決教育上的實際問題，表現出具有實際應用性的價值，在此，「專業」是相較於身在不同領域中的高中以下教師而言的；後者是指大學校園中碩士層級以上「專業」的學術研究訓練，重點是如何在校園的政治環境中，維持與法學院或醫學院等，一種平行的合法性地位。對於美國大學教育學院在大學校園同儕的學術文化與基層同行的實務需要之間擺盪，甚至捉襟見肘、兩面不討好的窘境，書中稱之為「一個對自己不確定的專業」（A profession unsure of itself），[42] 論述時不但引用了前述包威爾的文字，而且可說是呼應了包威爾「不確定的專業」及「一個論壇」的觀點。[43]

　　綜合我在田野中的觀察，「不確定的專業」、「一個論壇」以及「一個對自己不確定的專業」這種教育領域自我認同，對哈佛教育學院，至少具有一個意義。它為師生對教育專業進行個人化詮釋之行為，鋪設了良好的環境。儘管，這種商議空間，可能會打破教育學院的專業形象。包威爾、可立佛與古德瑞的討論，都突顯了商議在美國教育圈中，所具有的深厚文化意義，哈佛教育學院當然也不例外。如果對照前章有關哈佛教育學院內資訊分享與意見形成上的對話與討論，可以說，商議不止是哈佛教育學院的必要，也是美國各教育學院的先天特徵，而個人在學院中伸張自我、落實理想的聖戰，根本是反映學院這種歷史結構的。

「領袖性」教育？

　　如果商議是一種冗長、複雜、艱辛甚至卑微瑣碎的過程，它也是個人介

---

[42] Clifford & Guthrie (1988)，頁 11。

[43] 近期出版的 Labree (2004)，對美國教育學院的觀察與論點，也不脫包威爾以及 Clifford & Guthrie (1988) 的基礎。

入公共事務、批荊斬棘的開創過程，商議靠的是一種什麼都可以談、一切都可以改變的信念，以及一種無止境戰鬥的認知。那麼在一個「不確定的專業」裡，商議的面貌如何？

　　前節我已指出，商議是教育學院歷史中不斷出現的主題，造成學院的行政結構、功能、目標等雖然不斷變化，但卻有一項是不變的，那就是學院的願景：培育領袖。漢納斯的回憶錄中提及，1906 年，當他和代表公司傳話的艾略特校長，往返討論成立教育學研究院的想法時，艾略特在其中一封信中直言，雖然他知道好的教學方法與組織能力的重要性，但一個教師所需要的知識與技能，遠小於一個律師、醫生或神學家所需。[44] 對此一負面的評估，漢納斯在自傳中反駁說，艾略特不明白，在一個大學中的教育學研究學院所具有的意義，是其「為培養教育界領袖性的專業學習」。[45] 學院觀察者包威爾對此事的解讀是，艾略特想以法學院、醫學院、神學院的形象塑造教育學院，漢納斯則認為教育學院照樣是培養教育界與社會菁英，但相對於這些其他的學院，教育學院自有其不同。[46]

　　此外，也可以從可立佛與古德瑞有關一八八〇年代的密西根大學教育學院案例的討論，獲得另一個角度的觀點。可立佛與古德瑞認為，漢納斯這種想法一方面是針對校園政治角力對象所做的有力辯解；一方面是回應基層教師轉任管理型工作的市場需求，所採取的有利路線。[47] 也就是說，是各教育學院為了在大學中生存發展的雙贏手段。只不過，兩人說：這麼一來，基層人才不斷向上流動，基層空缺不斷由生手遞補，不斷需得再遞補、再訓練，使教育界陷入因此不斷地缺乏專業水準與專業地位⋯⋯的惡性循環中，相對

---

[44] Hanus (1937)，頁 216。

[45] 同上，頁 216。"professional study for *leadership* in education"，漢納斯提及教育領袖相關的字眼，常使用斜體來加強語氣。

[46] Powell (1966)，頁 84。

[47] Clifford & Guthrie (1988)，頁 64。

地竟也不斷地增強了身在教育界最高層的教育學院不斷地發揮其培育領袖的教育功能。[48]

漢納斯所謂的「領袖性」教育究竟是什麼呢？首先看他在其回憶錄的第十五章，也是最後一章中有關「領袖性」的文字，也許可見端倪。此章標題「為教育界訓練領袖性」，此章一開始時，他先自承是一名「先鋒」（pioneer），經常需要與不了解教育或蔑視教育的人鬥爭。[49] 接著，他提到他心目中，除了要讓學生具備各級、各類教師的基本能力之外，哈佛尤其要為教育界培育「教育領袖」，而所謂「教育領袖」，就是：

不論男性與女性，在他們所得專業資源的基礎上，可能成為教育思想、教育實務（以任課教師、督學與行政長官的身份）、以及教育研究的領袖。[50]

漢納斯進一步解釋說，他希望哈佛訓練的人才，

不只是一個專業規律的自發工作者，我們可以期待他們成為有智慧的、積極的公共意見塑造者，以及教育理論與實務的有效領導人。[51]

注意漢納斯心目中的教育領袖，很明顯的是商議型領袖，其「領袖性」，不是顯現於領軍打仗或者開疆拓土的血汗工作，而是顯現在現代民主社會裡，透過在群體中商議，催生變局的人，而且由於漢納斯的領袖是「先鋒」，因此領袖的商議，不免有著說服他人達成領袖本身認同但不見得受歡迎之結果的意味。對照漢納斯在此章接下去試圖傳達的內容，「領袖教育」反映了哈佛菁英教育的精義，並不僅止於一種世俗化的成功定義，而是一種超乎

---

[48] 同上，頁 15-17。

[49] Hanus (1937)，頁 229。原章節名是 "Training for leadership in education"。

[50] 同上，頁 233。

[51] 同上，頁 233-234。漢納斯書中，division 和 department 是交互使用的。

勤奮工作或擁有專業知識的境界，是希望培養具有某種個人性、主動性、開創性、先鋒性的公共事務說服者，這不但設定了領袖並非天成、領袖可以培養的的前提，同時也描繪出，在民主的社會中、在極端多元化、去中心化的美國教育體系裡，又處於一個「不確定的專業」中的一個教育領袖，應有的形象。這整套概念，在某種程度上，我想也反映著學院創立者漢納斯的自我期許以及他的親身實踐，還有他對好友杜威的進步主義教育哲學——以教育服務社會——某種程度的呼應。

綜合漢納斯在該章中的說法，教育領袖是要「……對教育專業的實務、新觀念或政策做仔細的分析以及評估……」，[52] 並了解「教育領域內科學性的過程」；[53] 應該兼顧博雅教育（liberal education）與職業教育（vocational education）的要求，[54] 提供學生有關教育與個人的所有資訊，以便其做自己的選擇，[55] 並產生同情心（sympathy）、洞察力（insight）與視野（outlook）；[56] 訓練學生做教育研究，[57] 涵蓋各種教育工作（educational endeavor）的意義與理由、定義這些工作的目的、評量其結果，因為教育領袖需要以科學的研究，來支持自己的意見。[58] 這些堂皇的說法，若沒有實際案例佐證，我想即使在漢納斯的時代，也會被認為是理想多於實質的。然而，從各種文獻中可以看出，漢納斯以來的許多位院長，在領袖教育上的作法，有其很實質而且很一貫的一面。

可能是因為與哈佛大學三宇宙的磁場相合，也可能是與這樣一所頂尖大

---

[52] 同上，頁 238。原文 "....careful analysis and evaluation of both professional practices and new ideas or policies in education...."。

[53] 同上，頁 238。原文 "....scientific procedure in education...."。

[54] 同上，頁 238-239。

[55] 同上，頁 238。

[56] 同上，頁 239。

[57] 同上。所謂 research in education，以當時的意義來說是量化研究。

[58] 同上，頁 241-243。

學的高度自我期許相通，總之，漢納斯定下的領袖教育基調，儼然成為後來學院的自我期許以及對學生的期許。此一歷史，可以從一些葛特曼圖書館特藏室中的其他資料，略見一二。在一份約在 1953 年出現的教育學院募款手冊上，「領袖性」對美國民主制度與未來的重要性，是柯能（James Bryant Conant）校長與凱波（Francis Keppel）院長發言的重點，[59] 同一手冊中接著的短文，標題〈領袖性的實驗室〉宣稱，挑選教育學院學生的唯一原則是：「他們將來會不會成為專業裡的領袖？」由這個主題，手冊中再接著呈現的，是進行或者維持領袖教育的需求：在各自的專業中具有頂尖地位的教師群、有領袖潛力的學生、位居領袖崗位的校友、改善教育實務的實力與實例、優良的師生比（此例是學生少於三百相對於教師數多於七十）、擁有多種學位與研究訓練。手冊最後，呼籲捐款者資助十名由捐款者命名的教授講座職位（named professorship）、五十名學生助學金（named fellowship），或直接捐款增加學院基金，或裝備由捐款者命名的空間（named room）。這顯示，「領袖性」教育這個說法，在募款的包裝上，一定有其號召力，因此是與學院對外的形象，密切地結合起來的。

　　1966 年，於一本向校內的審議委員會報告書的前言中，賽瑟（Theodore R. Sizer）院長說，為了提升未來教育領袖的品質，學院必須招進「在學術上或使命上第一流的人才，以將整個領域向前推進。」[60] 內文中對學院的目標與走向，則謂學院本身要維持領袖地位，必須「……不只是訓練現行制度中

---

[59] 呼應這個重點，手冊最末還有一篇短文，強調資助教育，特別具有捍衛民主自由、抗拒獨裁控制的意義，反映出冷戰時代的背景。

[60] 文件標題 "Committee on the Graduate Study of Education"，原文 "....absolutely first-rate people, either academically or in terms of commitment, to move the field forward."

[61] 同上。原文 "We cannot, in short, think of the School of Education as simply training functionaries for an ongoing system. We need rather to relate the School boldly to the strangeness and opportunities of the new world...." 文中解釋所謂的「奇異與機會」包括當時教育界的擴展、大學的全球性角色、政府對教育的投入及資訊科技的爆炸性發展。

有用的人員，我們要勇於將學院與新世界的奇異與機會，聯結起來。」[61] 賽瑟說了一些學院的新方向，如擴大教育的定義、增加教育的整合性、增加學生的多元性等，並強調經費在推動新政上的重要性。[62] 最後他提到，一個「因振奮思維、具批判性而孕育新想法的氣氛」[63] 是不可能預先設計、按圖打造，也無法速成，必須要有長遠的眼光，並且相信理念的力量，「如果我們的學院想要成為教育領袖，它就必須要求自己培育這樣一個環境。」[64]——然而，這是什麼樣的環境呢？

　　1988 年，葛蘭姆（Patricia Albjerg Graham）院長向公司提出年度報告，文中說當時學院的一項危機，是一直資助著學院的大型基金會，如福特、卡內基與洛克菲勒基金會等的撥款宗旨相繼改變，不再以教育為主，明顯影響到學院的發展。為了說明此時經費的重要性，葛蘭姆舉之前與哈佛並列美國教育界前茅、而今風光不再的哥倫比亞大學教師學院為例，說明這兩個學院，雖然都必須自行籌募行政基金、並相當倚賴學生學費的教育學院，但哥大的教師學院，因為有 70% 的學生沒有獎學金而必須半工半讀，造成好學生不願上門，連帶院內教授的薪水也下降，導致學院對優良新教授的吸引力大為消退，可說是惡性循環。由於哈佛教育學院與哥大教師學院，當時是全美國唯二沒有校方資助的教育學院，葛蘭姆呼籲哈佛公司，不要讓哥大的例子發生在哈佛，要支持她所提出的五年計畫，以保哈佛教育學院的領先地位。由此可知，在我到達學院之前十年，自許領袖培育園地的學院，最大的挑戰，是需要大量的資源以維持學院自身的領袖地位，院長們談「領袖性」教育，大都與募款、爭取地位及身為院長的官式發言為主。

---

[62] 同上。

[63] 同上。原文 "....to engender the intellectual excitement and the critical climate in which new ideas are born."

[64] 同上。原文 "If our school is to strive for educational leadership, it must set itself to cultivate such an environment."

　　在我到達學院之前五年，1993 年 4 月，墨菲院長發動了一個頗具企圖心的七百萬美元募款計畫，任務定為「動員所有學院與大學的資源，增加所有美國兒童學習與萌發的機會。」其四大標竿工作是：一、培養領袖，不只是機構中可見的首腦，還包括政策制定者、校長、教師、課程設計者與學者；二、發展並散播有助教育實務的理念；三、開發模範專班以供其他機構複製與改訂；四、形塑辯論以提高有關學校改革、兒童困境以及學校與困境兒童間的對話品質。墨菲說：

> 為了完成我們的任務，這四項作法並不僅是策略，它們是責任。因為哈佛就是哈佛，全國都仰望我們在此四領域裡的領導。[65]

　　這席話再次顯示，至少在墨菲院長的眼裡，培養領袖的教育，對哈佛教育學院而言，不只是自我期許，也是哈佛人的天賦任務，以及學院的經營策略導向。

　　就在墨菲說這些話的同一段時間，院內的講座教授嘉德納接連出版了兩本有關領袖教育的書，一名為《創造的心志：從佛洛伊德、愛因斯坦、畢卡索、史特拉汶斯基、艾略特、葛蘭姆與甘地的生平剖析創造性》（1993 年），書中說佛洛伊德等這些人物，其突破性的成就，實際上是領導了全人類。[66] 第二本書名為《領導的心志：一個領袖性的剖析》（1995 年），嘉德納進一步探討瑪格麗特・米德、J・羅勃・歐本海默、羅勃・赫欽斯、阿弗瑞德・史龍、喬治・馬歇爾、教皇約翰十三世、艾倫娜・羅斯福、馬丁・路德・金恩、瑪格麗特・柴契爾、強・馬內、瑪哈瑪・甘地這些人的「領袖性

---

[65] 原文 "These four approaches to fulfilling our mission are not only strategies; they are responsibilities. Because Harvard is Harvard, the nation looks to us for leadership in all these areas." AIE 是第三項目標之下的一項產物——具有模範意義的專班，表示墨菲希望 AIE 的模式能傳播出去，這可能是當我要求研究 AIE 時獲得同意的背景因素之一。

[66] Gardner (1993)，頁 xiii。

」，共歸納了六項「有效領導性」（effective leadership）的特徵，即：能讓人感同的故事或訊息、聽眾、機構性或組織性的基礎、親身展現故事或訊息、直接或間接地領導他人以及專業的基礎。[67]

　　嘉德納這兩本書中的討論，對我來說，是初步談到了前述學院文件中有關領袖教育種種的理所當然性與模糊性，姑不論上述人物的功勛意義為何，整理從漢納斯到嘉德納這些身為領袖、又討論領袖是什麼的哈佛教育學院名人，拼湊出其有關領袖的想像：

　　一、領袖是一個人，不是一群人，領袖的形象與教科書中的偉人與英雄相似。

　　二、領袖能量的發揮不拘於單一領域或單一時空，領袖的定義在於對多數人的影響、啟發、感召與引導，這個影響在一個民主社會中，是透過說服來達成，不是透過獨裁或壓迫。

　　三、領袖性的內涵，牽涉個人與周遭環境中的大量因素，不變的是領袖需要強大的意志與技巧。

　　四、領袖可能帶領人們走向文明，也可能走向毀滅，端視其道德與智慧而定。

　　五、討論領袖這個課題，有「權力的」、「行為的」、「集體的」、「公共的」、「人格的」、「批判的」和（近來的）「認知的」幾個方式。

　　針對第五點中所謂「認知的」方式（原文：a cognitive approach to leadership），嘉德納謂這主要是追究：

第一、各類領袖如何在心智中，不同成功程度地，敘述、解決生命中重

---

[67] 參見 Gardner (1995)，其中有關六點的回顧，可見頁 290-295。在 1993 與 1995 年之間，1994 年哈佛甘迺迪政府學院的領袖性教育計畫主任 Ronald A. Heifetz 也出了一本類似的書，書名《沒有簡單答案的領袖性》（*Leadership without easy answers*），也是使用偉人的傳記資料來進行論述。參見 Heifetz (1994)。

要的課題；第二、同時或接下來，如何企圖修改其各類聽眾的心智，以製造其所想要的變局。[68]

面對各種領袖性的現象，嘉德納的提問是：

什麼是領袖的想法（或故事）？它們是怎麼發展出來的？它們被如何地描述、了解、誤解？它們如何與其他故事互動，尤其是與那些早已深入人心的、與之競爭的相反故事互動？其關鍵的想法（或故事）如何影響了他人的思想、感覺與行為？[69]

可是，以上這些原則性的闡釋，並無助於我去證實或推翻哈佛教育學院的教育，以及其在學學生（尤其是 AIE 學生）的實際學習狀況。

接下來的問題，是哈佛教育學院裡事實上真的有領袖教育嗎？當我說，我讀到、聽到很多有關「領袖」的教育、「教育領袖」的教育及「領袖性」教育這類名詞時，院內的教、職員與學生紛紛表示懷疑。他／她們知道有我上面提到的這種文獻與說法存在，但是，他／她們不認為領袖教育在院裡是被有系統地執行著的，也不認為它是學院教育的特徵之一或真正的目標。1999 年，在一份陳情書中，學生明白地期望學院「幫助學生做好將來回到

---

[68] 同上，頁 15。原文 "This book is a sustained examination, first, of the ways in which leaders of different types achieve varying degrees of success in characterizing and resolving important life issues in their own minds and, second, of how, in parallel or in turn, they attempt to alter the minds of their various audiences to effect desired changes."

[69] 同上，頁 16。原文 "What are the ideas (or stories) of the leader? How have they developed? How are they communicated, understood, and misunderstood? How do they interact with other stories, especially competing counterstories, that have already drenched the consciousness of audience members? How do key ideas (or stories) affect the thoughts, feelings, and behaviors of other individuals?"，圓括號內如原文。

[70] 未出版之哈佛教育學院學生致院長之信函與報告，1999/3/2，十六名學生向墨菲院長提出了一份建議書（"Summary Report"），此句見頁 5，原文 "Prepare students to return to leadership positions in their respective communities."

他／她們各自所來社區之『領袖性』位置的準備」，[70] 由此可知，即使學生
們有意得到這樣的教育，也並不認為教育學院做到了。有些院裡的人，包括
第一方的教授、第二方的職員與第三方的學生，甚至直接認為這類宣稱只是
學院為對外募款而自誇的口號而已。她／他們說，在美國文化裡，一個號稱
前進、開放、民主、多元的高等教育機構內，其實沒有人可以干涉老師怎麼
教，也沒有老師會接受任何人或機制告訴他／她們應該怎麼教，學生也不會
願意得知他／她們是被以什麼預設的、一致的方式調教，社會更不會對教學
目的如此窄化的學校，有任何正面的評價。一位教授乾脆質疑：領袖的定義
為何？難道讀了昂貴的常春藤學校，就搖身變成領袖了嗎？領袖可以不努力
而得嗎？領袖是可以培養嗎？這些質疑都很有道理。顯然，即使前面我認為
院長們的宣稱與實際的經營目標之間，有其相通之處，我仍必須區分期待和
實際執行之間，是否也相通或有不一致之處。

　　院內人譏斥領袖教育的「高端」色彩，其實這可不一定是個「榮耀的題
材」，它是一個真實的教育問題。我在奧勒崗留學時極欽佩的老師之一沃卡
特（Harry Wolcott），經長期跟隨一位小學校長 Ed，研究他的生活後，發現
主人翁校長的工作特徵就是耐心與謹慎，他的工作就是不斷地因應層出不窮
的瑣碎問題，時時受到掣肘、分散心力，效率有限又無法讓自己或他人滿意
，過程中雖然不斷地進行小規模的改革，但一切辛苦最後大部化為維持體制
、限制改變的保守力量，並未扮演期待中教育改革與變遷的經理人角色。面
對這種觀察，沃卡特在書末很節制地評論，如果能在入行之前，讓校長了解
這個職務的專業內容與角色定位，體會這個職務在體制中的文化困境：處於
美國文化理想與文化現實之間的尷尬地帶，那麼，校長或許不會那麼將衝突
視為擾亂力量，而真的扮演了期許中更積極的角色。[71]Ed 的案例，對後來校

---

[71] 參見 Wolcott (1973)。沃卡特的研究暴露出校長們號稱改革先鋒實則執行保守壓抑的情
　況。

長教育的啟示很大，但是哈佛這邊所講的「領袖」，是不是同一種與校長類似的「領袖」？而且，如果沃卡特觀察校長這種職務缺乏專業性的發現可以成立，則如何可以訓練一個人成為校長或任何教育領袖？

這到裡，有必要先釐清所謂「領袖」的教育、「教育領袖」的教育及「領袖性」教育，這三個名詞的意義。「領袖」的教育（An education of leaders）是以培養或訓練領袖為目標的教育，顧名思義領袖不是普通人，而且只稱呼為領袖，表示不一定限在教育界，是否總統、聯合國秘書長等才算是領袖？教師算不算是孩子的領袖？還是只要有跟隨者就是領袖？顯然地，如果學院是從事所謂的「領袖教育」，那麼領袖一定有明確的定義，否則無法進行也難被外人了解。接下來看「教育領袖」的教育（An education of educational leaders），顧名思義是培養或訓練教育界的領袖，通常是指教育界的管理階層或決策者，如校長、教育督導、教育學會主席等，或者像嘉德納、杜威這樣的教育學術與思想導師。很顯然的，是否是「教育領袖」的教育這個問題，決定於後來有多少學生獲得了哪些教育界的高職位或高認可，並不在於訓練這些人的學校，因此學院若自稱進行「教育領袖」的教育，會很容易被譏為自抬身價、自我膨脹。最後看「領袖性」教育（An education of leadership），[72] 顧名思義是培養或訓練領袖的性質或素質，學生未來可能應用之於開展其或大或小的影響力，把教育領袖的能力推廣到各行各業、各種情境，卻不一定會擁有領袖地位或職位者，是三個與領袖有關的教育之中，定義最寬鬆而且擁有很多發揮空間的一個。

觀察哈佛教育學院的招生對象和學生畢業後的出路，都很多元，絕不止於教育界，也不一定任職最高階主管，雖然，正向變化是大家都要的。據院內老教授及職員說：學生心目中，來哈佛受教育的實際功能主要有二，一是

---

[72] 從這裡開始，本書中所謂「領袖性」教育，就是 "leadership education"，使用引號的原因，是為了避免被誤解為一種「性教育」。

提供社會階層向上流動的訓練，二是提供生涯轉變的訓練。向上流動方面，
比方說初中教師因獲得學位而升遷為初中校長或高中教師，或企業人力部門
人員希望來此增進教育訓練與規畫的能力，從而獲得晉級的機會；生涯轉變
方面，比方說工程師因熱愛教育而希望藉進修教育而轉行做教師，或教師希
望脫離第一線教學工作，轉為心理諮商人員或者學術研究者。

　　如果是這樣，則「領袖」的教育、「教育領袖」的教育及「領袖性」教
育三者之中，明顯可見前二者的目標窄，出路受限，因此並不符合現實需要
；何況，可以招生的人群母數不可能大，頗不利篩選菁英，而其目標達成與
否，很大的程度並不取決於個人或學院的努力，而是世人評價以及不可測的
人生際遇。再者，「領袖」的教育和「教育領袖」的教育雖然都是在田野中
被混用的名詞，唯細看其被使用的情境，多是官方場合中的發言，或者是對
哈佛以外社會的宣傳性說法，它們有可能是真，但乃是選擇性的真，是針對
校友中的佼佼者或教育領袖而言的真，或者是在特定院內情況下的真，譬如
校長班、督導班等，可見不是我這個想了解整個學院的人的好方向，也不是
我這個研究的適當探索方向。

　　對照我在第 1 章提到的聖戰宇宙的符號性，那完美無缺、仰之彌高的領
袖形象，也只是符號──這可能是為什麼現實中，最不吃這一套的就是院內
的人。上面三種領袖教育比較起來，教職員們相當一致地，反對以「領袖」
的教育及「教育領袖」的教育，來描述院內的教育目標或實際教育情況，相
形之下「領袖性」教育的接受度，就高很多。理由是「領袖性」教育這個概
念，定義比較寬廣，談的是領袖的性質，而不是位階，講的是領袖的影響力
與事功，而不是支配與授權的高下。

　　另外，院內人質疑，為什麼除了少數以「領袖」或「領袖性」為名的課
程外，在院裡怎麼看不見有系統的、公開的、全面的執行痕跡？這一部分，
我倒反而不擔心，因為民族誌研究最擅長的，就是看見當事者不知覺的文化
現實，只要最初的研究方向不是空穴來風，且大致合乎田野中的理路，我相

信其他資料會再繼續指引我。眼前，我所需要的，只是一個初步看來合理的切入點，一個具有全面性的可能詮釋角度，一個可能指向某種屬於當事者的深層意識或隱性文化結構的道路，或者就是一個系統性詮釋的開端。更進一步說，假使領袖概念在學院的歷史上屢見不鮮，假使商議在哈佛生活中是如此地深入普遍，那麼我作為一個民族誌研究者，絕不可能漠視於此，我必須正視這樣高頻率、高重複性、多樣化的展演、以及受到當事人如此強烈反應與談論的議題。也就是說，把「領袖性」教育、商議與三宇宙以及研究焦點的 AIE，聯結起來檢視是必要的。反過來說，不論我研究 AIE 後得到什麼，其結果都必須能解釋「領袖性」教育、商議與三宇宙這三組現象，交代三者在我的詮釋中的意義，否則我的發現就不具有整體性，無法自圓其說。

在田野中，了解 AIE 所在的大環境與了解 AIE，是同時進行的，我一方面盡力融入哈佛的生活，多聽多看多問大學與學院裡的人、事、物，不排除其他可能主題的浮現，一方面尋找田野中既有的主旋律，作為切入點；另一方面緩慢地進入 AIE 的世界，接觸 AIE 人、參與他／她們的學習生活，看看「領袖性」教育是否具有實質性，也看看從「領袖性」教育的角度切入，是否會讓我對 AIE 的了解更深入明白。到此，也應是將眼光投向 AIE 本身的時候了，讓我們先從幾位重要的 AIE 人物著手。

3

使命的面貌──
三旅人各自抵達哈佛旅程的起點

　　1998-1999 年這一屆學生，是以畢業年命名的，通稱作 1999 班（Class of 1999）。1999 班的全時生在學期間為 1998 年 9 月至 1999 年 6 月，半時生要多一年。這一屆哈佛教育學院各碩士班的申請者總數是 1155 人，實際收 718 人；學生的平均年齡是 28 歲；若博、碩士班學生一起計算，新生中女性佔 74%，男性佔 26%；有色學生 29%，其中非裔 9.5%，亞裔 9.5%，拉丁裔 7%，多族裔 2%，美國原住民 1%；曾就業或義務服務工作時間平均為五年，總範圍是 1-41 年。[1] 專就 AIE 來說，1998 年 9 月中旬時，教育學院的 718 位新生之中，有 29 人登記為 AIE 專修生，加上前一年留下來的半時生 3 人（其中一人尚未選修必修課），故 AIE 共計有 32 人。這 32 人中，女性有 29 人，男性有 3 人。

　　AIE1999 班的每位學生畢業時，都會得到一個新的頭銜：Ed.M.。拿下面要介紹的約翰做例子，畢業後他就會被院方稱做 John Torres, Jr., Ed.M.。這

---

[1] 以上根據 Harvard Graduate School of Education (1999)，頁 4。

[2] 一般外國學生的語文能力不容易通過學院入學的英文程度門檻，在之後的幾屆之中，「真正的」國際學生可說絕少，如果有，幾乎都已在其他美國各級學校就讀過多年，或者是世界各地的美國學校、國際學校的畢業生，且多具雙重國籍。

班學生大部分來自哈佛附近的美國東北角地區,其中沒有國際學生,[2] 新生的專長或興趣包括繪畫、雕塑、音樂、戲劇、舞蹈、平面設計、編織、攝影、多媒體、藝術史、文學、美術館學、藝術管理、廣播、詩文等,以及與這些不同藝種相關的教育,含特殊教育、社區教育、成人教育、危機青少年教育、教育行政、教育心理、非營利組織(non-profit organization,簡稱 NPO)與非政府組織(non-governmental organization,簡稱 NGO)行政與管理等,可說是一人一個樣,個個有來頭。

本章所要特別介紹的,是 1999 班的約翰、黛君、茹絲這三位學生,以及當時的 AIE 主任潔西卡。前三位是 1998 年 9 月入學的 AIE 新生,他/她們是跟我同時段到達哈佛,一起開始與哈佛發生關聯,也互相發生關聯的。我從旁觀察三人以各自的方式,在三宇宙中展開旅途,看著他/她們逐漸參透三宇宙蘊含的奧義,並追蹤他/她們畢業後的發展。這三位,在我眼中就是「旅人」(journeyman)。第四位旅人:潔西卡,是三宇宙中的熟手、三宇宙旅程的先行者,她是 AIE 的創辦人,對於三旅人與我個人在哈佛的旅程,具有關鍵的地位。我,是藝術教育學教授,也是個教育民族誌研究者,專程從臺灣來哈佛研究這個新碩士班。我們五人一起,在三宇宙中前進,四位旅人的旅行經驗,是我的研究題材,而我的旅行經驗,則是感通、理解他/她們經驗的基礎。

在這一章與下一章裡,我要先將四位旅人的個案,推回到他/她們進入 AIE「之前」(即 1998 年 9 月入學之前),目的是便於銜接我所能親自觀察到的「之中」與「之後」的旅程(自 1998 年 9 月到 2008 年暑假),讓我看見三層次中旅人(個人),與 AIE(群體)以及三宇宙(大環境)的對話。當然,所謂個人,絕不只這幾人;其可以追究的層次,也不止於三層,而是無限的,包括生命史、傳記、心理分析、重要事件等;所謂群體,即使是小小的 AIE,也有無盡的角度可以探究,例如它的每一門課、每一個活動、每一個經營方向,還有每年校友的發展,都可以再研究;而所謂大環境,除了

學院與大學之外，也還可以擴展到新英格蘭地區文化、美國高等教育界、美國以及西方學術界等等。在此，我不可能求完整，只期望就一個具有深廣度的架構，做一些探索。目前，以三層次中的個人層次來說，我的用意並不是要描述旅人生命的全貌，也不是每一位 AIE 人的細節，我所關切的，是這些片段的個案故事給了 AIE 什麼樣的容貌（faces），以及這些故事的敘事結構裡，還埋藏著怎樣的歷史穩定性。[3]

在本章的各節，我將先描述四人之中的三位學生分別與哈佛發生關聯的前因，包括為什麼申請哈佛？申請過程如何？接到入學通知時的情形？以及他／她們在 1998 年暑假末期、開學前── AIE 旅程開始時──的準備狀態等等。他／她們的故事，來自他／她們自己的口述及其所提供的資料，對照我自己與其相處時的觀察與歸納，以及一些選擇性的查證與核對。

約翰

1998 年 9 月 1 日，離哈佛大學教育學研究院開學日，還有一個禮拜，中午時分，AIE 助理凱特和我外出買三明治，在走回隆斐勒樓的路上，碰到一位凱特的同事，說有一名男子剛向他詢問凱特在哪，於是我們加緊腳步回到辦公室。這名男子就是約翰（John Torres, Jr.，真名）。

趁約翰向凱特自我介紹的時候，我仔細打量了這個高大的非洲裔老人。他的頭完全剃光發亮，一個黑皮的單邊眼罩斜斜地勒過頭頂與顏面，遮住了他的右眼。眼罩外面，掛著一副金邊眼鏡，嘴部四周有略顯稀疏的中等長度

---

[3] 這是借用流心（2004）書中，頁 33 討論 B 市人物的故事與理解 B 市故事之間的關係時，所說「不同人群在不同場合下講述的故事，版本各異，但其結構（即講述方式）卻具有歷史的穩定性。因此，在民族誌或理論的層面上，B 市故事的敘述是單一的，從故事的多種版本裡，我們可以探尋社會存在的歷史結構。」括號內如原文。

鬍鬚。他的胸前，垂掛著一串非常精緻耀眼的印地安孔雀石銀飾瓜花項鍊，腰部也繫著同樣材質扣環的皮帶，很有酋長的氣派。這樣的裝扮，在哈佛這個地區，天氣漸涼的時候，大家的服裝都以黑、灰色且形式保守者為主，就顯得非常突出。還好，此刻的他，把兩隻大手插在兩邊褲袋裡，並未踏進辦公室，很刻意的露出友善的笑容，避免嚇著我們似地倚著門柱，問什麼時候可以拿到 S300 課的書單。凱特驚訝地問他為什麼那麼早就需要書單，他回說他這個「資深公民」（senior citizen）需要「先發」[4]的機會，當下弄得我和凱特都笑開了。

　　約翰離開之後，凱特告訴我約翰的名氣。他年近六十，是個石雕藝術家，有一個陶藝工作坊，專門收納問題孩子（即教育學院中所謂 "at-risk youth"，「危機青少年」）。約翰對他們管得很嚴，以免他們在街頭惹事。他為非洲裔與拉丁裔青少年的付出，使他被 PZ 注意到，曾邀來教育學院演講，因而認識了與 PZ 關係深厚的嘉德納及潔西卡，兩人都力勸他申請 AIE。

　　約翰是當年 AIE 麥克西米連（假名）獎學金的收受人，這個 AIE 專屬的全額獎學金，每年只有兩個名額，其中一個是指定給有色族裔學生，1998年就是給了約翰，另一個是指定給「中國人」，給了下面要介紹的黛君，兩人的正式名號都是「麥克希米連學者」。凱特很高興 AIE 能收到像約翰這麼強的學生，但是她不知道約翰來 AIE 是為了資格，還是為了進一步擴展事業的機會。這個問題，到 9 月 8 日新生訓練期間，就獲得了答案。約翰對我說，他在紐約有許多處理危機青少年的經驗，他希望在哈佛教育學院有機會能把這些經驗寫下來，而且形成理論推廣出去。理論？是的，他說他想證明藝術教育可以降低謀殺率。看我越聽越有興趣，這位偉大的說故事者就說了一個小故事給我聽。

　　約翰說，他曾經在一個重刑犯監獄裡，訪問過一位正在等待行刑的黑人

---

[4] "early start" 一般用於幼兒或學前教育。

死囚，他要求這位年輕人回想其一生，以每三年為一單位，把生命中發生的大事以倒溯方式寫下來。結果是：謀殺→武裝搶劫→幫派犯罪→高中問題學生→初中問題學生。小學呢？年輕人低聲說，那時他是個模範生。中間發生了什麼事？「嗯，後來街頭找上了我。」（Well, then the street got me.）約翰當時告訴我，這件事和許多其他的體會，讓他決定要進入問題社區的小學裡，以藝術家的身份，為孩子，尤其是黑人男孩子做點事，別讓街頭的黑幫影響了孩子的前程。

　　這麼戲劇化的故事，讓我不知如何反應。在此研究之前，我對美國社會的實際經驗，大部分停留在留學時平靜親和的尤金市、暑期打工時粉妝幻境的雷諾賭城，以及略曾旅遊過的陽光加州。七〇年代末，我曾去過紐約，知道有許多危險的貧民窟，是外人必須迴避的，但細節是什麼，我並不清楚。二十年後，我在哈佛所見，具是氣派而高貴的人與事，約翰講的故事，顯得極其遙遠、甚至極不真實，只在好萊塢電影中見過。後來，許多有關約翰的事蹟，逐漸浮現，我才拼湊出他想拯救黑人男孩，以及到哈佛 AIE 來唸藝術教育碩士學位的種種前緣。

　　約翰生於 1939 年，父親自古巴移民來美，他在紐約哈林區長大，母親有一半的麥特普尼印地安血統（Mattaponi，居住於今維吉尼亞州海邊的美洲原住民，屬於切洛契族〔Cherokee Nation〕）。約翰家中有十一個兄弟姊妹，他排行第八。父親在賓夕法尼亞火車公司擔任餐車廚師六十餘年，經常與家人分享工作時與上層社會顯貴聊天的內容，約翰說孩子們因此很早就由父親那裡，接觸到新思想、大想像。後來，約翰的大哥，成了第一位通過瑞士律師考試並執業的黑人律師。約翰的兩個孩子（分由兩位前妻所生），則有一位是律師，一位是大學教授。小時照顧約翰的二姐說，有一年聖誕節，約翰得到的禮物，是一套著色畫筆，裡面有油畫顏料和畫具，外加一張畫布，畫布上有已畫好的草圖，草圖依顏色劃分為小塊，每塊標明數字，數字則對照特定的色樣與調色指南。這個禮物使約翰著迷，由此愛上了藝術。但是

，約翰並未馬上變成藝術家。

　　根據他 1998 年的履歷，[5] 他十六歲就進了華盛頓特區的一所州立學院，一個黑人學校，專攻數學，一年之後，1957 年，又升入密西根州立大學（East Lansing 校區）唸時髦的化學工程。此時，美國的種族平權問題已浮上檯面。1957 年前曾發生的比較著名事件，包括 1954 年的布朗案（Brown vs. Board of Education，是反對公立學校種族隔離政策）和 1955 年的羅莎・帕克斯事件（Rosa Parks and The Montgomery Bus Boycott，是反對巴士座位依種族隔離規定，該案促成民權牧師金恩的崛起）。有 1958 年全國有色人種促進會案（NAACP vs. Alabama），及詹森（Lyndon B. Johnson，後來成了美國總統）律師在華府推動的民權法案（Civil Rights Act）等等，總之，約翰進入密大之際，正是美國民權運動規模化的前夕。

　　雖然約翰和家人都沒有直接被奴役的經驗，雖然布魯克林區並非寧靜之處，但約翰自承是在安定的環境中，自在長大，直到來了密大所在的地區，碰到嚴重的種族隔離文化，他才對種族歧視有了深刻的感受。約翰說他並未積極地參與街頭抗爭。他還在思考：紐約的成長環境告訴他，暴力不是答案，種族歧視固然令他厭惡，可是他的家教使他相信，一個人的成就，終究與自己的努力有關，即令身處劣勢中的黑人，也不應給自己太多藉口。

　　1959 年，他在密大校園裡聽到了人類學家兼教育大師瑪格麗特・米德（Margaret Mead）的演講。米德那時已完成有關薩摩亞和新幾內亞兒童養育與性格間關係等著名研究，[6] 演講的內容與之有關，牽涉到以這兩個民族誌研究來對照美國文化的兒童教養問題。大致上，米德認為個人的性別意識與氣質，是文化透過教育機制建構而來。比如，同樣是長大成人，薩摩亞的女

---

[5]　標題 Chronology，共有十四頁長。

[6]　Mead 於 1928 年出版 *Coming of Age in Samoa*；1930 年再出版 *Growing Up in New Guinea*，二書都是教育人類學的重要著作。

孩比美國女孩自在許多，而新幾內亞的男孩，則少有美國青少年的競爭壓力。根據米德後來自己為這兩本著作所寫的回顧，她認為類似的證據顯示，這兩個部落社會的文化智慧，可供美國教育工作者借鏡，也許可以讓美國孩子的成長過程更開放。米德並且了解到，文化雖然影響深遠，但並不是宿命，透過反思與教育的手段，可以改變文化的制約，給個人的成長過程，更多的自由與選擇。[7] 約翰的伴侶可芮（假名）回憶約翰曾告訴過她說，當米德演講時，他在臺下受到極大的震撼，對身邊周遭的一切，包括民權運動中對峙的雙方，都產生全面的懷疑，這是他堅持教育才是改變現狀的根源、及特別關注男孩教育的起點。米德演講之後不久，約翰就決定離開化學工程與密大。多年後，約翰與年邁的米德在新罕布什州的麥克道爾藝術村（The Edward MacDowell Colony）相遇，兩人曾暢談往事，米德有一陣子還請約翰幫她管理農場。

　　話說約翰離開密大後，在華盛頓州一個藝術工作坊待了一陣，跟隨一些藝術家工作，恢復了對藝術創作的興趣。二十歲時回到紐約，相當窮困，在紐約藝術學生聯盟（The Art Students League of New York）半工半讀，專修雕塑，從此走上石雕藝術的路。在申請哈佛的自述中，他說：

在情況最好的時候，我可以聽到石頭說話，我會盡力跟隨那些聲音。我最感覺活著的時候，就是全身沾滿石粉的時候。[8]

　　同時，他也到新社會研究學院（The New School of Social Research）修課，並為紐約市政府做青少年諮商的工作。期間，他辦了一個課後藝術班，讓放學後在街頭遊蕩的青少年，能夠有個安全的創作環境。此時，因十八歲以

---

[7] Mead (1973)，頁 xxiv-xxv 與 Mead (1975)，頁 xxx。

[8] 見於 Chronology 的頁 14。 "At my best I can hear the stones speak and I try to stay with those voices. I am most alive when covered with stone dust."

下青少年罪犯必須與成人罪犯分開輕判的法案通過，街頭的毒販紛紛吸收青少年來販毒、運毒。約翰的行動，干擾了毒販的盤算，在警告無效之後，黑幫分子突襲並毒打約翰和他的兩位工作夥伴，那兩人一死一重傷，約翰則失去了右眼90%的視力，從此戴上了單眼眼罩。

離開醫院之後，約翰在麥克道爾藝術村待過幾次，也在紐約和義大利做過幾位雕塑大師的學徒，因經常要搬動巨大的石材，兩次發生工作意外，失去了左右手各半根手指。1972年，他三十三歲時，進了著名的羅德島設計學校（Rhode Island School of Design），在校內上下鼓吹注重多文元化教育，曾被任命為該校最年輕的學生代表，經常到各地出差，吸收少數學生，以使學校學生人口更多元、教育品質更好。這個經驗，讓他更注意到少數族裔的教育問題，並且常就此與各種相關的專業人士交流。

約翰的二姐有一次向我描述約翰告訴她的一件事。不知哪一年的哪一天，約翰應邀前往哈林區的一個祕密聚會，會中一群黑人鼓譟著要每天殺一名白人警察，以報復紐約警察對黑人的歧視與暴力。約翰對場中瀰漫的仇恨與肅殺之氣，感到非常震驚，返家之後一夜未眠，思考著如何應付如此可怕的情況。他決定要想辦法把該區中的男孩子，在暑假期間帶離紐約避難，以免被捲入仇恨的狂潮之中。一旦，他去了城中心的福特基金會（The Ford Foundation）總部，緊急要求補助辦理一個藝術夏令營。在他的解釋之下，基金會竟真的立刻撥給了他一筆錢，讓他帶著一群十六歲以上有藝術天份的青少年，北上佛蒙特州薩克斯頓河鎮（Saxton River），住了一個夏天。約翰和幾個朋友們一起照顧這群桀驁不馴的孩子，自理生活起居所需，夏天結束時，紐約已趨平靜，夏令營的孩子們不但毫髮無傷，而且累積了大量的藝術作品，回紐約開了個展覽。事後約翰對二姐說，各界反應相當好。

一個後來在波士頓紅襪棒球隊工作的牙買加裔男子，當年就是夏令營的學生。他回憶說，當時剛過十六歲的他，在家庭暴力之下長大，成天只知在街頭鬼混，眼見許多朋友在幫派與種族混戰中，被襲受傷或早夭，心中充滿

了憤怒，隨時準備殺人或者被殺，壓根也沒想過要長大成人。他說，要不是約翰那個暑假在薩克斯頓河鎮嚴厲的紀律管理，加上藝術創作的發洩與治療效果，他不會活到今天。他還記得，在薩克斯頓河時，那批天不怕地不怕的孩子，誰都不甩，只在意約翰、怕約翰，若約翰的臉色一變，大家都覺得好像血液將要凝固。現在的他，雖然仍是個文盲，但是對餐飲有絕對直覺（我有幸嚐過），球賽期間，半夜做完球員們的宵夜回家後，他最大的享受，就是用簡單的蠟筆和鉛筆，挑燈作畫到天明。

　　我問約翰，為什麼要以黑人 [9] 男孩為注意的對象？為什麼不是黑人女孩？他說他一到劍橋，就常常光顧景仰已久的哈佛杜博瓦非洲與非裔美國人研究中心（The W. E. B. Du Bois Institute for African and African American Research），在那裡，他接觸到一些有關黑人男孩的論文。他舉了一個例子，並用他自己的理解說，在美國奴役制度的歷史中，黑人男性是白人主子刻意折辱、殺戮的對象，白人無所不用其極地斬除了黑人男性由非洲部落帶來的領袖氣魄與社會尊嚴，就是去除了世世代代黑人社會的反動可能，間接可以使整個黑人奴隸社會就範。這種作為，長期下來，使黑人男性在族群裡的地位崩潰，導致黑人男孩在成長中缺乏正面的男性典範，益使黑人男性的悲慘宿命難有翻身可能，即使解放了，沒有奴隸制度的束縛，仍然一樣站不起來。約翰轉述他看到的研究文獻舉例說，美國黑人男性文化有幾個特徵：「掠奪性性行為」（predatory sex）、「暴力」（violence）及「以犯罪為生意」（crime as business）等，對這樣的分析，他很有同感，這些特徵固然造成黑人男性與執法單位永無休止的對立與糾纏，黑人女性和兒童也連帶被荼毒，如此惡性循環之下，痛苦永無止境。約翰說，在哈佛得到的這種閱讀機會，證明了他一直以來的主張是對的，那就是解決種族問題，或者黑人問題，其根本的辦法，就是要先拯救黑人男性，尤其要注意黑人男孩的教育工作。

---

[9] Black people，約翰不太使用「非裔美國人」即 "African American" 這樣的名詞。

　　約翰說這些話的時候，神情非常激昂，不只是因為他的經驗和判斷，被這些學術報告給證實了，同時更印證他心中長期以來的信念：學術工作可以發揮的強大說服力。這就是他所期待的碩士教育——讓他可以把在第一線工作累積起來的經驗，做個整理，將來也許能以專家的身份，向那些學術報告的作者一樣，影響更多的人、幫助更多的人。約翰到哈佛來之前的最後一份專職，是被美國政府派到一個印地安保留區內，去設立一所新的實驗學校，這個學校最後由於外在政策的原因，越來越像一個種族控制與同化機構，理想幻滅的心情，加以過分勞累，弄得約翰因大出血病倒，不得不辭去了此一高薪職務。之後，他的生活是靠著向各個基金會申請藝術創作或藝術教育專案的經費來維持，就算約翰此時已年近六十，又有美國黑人與印地安人常見的遺傳性糖尿病，可是他對未來、對於進哈佛還是充滿期待與希望。

　　為了把握這個晚年得到的學習機會，約翰在暑假初就已從維吉尼亞州搬到劍橋，和可芮兩人安頓下來。可芮是一位荷蘭移民，白皙的皮膚與豐厚過肩的金髮，對比光頭獨眼棕色皮膚戴印地安首飾的約翰，人高馬大的一對，在劍橋無法不引人注目。患糖尿病的約翰需要非常注意飲食與服藥，因此可芮暫時放棄水彩畫家的生涯，跟著來劍橋照顧約翰，讓約翰可以專心讀書。約翰請正在哈佛法學院就學的二女兒，面授他如何「做哈佛」（do Harvard）。女兒介紹約翰一本怎樣增進學習技巧的書，並建議約翰儘早把閱讀速度提升到每天一百頁的程度。約翰依言每天去圖書館操練，找他想修課教授的出版品來閱讀。另外他也去杜博瓦中心找資料，並和著名的非裔美國研究學者蓋茲（Henry Louis Gates Jr.）當面討論黑人兒童的教育問題。這些提前準備，是要彌補他缺乏學術訓練以及高齡學生學習不如年輕人敏銳的不足——這也是為什麼他要提早向凱特取書單的緣故。

　　約翰的事蹟太多，是寫一整本傳記的好題材，以上有限的描述，我想已經足以交代，約翰有著藝術家的浪漫與熱情，也有貢獻社會的自我期許，早在進哈佛之前，他就已經很有成就。此外，他對未來哈佛 AIE 這一年的期待

焦點是黑人男性的教育，他欲以教育伸張社會正義引導社會變遷的理想，自有一段很深的背景。

黛君

　　黛君（假名）是 AIE 另一位麥克西米連獎學金的收受者，也是最早通過評審的新生之一。二十二歲年紀的她，身材嬌小、面貌清秀，卻有著與年齡不大相襯的沉靜自持，一雙銳利的大杏眼，還有一股不假詞色、不隨風起舞的孤高氣質。她是臺灣移民的第二代，在美國西岸成長，不認為自己與臺灣有太多關係。在布朗大學雙修藝術與教育學畢業之後，她以優異的成績，直接進入哈佛 AIE，成為班上入學成績最高、年紀最輕的新生，也是潔西卡疼愛有加、一再盛讚的聰明學生。

　　黛君的父母來自 1949 年前的上海，二十多歲時再由臺灣移民美國，兩人都是觀念進步的教育家與知識分子，家庭氣氛良好，經濟與文化水平都很好，黛君與弟弟均出生在美國，成長於奧勒崗州的最大城波特蘭市。父母說，黛君從小就自主性很強，而且特別充滿正義感。黛君上初中時就讀寄宿學校，是全校唯一的亞洲人，然後在當地升上菁英高中，又是全校六個少數族裔學生之一。這樣的獨特身份，使她對自己的族裔背景，本就有很高的自覺，但她在高中就學時的一個事件，更是她生命中的關鍵。

　　黛君出生前二十餘年，美國聯邦最高法院通過了布朗案（1954 年），裁定當時被認為理所當然的種族隔離教育措施，是違反了美國憲法第十四條修正案（1868 年）對全民平權的保障。此案公佈後，採取種族隔離措施的各地學校，都面臨立即停止隔離、並推動種族融合（racial integration in schools）的要求。在當時美國政治與社會狀況之中，這個突來的判決，讓各地措手不及，引起了許多抵制，進而爆發黑白種族之間尖銳的衝突。在此

情況下，一年之後，最高法院再補了一項意見，說種族融合的學校改造工作，「可以依各自刻意而謹慎的速度進行之」（....enter such orders....with all deliberate speed the parties of these cases），此一決定，使布朗案當初的理想，花了遠比原先預計得更長的時間，才逐漸落實。[10] 話說黛君上高中的時候，那所傳統上全白人的大學前預修寄宿學校，因州政府的壓力，仿效許多其他類似學校的對策，精心挑選了少數非白人族裔的新生：兩位亞裔（其中一位是黛君）、一位拉丁裔、一位印地安裔及兩位非洲裔，一共六位，以便剛好達到聯邦法律要求的有色人種學生之最低人數比例標準。

黛君說，她在不知情的狀況下入學，懷著年輕人的熱情，響應當時社會的改革思潮，以學生會主席的身份，要求學校改善招生辦法，積極招收更多有色學生，繼續增加學生人口的「多元性」（diversity）。她與同學們一再努力，卻一再失敗。直到有一天，她被一位好心的老師拉到角落，告訴她背後的原因，她才明白，她所進行的校園運動，都是白費工夫，而過去學校與學生代表之間，多次的磋商與會議，不過是應付與欺騙。不但如此，之前所有的行政人員、老師，以及全校的其他白人同學，都知道她與這五位有色同學，對這所學校的真正功用，而他／她們六人完全被蒙在鼓裡的事實就是，他／她們不過是學校「多元性」的樣板而已。黛君說，她對整件事的反應，是深刻的厭惡、失望、憤怒、難堪與覺醒。她自我檢查所有過去種族相處上的經驗，作了全新的反省與理解。

進了大學，懷著新動力與目標的黛君，結識了許多同樣關心社會的亞裔學生，同儕中有來自亞洲各種血統的後裔，其中有幾位特別投緣的，是來自夏威夷。她們一起積極地參加學生組織，串聯西岸各級學校，關切學校體制之中的不義與多重標準，尤其是為有色學生權益的問題發聲。這個過程之中，黛君說，這些經驗確定了她認為一切社會現象皆與政治及權力有關的概念

---

[10] Ogletree (2004)，頁 9-12。

，並且完成了她自認為是「亞裔美國人」（Asian American），而非「華裔美國人」（Chinese American）、「臺灣人」或「中國人」的族群認同。

　　在成長的過程之中，黛君說，她一直深切地感受到族群角色的意義，而且這種意義會以各種形式向她展現。有時她會因其族裔背景而獲得篩選很嚴格的學校之入學許可，[11]或者獲得專為特定族群而設的獎學金，但這個身份與遭遇，也會讓她隨時感知到種族歧視問題的存在，尤其在對人影響很大的學校環境。在另一方面，她說她受到家中熱心社會服務之成人影響，一直都對公益活動與志願服務工作有興趣，喜歡腦力的挑戰，不喜歡閒著。兩方面的現實結合起來，給了她一個立身處世的自我論述。她很堅定而清晰地說：

> 我感覺我已比任何其他人擁有更多的東西，所以我不認為我應該再要求擁有更多。我真的應該把我的精力放在其他人的平等問題上，我真的認為這就是正確的、該做的事。我不需要賺很多、很多的錢，我不需要更多的政治聲音或者政治權利，比我更不足、更被忽視的人，還很多。[12]

　　布朗大學時代的黛君，堅持自己養活自己，不接受家中資助，而且變得非常用功，除了學生運動之外，整天幾乎不是上課、上圖書館，就是打工，成了藝術與教育兩系雙修的榮譽學生。她的母親說，要想電話聯絡她是非常困難的事，因為平常根本找不到人，而她睡時又不敢打擾她。此期間，黛君說，她學會在緊迫的壓力之下大量閱讀並消化資料，以及在截止時間前完成五十頁學術報告的寫作能力。她也在一個鄰近的大美術館工讀，一方面逐漸

---

[11] 每一個接受美國聯邦政府資源的學校依法必須對學生人口中的族群多元性做出交代。

[12] 原語，"Well, in other words, I feel like, I sense that I, yah, already have a lot more, you know, of everything than anybody else does. So why should I have more? I, I really should be giving my energies and, in looking towards more equality and looking for more equity for others. I really feel that's just the right thing to be doing. I don't need to be making, you know, lots and lots of money. I don't feel I need more political voice or more political power. There are certainly more people that are more deprived, and disenfranchised than I am."

自立並建立自己的財務信用，一方面凝聚了對美術館教育與自己人生理想結合的初步方向。

　　大學畢業後，得到好幾所長春藤名校入學通知與獎學金的黛君，決定選擇 AIE，但不是為了哈佛的名聲。她說她在做決定之前，曾打電話給潔西卡，很仔細地詢問了 AIE 的課程，覺得 AIE 比較注重美術館教育，而且可以有機會在哈佛大學的法閣美術館（Fogg Museum）工作，有助於累積在類似藝術教育機構工作的資歷，對日後進入美術館擔任教育相關工作很有利。她的希望是要透過藝術進行大眾教育，進而推動批判思考的能力（critical thinking）與政治性變革（political change），對於到哈佛唸研究所，以她在大學時的紮實訓練，她有很高的信心，已準備好要全力迎接挑戰。但就在此時，發生了一件事，幾乎讓她打消來哈佛的意願。

　　黛君獲得的麥克西米連獎學金，原來只有一個名額，是麥克西米連太太為紀念其企業家先夫所設，有鑑於她先生生前對美國民權運動的關懷，此獎學金是指定給優秀的有色學生的。1998-1999 這一年，原先唯一的收受者，就是成績優異的黛君，但手上已有幾個其他長春藤大學獎學金的黛君，初時並未決定要來哈佛，是潔西卡親自在電話中大力說服，而黛君也主動詢問 AIE 的美術館教育情況之後，才終於答應下來。就在即將出發前往哈佛之前，黛君又接到潔西卡的來電，要求她同意對獎學金的事做一些調整。

　　原來，麥克西米連太太醉心中國文化，不但資助大陸某重要美術館的工程，而且希望能配合訓練一些美術館教育人才，以便將來在中國大陸推動美術館教育工作，因此就在學期將開始之前，突然決定要以自己的名義，再捐助 AIE 一名專給中國學生的獎學金。然而此時申請入學的截止時間已過，來不及再宣傳適當的學生前來申請，何況申請者又必須先通過教育學院的初審，此工作也已結束，過關者中並沒有中國學生，眼看這筆錢，不但沒法及時用在當年的 AIE 新生上，還可能因此被教育學院內其他單位挪用，而小小的 AIE，一旦有捐款被挪用的事實，以後可能也無法保住這筆錢。多年後，

潔西卡告訴我說，她不能坐視失去這個資源，決定立刻想辦法因應。

　　約翰通過初審後，不斷努力尋找獎學金，潔西卡知道他付不起哈佛的學費，就遊說麥克西米連太太接受黛君做為她名下獎學金的第一位收受者，然後將麥克西米連先生那個名額，改發給約翰，因為約翰是黑人，而且又有印地安血統，合乎紀念麥克西米連先生的捐贈原意。潔西卡好不容易獲得了麥克西米連太太應允之後，便打電話給黛君，告知這個消息，覺得黛君應該不會反對。沒想到，有過高中那段經驗的黛君，感覺自己又再次落入了學校行政運作以及種族政治操弄的遊戲之中，當下非常反感。當潔西卡進一步要求她接受麥克西米連太太的邀請，飛去紐約與麥克西米連太太午餐，聆聽麥克西米連太太本人對獎學金收受者的期待與垂詢時，更是如此。黛君回憶說她寧可不上哈佛，然而此時，她已退掉其他幾所長春藤大學的入學許可，迴旋空間很有限，只得勉強依言赴約。在餐桌上，黛君拒絕答應麥克西米連太太對她學成後到大陸工作的期待，也不接受麥克西米連太太將她視為華人的觀點，甚至明言她是亞裔，不是華裔，因此並不符合收受新獎學金的資格。黛君自知把場面弄得很僵，但是她不想說謊，麥克西米連太太當然很不高興，雙方不歡而散。

　　潔西卡說她得知此事後，花了很大力氣，一再在兩人之間圓場，才總算得到一個雙贏的解決方式：黛君改為麥克西米連太太獎學金的收受者，言明下一年再找「真正的」華人，約翰則順利成為麥克西米連先生獎學金的收受者。黛君和約翰兩人都來了哈佛，都成了「麥克西米連學者」，各得三萬美金獎學金。差別是，約翰是興高采烈，黛君則落落寡歡。

茹絲

　　我初見茹絲（假名）時，她三十八歲，來自美國中西部，父親是第一代

英國移民，單親母親是愛爾蘭第二代移民，也是美國醫藥界少見的事業女強人。家境屬上層階級的她，自小因母親的工作四處遷移，時常轉學到陌生的私立學校，難免受到各式各樣的誤解與排斥，因而對學校教育產生很大的反感，期間，閱讀是她唯一的寄託與樂趣。十七歲時她與母親嚴重不和，離家出走在同學家住了一段時間，靠聯邦助學貸款進了大學，又三次休學打工，邊當女侍、廚師、外燴，邊上夜校，屢退屢進地勉強完成大學英文學系與部分的藝術史學碩士學業。

茹絲十七歲以後一直靠自己闖蕩，在生活中歷練，與學校的緣分很淺，自嘲曾經輟學十萬遍。當我問她，是什麼使她走到哈佛來的？她說不太出來，只提供了一些客觀的狀況。首先，她十分確定她之所以能來到哈佛，和她的白人的身份有關。她說，如果她是別的種族，以她年輕時的情形，不可能有那麼多次翻身再起的機會，整個體制裡，也不會有那麼多支持她向上的期待與正面鼓勵。其次，她雖不是藝術家，卻走向藝術教育，是因為她喜歡和有理想的人在一起，她自認是非感很強，個性有時幾近非黑即白，藝術界、社會運動界是她感覺親切的圈子，在這個圈子裡，她覺得自己的創造力能得到歸屬與發揮。再者，大學畢業後，她曾以打工所積存的錢，創設過一個小藝廊，由她出點子讓朋友們展覽作品，她則發揮行政管理與組織推動的工作。她做的第一個展覽，主題是「對抗無家可歸」（Against Homelessness），請了芝加哥地區的藝術家，包括露宿街頭的流浪人藝術家，一起創作，目的是要提醒社會重視無業遊民的人權，以及與流浪漢相關的社會問題。她的第二個展覽，則是抗議南美洲薩爾瓦多政府對人民的壓迫以及殘害。茹絲覺得這類展覽以及以上種種，必是給了她一定的資格，讓她可以進入 AIE。

接著，茹絲乾脆直接歸因於她特殊的心理力（psychic），她說，她似乎能夠透過一些偶然的機緣，認出她生命中重要的導師（mentor），才讓她一路走到哈佛來。她解釋，心理力就好比藝術創作，雖然作者有一些原始的想法，但是每個創作的過程本身就有其獨立性，最後即使是創作者，也無從完

全了解作品中的每一個部分，創作者反而從自己的作品中，學到新東西，所以她常說「你所創造的，會教導你」。[13] 茹絲認為她的命運正是如此，冥冥中每個重大的轉折，總會被她預感到，雖然她不清楚方向中每一個面向的意義，但是方向本身，會讓她作出某種轉向的決定，然後在新局中漸漸組合，完成新命運的「拼圖」（puzzle），而且整個過程中，她就在學習、成長，在她所欽佩長者的指引與教導下，有驚無險地持續向上。她強調，與這些導師相處的時間，是她「追蹤自己」[14] 生命的路標。說真的，與她許多次的談話中，我發現她劃分生命階段的方式，就是「在哪人之下工作的哪段時間」，因此下面，我會把茹絲的這些貴人們依序稱為 A、B、C，並以他／她們為準，順著描述茹絲。

茹絲的天主教信仰，來自家庭背景與過去在教會學校讀書的熏陶，天主教因此是她與童年回憶的銜接點。在政治立場上，她不同意天主教的集權以及要求修士、修女們守貞的規範，但是她相信神，喜歡天主教對家庭的重視，知道自己的渺小，感覺與聖母有特殊的契合，對信仰及「神蹟介入」（divine intervention）有親切感，尤其是相信「聖蹟」（miracles）還有，天主教給她強大的上進動力，以及道德淑世的信念。在日常生活上，除了尊敬並接受導師的指導之外，她也熱愛朋友，對朋友推心置腹、引為諮商的對象。這種朋友包括她身邊所有的人，像神父、師長、友人、教士、通靈人、算命師、心理諮商師、塔羅牌解讀者等等，來者不拒。這種行為，她說調和了她自知偏激的個性，也幫助她解決生命的焦慮，讓她雖屢涉險境，卻反而能從中成長，尤其讓她在獨自生活的過程中，不斷地從亦師亦友的關係裡，得到學校體制無法提供給她的個別化教育。她說她不倚賴別人做自己該做的決定，但是會尊敬別人的想法，藉整理別人的意見來整理自己的思緒，來使自己

---

[13] 原語 "The things you made teaches you."
[14] 原語 "They help me keep track of myself."

的決定更完善。對於這套「心理力」的說法，我感覺這是她以天主教教義為支柱，一個人在大千世界、茫茫人海中，靠自己摸索、自己發動、自己承擔而漸漸發展出來的一種求生與處世習慣。

茹絲說，她的第一位導師 A，是當藝廊因建築物改變用途而必須關門後遇到的。當時，她的一位夜校的同學提到一個靈異事件，這位同學說，在其工作的美術館裡，有些展示美洲印地安文物的展區，是非洲裔的大夜班警衛們不願接近的，因為黑人警衛間傳說，深夜在走廊上會出現一個老印地安人鬼魂，警衛們認為，這是由於很多展品在其原生的文化中具有神聖性，因此夜間無人時最好不要打擾該區，以免不敬。茹絲聽了這個故事，感覺有一股奇特的吸引力，驅使她去申請這所美術館的工作並被接受。在這美術館裡，有一天，她被差遣到地下室去影印文件，恰好看見一位黑人女士——就是 A——也在那裡，A 正一個人與各種辦公事務機器搏鬥，口中喃喃唸著要趕快把傳真送出去云云。茹絲並不知道她是館內教育部門的主管，只知在旁看了突然覺得有股衝動，要幫助 A、要為 A 工作，但兩人當時並沒有真正的交談與互動。之後不久，A 的舊助理因病請假，茹絲被館方派去代理，與 A 才正式認識，兩人從此異常投緣，幾乎情同母女，無話不談。等舊助理辭職，茹絲就正式成為 A 的全職新助理了。

茹絲回憶說，當時她就認定，A 在館內是少數具有高專業學位的學者，A 在美術館教育上的觀念，比館內其他人的觀念更進步，但 A 的白人同仁與下屬，時常有不利於 A 的嫉妒與排擠動作。茹絲提到，有一次，A 要一位屬下在館刊上發表一份著名黑人講者的演講消息，屬下沒有照做，A 質問原因，那人竟閒閒地回說，「我以為那只是你們黑人的那一套」，[15] 意思說她不認為那是公務，只是 A 個人呼應民權運動的私事。茹絲認為這種行為，就是明顯的種族歧視。同時茹絲察覺，她自己是個金髮的白人，她可以巧妙地為 A 抵擋這類惡意，不管是經偽裝的或未經偽裝的。比如說，當某位同事不友善地質問茹絲，為什麼 A 遲到了，她會不假思索地回答說，A 正與希拉

蕊・柯林頓或者蘇珊・桑罕（百老匯名家 Stephen Joshua Sondheim 的夫人）
電話中，等通話完了，便自然會到場。茹絲笑說她表現得非常不著痕跡，足
以讓對方瞠目結舌，乖乖打退堂鼓，我在旁聽了也覺得很有趣。

　　茹絲的作法，在我看來是「以其人之道，還治其人」。她是運用更高的
權利符號，來壓倒眼前的權力挑戰，一心保護她的導師。茹絲自己的說法是
，很久以後，她有機會閱讀了黑人民權激進分子馬爾孔・艾克斯（Malcolm
X）的自傳，發現自己以前這類自發性的做為，就是艾克斯說的：有自覺的
白人，應該在白人圈子裡，以白人的方法對抗白人的種族歧視，而不是跟著
從黑人的角度做黑人的民權運動，她很高興她當時所做的，就是利用白人的
身份，微妙地把一個已被扭曲的形勢，矯正回來。

　　茹絲為 A 工作的八年期間，有空就閱讀 A 推薦的書籍，慢慢地了解 A
對美術館教育的新概念，並對美術館教育有了新的使命感。A 的基本信念是
：美術館不只是收藏與保管文物的機構，更是具有社會責任的教育與傳播機
構，而靠稅金支持的公共美術館，尤其責無旁貸，應該將大眾的學習與成長
視為第一要務，不能藉詞經費、人力、安全等理由，輕易脫鉤。回顧八〇到
九〇年代間的大環境來說，如 A 這樣的論點，在習慣了高高在上的美術館
界，確實有如洪水猛獸。

　　茹絲的成長體驗，本來就使她不信任體制或權威，上述 A 這個美術館
教育的觀念，正給了她與館內種族歧視及僵化保守體制周旋的動機與動力，
也使她不但對體制性的、結構性的不公與不義，有深入的了解與敏感度，而
且對於如何由體制內部翻轉局勢、技巧性地伸張正義，產生特別的興趣與經
驗。她強調，她不相信完全任事物自然演變的道路，因為糟糕的事太多、太
根深蒂固，總得有人做些果決的動作來改變現況，而推動改變的原則是：「
合作、包容，以及新程序」。[16] 就這樣，茹絲和 A 這兩個美術館界邊緣的女

---

[15] 原語 "I just thought this was one of your black things."

性，嚴密地合作，在館內推動了許多改革開放的措施，成功地促成這個美術館，以茹絲自己的話，「出現在美國博物館教育界的版圖上。」[17]

第二位導師，是茹絲在 A 決定退休之前三年遇到的，那是 1995 年。當時一位附近大學的教授（下稱 B），由某知名基金會贊助，將進行旅行演講，其中一個主題系列，就在茹絲工作的美術館內舉行，聯絡人是 A。館內其他同仁照例刁難杯葛，茹絲也照例欣然接下所有相關的事務，以及館內四面八方的壓力。演講當天，在沒見過 B 而只是曾為 B 的演講活動奔走的狀況下，茹絲突然聽到一個內心的聲音告訴她，她將要為 B 工作。等 B 出現，走上臺開始演講後，茹絲聽得如醉如癡，震撼不已。她自承當時的感動並不是出於了解，而是出於直覺以及不能克制的喜悅。茹絲說，這是「認識自己的無知」，[18] 也是「新道路、新任務」[19] 出現的「兆頭」[20]，茹絲說「在我真正了解之前，我就是知道這是我需要的。」[21] 其實茹絲要到進了哈佛以後，才會開始為 B 工作。正如她前面所言，她一直是讓直覺帶領她、推動她追求新事物，並順勢進入生命中新的階段。

就在 1996 年，AIE 創立了，A 因為是美國美術館教育的先鋒之一，受潔西卡邀請，成為 AIE 外部顧問會議[22] 的一員。A 也回邀潔西卡到館內演講，當時茹絲為潔西卡導覽，潔西卡對她印象極佳，接著潔西卡又由 A 口中知道了茹絲的種種，就問茹絲想不想申請哈佛，讀一個藝術教育碩士學位。茹絲當時還在修習未完的藝術史碩士班學業，且自知無法負擔哈佛昂貴的學費，故一點也不敢妄想，然而在潔西卡與 A 不斷的鼓勵之下，她終於寄出

---

[16] 原語 "collaboration, inclusion and new processes"。

[17] 原語 "placed it on the map of American museum education."

[18] 原語 "This is recognizing what I don't know."

[19] 原語 "new path, new service"。

[20] 原語 "omen"。

[21] 原語 "Before I found out, I know it's something I need."

[22] "Outside Advise Committee"，未來本書其他章節會再談到這個會議。

申請文件，並被錄取。此時 A 的退休日期已近，在其介紹之下，茹絲透過電話面試，得到一個波士頓地區藝術教育經紀公司的副主管職位，開學後每週預計將要工作十小時。對於到劍橋後的巨額生活開銷，這個工作的收入，即使杯水車薪，仍比沒有的好。

錄取哈佛的消息傳來，最令茹絲印象深刻的，就是館內同仁的反應。茹絲回憶說，館內那些平時瞧不起她和 A 的人，都不敢相信茹絲竟能靠著她所說的那些文化平等的鬼話，進得了哈佛。哈佛那紙入學通知，對這些人而言，有如哈佛支持 A 與茹絲的表態，間接指出了他／她們過去以來的醜陋與落伍，使他／她們感到極為難堪。這種反應，讓茹絲樂不可支，更堅定要奮力前進哈佛。2004 年，茹絲回憶進哈佛時的心態說，那時，她除了幾張信用卡與一堆卡債之外，幾乎身無分文，她不覺得自己真有過人之處，也不比別人聰明，但她心中有個強烈的念頭：

> 我有很多工作要做，哈佛的聲望有利於降低未來類似的阻力，你必須學習說〔哈佛〕那種語言，不然你就不能強壯，當你在類似的大型社會文化圖像機構中工作時，你的理想就得不到支撐。[23]

巧的是，B 在這段時間，也被挖角到哈佛文理學研究院，不久茹絲和他在哈佛重逢，茹絲變成 B 的專案經理，兩人共同展開新的哈佛旅程。

上面約翰、黛君和茹絲的「前 AIE」故事，內容是我們到了 AIE 之後，由他／她們的口中所得知梗概，加上田野中的資料累積與對照，簡短的內容，不可視為是他／她們的完整紀錄，但應該可以說是他／她們各人心目中，認為最值得介紹的自己，以及各自與 AIE 結緣的來時路。那時，每個 AIE

---

[23] 原語 "I have a lot of work to do. Harvard's credential will help lower similar resistance in the future. You have to speak the [Harvard] language. Otherwise, you are not empowered and having the back up of your ideals to work inside big institutions which are cultural icons and social icons." 方括號內文字是我加的。

人對撰寫幾頁自傳以申請進哈佛的記憶猶新,加以人到哈佛,隨時隨地都需要做自我介紹,因此這類故事就被不斷地依情境複述、再複述,成為 AIE 人互相認識的基礎,某種程度上,也形同每個人進哈佛之初,新的或者再確定的自我認同——包括獨特的社會形象、專業方向、教育使命及藝術教育生涯的定位。

其他同學

教育學院最重要入口處的公佈欄,標示為「哈佛教育學院對世界的影響」(Harvard Graduate School of Education: Impact in the World),功能就是個低調的名人堂,專用來表揚學院師生及校友的特殊成就。2008 年暑假,公佈欄中一篇短文附著一張照片,是一個金髮綁著樸素馬尾的年輕女孩子,坐在一間破屋的前廊上,她腳踏著黃土地、雙臂擁著兩名黑人小女孩,四周還圍著一群兒童,全都笑容燦爛,這個女孩叫何庚,是學院另一個專班剛畢業的碩士生(Tori Hogan),短文的開頭說:

> 托瑞・何庚,Ed.M.'08,的人道工作經驗使她投入「為世界難民兒童思索有用方案」的工作,為了幫助找出答案,她進入了教育學院的國際教育政策專班,並成立了她自己的非營利組織,叫「超越良善用心」,專門探索已被實施過的、不同的人道救援策略。「我希望發現最有創意的、最有效的改良世界的作法」,何庚說,「而且我知道身在〔教育學院〕會對我發動的這個社會企業,非常有助。」[24]

哈佛教育學院,如前所描述,是一個聖戰宇宙,本就希望篩選出這種聖戰種籽作為培養的對象,因此兩方合一並不偶然。像何庚這樣的故事,在哈佛多不勝數,因此我知道 AIE 的約翰、黛君和茹絲的故事,和其他 AIE 人

的故事，也許情節互異，在哈佛也不獨特。我可以再舉出許多其他的 AIE 人的例子，包括瑪麗（假名）、菲麗斯・喬非（Phyllis Joffey，真名）與比娜（假名），茲分別簡短介紹如下。

　　瑪麗是富有的義大利裔第四代，老家在賓夕凡尼亞州。她擁有以持續運動所鍛鍊出來的姣好身材與小麥膚色，適度化妝修飾過的漂亮容顏，陽光般熱情快速的話語，還有如鈴聲一般的開朗笑聲。1998 年瑪麗進入 AIE 時，約三十九歲。之前曾在波士頓某大設計公司工作，頭銜是設計指導副總裁，後來自行開了一間設計工作室，專接大公司的視覺設計與廣告設計案，業績蒸蒸日上，每年成長 20%。為了維持工作室的業務以支付哈佛的學費，她申請並獲得半時學生的身份。

　　說到被 AIE 相中的原因，瑪麗認為不是由於她的設計資歷，而是她的義工資歷，尤其是針對重病兒童與青少年的藝術服務工作。根據她當初申請 AIE 的自述文件，以及她自己對我的說明，她進 AIE 前的義工資歷是：連續十四年，每週花一整天時間在波士頓兒童醫院（Boston Children's Hospital）當藝術治療義工，[25] 為牆洞幫營隊（The Hole In The Wall Gang Camp）[26] 擔任設計、募款、規畫與諮商義工近十年，以及其他多項社會服務，還抽空選修哈佛延長學院（Harvard Extension School）的課程，以增進自己的義工專業職能。她說到 AIE 來，是受「零計畫」吸引，希望多學些嘉德納的教育理論，以完成一本描述重症病童與身邊成人互動關係的圖畫書。

----

[24] 原文：標題為 "Student Spotlight: Tori Hogan"，內文 "Tori Hogan's Ed.M.'08, experience with humanitarian work led to her dedication to 'refugee children around the world' and a quest for 'figuring out what works.' To help find the answers, she attended the Ed School's International Education Policy Program and launcher her own non-profit organization, Beyond Good Intentions, which explores different strategies being used in humanitarian aid today. "I want to uncover the most innovative and effective approaches to improving the world," Hogan says, "and I knew that being [at HGSE] would be really formative as I tried to launch this social enterprise." 文中之加註，是編輯的原註。

　　菲麗斯是一位五十歲左右的獨立文字與聲音記者，蘇格蘭裔，身材矮胖，滿頭全銀色的超短髮，看起來很有大都會文化人的氣息。多年前離婚後，她一手養大兩個女兒。菲麗斯的嗓音極為成熟優雅，曾以報導美國總統大選新聞知名，後來對政治感覺厭倦，轉向文化報導，再轉向藝術教育，是東岸知名的藝術教育媒體人。菲麗斯為國家教育電臺（National Public Radio）和公共電臺國際臺（Public Radio International）及其各附屬電臺做節目，聽眾遠及加拿大與澳大利亞。她曾獲得國家藝術基金會（National Endowment for the Arts，簡稱 NEA）的獎助，製作有關三〇年代曇花一現但影響深遠的「聯邦戲劇計畫」（Federal Theatre Project）[27]的廣播特別報導，還做過美術館的錄音導覽，與總統就職大典現場的報導等。[28]菲麗斯的女兒之一，剛自哈佛大學畢業，她自己則是受潔西卡的力邀而來。菲麗斯不諱言，這個入學許可，與她國家級藝術教育媒體人的身份有關，潔西卡知道藝術教育界需要媒體界加入，而菲麗斯也極有心朝此方向發展。

　　猶太裔的比娜，也是一個例子。她只比黛君大一點，但年紀輕輕即已成就非凡。她成長於極為困蹇的勞工家庭，從小如果不是年年名列前茅，靠著

---

[25] 瑪麗的英文原文翻譯：從這些病患與家人的身上，我發現藝術是打破溝通障礙的強大武器。在一個消毒過而且常遇困難的環境裡，我可以透過繪畫、歌唱以及其他非語言的方式交談。有時候，藝術是我唯一能接觸到病患、並與之交流的方式。她自嘲這樣的寫法，雖是事實，但風格有點過於濫情。

[26] 牆洞幫營隊（The Hole In The Wall Gang Camp）義工瑪麗解釋說：重症病童在健康人的社會裡，常因為失去頭髮、浮腫、反應遲緩等等而感覺畏縮自卑，在社交的場合，總希望牆上有個洞，讓他／她們鑽進去躲起來。好萊塢老牌影星保羅‧紐曼（Paul Newman）與耶魯大學合作，為六至十六歲的重症孩子，就創造了一個「牆上的洞」（hole in the wall）讓這些孩子可以鑽進去享受一個安全的「幫派」環境：一個每年暑天專為重症病童辦理的夏令營。

[27] 該計畫本為解決就業問題而設，後因戲劇內容的自由主義傾向，受到保守勢力壓制，三年後被迫結束。

[28] 參見 Arts In Education Program (1999)，頁 51。

不斷打工與持續的全額獎學金，學業隨時可能中斷。她從哈佛甘迺迪學院拿到哈佛政府學學士畢業後，自問對音樂的興趣最高，便決定再入波士頓地區著名的專業音樂學院，取得一個聲樂學士。進 AIE 的時候，她已是這所音樂學院的教師，業餘則是一個樂團的主唱。比娜的歌喉渾厚宏亮，還出過幾片 CD。她喜歡的音樂都在猶太的傳統中，一種是婚禮慶典中演唱的舞曲，一種是紀念納粹集中營受難者的詩歌，因此平日常受邀為猶太社區免費演唱。比娜野心勃勃但不假辭色，毫無廢話的她，眼神果敢、態度實際，做事劍及履及，走路的速度宛如一陣風，讓烏黑豐厚的天然細捲髮不住地飛盪彈跳，說話的速度，也不遑多讓。約會永遠滿檔的她，希望往音樂教育行政方面發展。至於申請 AIE 的原因，她說是因為她的上司與潔西卡私交甚篤，一聽說 AIE 成立了，就趕緊鼓勵她來就讀，並保證如果成功入學，會讓她同時維持教職與收入，絕無後顧之憂。

　　就本研究而言，約翰、黛君、茹絲這三位，以及下章要介紹的第四位旅人潔西卡，四人都是我田野中的關鍵報導人，與重要的文化展演者。至於瑪麗、菲麗斯和比娜三人，則是我的對照案例，如此組織出來的故事主人翁，有男有女、有各種種族、膚色、年齡、家庭背景、地域特徵、生命經驗，及專長興趣等，他／她們是體現我所研究的社群之文化規則、道德特質、共同價值與「合法性」的人物。他／她們的一言一行及其敘事，隱含著解讀其他田野資料的參考架構，所有有關三宇宙、三層次的宏觀解讀，都因這「4+3 人」的微觀旅程，而被比對、檢驗與詮釋。

　　對於如何選擇 AIE 新生，潔西卡總強調，AIE 的成就是要靠學生，「我們只是個協助者，幫助他們做他們原先就想做的事罷了。」[29] 她還以慣用隱喻的口吻說，「我們只是旅人們旅途中的一個中繼站。」[30] 整理潔西卡在不

---

[29] 原語 "We are just facilitators that help them to do what they wanted in the first place."

[30] 原語 "We're just a way station for the journeymen."

同場合對招生標準的種種說法，AIE 學生應有幾個要件：第一、具有創造性與個人性，了解自己在藝術與藝術教育上的個人生涯目標，並已對此目標展現深度投入的紀錄。第二、其學業、性向與寫作能力顯示，能應付哈佛的課業挑戰，以及達成學習目標所需的基本的能力。第三、充分了解 AIE 的特色，知道如何利用這個特色，以達到自己要達到的目標。此外，潔西卡還一再地說，AIE 人是「自我篩選出來改變世界的」，[31] 這句話的字面意思是說：我沒挑選這些人，這些人是命定要進 AIE 的，帶著潔西卡喜歡的浪漫味道，也反映潔西卡挑選學生的標準，就是自我方向成熟、動機明確而強烈，而且是準備要做一番革命事業的人。

這些條件在實際操作上，為什麼重要？潔西卡的說法是，進入教育學院後這一學年，步調非常緊湊，不會有人牽著你的手告訴你怎麼做；選課的範圍雖然很大（幾乎包括哈佛開出來的所有課程），但一個人每學期最多只能應付四到五門「半學年課」的份量，這使得學期初選課的決定，非常重要，方向與學習動機不明的人，很容易眼花撩亂，最後入寶山而空回。另外，英文寫作技巧（writing skill）也是非常關鍵的能力，她說，那些不慣以寫作傳達思想、無法撰寫完整的句子、或者不會使用正確標點符號的人，是不適合進哈佛來的，一旦大小報告同時到期要繳的時候，英文能力不行的人，很容易失控。潔西卡說，人們不會相信有多少以英語為母語的人，無法寫出一個適當的句子，更別說進行學術性寫作；人們更不會相信，當一個學生慌亂的時候，剽竊抄襲的誘惑力有多麼大，到時，革命尚未成功，就先被懲處了。回過頭去看，潔西卡這些話，可是老哈佛人的經驗之談。

很值得玩味的是，約翰、黛君與茹絲這三個敘事，以及補充的瑪麗、菲

---

[31] 例如潔西卡說 AIE 學生是，"I think the folks in that program have self-selected themselves as going out and changing the world." 他處，潔西卡也曾以更簡單的說法說是「老手」（veterans）。

　　麗斯與比娜的簡介，都有一個共通的「沒有」因素：沒有一個主人翁，是以臺灣的標準來說，只是「會讀書的人」，也沒有一個是品學兼優、照著公眾標準行事的「乖孩子」——事實上，根本沒有一個旅人的「前 AIE」故事，是能對應臺灣習慣的「好學生」標準。我以前即聽說，美國長春藤大學並不見得要全 A 學生，還要看其他資歷，我以為這單純是指某些輝煌的社團或比賽成績什麼的，現在可知我是大錯了。約翰、黛君與茹絲的敘事，其共通之處，是三人都是「行動派」（pro-active）、有「無私的使命感」（a selfless sense of mission）並希望「有實質影響」（make a difference），三人都將自己置於推動某種社會公共利益之前鋒，深深投入，無怨無悔。三個敘事中的使命，都非因簡單的獎賞、煽動、誘導或培養而來，也不是社會化洗腦或空洞教條感召的結果，而是與生俱來的特質，混合獨特的成長經歷與深刻的實戰體驗，逐漸累積顯現；而其使命感的內涵，似乎都植根於個別的生命歷史，因各自的抉擇而存在，經過長期投入與試煉，並且與自我認同完全融合，因此非常牢固。

　　說到使命，在進 AIE 的當下，約翰的使命就是拯救非裔男孩的教育；對黛君來說，她的使命就是反抗種族歧視與促進族群自覺；對茹絲來說，就是以白人身份為非白人族群發聲；對下面將要描述的潔西卡而言，則是推動藝術教育，讓人人都能享受藝術、並從中獲得成長。稱得上是使命的這類挑戰，或者戰鬥對象，都極為巨大、艱難，投身其間，沒有可預期的物質與精神回報，沒有大功告成或完結的一天，也沒有親眼目睹成功凱旋的可能；個別的生命在這種巨大的使命之前，微不足道，但是個別生命卻可以因為使命的燃燒而發光、發亮——這正是聖戰的本質，也反映聖戰鬥士的特徵。

　　另外一個從我的角度來說，很不同的，是這六名學生，以及絕大部分的 AIE 人，都非身懷教師執照的學校藝術教師（以美國的教育制度來說，就是學校中的「藝術資源教師」（art specialist）及「任課教師」（classroom teacher），而是在美國數量更多的、沒有教師證書的藝術教師（arts teacher

）。[32] 他／她們可能是藝術專業或非專業的背景出身，可能是靠自修或因喜愛藝術而入行，他／她們可能在家庭裡、社區裡、美術館裡、文化基金會裡進行廣義的藝術教育工作，其中若在學校裡從事藝術教育者，多是專案聘請，屬於短期或兼任的性質，沒有前面兩種教師的工作保障，但對藝術教育的整體奉獻一樣重要。潔西卡說，哈佛教育學院不可能辦理到處都有的執照訓練，但她注意到，這些公立學校有照藝術教師以外的大批藝術教育者，就是和過去她自己一樣，對藝術教育有心、但尚未被適當地賦權增能（empower）的藝術教育者。呼應「使命」的命題，潔西卡認為這些人，沒有工作上的保障、總是兢兢業業，而且不受體制侷限、更能放手一搏，發揮創意，是推動藝術教育不可忽視的大軍。

　　更值得注意的是，即使學院的招生人員信誓旦旦地說，哈佛招生很公正嚴謹，沒有暗盤，這仍無法說明 AIE 新生的第二個共通點，就是幾乎個個與哈佛、哈佛教育學院「零計畫」、AIE 或潔西卡本人，有很不一般的先期關係。約翰是先通過了「零計畫」的檢視才轉介到 AIE，茹絲是因潔西卡與 A 的鼓動而來 AIE，瑪麗早已在哈佛延長教育學院選課並心儀「零計畫」的嘉德納教授，菲麗斯是潔西卡舊識同時是哈佛校友的家長，比娜是哈佛大學部的畢業生，她的上司則是潔西卡的好友。黛君是唯一入學前未見過潔西卡的新生，因為她人在西岸，但是決定申請 AIE 之前，已多次與潔西卡通電討論 AIE 的課程。以臺灣的標準來說，這種招生過程，好像不夠公平、透明，可被批評為「靠關係」、「走後門」，甚至是「近親繁殖」。

　　要了解這是怎麼一回事，必須先了解哈佛教育學院生涯發展辦公室每年辦理的「生涯發展日」（Career Development Day），包括「紐約日」（The

---

[32] 所謂「藝術資源教師」，相當於臺灣的藝術科任教師；所謂「任課教師」，相當於臺灣中小學的班級導師。這兩種老師都是美國大學以下各級學校裡的專任教師，都是修過教育學分、考得執照並經正式聘用的。

New York Day）與「華府日」（The Washington D. C. Day）以及「舊金山日
」（The San Francisco Day），學生自付從波士頓到各大城的旅行與住宿費用
，座談會則由生涯發展辦公室安排，在包括美國國會、國務院、布魯金斯研
究院、美國國家藝術基金會、聯合國各組織、AIG、CNN、華特‧迪士尼公
司、福特基金會、洛克斐勒基金會、大都會博物館、紐約現代美術館等數十
家超級機構之總部舉行，報名的學院學生，可以從名單中挑選想參加的場次
（共花一天的時間），自行到達總部內之會場，由機構或公司的高階主管（
常是哈佛校友），就著來此求職之道、工作要求、未來發展、心理準備等，
相當開門見山地與學生對話。[33]

　　在哈佛待久了，親耳聽過這樣「高大」的「用人機關」的主管，解說其
用人理念之後，我的了解是，AIE 這個招生過程，跟這類大機構與公司聘用
主管階層或儲備幹部人員的過程相似：公司的人力需要，不會公佈在一般人
可見的地方，聘用的標準不會透明，也不會為了公正而聘用素未謀面或者無
可信擔保的人，一切憑著特殊的儀節、人脈與多層守門人的篩選。看約翰、
黛君、茹絲、菲麗斯、比娜這幾人的「前 AIE」故事即可推知，至少這一屆
AIE 的招生，也有一定的轉介管道與招收範圍，而潔西卡則是一個重要的守
門人。

　　透過潔西卡的選擇，哈佛似乎在說：我擁有很多，我可以讓魔法發生，
但不是人人都可以享受這種機會，我要最聰明強悍、最具開創性的人才，但
是競爭者眾，他／她們必須讓我覺得可信，他／她們來到我這裡之前，必須
通過我信任的人之層層檢驗，進哈佛，就跟進一個新世界一般，你不只是進
了一個大學，你是進入了一種位置、一個社會階層、一個人生前所未有的局

---

[33] 生涯發展辦公室主管說，活動的目的是要讓學生走進各大企業或機構總部，釐清自己
的生涯發展方向，實地認識他／她們未來可能的僱主，開拓人脈與求職管道。院內學
生則另有評價，有些老生會提醒新生把握這種機會，說光是身歷其境就值回票價了。

面、一套複雜而且高代價的遊戲；這不是小事，不要說什麼公平、公正與透明，那是給普通人、平庸者的；是的，聖戰奇葩並不多見，因此我還是有高不可及的入學標準以及針對藍血貴冑的特殊考量，但我很清楚，真正的哈佛是為聖戰種籽而存在，任何入學標準都是其次，那時隨時可以重新詮釋的。

對照 1998 年秋季時的約翰、黛君與茹絲，就算三人的使命感使他／她們稱得上是不同程度的聖戰種籽，但他／她們當時的一些特徵，並不符合前章曾討論過的「領袖性」或商議的要件。也就是說，三人也許頭角崢嶸，做過一些事情，但並不是具有廣大影響力的領袖。至於三人的想法，基本上是他／她們自行埋頭建構的，並未經過更大場面的煎熬與考驗，過去以來，在個性方面，他／她們一向以堅定執著為主，說起為成就大業必需的商議、說服與妥協能力，就不一定見長了。那麼，很令人好奇的是，接下來哈佛到底要教他／她們什麼？或者，他／她們會在哈佛學到什麼？

本書第 1 章談三宇宙以及哈佛的魔法；第 2 章談學院歷史回顧，也指出「商議」與「領袖性」教育這兩個田野中的主題；這第 3 章除了介紹旅人外，也顯示哈佛選學生特殊的方式。下一章，我將介紹第四位旅人潔西卡，以及她在三宇宙中的行止。

4

使命的面貌——第四位旅人進入哈佛

潔西卡與霍夫曼學校

1998 年時，潔西卡約五十五歲，是個瘦高個子，喜歡穿寬鬆多層次黑色系飄逸的絲紗料，其中一件常穿的外袍上，印著幾隻翩飛的剪紙蝴蝶，加上小小的立領，樣式中帶有淡淡的中國風。冬天時，披無扣灰石綠非洲抽象紋長袍，外罩黑毛呢長大衣，配上樣式極簡的黑色平底鞋。淡金色的即肩短髮，弄得很鬆散隨意，雙耳掛著兩個大型的手鎚銀質耳環，兩手的手腕與手指也戴著多個手工銀手環與大型戒指。潔西卡能自信地周旋於人多的場合，文筆典雅，更擅長拿捏應用文體，總之，潔西卡全身充滿了東岸都會區上流社會知性女子的風範，散發著藝術相關專業的指標性風格與品味，同時也低調地呼應了教育學院內幾位女強人教授的造型典範。這種對視覺符號、儀節的精確掌握，只是潔西卡的眾多專長之一。

只有哈佛教育學院的資深人員才知道，潔西卡最大的專長，不是外形，而是「做哈佛」的功力。所謂「做哈佛」，就是在哈佛大學這個三宇宙並行交錯的大機構之中，商議個人的地位、發展自己、實現自己，以最小的力量與資源，推動重要的觀念改變，創造最大成效的能力。潔西卡在院裡，以一

個剛畢業的博士生兼「零計畫」年輕研究者的身份,運用哈佛「零計畫」累積起來的學術基礎與社會資源,一手將 AIE,由構想、規畫、推動、建立,到執行、調整而壯大,並以自己為樣本,培養像她這樣有八隻柔軟長手、無所不能的新藝術教育者「章魚」形象,[1] 就是潔西卡「做哈佛」的最好例子。說起潔西卡與 AIE 的故事,其實有一個很久遠的根。

潔西卡的父親,是俄國猶太移民第二代,他從哈佛的大學部與法學院畢業,成為美國首都華盛頓特區的執業政治律師。潔西卡的母親安娜(Anna F. Hoffmann,真名),來自義大利,是信奉天主教的新移民兒童教育家,她在紐約一所私立小學「霍夫曼個人關照學校」(The Hoffmann School for Individual Attention,簡稱 The Hoffmann School,本書下稱霍夫曼學校)教書。這所創立於 1921 年的學校,創辦人是潔西卡父親的嬸母。讀法律的父親,暑假省親時,與母親在校園中相遇、相戀,婚後一起搬到華盛頓特區,潔西卡和姐姐都在那兒出生。當老邁的創辦人病倒後,潔西卡的母親接手成為校長,並把原有的住宿學校體制,改成「日間學校」(day school),學生日間上課,下課回家,和公立學校一樣,學費因此下降,並收入了許多鄰近社區裡並不一定富裕家庭的兒童。

1968 年《紐約時報》出版的一本紐約地區私校指南,[2] 上面沒有 Hoffmann School,但是有一個叫「霍夫曼學校股份有限公司」(The Hoffman School, Inc.)的記載,[3] 地址與潔西卡說的一樣,[4] 校長叫「安娜‧霍夫曼女士」(Miss Anna F. Hoffman)。潔西卡說是出版者把學校與校長的

---

[1] "Octopus" 一字,是借用潔西卡退休那一年出版的一本書(Davis, 2005)的標題隱喻,做為具有多樣能力、眼光、能在不同場合推動不同的藝術教育的藝術教育工作者。

[2] 參見 Hechinger & Hechinger (1968)。

[3] 同上,頁 151-152。潔西卡說對她的父母而言,將學校設為一個非營利而有董事會的組織是件非常重要的事,這在當時是非常罕見,但她不清楚父母為何如此堅持要這樣。

[4] 即 5440 Independent Avenue, New York, N.Y. 10471。

名字，錯拼為 "Hoffman"，尾巴上少了一個英文字母「n」。根據指南上的簡短記載，霍夫曼學校是當年曼哈頓地區 56 所私校中的一所，校地四又二分之一畝，托兒所有 30 名學生，幼稚園有 15 名，一至八年級學生 60 位；學費 650 至 1400 元，雜費與交通費 225 至 300 元；全職教師 16 人，兼職教師 3 人。[5] 教學上是使用紐約州的基本課程，外加上學校自己的改善與增益。[6] 課程說明文字的最後一句話，提到該校課程的特徵，就是重視藝術。[7] 由於母親接任校長的關係，潔西卡與家人從華盛頓特區來到紐約，住在校舍的樓上。自三個月大起，校長的女兒潔西卡，在俯瞰哈德遜河的校園裡就學、成長，假日時廣大的校園空盪盪的，只有她和姐姐兩個孩子，擁有學校所有的器材與空間，潔西卡說，她感覺霍夫曼學校就是「我的學校」。潔西卡直到二十歲結婚後，才離開霍夫曼學校的校園。

　　潔西卡在課堂上一再對 AIE 學生提起霍夫曼學校，並強調母親與學校的一切，對她日後有重大的影響。在她哈佛退休的酒會上，當時的教育學院院長，也是潔西卡童年的鄰居與高中同學，前來致辭。院長說，她與霍夫曼一家住在同一條街上，不但認識潔西卡，而且知道，AIE 就是從霍夫曼學校而來的。[8] 當時潔西卡的姐姐也在場，也十分同意。潔西卡曾給我一份霍夫曼學校的宣傳折頁與簡章，內稱霍夫曼學校的教育情境，是「不緊張且有整合性」，[9] 課程特色是「具激發性又圓融」，[10] 分班是依照兒童的年齡、智能與社會成熟度，教育上，則鼓勵個人表現意見以及容忍個別差異。套句現在臺灣的教育語言，就是「校園風氣民主開放、注重全人教育與學生個別發展

---

[5] Hechinger & Hechinger (1968)，頁 151。

[6] 同上，頁 152。

[7] 原文 "Technological aids are used and music and art are featured prominently in the curriculum."，頁 152。

[8] 原語 "AIE came right out of the Hoffmann School. Believe me 'cause I was there.'"

[9] Hechinger & Hechinger (1968)。原文 "relaxed, integrated environment"。

[10] Hechinger & Hechinger (1968)。原文 "stimulating, well-rounded program"。

」。

潔西卡說，霍夫曼學校每天都有 45 分鐘到一個小時的藝術課，內容涵蓋視覺藝術、音樂、舞蹈與戲劇。潔西卡的母親常說，「你必須學習藝術，如此你才能成為這個世界中的一個人」，[11] 對此，安娜給女兒的解釋是：

> 你必須學習視覺藝術，如此你才能知道如何看到，並製造美麗的事物；你必須學習音樂，如此你才能知道如何聽、作、唱音樂；你必須學習舞蹈，如此你才能知道如何走路、移動，並適當地敬待你在世界上所佔有的空間；你必須學習戲劇，如此你才能知道如何說話，並充分地表現你自己。[12]

這種說法，和潔西卡相當推崇且多次邀至 AIE 演講、與安娜約同時代、但比安娜長壽、在紐約長期活躍至今的名媛藝術教育者格林（Maxine Greene）[13] 所謂美感教育（Aesthetic Education）之內涵，頗有相呼應之處。

潔西卡又說，她的母親具有異於常人的教育家直覺與洞察力，在母親過世前，潔西卡雖沒有機會與她多溝通藝術教育上的想法，但是她很認同母親堅持以兒童為中心的個人化教育，以及「兒童不會有錯，如果他們在學校中掙扎，周圍的成人就有義務，思考自己什麼地方做錯了」這種想法。綜合這些潔西卡的描述，我猜測安娜經營霍夫曼學校，除了必要的生意頭腦之外，

---

[11] 潔西卡的轉述是 "You have to study the arts so you can be a person in the world."

[12] 潔西卡轉述安娜這段教誨的全文是 "You have to study the arts so you can be a person in the world. You have to study visual arts so you can see and make beautiful things. You have to study music so you can make and hear music and sing. You have to study dance so you can walk and move and honor the space you occupy in the world. You have to study drama so you can speak and represent yourself well."

[13] 參見 Greene (2001)。Maxine Greene 是哥倫比亞大學退休的資深哲學美學與教育學教授，她為紐約林肯中心學院的演講集結成的這本書，被潔西卡挑作 S-300s 的讀物，而 Greene 本人也曾多次應邀擔任 JLB 演講系列的講員。

思想理念受了義大利兒童中心思想的影響，還有當時美國興起的杜威進步主義（Progressivism）教育思想的影子，同時，也全然展現一種美東上層社會之品味、身段、儀態與氣質訓練的意味。與 AIE 比較起來，潔西卡已儘量壓低後面這一點，代之以 PZ 的理論，但安娜以藝術承載（carry）一切學習的思想，與潔西卡本人的質地與主張，是密切呼應的。這一點，留待討論 AIE 課程與執行細節時，未來會再深入，此處先打住。

在教學實務上，安娜堅持霍夫曼學校的藝術課程必須由專家來擔任教學，因此校內總有職業藝術家駐校創作與教學，在校園的大穀倉裡，有專為他們設置的工作室和居所。潔西卡自小與各種藝術品、藝術家、藝術活動為伍，一切如此理所當然，以致讓她以為外面的世界都是很注重藝術的，直到七年級畢業後進入其他學校，才驚覺並非如此，因此埋下推動藝術教育的志向。她積極尋求校外的藝術滋養，由於住在紐約這個現代藝術之都，潔西卡自初中起就一直在校外學習藝術，在各種專業藝術家養成機構（如約翰也上過的「藝術學生聯盟」）中，與職業藝術家並肩學習戲劇、插畫或設計。

潔西卡與藝術共同成長的經歷，讓她替生命中沒有藝術、或者未能親近藝術的人，深感惋惜，並因此對藝術教育產生極高的興趣與使命感。十六歲時，她首度在霍夫曼學校的日間夏令營負責藝術課程，那年暑假，兩百多名小朋友（三至十二歲）的藝術課，都由她一人設計與執教。為了這件事，潔西卡的母親要求女兒正式具文，申請這份兼職工作，才發給薪水。這是潔西卡初次嘗試藝術教育，這個經驗，給了她教育的信心與領導力的訓練，工作則一直做到四年後潔西卡結婚離校時。

大學時代，潔西卡在聖約翰學院（St. Johns College）唸的是古典科，[14]就學期間與後來成為財經專家的同學認識、結婚（1964 年），婚後轉到西

---

[14] Classics，是從希臘開始、朝現代推進的人文學與科學綜合課程，主要是圍繞著一套特選的西洋經典，進行探索與討論的教育形式。

蒙學院（Simons College）英文系並在那兒畢業（1971年）。[15]1980年，安娜過世，霍夫曼學校換人接掌，但無法挽回學生人數逐漸減少的頹勢，終於1983年停辦。次年，1984年，潔西卡41歲，三個兒子中最年幼的也已13歲，她決定申請進入哈佛教育學院的碩士班。當時她的希望，是要獲得一些為母親與霍夫曼學校立傳的能力，以顯揚母親的教育理念。潔西卡之前雖然從沒進過任何專業的「藝術教育」系所，但她做過各種藝術教學與行政工作，特別對「兒童作為藝術家」（children as artist）這個課題有興趣。臨赴哈佛之前，當時任職紐約哈林區藝術教育督導的表姊，提醒潔西卡，要注意哈佛教育學院的「零計畫」。

潔西卡的人生路至此，已差不多來到了約翰、黛君和茹絲進入 AIE 前的階段，只不過潔西卡的哈佛經歷較三人早了14年開始，進哈佛之後的發展較深，時間也較長。

哈佛零計畫

潔西卡表姊提到的「零計畫」，是哈佛大學教育學院下，幾個經費自籌、管理自主的研究中心之一，[16] 以下簡稱 PZ。PZ 的創始者是哲學家、藝術收藏者與藝術代理人納爾遜・古德曼（Nelson Goodman, 1906-1998）

---

[15] 在當時，這些都是貴族學校。

[16] 以 2002 為例，院內除「零計畫」外，另有九個中心：「教育科技中心」（Educational Technology Center）、「性別與教育中心」（Harvard Center on Gender and Education，後縮減）、「哈佛兒童專案」（Harvard Children's Initiative）、「家庭教育計畫」（Harvard Family Research Project）、「移民計畫」（Harvard Immigration Project）、「成人學習與識字國家研究中心」（National Center for the Study of Adult Learning & Literacy）、「校長中心」（Principal's Center）、「職業教育專案」（Programs in Professional Education）及「寫作、研究與教學中心」（Witing, Research and Teaching Center）。

，他於 1967 年在哈佛教育學院成立「零計畫」這個專案中心時，是哈佛大學部的教師及兼任研究員（Associate Researcher）。古德曼的學生與長期同事，教育學院哲學教授以色列・謝弗勒（Israel Scheffler）說，發展心理學（Developmental Psychology）是教育學院戰後開始推動的重點，PZ 設立之初衷，是要秉持古德曼的藝術哲學，[17] 研究「藝術能力的發展」，[18] 但由於他所延攬人員的專長方向，PZ 逐漸專注於「認知與符號過程」，[19] 而且由於注重基礎研究，而整合了哲學、心理學、神經學、認知科學及「具紀律之傳奇的藝術」。[20]

　　謝弗勒在院內任教、擔任行政工作將近 40 年，意見舉足輕重，他所謂「具紀律之傳奇的藝術」，我認為是很巧妙的說明了他對 PZ 藝術教育研究的了解與期待：以科學的方法、跨領域的態度，處理傳統觀念上浪漫有餘、但思想不足的藝術學習課題；另外「arts」這個字也暗示，PZ 不受限於傳統藝術界或藝術教育界的既定範圍（art 或 Art），而是所有具有上層意義的「自由人文藝術」（liberal arts）。[21] 早期，教育學院曾頒授一個學位，稱為 M.A.T.（全名 Master of Arts in Teaching），可知此「arts」有別於職業訓練或技術訓練，也不止於臺灣九年一貫「藝術與人文」領域施行早期，所限定的視覺藝術、音樂、表演藝術三範疇，而是包含一切人文領域的訓練，這是院內哲學家謝弗勒的理想。

　　落實在藝術教育的角度來看，潔西卡說 PZ 是為「研究兒童在藝術中學到什麼？」這個問題而設，或者更進一步說，是「從思考以及認知的角度

---

[17] Goodman (1976)，*The Languages of Art*（《藝術的語言》），是他的代表作。

[18] Scheffler (Fall, 1991；或 September 26-28, 1991)，頁 21。原文 "the development of the abilities in the arts"。

[19] 同上。原文 "cognitive and symbolic processes"。

[20] 同上。原文 "the disciplined lore of the arts"。

[21] "liberal arts" 與「文科」、「博雅教育」、「人文學科」或「通識教育」等意義接近。

，而不只是感覺或者感情的角度，來了解藝術教育」。[22] 根據 PZ 網站上的官方歷史回顧，古德曼從一開始就認為藝術活動是一種心智過程（process of the mind），和用在科學以及公共政策上的心智過程，一樣強大、微妙。以「零計畫」成立初時的理論環境來看，這是一個既「反行為主義」又「反浪漫主義」藝術觀的另類路線，也是呼應當時心理學界某些跨領域研究者的「認知革命」。[23] 雖然，在某種程度上，成立 PZ 是要在心理學與藝術哲學的結合上做突破，但是命名 PZ 本身，卻可以看出 PZ 與當時美國的藝術教育界區隔的用意。蓋 PZ 成立時，雖然是以藝術教育為核心，但是古德曼對當時藝術教育界既有的研究成果，深感不足，便將此計畫命名為「零計畫」，表示要從「零」開始探討。這個「零」所具有的開放性，讓 PZ 成員由藝術教育出發，1967 年至今近半世紀以來，擴向各種相關教育研究的方向，包括「解決問題」（problem-solving）、「高層次思考」（higher level thinking）、「腦的組織」（the organization of the brain）等。[24] 而這個「零」，當然也間接否定了 PZ 之前美國藝術教育界的成就，反映出哈佛這一批人，與既有的美國藝術教育界之間，一種不明說但清晰存在的距離。

　　PZ 對外的正式名稱是「哈佛零計畫」（Harvard Project Zero，簡稱 HPZ），它與哈佛教育學院的關係，是建立在收支自行平衡的原則上。也就是說，教育學院提供的硬體設備與基層人員薪資，PZ 必須優先以其向外獲得的專案收入，完全抵補，其餘才可自行運用。但隨著 PZ 的持久存在與逐漸壯大，PZ 與教育學院的關係，或者在教育學院內的影響力，已不同於以往。古德曼引進的專案研究員中有好幾位，如大衛・柏金斯（David Perkins）、霍華・嘉德納、凱瑟琳・艾爾金（Catherine Elgin）及丹妮・渥夫（Denny

---

[22] "How arts education is concerned with thinking and cognition, not just feeling and emotions."

[23] 2004/7/21 下載自 http://pzweb.harvard.edu/History/TenYears.htm#1967-1971；並可參考 Davis & Gardner (1992)，原文 "the Cognitive Revolution"。

[24] 見 PZ 官網 2004/7/21 下載自 http://pzweb.harvard.edu/History/TenYears.htm#1967-1971。

Wolf）等，後來都被教育學院聘為終身教授或講座教授。至於 PZ 裡一度多達 50 位以上[25]的工作人員裡，許多計畫主持人（Project Director）與研究專員（Investigator），不但是哈佛的行政人員（Officer），因很多又在教育學院開課，故常也是教師（faculty），相對地，也收進很多學院的學生做實習生（intern），更別提院裡每年有多少新生是慕嘉德納之名而來。無怪 1999 年，教育學院院長在一個聽眾爆滿的演講會上，介紹主講人嘉德納時，公開稱其為美國的「國寶」（National Treasure）。而且，幾乎每一份學院的募款文件或宣傳品，都有嘉德納的相片與介紹。總之，PZ 與學院兩者間，是相輔相成的。而 PZ、潔西卡與 AIE，更是從一開始就連結在一起的。

潔西卡 1984 年進哈佛攻讀碩士的時候，古德曼已經交棒（1971 年起），從此完全退出 PZ 的實質運作。PZ 先由柏金斯主持，一年後嘉德納加入，兩人共同主持。PZ 的研究方向，漸漸由藝術教育和心理學轉向教育，開始與各級學校、美術館及各種教育機構，建立研究夥伴關係。潔西卡來到院裡，先與艾倫・溫勒（Ellen Winner）[26]一起做兒童繪畫方面的研究，以後一直參與 PZ 的各種計畫，直到 AIE 1996 年成立一年後，才正式離開 PZ，獨立以 AIE 兼任研究員的身份，對外申請經費，做與 AIE 相關的研究案。

潔西卡曾修習嘉德納的一門課，她說她曾對嘉德納表示，學期中一個叫「創意」（Creativity）的單元，字首應該改用小寫的「c」才比較平民化，能針對每個人都有的創意來探索，不會只限於討論如佛洛伊德或畢卡索等「偉人」的創意。潔西卡的觀點，令嘉德納印象深刻，後來請她擔任了那堂課的助教。探究起來，學院傳統中一直有著呼應美國式個人主義文化的堅持，從謝弗勒——每個老師都應該有自己的教育思想，到柯伯格（Lawrence Kohlberg）——每種領域都需要堅持各自的道德，到古德曼——每個人都有

---

[25] 這是 1998-1999 年，古德曼逝世那一年嘉德納於紀念演講會上公開說出的數字。
[26] 嘉德納夫人，哈佛教育學院兼任教授，波士頓學院認知心理學教授。

獨特的美感經驗、每種藝術都使用獨特的符號系統。這類「人人皆獨特，因此人人皆應受獨特之對待」的觀念，可說是哈佛教育學院一個相當普遍的信念，也是相當普遍的美國信念。

　　碩士唸完後，潔西卡在哈佛附近的威洛克學院[27]教了一年寫作與心理學。她自嘲，當時曾因將心理學大師皮亞傑（Jean Piaget）誤為名牌手錶而頗令同事側目。由此，她也自覺需要進修心理學，於是再進哈佛教育學院博士班，博士論文指導教授便是嘉德納。潔西卡的博士論文，全名《藝術力的喪失：符號化圖形的 U 型發展》，[28]論文改寫後發表於藝術教育界的核心期刊。[29]此博士論文的主題，是源自嘉德納與溫勒曾一起發表過的一篇研究，[30]主要是探討一個常見的藝術教育現象，那就是幼兒階段對藝術創作的高度興趣與品質，到了四至十歲之間，開始下降，在十四歲左右時降到谷底，之後除非由於自願接受專業水準的藝術教育，否則大多停在原地，不再上升。如果以圖形表示這個下降再上升的現象，即有如一個英文「U」字，譯為「幽谷現象」。對這個一般藝術教育者熟習的停滯情況，還有一位 PZ 的研究員研究過，認為不宜簡單地看作是一種學習障礙或退步，可能是認知的一種必要過程，並且可能是一個人處於深度學習、醞釀新成長時的正常表現。[31]總之，潔西卡的博士論文，是在這些基礎上，做了進一步的測試，並討論此現象的意義。

　　獲得博士學位之前，潔西卡自 1985 年起，即已參加嘉德納與柏金斯領軍的「藝術推進計畫」（Project Arts PROPEL），這是一個由美國教育測驗

---

[27] Wheelock College 是一個專業教師養成的教育學院。

[28] 參見 Davis (1991)，標題 Artistry Lost: U Shape Development in Graphic Symbolization。

[29] 參見 Davis (1997I)、(1997II)。

[30] 參見 Gardner & Winner (1982)。

[31] Howard (1982)，頁 195-196。原文 "....cognitive in origin, a symbolic recoding which involves changes in cognitive strategies, shifts of articulate awareness, recoding of symbols in terms of how they are to be interpreted and used."

服務社（Educational Testing Services，簡稱 ETS）出資、與匹茲堡地區的公立學校合作、由 PZ 執行的多年期計畫，欲在 SAT 測驗[32] 中加入藝術科目的評鑑探討。研究結果沒有找到 ETS 想要的明確方法，反而發現藝術的教學要點與評量要點之間的相關性。由此，催生了以學生檔案（portfolio）了解學生學習情形的方式，推翻以零到一百分方式。簡單化地衡量學生藝術學習成就的傳統。檔案式評量，是由學生、家長、教師一起參與的評量方法，檔案內的資料包括學生複雜的學習過程、反思證據以及處理知識的成果，都納為教學者了解學生認知情況時的參考。[33] 此說一出，等於從藝術教育回頭啟發教育界的評量工作，頗受各方矚目。另外，「藝術推進計畫」也使 PZ 對學生被評量之前所接受的藝術教學，發生興趣，可說是重溫了古德曼當初成立 PZ 的初衷，也點燃了 PZ 與潔西卡攜手推動藝術教育改革的火苗。

　　潔西卡獲得博士學位後，正式以 PZ 計畫主持人或正、副研究員等身份，參與了五個藝術教育相關計畫。[34] 這些 PZ 的研究案均多少與藝術教育有關，其經驗與所得，也成了潔西卡後來設計 AIE 時的基礎之一，第 6 章會就此繼續討論。

---

[32] 即美國大學入學參考用的學力測驗（Scholastic Aptitude Test，簡稱 SAT）。

[33] Gardner (1989)，頁 105-109。

[34] 根據潔西卡給我的履歷，這五個計畫包括了 1991-1993 年的「藝術合作計畫」（Project Co-Arts），這是研究經濟不良社區藝術中心的教育效能；1992-1994 年的「零計畫與伊莎貝拉・史都華・嘉德納美術館教育合作計畫」（The Project Zero/Isabella Stewart Gardner Museum Education Collaboration），這是個美術館教育計畫；1993-1994 年的「藝術合作計畫／稜鏡協同研究案：畫像研究法的夥伴」（The Co-Arts/Prism Collaboration: Partners in the Methodology of Portraiture），這是一個教育效能研究案，是為促進語言學習而設計的的科學雙語教案；1993-1996 年的「藝術合作第二期計畫」（Project Co-Arts II），這是一個教育效能評量方式的發展與推廣計畫；1994-1996 年的「謬思計畫：博物館與學校教育聯合計畫」（Project MUSE: Museums Uniting with Schools in Education），這是聯合美國國內與國外美術館教育工作者與教師，一起建構學習工具的研究。

不同的美國藝術教育故事

　　如前所述，PZ 的研究發展與方向，與美國藝術教育界其他單位的走向，並不一致，似乎也沒有與之同步的興趣，自有獨立的歷史論述。下面我就以我自己做報導人，以一個曾在西岸奧勒岡大學讀藝術教育博士的留學生來回憶，引用一些田野訪談資料，參考一些美國藝術教育史的著作，配合電話訪問美國藝術教育界資深者的口述與評價，並對照我在本行中的了解與長期研究，綜合而成本節的敘述。在此，我並不追求做一個「客觀的」史學研究，我的目的是要用我當年從奧勒岡州認識到的美國藝術教育發展，比較其與PZ 集團（包括潔西卡在內）在藝術教育自我認同的敘事上之異同，突出後者自我認同之獨特處，並由此略窺 PZ 的崛起在整個美國藝術教育發展史上的意義。

　　先看奧勒岡大學這邊，有關藝術教育發展歷程的敘事。

　　第二次世界大戰後，三〇年代中期，代表進步主義教育思想的杜威，深以獨裁政治所導致的人類痛苦為誡，在《藝術即經驗》書中，[35] 主張從兒童教育著手，尊重兒童的差異，將藝術融入全人教育之中，培養身心健全的好公民。[36] 五〇年代起，發展心理學家維克多·羅恩菲爾（Viktor Lowenfeld）之《創性與心智的發展》[37] 一書出版，造成藝術教育界極大的迴響。同樣是主張兒童中心，猶太裔的羅恩菲爾深以納粹獨裁為誡，但反應與杜威截然不同，他反對教育為社會服務，主張教育應為兒童服務，及其書中有關兒童藝術發展階段的描述，以及給教師的務實建議，均遠較杜威明確。

　　到了 1957 年，蘇聯發射了「史波尼克一號」人造衛星，掀起美蘇太

---

[35] 參見 Dewey (1934)。

[36] 實施杜威理念著名的學校之一，是與霍夫曼學校同列在前述 Hechinger & Hechinger (1968) 指南中的「班克街學校」（The Bank Street School for Children）。

[37] 參見 Lowenfeld (1947)。

空科技競賽，在美國，科學與創性教育大受重視，藝術教育則普受排擠。六〇年代中期（1965 年），美國藝術教育界與相關學界人士在賓州州立大學進行了十天的密集討論會（A Seminar in Art Education for Research and Curriculum Development，簡稱 Penn State Seminar，以下簡稱賓州會議），此會的計畫小組 [38] 藉著五項議題的安排，實質上形同將藝術教育分成五個基礎範圍：

(1) 哲學，或者「為什麼」區塊；(2) 社會學，或者「對誰而發」區塊；(3) 內容，或者「什麼」區塊；(4) 教育心理學的或者教與學的區塊；(5) 課務或課程的區塊。[39]

　　換句話說，賓州會議探討的，包括了藝術教育的哲學思想、社會脈絡、專業內容、教學理論及實務五大項，議程也費心安排，好讓個別的發表都得到討論與修訂，而且特別請了領域外的學者來提意見。賓州會議不但定位了美國藝術教育領域與其他相關領域的相對位置，勾畫了美國藝術教育的版圖，大為擴展了藝術教育的內容，將之與哲學、社會學、人類學、心理學、藝術批評、藝術史學與藝術創作，銜接起來，並且定義藝術教育學術研究的樣貌，使藝術教育正式成為科學性研究的領域。更進一步來說，賓州會議是美國藝術教育界，自歐陸傳統的影響中獨立出來；從杜威與羅恩菲爾 [40] 的兒童中心觀，移向教師中心與內容中心觀的發展；從一個過去以實務為導向的非學術領域，升格成一個具有理論、研究、實務，並具有獨特議題與任務的學術領域；也是首次有一群藝術教育者對藝術教育這個領域，形成跨校性共

---

[38] 根據 Mattil (1966)，小組成員六人，分別是 Manuel Barkan、Kenneth R. Beittel、David W. Ecker、Elliot W. Eisner、Jerome J. Hausman 及 Edward L. Mattil，這些人以及一些其他的與會者，都是賓州會議以及後來一段時間美國藝術教育界的主流人物。

[39] Mattil (1966)，Preface。

[40] 羅恩菲爾是主辦賓州會議的賓州州立大學藝術教育系的創系者，時間是 1946 年。

識。因此，賓州會議的內容，影響了美國藝術教育界主流思想數十年，並且成為美國後來大部分新藝術教育博、碩士班的理念基礎，[41] 因此也影響了下一代藝術教育者的形貌。

　　賓州會議另一個重要的意義，是對當時盛行很久的兩大藝術教育導向提出批判。批判之一，是指向現代畫家畢卡索與米羅這一系的兒童美術美學言說。與會者多認為將兒童視為純然天成的藝術家這種浪漫論調，過於注重藝術作品本身的效果，會造成教育上的空洞無為。批判之二，是針對當時盛行的以教育服務社會的杜威實用哲學，及羅恩菲爾將兒童之成長以年齡分段之發展觀點，與會者多認為這兩種理論都是以各級學校中珍貴的上課時數來發揮藝術以外的目的，即所謂「藝術以外的價值」（extrinsic value of art education，簡稱環境論），而未能注重藝術教育獨特的、對藝術內涵本身的教育意義與訓練價值，即所謂「藝術本身的價值」（intrinsic value of art education，簡稱本質論）。

　　整體來說，賓州會議現場大部分的藝術教育研究者，以俄亥俄大學的巴肯（Manuel Barken）、伊利諾大學的史密斯（Ralph Smith）及史丹福大學的艾斯納（Elliot Eisner）為首，是傾向在藝術教育本質論的立場上，採用會中哈佛心理學者傑羅姆·布魯納（Jerome Bruner）[42] 的兒童教育理論，朝向以兒童發展的階段做為參照——非做為內容或基礎——的「分科式」（disciplinary）發展。也就是說，大部分與會者將藝術教育的目光，由兒童的發展特徵轉向兒童必須學習的基本內容，配合新的學習理論，脫離技術教育的膚淺關懷，將藝術教育視為一個學科或領域，從而提升藝術教育的地位。

　　但從後來奧勒崗大學的藝術教育工作者群來看，當時賓州會議現場，少數的藝術教育者如瓊·金恩·麥克菲（June King McFee）及文生·藍尼爾（

---

[41] 見 Hutchens (2001)，此書是由美國藝術教育博士班重要教師各自敘寫的機構發展史。
[42] 哈佛人文與科學教師團教授、心理學者，他的教學理論強調次序性與分類。

Vincent Lanier），卻是現場中對本質論有異議的少數人。麥克菲與藍尼爾認為，在多元文化的美國，不由分說地推動西方傳統的藝術與美學，並不是振興藝術教育，而是堅持一元文化（或主流美學）之霸權，壓抑各族群的藝術教育機會與成就，兩人主張採用文化人類學、社會學、心理學等跨領域的養分，順應民權運動、嬉皮自覺運動、婦權運動及反戰運動的潮流，呼籲大家肯定、發掘、了解、感謝因美國文化的多元性所帶來藝術與文化的豐富性。但是賓州會議的形勢已定，他／她們的意見，並沒有引起太多共鳴。

　　賓州會議後，同年的秋天，麥克菲應邀擔任奧勒崗大學藝術教育系主任，她在原有的碩士班與大學部藝術師資執照班外，創設了博士班。麥克菲與藍尼爾等老師加上一群學生，一起朝著「以多元文化定義藝術與學校」（a multicultural definition of art and school）簡稱「多元文化藝術教育」（Multicultural Art Education）的方向前進，[43] 形成當時美國藝術教育界新興的文化批判團體[44]（這一群人，就是讓我這個留學生倍感親切的老師、同學與校友們）。

　　八〇年代，當奧勒崗大學藝術教育系逐漸成長時，美國面對石油危機，各州財務吃緊，公立學校中的藝術教育課程與職缺進一步萎縮、消失，各地藝術教育面臨更大的危機。就在此時，以推動精緻藝術大眾化為志的「保羅・蓋蒂信託基金會」（The J. Paul Getty Trust，1983 年成立，下稱蓋蒂信託

---

[43] 奧勒崗大學「多元文化藝術教育」的基本內涵，可參見 McFee & Degge (1980)。另根據 McFee & Ettinger (2001)，頁 101，麥克菲回顧奧勒崗大學校友的學術表現後認為，「認知與視知覺對藝術活動與藝術批評的影響」（the cognitive and perceptual influences on art activity and arts criticism）和「深入地研究多元文化設計及其與人類處理視知覺資訊的關係」（a comprehensive study of multicultural design and its relationship to human perceptual information handling）這兩項她辦學的主張與理想，並未充分地見於校友的論文中。
[44] 較知名的奧勒崗大學藝術教育博士班校友與教師作者，除麥克菲與藍尼爾之外，還有 Doug Blandy、Paul Bolin、Graeme Chalmers、Kristin Congdon、Rogena Degge、Karen Hamblem、Jessie Lovano-Kerr、Ron MacGregor 等（依姓氏字母序）。

）開始浮出，這個由石油大亨捐產成立的非營利組織，下設的部門中，有一個叫「蓋蒂藝術教育中心」（The Getty Center for Education in the Arts，下稱蓋蒂），宣示要以私領域的資源，支撐學校內外之藝術教育。蓋蒂的主事者[45]認為，當年賓州會議的五大理念，是過度擴張了藝術教育的範疇，稀釋了藝術的本質（intrinsic），降低了藝術教育的內容水準，負面地影響了藝術教育在學校教育及學術界的地位，此時應當「返回根本」（back to basics）。此主張得到大部分當年參加過賓州會議的藝術教育學者呼應，蓋蒂參考專業顧問公司之調查分析，[46] 推出了「以學科為基礎的藝術教育」（Discipline-Based Art Education，下稱 DBAE），主張一種新的，以藝術史、美學、藝術批評與藝術創作四大藝術專業學科為本的整合性藝術教育。

　　然而蓋蒂的努力，在前述奧勒崗大學的多元文化藝術教育者眼中，是一元文化觀變本加厲的操作，將使個人、少數人、有色人種、弱勢者及世界各文化美學之生存與教育環境，進一步惡化，他／她們反對 DBAE 有關本質論與環境論的二元論述，認為每一個個人及由個人組成的大小文化，對藝術教育而言，都各有各的貢獻與價值，因此藝術教育者的重點，不在於爭論該教什麼，而是怎麼教，才能保住每個學生自其獨特的背景，所可能帶來的多元藝術；[47] 再者，奧勒崗團隊也認為，DBAE 的問題是過於重視藝術學術與學者的權威性，精神上其實是學科中心論兼學術中心論，並非一般認為的傳統本質論，而且，不論是學科中心論、學術中心論，還是本質論，都未優先關照真正重要之受教者的個人性與多元性[48]（這是我曾就近了解、並且頗能

---

[45] 如 Harold Williams、Leilani Duke 與 Michael Day。

[46] 藍德公司（The Rand Corporation）的研究報告內容見 The J. Paul Getty Trust (1985)，頁70-75。在此之前，藝術教育機構從未使用這種國際顧問公司來做市場調查，突顯了蓋蒂的企業風格。

[47] McFee & Ettinger (2001)，頁 81。

[48] 其中最具持續性的作者，是 Doug Blandy 與 Kristin Congdon。

領會的觀點）。

　　奧勒崗這邊的批評，並未明顯地改變蓋蒂工作的方向。當時，蓋蒂龐大的資金、強大的信念及由多數相關學者所組成的學術後盾，正是全美藝術教育界期待已久的支撐力，連美國最大的藝術教育者組織，「全國藝術教育協會」（National Art Education Association）都予以認同，可見其盛況。[49] 九〇年代末期，一方面美國「少數族群」人口總數日漸增加，網際網路所掀起資訊自由化及論述開放化的潮流，使蓋蒂明顯朝向白人主流文化傾斜的藝術教育觀點漸漸失守；另一方面，銀行利率下降，導致基金的孳息減少，經費不足的蓋蒂被迫縮減規模，在內部改組與人事異動下，政策也發生調整，直接導致藝術教育部門的裁撤，相關工作雖見繼續，但已盛況不再。

　　在蓋蒂的批評者，奧勒崗大學這邊，由於師生長期捍衛文化多元性，運用人類學方法與批判觀點，揭發一元文化觀的侷限性，展現文化相對性與體制內外藝術教育的新空間，在各種後現代文化研究崛起之前，埋下了後來美國藝術教育界從文化觀點大量檢視藝術教育的端倪。[50] 1983 年，麥克菲退休，後繼者仍持續發展，至 1992-1993 年間，奧勒崗大學校方以州政府教育經費不足，在一舉裁撤教育學院內的師資執照班之餘，連帶決定改組藝術學院裡的藝術教育系，由兼具博、碩士班與大學部藝術師資執照班的規模，降為只有碩士班與藝術師資培訓的學分班，且朝藝術行政與管理轉型，系的傳統與成就，自此逐漸沒落。

　　以上，是我因在奧勒崗大學留學，而獲知的美國藝術教育發展史，重點

---

[49] 比如說，美國全國藝術教育協會（The National Art Education Association，簡稱 NAEA），1988 年合作出版了一本討論 DBAE 的書，1994 年則出版了一份「全國視覺藝術教育標準」（The National Visual Arts Standards），內容主張與 DBAE 極接近。參見 Dobbs (1988) 與 The National Art Education Association (1994)。

[50] 參見 McFee & Ettinger (2001)。此外，在我回顧 1996-2005 年間美國兩大藝術教育學刊之論文主題取向時，這一點亦可得到印證。見袁汝儀（2006）。

不在其正確與否，而是如果沒有別的故事做對照，我可能會將「為主流藝術傳統以外的人類文化之可能性，而奮戰，推動能容納多元文化與多元美感的藝術教育」這樣的理念，當作是具有唯一正當性。如果我不來哈佛，我不容易察覺這個奧勒崗的故事裡，埋藏著奧勒崗大學藝術教育團隊的自我認同與使命方向。

　　PZ 這邊，另有一套以 PZ 為主角的美國藝術教育發展敘事。PZ 同樣也與蓋蒂交手，不同的是他／她們抓住的課題不是多元文化，而是美國學術界及教育界重視學科、不重視學習本身，學科高下的區分又導致資源與注意力集中於數學、語文及科學，加以「智商」測驗以學生在這些強勢學科中的成就為依歸，[51] 製造大部分學生的挫折感，以及教育失敗的問題（包括失敗的藝術教育）。也就是說，PZ 認同的對象人口，也是受到一元化體制迫害的人們，這些人就是大量被測驗壓迫與桎梏的學生，PZ 要求認真看待學生的個別差異性，為教育體制裡的個人發聲。[52]

　　自認為心理學界一員的 PZ，雖然 1967 年即已成立，其理念卻要到 1983 年，蓋蒂信託崛起的同一段期間，才開始浮現於藝術教育界的眼前，起因是嘉德納的「多元智能理論」（Theory of Multiple Intelligence，以下簡稱 MI）。[53] 該理論將學術領域、知識體與智能的界定分開，領域或者學科是學術界歷史演進的結果，知識體是具有系統的專業知能，智能是人類生物性的事實，而教育，嘉德納認為並不是要為既有的學術領域代言，也不只是為訓練專業人才而存在，他認為人因為先天與後天的緣故，智能特色各個不同，因此必須因材施教，對於教育者何以能建立對學生智能特色的理解，他

---

[51] "Intelligence Quota"，簡稱 IQ。

[52] 哈佛的「主流中的主流」形象，使它在美國六〇年代以來的文化反省浪潮中，地位異常尷尬，從種族、性別、性取向到保守作風與政治態度等課題，動輒得咎，校園外要求改革的聲浪不止，校園中也衝突不斷，過程可參見 Schlesinger (2005)。

[53] 代表作 Gardner (1983 I)，標題 Frames of mind: The theory of multiple intelligences。

以七種智能為例，[54] 呼籲其他人跟進，提出其他的智能例子，[55] 以便大家可以更深入學生的學習準備狀態，達到教育上最好的效果。從較高的角度來說，嘉德納的 MI 宣告了美國教育界長期以科學至上的冷戰精神結束，啟動了新一波檢視教育現況的改革浪潮，合法化了嬰兒潮家長心中每個寶貝的獨特性，也呼應了基層教師早已知道的「每個孩子都不同，因此不能一以待之」的現實。無怪 MI 一出，即使學術界反應保守，卻獲得全美各級各科教師及家長的廣泛迴響，嘉德納與其背後的團隊 PZ，由是被一起顯揚出來。

　　從藝術教育的角度來說，MI 與蓋蒂推動的四領域整合不同，MI 談的是更大範圍的整合，理由在於整合乃人類生物性本質，並不僅止於學界的跨界合作。對於甚受賓州會議重視的哈佛心理學家布魯納，PZ 是贊成其超越過去發展心理學的階段論，但是並不贊成其分科學習的概念，因為腦神經科學的相關資料顯示，人腦對任何刺激都不侷限於一區或一種反應，而是有複雜的整合性反應，以這種證據為基礎，傳統的學科分際所反映的，並非有關人腦的客觀事實，而是歷史發展的建構。

　　對於藝術教育，MI 的風行是從權力結構的層面，以及跨領域學術研究的層面，根本地推翻了學科分化及主、副科排比的合法性，並從受教者的利益出發，批判了藝術教育界或目前任何相對弱勢的學門必須日日抵抗的學科歧視，對一直屈於副科地位的美國藝術教育界，顯然有利。唯一的問題是，MI 理論沒有明白地說明藝術與藝術教育在整個教育體制上的清晰位置。在藝術教育界的催促下，1983 年同年，嘉德納針對這個疑慮，在國家藝術教

---

[54] 根據 Gardner (1983 I)，七種智能是語言、邏輯與數學、音樂、空間、身體動能、人際、自我反省。

[55] 根據 2008/7/30 嘉德納在 PZ 夏季學校（HPZ Summer Institute）的演講中提到，1983 年後由他起頭再由他的學生完成的自然智能（naturalist intelligence）已納入他的書中，純由他人提出的心靈智能（spiritual intelligence）與存在智能（existentialist intelligence），他覺得前者不能成立，但後者可能可以開發。

育協會的會員通訊 *Art Education* 上發表一文，大意謂：不管學生的智能差異如何，藝術應該可以發動每一個人，[56] 用意是不為特定領域背書，但強調藝術在認知學習與發展上的價值。

之後，要到 1989 年，嘉德納才在藝術教育界最主要的學術期刊 *Studies in Art Education* 上，發表了論述較為深入的 "Zero-based arts education：An introduction to ARTS PROPEL" 一文，[57] 裡面將 PZ 從成立以來在藝術教育上研究的成果，做了綜合性的回顧與討論。此文等同向藝術教育界正式介紹 PZ，將嘉德納的形象與他所在的研究團隊、團隊的重要藝術教育研究案、以及哈佛大學聯結起來，使哈佛大學正式出現在美國藝術教育高等教育版圖上，而且是以超強團隊的姿態出現。另一方面，此文也說明 PZ 看重藝術之處，是著眼於藝術在教育上的價值。嘉德納於文中說，相對於語文與數學／邏輯是多元智能之一，藝術不是智能，藝術是一個跨越多種智能的知識體（domain），藝術（就像創性或問題解決能力一樣）因此是一個多元智能教育的優良切入點（entry point），具有觸發多種教育效果的可能性。是以，PZ 所謂的藝術教育價值，不是藝術作為一個單一領域的教育價值，而是藝術做為一個極佳教育切入點的價值，但這並不表示藝術本身不重要，相反的，如果藝術沒有追求至較高、較抽象的境界，其做為教育切入點的價值，也不會發生。最後，此文介紹了 PZ 的「藝術推進計畫」（Arts PROPEL）裡研究人員所設計以認知為目的之教學過程與經驗，也討論了 PZ 排除分科的觀念、透過整合藝術的生產（production）、視知覺（perception）與反思（reflection）這三條跨學科（或者與學科無關）的路徑、觸發人類心智上的學習的主張。回頭來看，這就是為什麼 AIE 的名稱叫 "Arts in Education" 而不像傳統那樣叫 "Art Education" 或 "Arts Education" 的理論背景。

---

[56] Gardner (1983II)，頁 101。

[57] 參見 Gardner (1989)。

　　看 PZ 一鳴驚人之後其與美國藝術教育界的互動情形，更可以突顯 PZ
與嘉德納在藝術教育上的地位。首先，嘉德納 "Zero-based arts education" 一
文的論述，讓藝術教育界有關「本質論」、「環境論」的二元化的長期爭議
失去了意義，蓋 PZ 雖然以藝術來促進學習，但不是為了教藝術而進行藝術
教育，因此並不合乎「本質論」的基本路線，但 PZ 不忽略藝術創作與理解
的關係，等於是捍衛了「本質論」者心中的最愛。這樣的另類路線，初期並
不是唯一令美國傳統藝術教育界感覺糊塗之處，嘉德納此文的整個理念，被
稱為認知科學之一脈，上承發展心理學大師皮亞傑與當時名聲尚未遠播的美
學家古德曼，中間完全不提賓州會議，跳過在藝術教育界盛極一時的羅恩菲
爾與 DBAE，甚至不理會九〇年代以來喧囂塵上的後現代主義，也不受人文
領域的限制，直接訴諸哲學、心理學、人工智慧、語言學、人類學以及神經
科學的最新發展，[58] 不但與傳統藝術教育界的走向不同，而且看起來似乎是
極新與極舊共存，理念上很陌生，令圈內人一時不知如何反應。

　　事實上，嘉德納始終與美國傳統藝術教育界保持距離，也不受其既有思
潮的影響，但傳統藝術教育界卻無法忽略他的影響力。一位藝術教育界的前
輩甚至回憶說，嘉德納的每個學說，都可比是「驚天動地」（Earth-shaking
）。即令如此，PZ 上下都和嘉德納一般，無意自稱為藝術教育者，他／她
們自認是關心藝術教育、了解藝術教育之重要性的心理學研究者，他／她們
也不認為藝術教育是與教育或心理學截然不同的領域。以藝術教育領域在整
個美國學術界的邊緣性來說，我看 PZ 的專業認同是有複雜的現實考量的。

　　從專業定位上來說，PZ 很刻意地維持一種超越各領域的自有品牌。PZ
是從教育界熟悉的發展心理學出發，談的是教育界風行的評量問題，是先攻
克教育界，才進軍藝術教育界的。PZ 也與單一的傳統學界相區隔，理由是
PZ 的經費來自各種不同的機構，研究主題多、性質歧異、跨領域成份大，

---

[58] 參見 Gardner (1985)。

外界不易研判其學術走向及貢獻，許多批評是指其創意與包裝多於學術嚴謹度，以及時常同時（或過於快速地）由理念討論推進到實務，以致有跳躍、龐雜或鬆散等等問題。大量針對嘉德納的冷嘲熱諷以及他本人的回應，還曾被集結成書並命名為：《被攻擊中的霍華‧嘉德納：心理學界叛徒面對他的批評者》。[59] 總之，PZ 成員的著作雖然大受關心教育者之廣泛接納，在學術上的發表並不多見於教育界、心理學界或藝術教育界的重要學刊，主要走獨立出版的路線，直接面向緊跟其腳步的美國教育界基層與社會大眾。

　　PZ 的獨立性，還可以從另一個角度來看。前面已經提到，蓋蒂信託是八○年代初到九○年代初美國國內最大的藝術教育資助者，它一面在西岸起造大型美術館，一面大舉資助學者專家與學校教師，進行研究與實驗教學。同一時間，哈佛 PZ 的經費主要來自美國國防部、能源部及各大基金會，並不穩定，似乎不能忽略蓋蒂這個資源。但是雙方在理念上有落差。對於 DBAE，PZ 的研究者認為它順從落伍的學術領域分化現況以及傳統藝術孤立觀點，忽略了藝術對每個人普遍的、整合的認知教育價值，而 DBAE 的專家性內容，易流於抽象瑣細，且與一般學校或社會藝術教師的訓練背景脫節，其中部分內容或可供美術館教育所用，卻並不適合一般的學校教育界。由於這類矛盾，PZ 決定不倚賴蓋蒂。一位 PZ 人回憶說，教育學院的院長曾明確表態，PZ 不宜太受限於蓋蒂信託的資源，因為「哈佛承受得起說不」。[60] 從此，美國藝術教育的西岸與東岸，[61] 隱然出現蓋蒂與 PZ 之間，客氣但互不相犯的情形。[62]

　　以上這些不同故事的重點，不在於誰是誰非、誰贏誰輸，而是在於故事

[59] 參見 Schaler (2006)。

[60] 原轉述語 "Harvard can afford to say no."

[61] 另一位 PZ 核心人員解釋這種路線對峙的地理現象：西岸是指太平洋岸連帶中部直到阿帕拉契山脈的美國大部分地區各大學藝術教育系所，東岸即哈佛和與哈佛關係密切的哥倫比亞大學教師學院（Columbia University's Teachers College）。

間強大的相似性。奧勒崗大學、蓋蒂信託、哈佛 PZ、其他美國藝術教育界和 ETS 等許許多多團隊，[63] 其實都有其意欲改變的現狀，所挑戰的都是跟前述旅人的使命感一般巨大的難題，或消滅隱藏在教育體系中的文化歧視、或提醒社會重視看似軟性的藝術教育、或對抗教育體系中習而不察的科學主義、或掃除無科學根據的教育評量以提升教育效率。這些互相矛盾的立場間，不能掩蓋的是一個共通性：大家都為了跡近不可能完全成功的目標而奮鬥，大家都以一種堅壁清野、立場一致的團隊力量，將困境視同敵人，將掌握話語權與詮釋權，視為改變觀念與行動的鑰匙。可以說，都是比旅人們的個人使命要來得更精緻、更全面、更大規模的商議，不只要使用起源神話、認同故事、重新命名、突出英雄等手法，還使用學術理論、資源、人脈，以及系統性的影響力。三者比較起來，由於背後有哈佛三宇宙：「明星宇宙」、「公司宇宙」、「聖戰宇宙」支撐，PZ 可以較無後顧之憂地另闢蹊徑，建立起自己的遊戲規則，建構以自己為中心的新世界，不像奧勒崗與蓋蒂那樣大起大落。對 PZ 和嘉德納而言，即使創造出來的新世界不被他人接受也不要緊，別人不給的，三宇宙可以給，別人不接受的，只要三宇宙接受，一切即能維持。

　　再以一種後見之明的心情來看，奧勒崗大學藝術教育團隊與哈佛 PZ 都成功地以自己為中心銓釋了周遭的情勢，前者引導文化議題進入藝術教育界，後者打破 ETS 無可匹敵的評量／評鑑壟斷，都有可觀的功勞。差異在於，奧勒崗這邊，始終只有四、五名教師，博士生每屆也只收五位，經費受制於學校與州政府，又處於對學術研究不太友善的藝術學院之中，在各種資源

---

[62] 1994 年，蓋蒂邀 PZ 的共同主持人柏金斯出了一本有關視覺思考的書（參見 Perkins，1994），書末作者說自己「觀看藝術即學習思考」的主張，與 DBAE 四領域並重的主張，完全相合，這點恐怕經不起細究，但至少顯示 PZ 與蓋蒂之間，能維持得住良好的禮貌性關係。

[63] 有興趣了解同時期其他美國藝術教育故事的讀者，可參見 Efland (1990)。

均不充足的情況下，只能秉以小搏大、以寡擊眾的精神伸張理想，最終不免
曇花一現。相形之下，PZ 純由研究人員組成，人數可多達五十以上，除了
少數大將外均不負教學與招生責任，只要申請得到經費做專案，就可以生存
甚至再增加臨時人力。PZ 配合哈佛三宇宙的魅力、東岸的政商關係，以及
各大支持人文藝術研究之非營利、非政府組織的脈絡，以大型研究團隊的力
量，支援大量出版與推廣活動，在長期研究累積了足夠的能量後成功崛起，
且具有持續性發展的能耐，此情形大非奧勒崗所可比擬，也遠比歷史短、只
有管理部門、本身不做學術研究的蓋蒂，要來得強固。潔西卡，這位華盛頓
政治律師／私校校長之女、投資理財顧問之妻、三個長春藤大學畢業生之母
，就是在其中長期耳濡目染，也如魚得水。

　　1984 年，潔西卡進入了 PZ，參與了 Arts PROPEL 等各種專案研究，[64]
地位竄升很快，到 1992 年，潔西卡就與嘉德納共同具名發表了一篇論文，
[65] 將心理學界的「認知革命」（Cognitive Revolution）與藝術教育做了接軌
，其中有關認知革命的部分，與早先嘉德納為解釋 MI 理論之源流而出版的
一本專書，[66] 有很多重疊之處。比較值得注意的是，在潔西卡文章的開頭便
透露了一些歷史觀點改變的微妙跡象。潔西卡在此文中略為修正過去 PZ 與
傳統藝術教育界發展軌跡完全切開的態度，將兩邊版本的差距縮小。比如說
，在藝術史方面提到了克利、康定思基與畢卡索等視覺藝術界熟悉但略嫌過
時的人物，[67] 心理學與教育學方面提到了 1959 年在伍茲侯的研討會，[68] 在
藝術教育方面則提到同樣經典的賓州會議，以及在伍茲侯與賓州會議上都很
舉足輕重的哈佛學者布魯納。但是，此舉是將藝術教育界的歷史納入哈佛

---

[64] Arts PROPEL 可說是 PZ 最重要的藝術教育專案，專案報告參見 Winner & Simmons
　　(1992)。
[65] 參見 Davis & Gardner (1992)。
[66] 參見 Gardner (1985)。
[67] 同上，頁 92。

PZ 這邊的故事中，不是將哈佛 PZ 納入藝術教育界中，PZ 的獨立品牌因此並未動搖。

接著，1997 年，潔西卡將自己的博士論文改寫，並獲發表於藝術教育界最重要期刊《藝術教育學報》（*Studies in Art Education*）。[69] 在形式上，主編的安排異常隆重，該期以「幽谷現象」（The U Curve）為主題，潔西卡的論文登在第一篇，下面接著的是另一位作者以「幽谷」概念用於跨文化研究的反面論文，[70] 再接著的是雙方的論辯。[71] 當時大部分的美國藝術教育界，對於哈佛及 PZ，僅知其名聲但沒有太多的了解，對潔西卡更所知無多。外界的好奇心，基本上是單向的，而潔西卡在期刊上以 PZ 成員之身份進行的對話，可說絕無僅有，令人留下無限的想像空間。總之，「幽谷現象」成了哈佛以外的美國藝術教育界，對潔西卡最主要的印象，而這個印象，又是與「哈佛大學」、「哈佛 PZ」、「哈佛嘉德納」等印象，充分交錯的。

如此這般，在九〇年代中段，潔西卡這個人，走過霍夫曼學校和 PZ 這兩個群體，在哈佛三宇宙及美國藝術教育界這個環境中，以明星宇宙、公司宇宙及聖戰宇宙為後盾，逐漸浮現。但此時的她，還沒有自己的哈佛舞臺，還沒有資格「做哈佛」，或操作明星宇宙、公司宇宙及聖戰宇宙的符號功能，還不能像嘉德納或院長一般有本錢說「不」。她到此的旅程，已然累積了相當能量，而她周遭的形勢也很快就要改變了。

本章的描述主要是將第四位旅人潔西卡，與前面的三位旅人，放在同一條經哈佛洗禮的旅程上。大學部、碩士班與博士班都在哈佛修讀的嘉德納，

---

[68] 同上，頁 113。章節中只提到與賓州會議不同的「在伍茲侯辦理的研討會」（a conference in Woods Hole in 1959），並說，是在史波尼克發射之後召開的，目標是改善美國的科學教育。

[69] 參見 Davis (1997 I)。

[70] 參見 Pariser & van den Berg (1997)。

[71] 參見 Davis (1997 II) 與 Pariser & van den Berg (1997 II)。

作為聖戰角色模範，隱約指出了潔西卡在哈佛的奮鬥方向。其次，是要以美國藝術教育思潮的發展為背景，介紹 PZ 及相關藝術教育理念，略為感受三宇宙的魅力，並為讀者設下閱讀後章較為專業內容的基礎。

回顧前面章節的內容，教育學院中第一、第二、第三方的共同生活情形、三旅人與潔西卡各自的「使命感」、教育學院的歷史與「任務」，以及 PZ 崛起美國教育及藝術教育界的過程，這些線索之間，存在著若隱若現的可能聯結。接下來的問題是，目前還很模糊的旅人，與這一切聯結的可能，究竟會如何在田野中展演下去？

要回答這個問題，潔西卡是一個關鍵。遙望著功勳、地位與聲望如日中天的嘉德納，此時的潔西卡，總算是上了哈佛教育學院的軌道。接下來她將藉嘉德納以及 PZ 之力，從無到有地建立起 AIE，她將開始以領袖的角度思考事務，負擔領袖的實質工作，挑戰領袖層級的商議，做領袖的抉擇，面對領袖專屬的壓力。同時，潔西卡的旅途，也預示了約翰、黛君、與茹絲的旅行方向，對照出各個旅程的共通性與差異性，並讓我開始體會：以 AIE 為焦點，以三宇宙、三層次為脈絡，以商議、「領袖性」教育、使命感及這些旅人為主題，所可以發展出來的新境界。在下一章中，我將較仔細地描述 AIE ——潔西卡、約翰、黛君與茹絲四位旅人旅程的交會處。

5

建構旅人的會合點（AIE）

只有透過具實際資歷的教師或行政人員的眼光，及其所描述的真實狀況，我們才能完整地截取到那些充滿細膩曲折的經費爭論、章程戰役與形成政策時的兩難情境。[1]

　　本章的工作是再進一步貼近哈佛大學、哈佛教育學院，描述屬於機構內部的現場實境。本章的主角是潔西卡及其學院與大學同仁，故事的焦點，是AIE由萌芽、建立到初期的維護與發展情形。從我的角度來說，隨著本書的寫作逐漸深入田野，越來越多的事，是只能點到為止，但透過介紹AIE的誕生過程，一方面可以繼續回答「什麼是AIE？」這個原始問題，一方面更可以映照哈佛大學以及教育學院中，哈佛人的思維模式、行為準則以及整體文化情調，同時，藉著突出AIE這個會合點，將本書推進到潔西卡的旅程與AIE1999班學生們的旅程，正式交叉的前夕。

---

[1] Honan & Rule (2002)，頁 vii。兩位作者是面對高等教育界之教師與行政人員，做這樣的聲稱，目的是為了彰顯案例研究方法的價值。

AIE 的萌芽

1994 年 6 月 27 日，業以研究「幽谷現象」而知名的潔西卡，到賓州參與一個蓋蒂辦的圓桌會議，會中有人提出高等教育界不重視藝術教育的說法，大家注意到潔西卡恰在哈佛 PZ 工作，[2] 就問她哈佛的藝術教育情形如何？潔西卡想起 PZ 自古德曼離開以後，擴展的方向很多，教育是重點，藝術教育只是其一，而且多年發展下來，藝術教育已不是 PZ 最核心的研究重點。另外，她自己和許多前後屆的博士班同學，雖寫了與藝術教育相關的論文，但是整個學院裡，並沒有這方面的正式課程，全靠對藝術教育有興趣的學生與熱心的指導教授們，自行奮鬥。換句話說，潔西卡自忖，在哈佛教育學院裡，其實藝術教育的情況並不如外界想像得理想。在回波士頓的飛機上，潔西卡說，她自問：「為什麼我們不設一個這樣的班？」

回頭來看，當時潔西卡才剛博士班畢業，仍在 PZ 裡做研究員，出到哈佛以外的世界裡，被徵詢了一個她覺得很重要、但還沒辦法好好回答的問題，霎時觸動了她霍夫曼學校的經驗，引起一個發想，竟然就要在當時一團平靜、倫理森嚴、從不過問藝術或藝術教育的老學院裡，成立一個全新的藝術教學單位。

在哈佛教育學院中創造一個常設的藝術教育單位，這個想法的「奇特」與「高難度」在於：第一、藝術教育與教育兩者的關係，一向模糊，教育界認為藝術教育是教育領域裡一個邊緣性的次領域，甚至是個不太親近教育界而比較親近藝術界的次領域；藝術界認為藝術教育者是藝術界的弱者或叛徒，而且比較親近教育界；藝術教育界自認介乎教育界與藝術界之間，自成一系，既不是教育界也不是藝術界，很多藝術教育者甚至會感覺教育界與藝術界都是同儕，但是都不見得友善。在這種既有的成見與結構下，院裡很多人

---

[2] 當時她還不是教師，只是 PZ 的研究人員。

會問，哈佛教育學院為什麼要成立一個藝術教育部門？如果院裡要成立一個新部門，為何非藝術教育不可？為什麼這個藝術教育部門不放在哈佛的人文與科學教師團或藝術系，而要放在教育學院？藝術教育有什麼學術開發的價值或可能性？它值得在院裡自成單位嗎？一大堆的為什麼，都等著潔西卡去回答。

　　第二、哈佛教育學院的運作，有一件事頗為獨特。在田野期間，我一直想找一份學院的行政架構圖而不可得。在臺灣，這種每個學校都一定有的圖，可以很快地幫助外人一窺學校的組織運作與職掌分工狀況，不管什麼處、室、系、所、中心等，都在這個圖上有一個清晰的位置，但是哈佛教育學院沒有這種圖，至少，沒有一個完整而固定的圖，唯一最接近的，就是選課手冊裡一個極為簡略而且不容易讀懂的圖表。[3] 這一點本來讓我相當困擾，後來才慢慢明白，這是我身為臺灣教師／公務員的概念所造成的，並不適用於哈佛。哈佛是個非營利又無人可監控的公司，沒有必要也沒有義務隨時向外人報告什麼，也就沒有這種一目了然的圖；而教育學院歷史悠久，秉持哈佛各學院獨立自主的精神，做什麼事都相當自由自在，除了每年給校長做一份院長報告，並不需要簽呈批示、等因奉此，絕大部分的事，基本上在院內即可分層負責地處理。另外，為了因應世變，院的結構變化極快，固定的架構圖等到有人分神去生產出來時，內容已然落伍，因此只是累贅。這個例子顯示，院內決策過程和一般不同，容許變化而且可以發生得很快，惟並不表示變化容易被催生，因為過程很有彈性而且隱晦，要想逆勢操作或打破現狀，只能靠商議──這，在人人有主見、個個不輕易屈服或馬虎買賬的美國文化裡，就是最具有挑戰性的工作，而以潔西卡當時的身份、地位來說，更是難上加難。

　　然而，潔西卡並不是普通人，即使具有顯見的難度，由無到有地創造

---

[3] 附件表一、表二、表三就是根據此選課手冊之內容加工而來。

AIE，正展現了她的「領袖性」、商議能力，以及使命感。

AIE 的建立

　　客觀情勢上，此時有許多有利潔西卡的因素正好到位。在美國政治上，民主黨當權，自由主義正盛，柯林頓總統與夫人希拉蕊宣稱重視教育與文化，潔西卡曾因此應邀參加白宮晚宴。哈佛教育學院這邊，財務狀況處於相對較佳時期，針對院內三大領域即「管理、計畫與社會政策」（Administration, Planning, and Social Policy，簡稱 APSP）、「人類發展與心理」（Human Development and Psychology，簡稱 HDP）與「學習與教學」（Learning and Teaching，簡稱 L&T）分立，不利資源整合或回應學生特殊需求的問題，教務副院長強森（Susan Moore Johnson）早有想法，要開發教育彈性比較大的專班（program）或專修班（concentration），此時正宜發動。學院中博士班學生寫藝術教育相關論文的很多，表示很多老師對這種題目也很有興趣，並且有能力指導。PZ 這邊已開發一套具有大框架的教育理論，在東西兩岸及世界各地累積了空前的人氣。加以八〇年代時，賓州會議的那些藝術教育界主流人士，正逐漸老去或退休中，製造了藝術教育上新生事物的需求與空間。以上都是後見之明，在當時，只有一件事是確定的──在回波士頓的飛機上，潔西卡從霍夫曼學校和 PZ 那裡蓄積的行動力，正式啟動了。

　　1994 年 6 月 28 日，潔西卡面見院長，建議在哈佛教育學研究院（只有碩士及博士班，沒有大學部）中，成立「一個藝術同工的社群」。[4] 院長對

---

[4] 此處與下面將出現引用的電子郵件文獻，都出自潔西卡 2004 年上課用講義，並未出版。此信於 1994/6/29 發出，是潔西卡與院長見面的第二天，主題："Yesterday's meeting"，等於是再次與院長確定昨日談話的結論，信中所謂「一個藝術同工的社群」的原文是 "a Community of Arts Fellows"，可說相當謹慎。

藝術教育並不排斥，潔西卡的想法，事實上呼應了在他 1993 年宣告的學院任務中，五大優先行動項目之一，即「跨教師群合作」。[5] 考量要通過院內的層層檢視以及不可預測的會議討論，絕非易事，院長要求潔西卡寫一個有關設立「藝術與教育的教育碩士專修班」[6] 的概念書（concept paper）看看，潔西卡當下承諾在兩天後繳卷。踏出院長辦公室後，潔西卡說她立即打電話給先生，問什麼是概念書？

潔西卡與院長會面後，打鐵趁熱，以電子郵件發送備忘錄給院內各單位，說明院長對她想法的反應，許多回信表示樂觀其成，這是客套話，但潔西卡在院內頗有死黨，其中有人建議潔西卡去找一位終身教授副署，潔西卡就找了不二人選嘉德納。嘉德納初聽到此想法，覺得太難，不可能成功，但後來轉而支持。他以 PZ 協同主任的身份，動員 PZ 的人力以及物力，成立了一個「藝術專案小組」，授權一批在 PZ 工作同時也是教育學院學生的人員，幫助潔西卡進行遊說過程中所需要的調查與證據收集工作。[7] 潔西卡的挑戰，簡單來說，就是要說服院內三大領域（即前述 APSP、HDP 與 L&T），還有院長顧問會議、[8] 所有的終身教授，以及院務會議成員。

1994 年 10 月 17 日，潔西卡在院長顧問會議上發表了她已繳給院長的概念書，文件開宗明義說：

藝術提供強大而獨特的道路，讓兒童了解自己、了解世界；它塑造、展現形式與思想方式，而且它能跨領域、跨知識體地服務學生。[9]

5　*Harvard Graduate School of Education* (1993)，頁 14-17。原文 "interfaculty collaboration"。

6　潔西卡 1994/6/29 電子信，主題："Yesterday's meeting"，信中所謂「藝術與教育的教育碩士專修班」的原文 "an EdM concentration in education and art"。出自未出版課堂講義。

7　潔西卡 1994/6/29 電子信致墨菲院長，主題："Yesterday's meeting"。「藝術專案小組」原文 "task force in the arts"。出自未出版課堂講義。

8　原文 "HGSE's Academic Cabinet or Council for the Dean"。出自未出版課堂講義。

　　接下來的籌劃工作進行了兩年，1996 年 4 月 1 日下午，院務會議全票通過成立「教育中的藝術專修班」（Arts in Education Concentration，這也是最後定案的名稱），以探討各種藝術在教育上的角色為宗旨，預定第二年開始新生即可入學。[10]

　　我歸納各次訪談潔西卡之內容、她在課堂上的公開自述、院內人員訪談內容，AIE 成立之前的原始文件集，[11] 以及 AIE 助理凱特提供的資料與說明，茲將潔西卡在教育學院裡，如何能成功地開創 AIE 的其他可見原因，分成六點來說明。

　　第一、不抗拒也不輕忽任何一個人的意見。

　　潔西卡非常小心應付院內政治狀況，不視懷疑者或異議者為敵人，積極地配合院長、教務副院長與財務副院長的願景來設計 AIE，主動地探尋所有相關人士的意見，坦誠而且確實地修訂、回應，耐心地遵守行政倫理、禮節與程序，進行調查研究以蒐集有利的資料，小心地準備所有的簡報、附件、備忘錄與書簡，隨時解決疑慮。有一次，她發電子郵件問卷給全院教師，請他們就各自的專長，談談藝術可以扮演的角色，結果得到出乎意料之外的豐富建議。她提院的資料中，特別有說服力的，是一份教育學院 1980 年以來，在沒有任何藝術教育正式部門的狀況下，學生已獨力完成的四十份與藝術教育相關的博士論文清單，[12] 顯示藝術教育早已在院內存在，而且是在院內已有的資源下存在的。另外一份清單則顯示，哈佛校內各學院已有兩百門與藝術教育相關的課程，[13] 用來指出 AIE 成立之後，除了院內已有的四十九門

9　潔西卡 2004 年的概念書頁 1。原文 "The arts provide powerful and unique ways for children to come to know themselves and the world; and they model or deliver forms and means of

10　潔西卡 1996/4/2 電子信致 "People in PZ"，主題："the arts concentration"。原文 "The role of the arts in education"。出自未出版課堂講義。

11　同上。

12　潔西卡 1995/2/7 電子信致墨菲院長及總務長 Monell。出自未出版課堂講義。

課，[14] 幾乎所有學生的任何選課需要，都早已存在，而且資源相當豐富，不須另花心力資源去增開課程。潔西卡的計畫中並大膽設計，將 AIE 的行政，每兩年輪流附屬於三大領域之下，[15] 由三大領域輪流做 AIE 的上級。表面上看來，這個流動式的組織定位會相當繁瑣，可是優點也很大，初生的 AIE 因此不必向任一單獨領域表態，可以與每個領域維持友善的等距，不會改變院內的運作常態與權力重心，同時也比較不會引起其他獨立專班的顧慮，並獲得進入各領域行政決策圈的權利，擁有在各領域會議上報告 AIE 近況、宣揚其發展的機會，以及增加院內同仁對 AIE 的認識。潔西卡將這些細節，直做到大家都沒話可說，且覺得對 AIE 有參與感、認同感，因而樂見其成。

第二、不造成任何重大現況或資源的變動，反而增加資源。

計畫中的 AIE，處在學院的最下層，設立 AIE 不會改變院內既有結構，因此也不會有連帶的課程異動，只有一門後來批准的核心必修課，其餘由學生自由選修；沒有空間的需要，因為潔西卡與凱特的辦公室由「零計畫」在隆斐勒樓三樓的部分空間撥用；不用重新分配經費，AIE 的行政費用與助理費用不大，由院長掌握下的經費中批准即可動用；必修課教學薪資由三個領域經費平分，數量很少；不必另聘新人，潔西卡本人是院內大家都認識的，凱特由大學的行政部門調過來，以上課程、空間、經費、人事的設計，可說把成立 AIE 所可能造成的資源排擠效應，降到了最低。不但如此，潔西卡在院長、嘉德納以及院發展辦公室的協助下，首開先例成立了兩個 AIE 專屬的義務性顧問委員會，一個是內部顧問會（Internal Committee），包括重要院內首長六人；一個是外部學術顧問團（External Academic Advisory Council，or External Committee，或外部顧問會），邀請具有 3W（wealth、wisdom

---

[13] Davis (2004)，1994/12/22。Correspondence to Dean Monell。出自未出版課堂講義。
[14] 根據未出版課程大綱，頁 33-46。
[15] 順序是先 HDP，再接著是 APSP，最後是 L&T。

、work experience）條件的藝術教育關心者約三十人參與，[16] 都是兩年一任，每年開會兩次，經主席（潔西卡與嘉德納共同主持）邀請，得再連任。這兩個委員會的最主要功能，就是了解 AIE 的現況、聽取 AIE 的需要、幫助 AIE 解決問題、提供 AIE 行政協助、介紹資源或直接捐款，[17] 委員們是屬於志工性質，一律自費，自各地乘飛機過來者也一樣。如此潔西卡等於宣告，AIE 未來的發展，一方面會繼續聽取院內各部門的意見，一方面將師法 PZ，積極自行向外籌款養活自己，不會是教育學院未來的包袱。這不但可以平息院內對資源排擠的憂慮，而且符合哈佛大學傳統上財務去中心化（fiscal decentralization）[18] 的精神。

第三、努力避免使新成立的 AIE 被孤立。

潔西卡從一開始就很重視向院內大老的說明，除了嘉德納後來表態支持她的計畫之外，勞倫斯 - 萊福特、艾倫挪・達克渥斯（Ellenore Duckworth）和凱瑟琳・史諾亦相繼上馬，已退休的古德曼更是興奮，大有一呼百應之勢。AIE 的原始設計，是以全教育學院的學生為選課人口，AIE 本身只有一門課 [19] 是必修，其餘 [20] 可以如教育學院所有其他學生一般，在院內、跨院，甚至跨校、[21] 跨機構 [22] 選修，如此，全時生（full time student）花原規定的一年、半時生（half time 或 part time student）花兩年後，就可在「教育碩士

---

[16] 茹絲的第一位導師 A，就是其中一員。

[17] 此最後一項功能，限外在顧問團。

[18] Powell (1980)，頁 136。

[19] AIE 成立後第一年，此課叫「模組」（module）上課十週，較一般正式課的十四週要短，1997 年後改為正式的 AIE 必修「課」，稱做 course。

[20] 第一年是四門課，1997 以後，必修課列入計算，每個學生還有三門課要選修。依照教育學院的規定，碩士生畢業前，必須至少修完四門全學年或八門半學年的課，每門課至少繳交一份二十頁報告，但不需撰寫碩士論文。

[21] 如鄰近著名的麻省理工學院、塔虎茲大學佛萊契法律與外交學院。

[22] 如麻州綜合醫院。

」（M.Ed.）證書上加示「藝術專修」（Arts Concentration）的字樣。AIE 必修課的大主題，是從藝術教育的角度，切入三大領域的內涵，方便有興趣於特定方向的 AIE 學生，繼續選修三大領域內的其他課，也可以就 AIE 提供的美術館教育選修，進一步聚焦，這使很多院內老師都可因 AIE 的成立，而有更多學生選修其課程。附件的表一，就是 1996 年註冊手冊中全院結構與課程規定的大要，循表一 外框 標記就可以知道，整個教育學院，除了博士班、特殊方向的進修班以及修課限制的進修與執照班之外，所有碩士級的領域、教師訓練，以及進階證照生，都可以將 AIE 納入選課範圍，呼應潔西卡所謂 AIE 是「全院性」（school-wide）的意思。潔西卡說，AIE 這個新成立的專修班（Concentration），在教育學院裡，是最底層、最小、最資淺的單位，上面還有專班（Program）、領域（Area）、學院（School）和大學（University），很容易落入藝術教育是邊緣、是學校裡可有可無之裝飾品的印象。因此，這個將 AIE 的位置放在學院結構正中心的設計，也可避免 AIE 在成立之後，逐漸因侷促一隅、與大家無關聯而被孤立或邊緣化，失去了「教育中的藝術」的原意。

　　第四、充分引用 PZ 的研究成果、學術導向、生存經驗與社會資源。

　　前面已經提過，AIE 的概念書是 PZ 人員協助下完成，細讀其內容，有一節是說明 PZ 在 AIE 的角色，包括提供學生工作機會、實習機會、研究輔導與顧問人力，及「藝術專案小組」的持續支援等。[23] 文末除潔西卡外，還有嘉德納、柏金斯和麗茲・羅森布拉（Liz Rosenblatt，當時 PZ 的 Managing Director）三人的附署。[24] 嘉德納個人並將自己的認知發展課，朝比較直接與藝術相關的方向轉變，以供 AIE 學生選修。[25] 前面說過，潔西卡整合 PZ

---

[23] 潔西卡 2004 年的概念書頁 3-4。出自未出版課堂講義。

[24] 同上，頁 4。

[25] 同上。

與她自己的人脈，成立 AIE 專屬的外部顧問會，請嘉德納任主席，自己任副主席，讓各方專家與金主，一起為 AIE 出錢、出力、出主意，鞏固 AIE 在院內與藝術教育界的聲勢與資源。顧問團成員之一，是前面提到的麥克西米連夫人，她是嘉德納教育理念的忠實追隨者，她提供 AIE 兩個全額獎學金，另一位是代表包曼基金會（The Bauman Foundation）的布萊恩，[26] 也是 PZ 贊助者，則出資設立演講與表演系列（John Landrum Bryant Lecture Series，下稱 JLB 演講系列），[27] 配合 AIE 必修課的內容，邀請的講員皆為藝術教育專業人士，一方面補充 AIE 學生必修課內的學習，一方面讓全院都有聽聽藝術教育類演講的機會。所謂「演講與表演系列」（Lecture/Performance Series）這個想法，源自 PZ 創始者古德曼，早年為了向外傳播「藝術的過程」即計畫、表達與生產這三個認知過程，他曾為教育學院辦理的演講活動，不論在名稱與意義上，都遙相呼應。[28] 潔西卡募款的能力，來自華盛頓政治律師及私校校長的家傳，其力求自主的精神，也可說是師法 PZ 獨立以求長存的經驗。至於所有的教學計畫、行政精神以及研究方向等，或以 PZ 已具規模且被普遍接受的學術研究為基礎，或以 PZ 經驗主義（empirical research）研究精神為範本，因此大大增加了學術合法性、可行性與接受度。[29] 有 PZ 做後盾，AIE 不需要更多的人力，即可運作，[30] 無怪潔西卡會說，AIE 是因 PZ

---

[26] 院募款單位對布萊恩的介紹是：美術館教育者、家庭珠寶創作者。布萊恩曾說，他常常疑惑，如果當時他的老師了解多元智能理論以及藝術的力量，他學生時代的表現，會完全不同。以上是根據 1999 年秋院發展辦公室，標題："The arts as a permanent installation: Donors create new chair and Fellowship"。出自未出版課堂講義。

[27] 第一位 JLB 演講者就是古德曼，當日他給學生很多勉勵之外，曾答應來參加他／她們的畢業典禮，還邀請潔西卡一同晚餐，但古德曼在這批學生畢業之前，就去世了。

[28] 2004/7/20 下載自 http://pzweb.harvard.edu/History/TenYears.htm#1967-1971。

[29] 潔西卡的同學與 PZ 同事 Larry Scripp 以 AIE 為藍圖，在新英格蘭音樂學校（The New England Conservatory of Music, NEC）創設了「教育中的音樂專修班」（Music-in-Education Concentration）。參見 Buchbinder (Winter/Spring 1999)，頁 16。

[30] 潔西卡解釋 AIE 人力狀況的信函，也可以歸納出同樣的結果。

而「成形、發展、實現」。[31]

　　第五、恰當地定位 AIE 學生的特徵。

　　美國聯邦與各州政府對藝術教師執照訓練課程有相當嚴格的規定，導致有意在學校教書者必須修習大量的藝術創作課程，與教育相關的學分，反而有限。不只如此，學生畢業後在就業市場上競爭，不一定能與專門的教師學院相比（如附近的威洛克學院），學校因此又必須為畢業生就業成功與否負責，很是個負擔。有鑑於此，潔西卡設計避開藝術教育執照訓練機構所必須有的大量人力與設備資源，與院內當時多數同事對藝術教師執照訓練工作的質疑。計畫中的 AIE，只收已有教師執照，或者不在意執照的自由藝術教育工作者，並特別注重「自發者」（self-starters），[32] 以便把 AIE 的重點放在「為實務」（for-practice）和「行動派」（pro-active）上，同時又不必開設傳統的藝術創作課，不會製造需要新空間與設備的憂慮。此外，在不妨礙學生申請博士班的情形下，必修課內容涵蓋學校教育、美術館教育、社區藝術教育、專案藝術教育以及其他各種有創意的藝術教育夥伴關係，配合了哈佛大學選課的豐富資源以及聲望，等於擴大了傳統藝術教育的活動空間，製造了 AIE 畢業生的發揮餘地，以及 AIE 未來發展的彈性。再者，AIE 雖以 PZ 為基礎，並不會因 PZ 而受限，學生一方面有機會將 PZ 的研究結果訴諸應用，一方面融入所長，將美國傳統的藝術教育思潮範圍，重新擴大定義，攜手推動出更多的藝術教育型態與可能性，使 AIE 自始就站在建立最大人脈網的中心，不做「劃界」或者「排除」的動作，保持了長期發展的彈性。

　　這五項成就，都是院裡的人以及潔西卡本人津津樂道的。很明白的，抓住資源與人心是潔西卡的重點工作，藝術教育的種種，反而是其次，而進一

---

[31] 潔西卡電子信，收件人與時間不明，主題："The arts concentration"。出自未出版課堂講義。

[32] 潔西卡 1995/4/19 電子信致總務長 Monell，主題不明。出自未出版課堂講義。

步再細觀其工作內容，其實又都是各式各樣的商議。

除這五項作為外，還有一個較安靜的第六項商議。先說我的田野觀察：雖然 AIE 與 PZ 有不可分的密切關係，但是在私下對話時，潔西卡卻會斷然切割這個關係，強調 AIE 不是 PZ 的跟班，而在課堂上，即使大量使用 PZ 為閱讀文獻，即使潔西卡講演與回答學生問題時，都不脫 PZ 的理論，她都不明確支持 PZ 的理論，甚至鼓勵學生質疑 PZ 以及相關論述。要解釋這個現象，就必須把話說得遠一點。以刻板印象來說，藝術一向被認為是忽視紀律、反體制、自由自發的創造活動；相對的，教育一向被認為是進行文化傳承、為他人奉獻、為社會鞏固集體價值的活動，不論正確與否，這兩種印象有著兩極化的衝突。潔西卡必須面對在教育學院中推動藝術教育的這個本質面衝突，為了 AIE 在教育學院中的地位也好，為了推動藝術教育也好，她都不願讓教育領導藝術，也不願讓教育研究領導教育實務，她說她必須要保護藝術的特別空間，如果她不加注意，AIE 可能會變成「教育研究所」，而不是「研究如何推動藝術教育的專（修）班」了。

潔西卡秉持理想，在各種權力的迷陣中，安然航行，使 AIE 順利誕生，令院裡的同仁都對她刮目相看，儼然是「做哈佛」高手。本書前面的第 3 章，曾提到約翰到達哈佛之後，向女兒請教如何「做哈佛」（do Harvard），女兒建議先增加閱讀速度。「做哈佛」在當時約翰心中，是對應哈佛學習壓力之一途，比較是針對狹窄的技能訓練。約翰那種意義下的「做哈佛」，與潔西卡這種「操作三宇宙以遂行己志」的「做哈佛」是不能相提並論的。前者應付的是三宇宙明星表象的一部分（高學業競爭），後者卻是引用三宇宙的力量、操作三宇宙間的矛盾、滿足三宇宙各異的訴求，由無到有創建一個新機構，知道「做哈佛」可以到什麼程度並做得出成果來，且此成果被三宇宙認可、視為功勳，進而給予名位與資源之獎賞。如此「做哈佛」的格局與能力，正是潔西卡做為哈佛旅程先行者的重要標記。更進一步說，約翰「做哈佛」的商議、潔西卡「做哈佛」的商議，與漢納斯在哈佛大學裡創建教育

學院的商議，三者可視為在同一條線上之不同程度的商議，或不同規模的「
做哈佛」。

　　她創造的「全院性專修班」（school-wide concentration）型態，比稍早
開始籌設的「國際教育」（International Education，簡稱 IE）專修班要更有
創意、更細緻，其藍圖一旦落實於 AIE 草案，就同時啟發了表一中另外一個
「教育中的科技」（Technology in Education，簡稱 TIE）專修班。我到 AIE
的第二年（1999 年），AIE 升格為專班（program），[33] 2004 年，由新校長
薩摩斯任命的新院長，更進一步取消了三大領域，將整個學院的架構打平，
大家都成為像 AIE 這樣的專班。[34] 由此可見潔西卡建立 AIE，對整個學院發
展的意義，以及她在哈佛中商議新事物誕生的精準度。潔西卡由無到有創建
AIE 的歷程，包括很多來往的信函、資料集、規劃案、報告書等，後來彙編
成 AIE 必修課的講義，告訴學生不要怕有夢想，只要對周遭情勢保持敏銳，
又有高度的耐心和同理心，即使在大型機構或極為艱難的環境中，照樣可以
開創新局。

AIE 的維護與發展

　　說完潔西卡商議 AIE 的六項高妙之處，再看看潔西卡自己的變化。AIE
成立前，潔西卡的一切工作都是出於理想而且是義務性的，計畫案中沒有預
設她自己在 AIE 裡的位置，以避開遊說時很容易出現的私利疑慮。即使 AIE
成功通過之後，她也公開推薦嘉德納出掌 AIE，以為 AIE 的建立就是她離開
哈佛之時，但是嘉德納並無意就任，院裡同仁又多認為她就是領導新班的最

---

[33] 參見附件表二。
[34] 參見附件表三。

好人選，她便被聘為新的 AIE 主任了。從此，潔西卡這位認知發展心理學博士，[35] 便成了認知發展心理學者與美術館教育者與社區教育者；[36] 行政上，她是哈佛教育學院「教育中的藝術」專修班的主任（AIE Director）；教學上，她是 GSE 教育學講師（Lecturer on Education），[37] 也是 AIE 唯一必修課的開授者；研究上，她是 GSE 的教育研究員（Research Associate in Education），可以以學院的名義，向外申請專案，就任後不久還受柯林頓總統夫婦的邀請，參加白宮晚宴。做為一個才剛拿到博士學位的人來說，潔西卡的成功，是罕見地順利的。

可是，這只是潔西卡哈佛旅程中的一步，接手 AIE 時，潔西卡與院長商談她的五年合約，曾要求一個資深講師（Senior Lecturer）的職位，院長說不可能，因為院裡要聘一個這樣的人，一定要經過全國性的人才搜尋，這種篩選過程，對潔西卡這個院內畢業、直接留院任教的教師不一定有利。總之定案後，潔西卡的薪水是來自最近一次學院的募款所得，[38] 身份是初級教師（junior faculty），在教育學院的位階最低，聘書上的「教育學講師」不屬於可以升為終身教授的系統。這個合約，其實也暗示一個嚴酷事實：新誕生的 AIE 是處於一個五年的試驗期，沒有人知道五年之後，AIE 還會不會存在。

為了使 AIE 能度過初期的摸索狀態，僅大我五歲的潔西卡，可說是完全投入工作，處於永遠的高壓力與超時、超限付出的狀態中。素有氣喘的她，離不開空調和空氣清淨機，時常遺憾沒有餘閒畫畫、寫作，但是對於學生以及各地聞風探詢入學可能的電子郵件，總是迅速回覆。眼前並未完全解決的

---

[35] 哈佛 Ed.M. in Human Development and Psychology，1991 年畢業。

[36] 這是她在一次招生說明會上的自我介紹，原文 "a cognitive developmental psychologist, a museum educator and a community educator"。

[37] 根據 Office of External Relations (1998)，頁 28，及潔西卡的履歷（May 1999 版）。

[38] 院發展辦公室 1999 秋的募款專刊。*Challenge* 是一個學院募款辦公室出的摺頁傳單，這篇短文是要慶祝 AIE 獲捐一個主任職位，如果不是如此的機會，外人通常不會知道這類消息。

問題，還包括院內對藝術家的不信任，對藝術家研究能力的不信任，懷疑藝術家做了研究之後還是不是藝術家？懷疑教育工作者沾了藝術之後會不會太自我中心？懷疑 AIE 學生的出路何在？懷疑教育學院從事藝術教育是否討得了好？懷疑教育學院是否擴張過度忘了本業？懷疑會不會有足夠品質的學生持續來申請 AIE？而他／她們畢業後，還會不會滿意？等等。這些都牽涉藝術領域與教育領域長期以來互相的刻板印象，[39] 以及「到底藝術教育是做什麼的」之疑問。這些都不是容易解答的問題，潔西卡心中，必須時時記掛，要使 AIE 的每一個面向像都保持完美強壯，不能有太多差池或話柄。公司宇宙這種無邊的壓力，成了她與 AIE 後來發展的重要因素。

　　回顧當初潔西卡進哈佛的初衷是要為母親作傳，如今她在哈佛大學裡創造了發揮所長的利基（niche）場域，而且還創造出未來改變藝術教育界的潛力，可說是遠遠超過原先的期望了。潔西卡說：「女性總是專注於她們可以有的那半杯水，而不是她們沒有的那半杯。」[40] 顯示一種在男權機構中奮力向上的女性力量與策略。2004 年，嘉德納在潔西卡的退休歡送派對上曾說，經多年共事之後，他學會「絕對不要小看潔西卡」。

　　潔西卡創設 AIE 的故事，除了讓我一窺在三宇宙中進行重大商議的景況之外，如果再進一步說，就是一個有趣的平行現象。漢納斯在 1920 年建立學院的工作，與潔西卡 1996 年建立 AIE 的工作，即使相距超過七十年，兩者的事功，仍有高度的相似性。漢納斯和潔西卡都抱持著使命感不斷奮鬥，教育的重要性之於漢納斯，與藝術教育的重要性之於潔西卡，是一樣的清楚明白，但對於他／她們所在的哈佛時空環境而言，教育及藝術教育的重要性

---

[39] 以刻板印象來說，藝術常被認為是排斥紀律、反體制、自由自發的創造性活動，相對的，教育常被認為是進行文化傳承、為他人犧牲奉獻、增強集體價值、鞏固社會共識的活動，藝術教育結合藝術與教育，就是結合了這兩極化的印象，形象也就不穩定。

[40] 原語 "Women are always focusing on the half a cup that are available to them rather than looking at the half a cup that they do not have."

，是一樣的模糊。在十九世紀末的哈佛講教育也好、在二十世紀末的哈佛講藝術教育也罷，兩人推動的項目，對外人來說，一乏明星架勢，二少金權支撐，三缺聖戰光環，面對理想與現實的巨大落差，而且沒有前例可循的未知情況下，兩人都小心翼翼地逆勢操作，不屈不撓地宣揚理念，由小而大，一步步地建立支持系統，一面創造利基，讓懷疑的關係方不會因為新事物而蒙受損失，一面擴大可商議的範圍，讓贊成的關係方可以進入遊戲的平臺並伸張意志，兩人最後都獲得雙贏甚至多贏的結果，使其理想安然過關，成為三宇宙的一部分。當然，就像學院一樣，AIE 設立之後，並不表示就可以生存下去，商議的必要性並不會因為一時的勝利而消失，商議是永遠要進行下去的，領袖的工作更是沒完沒了。

在公司宇宙中，勝利難得，維持勝利更難。AIE 開始招生後，潔西卡由變局經理人的角色，轉向同樣困難的維護（maintenance）者角色。她必須確實地執行計畫書及各次協商中所做的承諾，必須很快地加強 AIE 的實力，使 AIE 擺脫在學院中新生的、不穩定的地位，使 AIE 得到一個可長可久的（long-standing）未來。在我到達之前，也就是 AIE 的頭兩年期間，潔西卡除了如前述增加了人力之外，還做了驚人的快速擴張。

潔西卡利用學生發表意見與申訴的力量，將必修的模組課，逐漸擴大為一個連續兩學期的全年課（下面會對這門課做詳細的介紹）。她集合有興趣的學生們，申請各種基金會專案，一起做研究，學生可以得到少量的學分與學術訓練，她則得到必修課上課以及研究發表所需的資料，這包括幾個著名社區藝術教育中心與學校藝術教育的「畫像」研究（portraiture，詳下文）。她自行募款開設 AIE 自己的美術館教育選修課，後者包括一個秋季的獨立研究課，是以文獻收集與活動設計為主，由潔西卡與特別邀請的美術館界先進聯合上課。另一個春季的模組課，是為哈佛大學的法閣美術館設計一個為在職教師設計的工作坊。加上一個美術館實習課的上課與實習地點，都利用古色古香的法閣美術館閣樓，頗獲好評。她還獲得院內葛特曼圖書館以及院

方的同意，使用圖書館一樓閱覽室的空間、隆斐勒樓一樓與三樓走廊的空間，擺設展覽櫃以展覽學生的學習檔案作業，此舉有點調皮地挑戰了隆斐勒樓莊嚴古典的視覺氣氛，同時讓學生有公開表現的管道，也使 AIE 的宗旨與精神推出在整個學院眼前。

　　她進一步整理學生的各種修課案例，讓新生知道如何「個人化」自己的選課決定，使他／她們在學院的這一年，修課沒有遺憾。她徵得一些教授的同意，讓 AIE 學生選導師時，不一定非她不可，這樣學生有了選擇，又可以把 AIE 的訊息傳到院內各角落。她率先在院內設立 AIE 的官方網站，充實其內容。她在辦公室內設立藝術教育資料櫃，讓學生可以就近借用。她成立在校生與畢業生之間的電子群組，[41] 讓大家保持聯絡並交流就業資訊。她鼓勵學生成立「AIE 學生興趣團」（Arts in Education Interest Group，下稱 AIEIG），自主辦理 AIE 專屬的學生活動。她爭取到兩個全額獎學金，讓經費有困難的有色學生及中國學生，可以到 AIE 來學習。[42] 她利用 JLB 演講系列，邀請了美國各地著名的藝術教育工作者與研究者，飛到劍橋來演講並與學生對話，一方面把哈佛 AIE 成立的消息放出去，一方面也讓學生有親炙行內重要人物的機會。

　　最後，也是最重要的，在增加專修學生人數上，除了學生間口耳相傳之功外，潔西卡以緊迫釘人的方式，也有成效。1996 年是六人，1997 年是十七人，1998 年剛開學時是二十九人，數字確實有穩定成長，1999 年，第一位 AIE 畢業生獲准進入了院內的博士班（比娜）。

　　不管是我所知還是不知的，潔西卡的努力，讓學院在 1998 年暑期決定，從 1999 年秋季班開始，將 AIE 從專修班（concentration，表一、表二的＊）升級為專班（program，表一、表二的☆）。[43] 也就是說，我田野工作的

---

[41] list-serve，後來此功能又擴展為電子報形式。
[42] 此即約翰與黛君獲得的獎學金。

第一年（1998-1999），正是 AIE 從一個類似課群（或臺灣所謂學程）的地位，變成一個獨立的行政體之際。雖然其他的部分，例如輪流參與三領域的行政會議、人事編制與空間大小等，暫時沒有改變，此舉已使 AIE 從 1999 年秋季起，不必從別的單位已收進來的學生裡，爭取其中對藝術教育有興趣的學生來專修或選修，可以單獨對外招滿名額，擁有自己的學生，並因此還得到招生辦公室提供一名協調專員的照顧，以及院方給予的較多經費。同時期，學院的結構也有些改變，這點可從附件中的表二[44]窺之。

AIE 成立之後，除了古德曼走出隱居，親臨演講打氣外，美國藝術教育界大老則紛紛表態，慶賀其成立。然而這些藝術教育界極高的肯定與期待，都不能改變一個現實：他們不能代替潔西卡做 AIE 的維護工作。由表二可知，AIE 到了第三年，已從三級單位升為二級單位，但是仍然維持某種程度的「全院性」。與表一比較，1996-1997 年時，與 AIE 同為專修班的單位，到 1998 年幾乎全部升格為專班。反之像「國際教育」專修班，與 AIE 同步籌備，比 AIE 早一年通過，此時不但沒有升級，後來甚至近乎消滅，顯示在學院中，任何單位都不能高枕無憂。

本書到目前為止，應足可顯示潔西卡如何順著哈佛三宇宙的紋理，在院內建構了 AIE，挑選了一批具有與眾不同的明星氣質、經歷過人生起伏、而且擁有無懈可擊的個人戰鬥目標、以真理為盔胄的學生。在 AIE 這個舞臺上，潔西卡將與三旅人在 AIE 相遇，展演她的領袖能力，成為他／她們「領袖性」教育的一部分，及「領袖性」的角色模範。接下來要描述的，是潔西卡這位藝術教育的雛型領袖，如何以她獨特的方式，引導來自各方的旅人們，繼續商議各自的使命與理想。為了達到這個目的，我觀察的現場，將轉移到潔西卡給 AIE 學生的必修課上，會分兩章敘述。

---

[43] 潔西卡電子信，日期不明，主題："concentration requirements"。出自未出版課堂講義。
[44] 根據田野資料及註冊資料改製。

6

AIE 人的核心課──精緻合體

　　前一章已描述了潔西卡如何創造 AIE，如何依著明星宇宙、公司宇宙與聖戰宇宙的紋理，順勢「做哈佛」，在嚴苛的金權遊戲中，維持 AIE 的願景與論述，但究竟在 AIE 裡進行了什麼樣的教育？怎麼進行？都還待回答。在本章裡，檢視 AIE 的目光將再拉近，以 1998-1999 年間 AIE 之必修課（S-300s）為例，介紹此課程設計的來龍去脈，將其在田野場域中的意義與關係突顯出來，以了解 AIE 的藝術教育或教育內涵。

　　在臺灣教育界，大家都熟悉所謂「明的課程」（explicit curriculum）與「暗的課程」（implicit curriculum）的分野，「明的課程」是教學者／課程設計者有意設計的學習內涵，「暗的課程」是教學者／課程設計者無意間透過課程的實施而傳達出來的學習內涵。還有「潛在的課程」（underline curriculum），也有不同分類，不論這是教師「實際教出來的課程」（taught curriculum），還是學生「實際學到的課程」（learned curriculum），都是課程文本設計完成後，在實施過程中所衍生的不同版本。以本書這個田野研究來說，比較、對照不同文化傳承的版本，是解讀文化意義、文化規訓與文化傳承情況的極佳路徑。因此，不管一份「明的課程」可以衍生多少版本，本章必須先由深入了解「明的課程」著手，之後再及其他。

　　1998-1999 年間我觀察到的 AIE 必修課，在潔西卡退休前，每年只有限地抽換部分指定閱讀文獻（包括潔西卡的新著）以及 JLB 講員人選而已，即使後來史帝夫接任後，也並沒有大幅度的改變，內容可說具有相當的穩定性。本章承接前面各章節的描述，但特別倚賴的是那一年以及後來多年的課堂紀錄，目的不是要掌握設計脈絡的「完整」（這是不可能也沒有必要的），而是要先從教學設計者的角度，一窺 AIE 人被正式安排的教育內涵與方向。至於此課程之實施景況，則會於下一章（第 7 章）中做選擇性描述，再下一章（第 8 章），則會處理 AIE 必修課堂以外，非正式教育場合中的潛移默化情形。

S-300 與 S-301 的意義

　　在進入 AIE 的教育細節之前，容我先簡介 1998-1999 這一學年中，AIE 在教育學院裡的實際環境。教育學院主要是在三棟建築物之內，即隆斐勒樓（地上三層加閣樓與地下兩層）、拉森樓（Larson Hall，地上七層加地下一層）及葛特曼圖書館（地上四層加地下一層），一棟小樓是校務發展辦公室使用，一排小木屋是供「國際教育專修班」使用，另外還有一些租用的零星空間，相較於哈佛其他的學院，教育學院顯然比較樸素，佔地則不到商學院的十分之一。

　　隆斐勒樓是主要的行政中樞，一樓右廂是院長辦公室，裡間包括教務副院長與總務副院長的辦公室，鋪著黑白相間地磚的長廊上，掛滿講座教授經費捐贈者之相片，與院內著名教授或院長的事蹟。其他各行政單位分佈於一樓與地下一樓，一樓角落有一個院長專用的小會議室，潔西卡曾用這裡召開內部顧問的會議。一樓中心地帶是阿斯克維茲廳（Askwith Hall），它是學院最大、最正式的階梯式演講聽，公開的阿斯克維茲講座（Askwith Forum）

、AIE 的 JLB 演講系列和嘉德納的新書發表會，都曾在此舉行。二樓是愛略特‧萊曼室（Eliot Lyman Room），提供院務會議以及酒會會場，潔西卡與嘉德納一起與外部顧問們開會，還有潔西卡的退休歡送酒會，都在此舉行。再上一層，三樓左右兩廂，1998-1999 年間主要是「零計畫」的辦公室，電梯旁一個小空間，就是 PZ 讓出來、提供給 AIE 用的辦公空間，隔成兩小間，一間在外，是助理凱特與工讀生工作的地方，內間是潔西卡的辦公室，大約四坪大，介於兩者之間的走道，是一些資料櫃以及我在研究第一年所使用的小桌。三樓正中部分，有兩間全新配備的教室，1998 年暑假翻修完成，據說花了二百萬美金，裡面的影音、網路、空調全部由一個教師面前的機盒控制。兩間教室中靠 AIE 的一間，就是潔西卡上 AIE 必修課的地方，與 AIE 辦公室隔走廊相對。[1]

　　一般來說，開學前一週，潔西卡會結束在新罕布什州海邊夏屋閉門寫作的生活，回到哈佛，之後一個月，來面見她的學生，會摩肩擦踵。1998 那

---

[1] 此處有關空間與功能的描述，完全是田野第一年的情況。2003 年凱特轉業電腦藝術設計師，由亞力克斯繼任，職等調升為行政協調（Program Coordinator），搬進潔西卡的那一間，潔西卡則搬到隔壁 PZ 又空出來的一間較大研究室。2007 年，此時必修課由討論課轉型為演講課，地點在拉森樓的地下室一個環形階梯演講廳。同一段時間，PZ 搬到學院附近一棟租來的大樓裡。2004 年潔西卡退休後，「零計畫」新主任史帝夫‧賽戴爾，將 AIE 整個移到原來「零計畫」在右廂的空間，包括他的主任辦公室附一個工讀生工作空間和小型待客空間、亞力克斯的辦公室、一位 AIE 專任教師的辦公室、一個半開放的儲藏空間，裡面還有公用的印表機和影印機，原來的 AIE 空間則由其他單位使用。史帝夫因為一人身兼 AIE 及 PZ 二單位的主管，在 AIE 和 PZ 都各有一間辦公室，在 AIE 這邊的助理是亞力克斯，在 PZ 那邊另有助理。史帝夫接手之後第一年，AIE 的必修課仍採討論課形式，學生成績的評量方法只分通過或不通過兩種，份量變輕，但很多內容仍然保留，後來有些已被改動的部分，甚至恢復，地點則由隆斐勒三樓改在葛特曼圖書館三樓的全資訊化教室，這些新教室都是比照當年隆斐勒樓三樓的兩間教室而建的。由此可再見 AIE 與 PZ 的密切關係，加以每次空間調整，就表示要重新粉刷、重鋪地毯、更換家具與設備等，亦可一窺哈佛校園行政變化頻率之高與對變化本身之重視。

年暑末也不例外，大家對潔西卡也許是第一次見面，但都並不陌生，因為潔西卡在新生名單揭曉後，都曾一一通過電話，確認是否來報到等事，讓他／她們受寵若驚。學生們初到哈佛，即使已是碩士生，一開始都是又緊張又興奮，接下來則會有很多人覺得沮喪或懷疑，情緒起伏很大，潔西卡了解這種心情，總是明快地與凱特合力，幫助學生了解課程的細節與要求，並解決各種新來乍到者會有的問題，好讓大家迅速步上軌道。確實的，時間對大家都很寶貴，每學期實際上課週數只有十四週，一學年晃眼即過，人人都必須加快腳步，沒有太多遲疑的空間。

　　教育學院所有的碩士班都是一年為期，只有少數半時生可以延長為兩年，所以 1998 年 9 月至 1999 年 6 月間的這兩個學期，實際就涵蓋了 AIE 1999 屆大部分學生所有在校的時間。依照畢業的修課下限規定，每個全時生一學年至少要修四門課，或稱做八門「半年課」。AIE 專修生（或後來的專班生）必修上學期代號 S-300 與下學期代號 S-301 的兩門「半年課」（合稱一個「全年課」，two half-courses or one full course，或合起來簡稱 S-300s），就是本章接下來重點。

　　其餘的三門「全年課」（或六門「半年課」），學生可自由選擇以下三種修課方式。第一、完全以個人興趣為依歸，自由跨院、跨校選修，瑪麗和菲麗斯是走這條路。第二、以教育學院內的三大領域之一為焦點，營造學位特色，約翰走的是這條路，他本想選「危機與預防」，但他自認對這個領域太熟，內容沒有他需要的，因此最後選的是「學習與教學」領域；行政長才比娜，選的是「管理、計畫與社會政策」領域。根據潔西卡的規畫，選第一和第二種方式者，必須至少修一門與藝術相關的課程，且至少有另一門大報告主題是與藝術相關的課。最後第三種修課方式，是以美術館教育為副修（可謂專修中再專修），這類學生一定要修潔西卡新設的四門課（有的是「半年課」，有的是「模組課」），其在 S-301 課的大報告，則限寫有關美術館募款之主題，[2] 黛君和茹絲兩人走的是這條路。

　　1998-1999 年間，當 AIE 還是專修班的時期，學院裡的學生，若一開始即已經選擇專修 AIE，S-300 和 S-301 這兩門課都需修完才能畢業，這種學生因此擁有註冊必修課的優先權；如果學生在入學時未能馬上決定是否專修AIE，可以先修上學期的 S-300，到下學期開學之前，再決定要不要在文憑上加註 AIE 專修，如果不要，可以不必修下學期的 S-301；如果要加註，就一定要繼續再修 S-301，而且註冊時也可獲得優先選課權。為什麼上下兩學期連續性的 AIE 必修課卻有兩個代碼？這就是為了方便只選修一學期的學生；另對少數的半時生而言，他／她們反正要留校兩年，只要在兩年內修完此課即可，不一定要接連兩學期選修此課。[3] 本研究的三位學生旅人，都在1998-1999 這一年內同時完成此課。

　　由於每個 AIE 學生的學習目標差異很大，選課自由度很高，院內院外可供選修的總課量又極大，[4] 我若要在這兩門必修課以外，找到一門裡頭有四名以上 AIE 學生在場的課，可說難上加難，如果有，我都在場旁聽。其實，大部分有 AIE 學生的課，該生都是班上唯一的 AIE 人，而且因為跨院選修盛行，這位 AIE 人，甚至可能是班上唯一的教育學院學生。AIE 學生畢業前不需要寫碩士論文，原因是學費太貴，二年四學期可能要花近一萬美金，足以嚇走很多優秀的學生，若減為一年，學生申請的動力會大增。何況，兩年的訓練，並不一定可以生產出夠哈佛水準的學術論文，倒不如加緊課業腳

[2] AIE 手冊，頁 17-18。

[3] 這種分開修或修一學期也可以的情形，到 1999 年秋季 AIE 升為專班之後，就不存在了，因為學生一進來就是 AIE 自行招來的學生，S-300 與 S-301（合稱 S-300s）自然都必修，AIE 學生註冊時還是有優先權，以免 AIE 以外的學院學生排擠了 AIE 生的選課空間，但這也等於取消了 AIE「全院性」特質。

[4] 那一年的全校所開課之課程手冊厚過五公分，蠅頭小字印刷，無從計算有多少門課，這還不包括學生可跨到鄰近各校如 Episcopal Divinity School, Fletcher School of Law and Diplomacy at Tufts University, Massachusetts General Hospital, Massachusetts Institute of Technology 的可選課程。

步、多寫較大報告，在一年內完成學業。如此一來，跨越全年、每週見面的
S-300s 課堂，以及相聯結的 JLB 演講系列，就不只是每個 AIE 人的共同必修
，也是 AIE 最重要的存在標誌、潔西卡最主要的教學現場、以及 AIE 學生
唯一全員到齊的場合。因此，這兩門課不但是我了解約翰、黛君、茹絲與潔
西卡四人 AIE 生活的場域，也是我了解 AIE 的藝術教育現象與哈佛「領袖
性」教育現場最重要的機會。

S-300s 的課程規劃

　　1998 學年上學期的 S-300，正式名稱是「教育中的藝術：課題與學校
」（The Arts in Education: Issues and Schools），也就是說，是面對學校內的
教育課題（school-based），下學期的 S-301 就轉向面對校外的教育課題了。
1998 年我抵達 AIE 的那幾週，潔西卡正與凱特如火如荼地準備 S-301 的課
程大綱，因為內含的細節很多，大綱草案於開學前兩週上網公佈，之後，潔
西卡不斷地根據學生於面談時表達的意見或期待，作小幅度修訂，直到第一
次上課（9 月 17 日）她才發下了最後一個版本。
　　S-300 課程大綱開宗明義說，S-300 的課程目標是（此處粗體如英文原
書中之斜體）：

> 在這門課中，我們會就一些特定的主題和課題，探索教育中藝術角色。
> 就如同一切藝術，這門課關切的，是探究、問題設定與解決、多元觀點
> 。針對**基礎的**與**學校本位的**這兩方面的課題，當課上討論代表性的閱讀
> 文獻時，學生的聲音是被鼓勵的。[5]

　　這裡，潔西卡將教育與藝術畫上等號，理由是兩者都需要「探究、問題
設定與解決、多元觀點」。同時，她設定了學生參與自身學習的基調，期待

一個眾聲喧嘩的課堂氣氛。接下來，大綱中交代的指定閱讀文獻，都委外裝訂成一大冊，叫「課程包」（course packet），學生可以向「哈佛印刷與發行服務社」購買（美金六十六元），[6] 散裝版可向「哈佛合作社」[7] 購買，也可以免費到葛特曼圖書館借閱或影印。另外還有一些無法獲得授權的資料或者是書籍與 CD，得去哈佛合作社購買。最後還有建議書單，也視授權狀況放在課程手冊、哈佛合作社或是葛特曼圖書館的指定參考資料區。

　　S-300s 學生的上課時間，是每星期二、四早上 10:00 到 12:00，外加每星期一個小時的「小組討論」（section）。另外，每月有兩次，學生要在星期二下午 2:00 到 4:00 之間，參與 JLB 演講系列。每個學生花在出席此課的時間，總計是每星期五小時，每學期上課十四週，加起來共七十小時，遠比臺灣一般要長很多，[8] 若再計入學生花在期中報告、期末報告及各種作業所需的時間，可說是份量相當重的一門課。[9]

　　學院方面不干涉教師的課程設計，開一門課，最少可以每週兩小時，多則沒有上限，也沒有形式上的規定，可以去田野，可以做實驗，可以由老師演講再搭配助教帶領的小組討論，可以在網路上上課，也可以在教室裡以傳統演講、討論等方式進行，完全依個人意思。因此，將 JLB 演講當作是上課

---

[5]　未出版課程大綱。原文 "In this course, we will explore selected themes and issues concerning the arts and their role in education. Like the arts, this course is about inquiry, problem posing and solving, and multiple points of view. Students are encouraged to lend their voices to conversations represented in selected readings on *fundamental* and *school based* issues."，斜體依原文。

[6]　"Harvard Printing and Publications Services"，簡稱 HPPS。S-300s 的課程包價格，在教育學院中算普通的。有些商學院和法學院的課程包可以高達數百美元。

[7]　"Harvard Cooperative Society"，簡稱 COOP，看起來像個書籍、文具百貨與紀念品綜合商店，性質是哈佛的合作社。

[8]　在我所任教的國立臺北教育大學，一門課一般每週上課兩小時，一學期十七週，因此每門課共上課三十四小時，不到 S-300 的一半。

[9]　對潔西卡來說，教學的份量也很重，她一個人要同時教課並主持 JLB 系列演講與小組討論。小組討論分兩組進行，因此她實際每週比學生還多上課或到課指導一小時。

這一點，是潔西卡可以自行決定的。演講者的挑選與演講內容，都由潔西卡負責，並跟課程的大、小主題連結。對 S-300 與 S-301 比院內其他課的時數多且密集這一點，潔西卡認為非如此不能涵蓋她覺得必要納入的學習內容。實際執行時，對學生來說，這門課是少數最花時間的課之一，為了這門課，他／她們必須處理選課衝堂的問題，並思考如何安排自己的時間與精力，無形中，使 AIE 學生會以此課為重心，也就使 AIE 學生之間，及 AIE 學生與 AIE 辦公室聯結起來，形成了緊密的社群。

　　綜合各種資料，可將 S-300 課程的架構與內容大要，製成附件中的表三。從表三可見，S-300 是以兩個大主題為架構，每個大主題下有三個小主題，未來的 S-301 也有兩個大主題和六個小主題（見表四）。這些大、小主題，除了學校與社會的分化外，還另有考量。先說兩個大主題，分別代表兩個大範圍，即「基礎課題」（Fundamental Issues）與「學校本位課題」（School Based Issues），後者是關乎學校內藝術教育的過去與現在。再說小主題，潔西卡說所有 S-301 的六個小主題，都是呼應教育學院三大領域中的「人類發展與心理」（HDP）與「學習與教學」（L&T）這兩個領域；下學期的 S-301（表四）因為跳開學校藝術教育，進入學校與校外之間或完全學校外的世界，是呼應「管理、計畫與社會政策」（APSP）這個院內最大領域。這樣的設計，一方面落實「全院性」的性質，一方面使 AIE 不只是個「終點學位的訓練」（terminal degree training），讓 AIE 學生，不管機會多麼微小，仍可申請這三大領域開設的博士班。此外，因為潔西卡將該年的 S-300s 定位為「討論課」（seminar）不是「演講課」（lecture），所有小主題都是以二元化的「A 還是 B？」的語氣提出，以便讓學生在 A、B 兩極之間定位自己、辯證、對話，每個學生都被鼓勵發表意見、參與討論，設小主題的目的，是讓對話不致因過於天馬行空而失去焦點。

　　撇開潔西卡想要在學生學習時製造的懸疑，根據課堂的觀察，S-300 的六個小主題所承載的教育訊息，可簡介如下。第一小主題「藝術過程：是思

維還是感覺？」（The Artistic Process: Thinking or Feeling?），要讓學生討論後了解，思維與感情其實不可分，且兩者都是認知的型態，這是引導學生進入「認知革命」的主要立場。第二小主題「藝術家：是撼動世界者還是背棄世界者？」（Artists: World Movers or World Forsakers?），是要討論藝術家／藝術教育者二合一的角色與功能，尤其強調當領袖的心路歷程。第三小主題「做為藝術家的兒童：是浪漫還是理性？」（The Child as Artist: Romance or Reason?）是討論藝術教育中學生的定位，以及動手與動腦在認知上不可分的關係，過程中會提到潔西卡有關「幽谷現象」的研究。第四小主題「藝術教育史：是慶賀還是正名？」（History of Art Education: Celebrate or Justify?）是要回顧美國藝術教育的歷史，討論藝術教育者在大環境中困難但激勵的處境。第五小主題「藝術教育的作法：創作或溝通？」（Approaches to Art Education: Creating or Commentating?）是要點出兩者都是認知過程的一部分，而且創作就是評論，評論也是創作。最後，第六小主題「藝術在非藝術教育中的角色：轉型或傳遞？」（The Role of the Arts in Non-Arts Education: Transform or Transfer?）在此處，潔西卡搭配了蓋蒂人員以及藝術家這兩種JLB 講員，前者強調如何使藝術教育脫胎換骨，成為令人敬重的學術專業，後者強調如何藉學習非洲成年禮（非特定非洲文化）之舞蹈（新創作品），讓美國的非裔孩子脫胎換骨，成為非洲文化中驕傲的男子與充滿母性的女子；前者講如何向未來演進，後者講如何向過去傳承，其實兩者都同時在做轉型與傳遞的工作。歸納起來，潔西卡提出的各個小主題，都不會有單邊的答案，但學生要透過討論，才會體會到眾聲喧嘩中隱藏著許多自己想不到但有價值的理念，並從中意識到，即使看似簡單明白的課題中，都隱含著無邊的深廣度、無數的角度與衡量空間。

在架構與教學理論基礎上，下學期的 S-301 與 S-300 相似，但是方向及作業性質不同，S-300 比較重視傳達藝術教育現況，以及藝術教育上的基本概念，S-301 的訴求，是如何在人群中、在機構裡，推動特定目標的藝術教

育工作，面對包括思想理念、目標目的、經費預算、人事管理、地方及中央政治等問題。S-301 重實務的特色也顯現在「社區／社會課題」與「政治／經費課題」這兩大主題的訴求，及其兩份文字作業：一是寫一個可供學校與校外藝術人士進行藝術教育合作的正式合約書，一是針對某一自選的基金會或政府部門，撰寫一個要求經費補助的專案計畫申請書。學生的工作，則從上學期較學術性的研究報告，轉為下學期的實用性寫作。

S-301 有六個小主題（英文原文見表四），第一小主題「學校教師與社區藝術家結為夥伴：合作還是共生？」是談藝術家與學校合作的各種形式及實際問題。第二小主題「都市社區藝術中心：另類還是附屬？」是就潔西卡的「畫像」報告，討論社區藝術中心與社區的關係，以及如何排除對立、形成共同的願景與雙贏局面。第三小主題「藝術博物館的角色：保護文物還是教育大眾？」是探討藝術博物館應發揮、可發揮的教育功能，與未發揮的原因。第四小主題「教育中的藝術與學校改革：藝術是手段還是目標？」主要談藝術教育者與教育者的共通與矛盾，強調透過藝術可以達成的教育功能，其間並介紹建立 AIE 的思考與過程。第五小主題「教育中的藝術經費：用以維生還是用以啟發？」是探討經費與評鑑背後的因素，以及長、短程發展的政策考量。最後，第六小主題「藝術教育的未來：新的還是重劃的前線？」是討論未來開創藝術教育的不同策略，兼及美國的相關時局。

S-300s 課的作業，叫「學習檔案」，是要學生以課堂討論及在「小組討論」中針對閱讀與作業的對話為基礎，運用自己過去對在藝術與藝術教育的了解與體驗，進一步創造屬於自己的知識。讓我先將潔西卡有關「學習檔案」作業的設計，說明如下。

由「學習檔案」（processfolio）這個名詞的拼法，可知是「過程」（process）與「檔案」（portfolio）兩個字的結合，其概念源自潔西卡曾參與過的「藝術前進計畫」，其成果報告說「檔案評量」（portfolio assessment）是在教學設計時即將評量納入考量，學生透過藝術認知的路徑（pathways）

：生產（production）、知覺（perception）與反思（reflection），三條路徑並沒有順序的意義，但是有互相增強的意義，因此需要互相不斷地交錯循環發生，藝術教育才會有認知之效，評量的工作，因此必須配合此理，以一個個人化包裹的形式，納入學生在三個路徑上接觸藝術的痕跡，[10] 可能是作品草稿、創作日記，也可能是與他人討論的紀錄及事後感想。嘉德納的 MI 理論，進一步認為智能是多元的，每個學生學習的最佳迴路本質不同，教師教學也好、學生學習也好，都不應限於一種方式，此路不通，可循他途，而且為了使教學與評量互相配合，最好的學習評量方法，不是單一的紙筆測驗，而是重視過程的、呼應多元智能的檔案評量，檔案中的隻紙片字，都是了解每個學生整體學習情形的證據。[11] 潔西卡要學生自己做這個工作，就是要將學生的課堂學習在課外延續，不斷地操作三條路徑。而對潔西卡自己的工作而言，從旁觀察每個學生自我表現與省思的過程，就是評量學生之學習與自身之教學的極佳依據。

　　換成 S-300 與 S-301 的情境，潔西卡要學生根據課程的進度，隨時收集指定的和自選、自製的資料，置入自選的容器（可以是盒子、袋子或卷宗等），並規定每位學生分時段輪流面對全班，發表檔案內容的進度，或將現況繳給潔西卡審閱。如果學生同意公開，凱特有空時，會就著空間的大小，挑幾件學生的檔案內容，佈置在隆斐勒樓一樓及三樓走廊，平面的用圖釘釘在牆上，立體的陳列在展示櫃裡。另外，學期末了，在葛特曼圖書館一樓，還會有一個附有開幕酒會的集體展覽。

　　S-300s 學生「學習檔案」的內容，必須包含潔西卡指定的資料──她稱之為「菜色」（entries）。針對每個小主題，潔西卡一定要看到兩樣東西

---

[10] Veenema, Hetland & Chalfen (1997)，頁 93。古德曼所謂的「藝術過程」，在此案中被視為教學與評量都要注意的的三個路徑（pathways）。

[11] 參見 Gardner (1989)。

，一個是「內容菜色」（Content Entry），一個是「省思菜色」（Reflection Entry）。先說「內容菜色」，潔西卡要求每人在一學期之中，跟著小主題的課程、閱讀文獻並聽完 JLB 演講後之後，將受啟發而生的問題，以問句型態表列呈現。「內容菜色」的問題，又分成兩種，一種是針對每個小主題，從自己的經驗與訓練出發，寫出一些「個人問題」（individual question），又叫「小問題」（small question），是貼近本身層面的原則性問題，然後再根據所有的「個人問題」，就每一個「小主題」的精神，寫二至三個「穹窿問題」（overarching question），這種問題又叫「關鍵問題」（key question）或者「大問題」（big question）。這麼做的目的，是要學生從其個人向上提升、超越，就整個藝術教育的範疇，提出總體性、開放性的大觀點，化為有待解決的大型問題。如果潔西卡更進一步指定學生要對少數特定的閱讀或演講做回應，學生就必須貼著對象來設計問題，反覆斟酌到即使第三者也會很清楚的地步。潔西卡認為從問題著手來安排學生的學習，也是為博士階段有關研究方法的學習作準備。

再說「省思菜色」，這不是針對閱讀或聽演講內容的整體反省與思考，而是藉著藝術創作的行動，來展現各自「內化」（internalize）學習內容的情形。根據潔西卡的設計，學生可以以各種藝術創作的方式，最好是自己不熟悉的藝術媒體、素材或形式，呈現其省思，[12] 鼓勵學生透過非文字的管道，把各自針對小主題的省思轉換成創作品表現出來。這種藝術創作，又叫做「省思藝術」（reflective arts），因此除了親自展示外，繳交「省思菜色」作品時，學生必須附上一段把小主題與作品聯結起來的說明文字。

潔西卡從她博士班的顧問那裡，學到一個重要的概念：「最好的研究，

---

[12] 譬如說，學視覺藝術出身的學生，試著以音樂形式表現，學舞蹈出身的，試試看以文學或詩的方式表現，這對學生來說很困難，但潔西卡認為可藉以避免陷入慣習，建立認知的新路徑。

是從一個你不知道答案的問題開始的。」[13] 學會問問題是潔西卡教學的重點，她時常說學習最重要就是要會問問題，而且要會問「真問題」，而「真問題就是一個你沒有答案的問題。」潔西卡舉例說，「誰是心理學的始祖？」或者「心理學有哪四大原則？」這些封閉性而且不需要思考的問題，都不是「真問題」，「真問題」可以逼使學生跳出所閱讀的文獻，要求他們必須對文獻進行反思，從而把別人的知識變成自己的，在過程中必須將自己的創意、直覺與表現介入進去，試著跳脫框架來思考，而且，藉著形成問題，學生得以重構（reframe）所讀到的資料，因此促進了認知、學習移轉（transfer）與統整（integration），學生除能維持對世間一切的探索（inquiry），還學習形成學術研究問題的方法。潔西卡充滿認知心理學背景的說法是：

> 這好比說，我知道我已經知道的那些東西，是因為它們曾經為我的問題
> 服務，一個真問題就好像理解的組織架構，它把探索變成一種詮釋的過
> 程。[14]

依我的了解，關注「真問題」，還有教育情境上的功能。潔西卡說「真問題」主要是為驅使學生們問「我看到了什麼？」，而不是問「我認識這張攝影作品嗎？」或者「我對某人某事熟悉嗎？」，因為這種問題會讓不知道答案的人感到焦慮，會降低參與公開討論的意願。一旦破壞了開放的討論氣氛，就減少了學習的效果。潔西卡進一步說，學生們若放心地問「真問題」，課堂就被注入了「推理的張力」（generative tension），屆時文獻已不是重點，選邊站更沒必要。她說，雖然很多學生在一開始時，會懷疑潔西卡是不是設局要暴露他／她們的立場，潔西卡說她的重點其實在於拆解知識，並以

---

[13] 潔西卡引述 Mary Beth Curtis 的話："The best research starts with a question that you don't know the answer to."

[14] 原語 "It's like I know the things I know because it serves my question. The real questions are like the organizing structures of understanding. It turned inquiry into a process of interpretation."

自己的方式或需要，再重組起來，[15] 每個人的過程不會一樣，這可說是個人化知識重構的要義。

另外，潔西卡要求學生寫問題時，「試著想一些能邀請別人討論、適合學術研究的、開放式的、不會招致快速事實性反應的問題。」[16] 這又點出潔西卡所謂「真問題」的另一個並未明白說出的面向，即「真問題」是能容許多數人參與的、多元意見發生的問題。當一個問題極為冷僻、深奧或解釋不夠周全，以致特定人群無法參與，會自覺所學不足，或者引不起討論的意願時，討論的價值就不高了。因此，鼓勵「真問題」，既是一種學的策略，也是一種教的策略。潔西卡等於是將 PZ 種種較生硬的研究結果，加以轉換，使之更適合 AIE 這一群藝術教育先鋒工作者，不讓任何學生在學術殿堂中，感覺自卑，或被輕易地邊緣化。

分析前面所謂的「菜色」，對一個藝術教育碩士班的作業來說，當然是個隱喻用法。為什麼叫「菜色」？我推測，可能是因為潔西卡預設學生做的檔案內，會有大菜也有小菜、有各種口味、有上菜先後的順序，合起來是一頓大餐或者一場饗宴，而學生就是廚師兼主人與客人。透過「菜色」作業，學生自己設計、自己做菜、與他人一起品嚐、接收回饋後自己咀嚼反思、自行再出發、再設計……循環不已。「內容菜色」和「省思菜色」就是將學習過程中個人的反應，如上課筆記、閱讀眉批、報告大綱草稿、平時感想、過程心得紀錄、他人評估與反應、自我檢討等等，以及其發抒或詮釋為藝術的作品，視為重要的認知途徑。這些東西可能零亂潦草，可能未完成，但是可以讓學生們在做作業的過程中，不斷形成自我察覺的情境，掌握自己每一個細微的成長或變化環節，整合內在與外在之感情、直覺、理智、理論、想像

---

[15] 原語 "taking things apart and putting it back for yourself"。

[16] 課程大綱原文 "Try to think of open ended questions that would invite a discussion or a research study rather than a quick factual response."

與創造等，而且自由遊走於意識與潛意識、經驗與思想之間，順利地跨越各
種界域地操作，自發性地啟動／再啟動，終於啟發了自己獨一無二的知識。

　　以身作則，潔西卡其實也將各類藝術融入在自己的課程設計裡。比如說
，9 月 22 日那堂課，是以詩為媒介，談藝術的力量與藝術家的世界性角色
，也可說是以討論藝術的中心位置，來給 AIE 學生打氣。9 月 24 日那堂則
由畫家自述其藝術過程，以突顯藝術過程是思考還是感情的小主題，這是以
專業藝術家為深度思考與感情的角色模範之意。9 月 29 日的課，主要使用
文字符號，要學生直接就文字作解讀，這是符號思維的開始。10 月 1 日學
生利用各式各樣的藝術媒體，表達自己的學習狀況，可說都是展現其「多元
進入點」的運用，以及生產路徑、知覺路徑與反思路徑三方的結合。10 月 6
日的 JLB 演講，是由詩人兼藝術家寇區親自展現的思考與感情結合的複雜個
案，以及生產／知覺／反思不斷循環的現象。學生一路上寫下的問題（內容
菜色）、創作的作品（反思菜色），加上過程中的半成品、草圖等，就是「
學習檔案」的內容，也是檔案評量的工具，再度展現一個潔西卡的信念：藝
術是「發生性課題」（generative topics）的豐富來源。

　　由於每個學生每學期都有上臺分享「學習檔案」的機會，學生們除了閉
門製作學習檔案之外，還有整理並傳達自己學習成果的機會。從認知學習的
角度來說，就是除了動手做、用腦思考、用心體會、閱讀、感受、寫作、聽
演講、討論交流之外，更增加了多種促進認知的管道——當自己需要對他人
解釋自己的想法時，自己對所說事物的了解與省思，就更深入了，而當自己
無法了解或以為事物只有某種認知的角度時，聽聽別人的角度，會有助於使
自己豁然開朗。

　　在實際的課堂上，每位學生口頭分享的時間只有五分鐘，我看這也是一
項挑戰。他／她們不但要精準地掌握自己的思維，並且要設計各種傳達方式
，使用各種器材、圖片、海報、實物及自己的身體，來充分地表達可能很複
雜的想法。這種挑戰，美國學生本是從小在學校與生活中訓練就的，不同的

是，AIE 一班裡個個都是一方之高手，因此學生上臺前與上臺時壓力極大，但仍必須求好。其中一場口頭分享的實況紀錄，可參見下一節。

第 3 章已經談過，古德曼認為「藝術的過程」，就「知識理論」[17]而言，是一種「了解的過程」（process of understanding），是一種透過不同符號系統，例如字母、文字、文句、圖畫、圖表、身體動作、模型等的再現（representation）而進行的認知活動，故藝術是知識的載具與工具，[18]藝術活動動用到個人的所有感官、心與腦，以及所有過去的歷史、個人經驗與詮釋的能力。[19]這種「符號性思維」（symbolic thinking），會幫助個人的認知由渾沌不明向清晰移動，個人的理解隨著每次不同的投入而逐漸累積，並使個人對已知作重新評估，藝術所提供的這種動態性（dynamics）與持久性（durability）的認知，可以終身不止而且永無結論。[20]潔西卡的 S-300s 設計，反映了這個 PZ 的基本立場。

潔西卡的在 S-300s 中埋下的藝術教育知識論與方法論，還可以印證由古德曼引進、早期在 PZ 做研究的哲學兼歌劇演唱者 V. A. Howard 的見解。Howard 認為，藝術的知識和科學的知識一樣，包括「推論性」（propositional）與「程序性」（procedural），「推論性知識」如基於經驗的靈感、想像與創意，「程序性知識」即反覆練習、執行程序以求完美的部分，包括為展演而進行的「練習所得之外在成就」（extrinsic achievements of practice）以及為明白為什麼而進行的「練習所得之內在成就」（intrinsic achievements of practice），[21]後者時常被質疑為缺乏認知價值的勞力與重複，其實不管「外在成就」還是「內在成就」的操作，兩者之歷程可能次次有別，達到的目

---

[17] Goodman (1976)，頁 v。原文 "the theory of knowledge"。

[18] 同上，頁 259。原文 "the vehicles and instruments of knowledge"。

[19] 同上，頁 7-8。

[20] 同上，頁 259-260。

[21] Howard (1982)，頁 163。

的也次次不同，但可能一樣地提供了像「檢驗過程與成果之間的因果關係」
、「發展各種身心能力與習慣」、「解決各種問題」等的教育機會。[22]

　　綜合來說，潔西卡在 S-300s 裡埋下的藝術教育思想是，藝術本身是一
個豐富的知識體，和其他知識體具有平行地位；藝術活動的所有面向，不論
是創作的還是觀賞的，若把關心的對象，從藝術作品移向人，接受人的主體
性與主動性，那麼任何藝術的探索活動，皆是認知活動，皆具有教育價值。
這一套由古德曼開始成形的 PZ 藝術教育論，相對於美國藝術教育界在整個
美國學界眼中那種被動、弱勢、被輕視的形象，顯然不同。潔西卡和 PZ 不
認為藝術只有藝術上的貢獻，也不認為藝術教育的貢獻只是幫助其他學科的
學習而已，藝術不只是藝術教育的內容，藝術更是一種很有效的整體認知教
育路徑。這不但翻轉了藝術教育在教育中傳統的邊緣意義與功能，而且提升
了、中心化了藝術在教育上的位置，也大大肯定了藝術教育的位置。

　　對照 S-300s 的課程設計與各種 PZ 出版品的論述，潔西卡的大、小主
題，可說都屬於高視點（high point）、統整性（integrated）、跨領域（
interdisciplinary）、多知識體（multi-domain）的課題，反映了 PZ「為了解
而教育」（teaching for understanding）的主張。[23] 以 PZ 的協同主任柏金斯的
著述為例，他認為不管是教某個數學概念，還是教一首詩的美與意義，教
育的重點，是要教得讓學生能產生「了解」（understanding），而不只是要
教得讓學生「知道」（knowing）。[24] 了解的外顯表象，就是學生能夠主動
轉換（transfer）所學，能向他人解釋所學、能指出最佳案例、能應用所學於
行動、能說出所學之重要性、能比較與對照相關狀況、能脈絡化所知、能將
所學擴散引申至其他情況，並且能進一步形成清晰的「心智圖像」（mental

---

[22] 同上，頁 157-188。
[23] 參見 Wiske (1998)。
[24] Perkins (1992)，頁 76。

images）。[25] 由此出發，柏金斯認為在教學上，教師除了要提供一般事實性的內容外，也要提供較高層次的了解機會，比如解決問題的策略、知識的背景、建立假說並尋找證據的探索過程。[26] 在課程安排上，則可用「發生性課題」（generative topics，藝術可以提供的發生性課題種類，包括多元進入點、內在動機以及跨知識體轉換），以及高視點設計課程，利用各種思維語言（如符號）與心智圖像，鼓動學生的智能熱情，催生高層次了解，協助學生知道如何學習以及轉換，並隨時評量。[27] 也就是說，教師可以運用多樣的媒體與符號系統，來幫助學生再現他／她的了解，也可多利用不同的進入點，讓學生的學習可以獲得豐富立體的發展與深化的了解；反過來說，一個學生究竟是否了解其所學，可以從他是否能以各種形式、路徑，來表現其所學來判斷，即所謂「了解的演出」（understanding performances）。

　　在田野工作開始前一年，AIE 成立的第二年，1997 年，PZ 出版了一本報告，其中有一小段很簡略的文字，當時我完全讀不懂，現在，經過田野工作以及上面這些解析，我認為是很精簡地總結了所有我已說過或未說過的 AIE 藝術教育理論性思維：

> 藝術提供強大的意義建構管道，也提供敏銳的耳、眼、手與創造性心智的教育，以下是一些藝術與〔其他 PZ 研究主張〕之間的聯結：

> ### 與 MI 理論
> ・藝術，透過其所提供的多元學習機會，可以超越一般學校情境所偏重的數學／邏輯和語言智慧，擴大學生的發展，藝術的探索，可以刺激與這些其他智慧深入而非浮淺連動。

---

[25] 同上，頁 77-83。
[26] Perkins (1992)，頁 84-86。
[27] 同上，頁 103-104。

與檔案評量

- 檔案評量是從藝術家的作品集概念演化而來，作品集使一個我們可以看見的過程獲得一個形象，〔讓我們可以〕強化學生們和我們自己的能力、敏感度與個性。

與教育為了解

- 藝術可以〔為教師〕開拓用的發生性課題範疇，以勾連學生們極大的興趣差異，並提供學生無數的表現機會，來展現他／她們的了解。

與思考

- 藝術中本就存在高層次思考，一個經藝術豐富化了的教室，常能增加學生發展出優良思考之心智習慣的機會。
- 以思考為中心的藝術經驗，可以幫助學生更加意識到他／她們的高層次思考性向，並更能適應她去使用、管理他／她們的智慧資源。[28]

　　身為一個藝術教育工作者，我對 S-300s 這套課程規劃的評價是，PZ 和潔西卡開發出來的藝術教育新連結、新定義、新範圍，是獨特而且很具發展空間的。潔西卡透過 S-300s，創造性地將之前 PZ 許多主要的研究成果，轉譯為難得的教學案例；而潔西卡對 PZ 乃至美國藝術教育的貢獻，在於將零散狹窄甚至混亂矛盾的研究結論，內化並重組起來，設計了一個 AIE 學生可以很容易地汲取 PZ 精髓的課程，本身就展現了對 PZ 成果的「了解」。

　　此外，S-300s 有三個值得注意的地方。第一、它是以課題為結構，求的是學生對藝術教育界重大課題意義的掌握，而且是以自己的方式掌握，這也就是協助學生了解他／她將來的挑戰在哪裡，挑戰的內容與來龍去脈是什麼，可說是知己知彼，以利商議。第二、它是以高視點、宏觀的角度接觸這些

---

[28] Veenema, Hetland & Chalfen (1997)，頁 116。粗體依原文，中括號內是我加的註釋。

課題，將戰場無限擴大，但只是點到為止，並不久留，可以讓學生保持某種程度的距離與批判性，使學生不會捲入課題中過深，而喪失了自己的立足點以及一直抱持的理想。第三、它是未來導向、行動導向、戰鬥導向的，不論是上學期的回顧與理論，還是下學期的行政與管理，都是把行動的思想（藝術教育理論與實務的分析）和工具（寫計畫、執行並管理計畫的能力）交給學生，讓學生秉持自己原有的方向，去面對挑戰、開創藝術教育的未來。

從這三點，也可以看出這套課程所沒做或不做的事：它沒要求學生把藝術教育當作一門學問，來做象牙塔式的學術研究，沒以培養袖手旁觀的第三者眼光為目標。它沒將藝術教育的險阻特殊化，也不滋養受害者心態，反而很實際地面對藝術教育的邊緣性，讓學生有戰鬥的心理準備。它沒要學生把自己視為藝術教育界現況的繼承者，沒要學生敬仰任何大人物，沒要學生放棄自己原有的理念，每個人都可以開展自己的戰場。最後，它也不只是以學生將來進入既有的藝術教育職場為目的，而是以開創新可能性、新座標為目的，因此藝術教育界反可能要因這些學生而改變。潔西卡常強調說：在教學時，她試著不要在容器（vessel）裡填滿東西，而是順著學生需要的方向培養（cultivate），綜合這三點，我認為似乎有某種「領袖性」教育的意義埋在這份教學計畫中了。

這一節的文字顯示 S-300s 的第一作者是潔西卡，她的家世以及 PZ 團隊的影響很大，然而，這就是 S-300s 所有的「作者」了嗎？答案是否定的。S-300s 的哈佛印記，決不止於本節所述，因為它也是哈佛文化的產物。不但如此，到此處已呼之欲出的 AIE「領袖性」教育課題，也會逐漸清晰起來。

哈佛的 AIE

潔西卡籌備 AIE 的那一年中，接到院方邀請，推薦她參加一個教師發

展（Faculty Development）活動，活動中的主要演講人，就是哈佛商學院案例方法的發明人。她之前並不知道有這個方法，只知道教育學院用的質性研究法中，有所謂案例研究法（Case Study Method），後來才知道，兩者名稱雖接近，也都是以特定真實案例為對象，但商學院那個是一種教學方法（pedagogy），教育學院這個則是一種質性的研究方法（research method）。我問她參加後的感想如何，她說：「我被它迷住了！」（I was fascinated by it.）之後就很積極地引之為設計 AIE 必修課程與整體發展的重要依據。[29]

哈佛商學院案例教學方法的特色之一，是其教材。案例教材（casebook，或稱案例書）是由任課教師與研究團隊特別撰寫的實際商業案例，內容圍繞一個真實的商業難題，試圖說明難題的背景、資料、發生細節、待解決的問題重點，以及相關部門主管的不同判斷與意見等。特別有價值之處，是這些資料裡包含「不明確的證據、搖擺不定的因素、不完全的資訊，缺乏明顯的正確答案，卻有一個不耐地催促著行動的時間表。」[30] 學生們研讀案例之後，在課堂上由教師引導進行討論，每個學生被要求扮演不同身份的管理者，藉厚厚的案例資料，進入公司經理人、領導者的角色，就各種也是特別設計的商業狀況，回答「如果我在這個位置上，我會怎麼辦？」這類問題。[31]

本書前面提及，包威爾、可立佛與古德瑞三人曾指出，教育領域的自我認同有：「不確定的專業」、「一個論壇」、「一個對自己不確定的專業」在特定條件下，教育工作者及教育行政工作者所面對的狀況，和商業界的經理人很相似。在教育的情境中，學生固然個個不同，教師也各有特質，互動因素複雜又難以確定。教學進行過程中，明顯的、不明顯的、直接的、間接的條件，不斷地影響教與學的各個層面。就算市面上教育理念或策略多如牛

---

[29] 追溯起來，潔西卡前此不久，正好完成一本美國各地社區藝術中心的調查報告 Davis, Soep, Maria, Remba & Putnoi (1993)，案例的經驗猶新。

[30] 2004/6/20 下載自 http://www.hbs.edu/case/case-print.html，頁 1。

[31] 同上。

毛，但在一特定的景況中，都只是有時可用、有時無效、有時甚則有害，需要迅速而且隨時的判斷拿捏，摸索前進。學生的反應要參考，但是參考到什麼程度並不一定。每個學生都要了解，但是這個了解，可以永無止境地要求下去，何況在教學的當下，教育者只能在資訊不完整的情形下，迅速做出決定，並承擔此決定的後果。

　　哈佛商學院網站上有一個關於案例教學法的簡短介紹，正好都提到案例教學與「領袖性」教育的關係，其第一頁的第一段只有兩句話：「哈佛商學院的目標是調教學生面對領袖性的挑戰。我們相信案例方法是學習管理與領導的最有力方式。」[32]在第一頁第二段下半部則說：

> 在案例方法的教室中，學生們的成功，不只是因為吸收了事實與理論，還在於面對了真實難題，演練領導與團隊工作技能。在教師巧妙的引導下，學生們一起分析、統整矛盾的資料與觀點、界定目標並分出輕重緩急、說服並激勵與自己持不同想法的人。在資訊不明的情況下，做出困難的抉擇，並在尚有疑點的情形下抓住機會。[33]

　　哈佛人相信案例教學法是源自哈佛的一項傳統，[34]並逐漸影響其他領域的教學，包括哈佛的法學與醫學教育。以哈佛法學院為例，一位臺灣來的法

---

[32] 2004/6/20 下載自 http://www.hbs.edu/case/case-print.html，頁 1。原文 "The goal of HBS is to prepare students for the challenges of leadership. We believe that the case method is by far the most powerful way to learn the skills required to manage, and to lead."

[33] 同上。原文 "The case method creates a classroom in which students succeed not by simply absorbing facts and theories, but also by *exercising* the skills of leadership and teamwork in the face of real problems. Under the skillful guidance of a faculty member, they work together to analyze and synthesize conflicting data and points of view, to define and prioritize goals, to persuade and inspire others who think differently, to make tough decisions with uncertain information, and to seize opportunity in the face of doubt." 斜體如原文。

[34] 據哈佛商學院網站，最早的一份案例書，是 1920 年由商學院的 Melvin Thomas Copeland 教授寫的（2004/6/20 下載自 http://www.hbs.edu/case/case-print.html，頁 1）。

學院博士生說，臺灣早期的法學院教育走歐陸的路線，先從抽象的概念開始，給學生安排「井然有序」的學習，至於這些概念在實務上的開展，相對來說所佔的比例比較少，課程實施大多以教授演講的方式進行，學生以聽講為主。他到了哈佛法學院，經驗就不同了，一開始就談真實案例，稱作「蘇格拉底方法」（The Socratic Method），教授與學生間以詰問對話的方式，逐漸辨明「真理」。上課前，每個學生都得事先深入了解案例的脈絡，積極參加由助教帶領的討論會（sections），並與同學組織學習會（study group），磨練自己的思辨能力，形成自己的法學立場、意見與疑議，並避免在課堂上被教授問倒。這種教學法下，學生的壓力是很大的。

　　一位也是臺灣來的博士後研究員說，哈佛醫學院是推動醫學教育上「案例研討」的先鋒。他當年在臺灣的醫學院求學時，醫學教育是採取系統性方式（systemic approach），先確定學生該學的醫學資訊之總範圍，將此範圍內的一切，依照醫學學術與器官系統加以分層分類，以此分類做為設計課程的基礎，學生被期待在面對病人的時候，可以將所學的一切整合運用。相形之下，哈佛大學醫學院雖有必修課，也有很多傳統醫學與依器官系統分化的選修課，但學生主要的學習活動是在案例研討課上。作法大致是：教師提出一個醫學上的隱名實例，通常是一個牽涉多重器官病變的案例，各組得到此案例的病史與症狀資料之後，必須透過小組討論，形成診斷與治療方式，帶領討論的教師不給答案，讓學生感受臨床醫師的操作實況，並激勵學生運用資料來思考對策。

　　以上這些討論的用意，不是企圖解釋法學院與醫學院應用商學院「案例研討」教學法細節為何，而是要顯示哈佛大學內看似獨立的各院之間，其教育仍存在交流與共通性。潔西卡接觸並自承引用了案例教學法，某種程度上就說明了：教育學院裡小小 AIE 的小小核心課，與哈佛大學的其他部分，是在同一個脈絡裡，因此互相間並非孤立的現象。

　　教育界的學者，也注意到案例教學法的特徵與價值，例如它可以超越倚

賴嘗試錯誤的操作方式，提供借鏡他人歷程（不管是成功還是失敗）並與關切相同課題的同學一起討論、激盪的機會；它可以使學生在真實情況中學習，以實際的課題為中心，隨時結合理論與實務、思想與行動，避免抽象學習的阻力；它可以使教師協助學生主導自己的學習，在活潑的課堂氣氛中開放地評估各種方案，一方面維持知識的彈性與複雜度，一方面鍛鍊面對不可知的能力等等。Honan & Rule 就哈佛教育學院寫過一本推廣案例教學法的書，書中曾就不同作者對案例教學法的說明做過回顧，並宣稱由於其特徵，案例教學法很適合用來訓練教育界的領導者、決策者及行政人員。[35]

　　AIE 上課時，用得著許多藝術教育的真實案例，她不可能一一地請專家來演講或帶學生實地參觀，必須像商學院那樣，花很多功夫寫好案例，給學生做為學習與探索的材料，潔西卡在 S-301 課堂上使用的那些社區藝術中心案例，[36] 原理應該就是如此而來。不同的是，她沒有商學院、醫學院那樣的撰寫案例的專業團隊，沒有那麼大量的經費與時間去進行案例調查，教育學院的學生也不一定願意（像商學院、法學院和醫學院那樣）花數百美元來購買專為課堂製作的案例教材，她只能自力做一些「畫像」，當作學生初步了解與堂上討論的基礎，無法做到真的讓學生扮演決策者角色，並親自面對決策結果的地步。

　　換個角度來說，領域不同，在應用「案例」上，理應有自己的獨特性，而「畫像」（Portraiture），這個由潔西卡與勞倫斯 - 萊福特合作開發的方法，可以被視為教育學院教師對案例教學法的一種回應。潔西卡與勞倫斯 - 萊福特是將「畫像」法，要用於藝術相關的案例描述上。她倆合作發表了一篇文章，在 S-300 第二小主題時，曾經要求學生閱讀，標題是「建構研究畫像與建構藝術品的平行過程：宏觀核心經驗與美學特色」。此文將一個研究者

---

[35] Honan & Rule (2002)，頁 1-12。
[36] 參見 Davis, Soep, Maria, Remba & Putnoi (1993) 與 Davis (1996)。

的工作與一個畫像畫家的工作，完全平行起來，互為隱喻、互為解釋。理由
是，一個學術研究者的工作，傳統上包括定義視界，以「脈絡」突顯重點；
以「聲音」表現；以「關係」定型；以「隱現的主題」組織；以「美感之整
體」平衡之，結果得到一種表達，是一套過程。相對的，一個藝術家的工作
，也包括定義視界，以「脈絡」突顯重點；用「手」表現；以「關係」定型
；以「隱現的結構」組織；以「統整的構圖」平衡之，結果也是一種表達及
一套過程。潔西卡與勞倫斯－萊福特認為，學術研究者與畫家工作的外貌與
產品也許不同，但本質是相通的，而「畫像」研究法與「藝術創作」之間的
差異，只在於執行者（研究者或藝術家）與最後的產品（「畫像」研究或藝
術品），而兩者的過程，即使一個是學術研究法，一個是藝術創作法，看似
天差地別，其實所牽涉的任務、挑戰、過程，可以密切地互相參照。[37]

　　我估量「畫像」研究法是一個大膽而且具開創性的作法，它可以將藝術
相關研究的學術性大大提高，[38] 而且是用一種不抹煞藝術本身特色的方式提
高。我個人讀了這篇文章，再讀了後來兩人一起出版的書，[39] 覺得「畫像」
法的內涵，基本上與我正在使用的「民族誌」田野方法，非常相似，但是使
用了大量藝術界習慣的名詞，加以全盤重新組合，成了一個獨特的研究法，
一個質性研究法家族裡的新成員。這種作法，是認知學習領域裡的「重構
」（reframing）手法，是學習成功者的一種外顯特徵，也是一個經常出現在
PZ 作者們的著作中的名詞，下面會再討論。

　　勞倫斯－萊福特與潔西卡論述的方式，也很像古德曼的手法與邏輯。古
德曼在《藝術的語言》中，透過象徵體系與隱喻發生的傳達功能，將藝術與
科學並列。[40] 兩人一方面都透過心理學的證據，建立感性、情感、靈感、象

---

[37] Lawrence-Lightfoot & Davis (1997)，頁 3-16、21-37。
[38] 就是兩位作者所說「畫像」研究方法的「科學性」。
[39] 同上。
[40] 參見 Goodman (1976)。

徵、隱喻等這些傳統上被認為的「測不準」、「不確定」、「無可理喻」、「非科學」的項目，和所有傳統上被認為是「科學」、「精準」、「可預測」、「理性」的學術研究領域一樣，都是人類認識並了解世界之不可替代的認知管道、關乎生存的重要心智作用。另一方面，兩人都引用許多著名科學家、數學家的自述，證稱很多科學上的重要發現，其動機或關鍵時刻，其實倚賴完全「不科學」的靈感，甚至夢境。兩頭這麼一會合，不但如古德曼一般，模糊了「科學」與「不科學」的世俗界線，還順理讓兩邊跨越鴻溝、互相感通，讓藝術家的工作與科學研究者的工作，可以等量齊觀，因此兩者工作的程序與技術，一樣合法。

最後這一點，即合法性，是相當重要的。潔西卡在籌辦 AIE 時，曾打算與藝術系合作，將一些哈佛校園裡的畫室課（臺灣所謂術科創作課），納入為 AIE 的選修，保障 AIE 學生可以修得到這類非常搶手的科目，但吃了藝術系方面的軟釘子，對方對於一個設在教育學院裡的藝術教育專修班的「藝術性」，表示高度的懷疑，加以本身人手也不足，因而就此作罷。相對的，教育學院這邊，對 AIE 的「學術性」也不乏質疑者，尤其對於學生未來在學術研究上，更上層樓的可能性與發展空間，也同樣高度懷疑，AIE 若無法解決此一雙重的疑慮，在學院裡的生存也會有問題。套句一位院內人員的話，「哈佛為什麼要去做一個大家都可以做的事？」意即：AIE 若非出類拔萃，何必繼續下去？而出類拔萃的定義之一，就包括：有獨特的研究方法，並以此方法建立獨特的內容。

為了準備必修課的教材與教學，潔西卡獨立申請了計畫案，把「畫像」研究法用於描述社區藝術中心的案例上，[41] 寫作時也考慮了哈佛商學院、法學院與醫學院使用案例教學法的前例，並注意表現當事者獨特而細膩的創造

---

[41] Davis (1996)。潔西卡這本書是接續之前，比較簡單的類似案例調查，即 Davis, Soep, Maria, Remba & Putnoi (1993)。

過程，以及個人內、外在世界的互動。潔西卡主張學術研究與創作藝術品具有共通性的這個主張，是呼應藝術家與藝術教育者之同質性，肯定古德曼將思考與感覺視為平等認知途徑的想法，以公開的論述挑戰社會的成見（其實也就是院內與校內的成見），將「案例教學法」、「案例寫作」、「畫像研究法」三者整合，給她的教學帶來獨特性。

　　但是潔西卡主持課堂討論時，重點還是要學生設身處地，真實地體驗同一件教育決策所可能引發之極為不同的反應，並思考其他的可能作法。比如在討論時，她說她會像法、商、醫學院的教授一樣，在感覺大家的意見趨於一致、或者開始感覺心安理得的時候，提一個「如果情形是……？」（What if?）的問題，改變案例中的一個因素，使平衡的意見變得不平衡，以刺激討論。這一點，可以在下一節的課堂觀察描述中，略窺一二。

　　總之，S-300s 給學生提供的認知過程，是模仿藝術促進每個人進行轉換的過程，也就是從創作、賞析與反思的過程中，汲取靈感來設計一個認知性的課程。她在課程中埋入創造、賞析與反思的三元素，再以兩極化的議題刺激，讓學生的「了解」能平衡、完善、統整如一個「具美感的整體」。[42] 這套課程，包括上課、小組討論、演講系列，可說是古德曼所謂「符號思維」（symbolic thinking）、柏金斯所謂「發生中的問題」（developing questions）、「了解的演出」（performance of understanding）、「視覺思考」（visual thinking），嘉德納所謂「多元進入點」（multiple entry points）、「個人最佳迴路」（individualized best circuits）、「檔案評量」（portfolio assessment），以及溫勒所謂「隱喻思考」（metaphorical thinking）等等，[43] 加上哈佛商、法、醫學院的案例寫作與研討，及她與勞倫斯 - 萊福特發展的「畫像」研究法等的一個精美合體，課程中的每個部分，設計時可說環環相扣，以一套課程來說，是相當細緻而且具有突破性的。潔西卡自己也很自信地說，這套

---

[42] 原語 "an aesthetic whole"。

課程的結構「整體之中的每一部分，對其他部分都很重要，而且，原理是當你拿走其中之一部分，剩下的會垮掉。」[44] 她甚至認為「教育中的藝術」的主張，就是指：藝術的過程應該是所有教育模仿的對象。

如果再看看 AIE 學生閱讀的文獻，以及這些資料所使用的參考資料，可以了解 S-300s 的內容與精神，是倚賴一個大型的菁英社群上，包括不同大學中聞名國際的教育學者及研究人員。就像 PZ 周圍多年不變的學術社群一般，潔西卡也為 AIE 建構了一個由哈佛教育學院師生、同窗、同事、同門、研究合作與交流、內部與外部顧問所形成的關係網。這個社群的學術開發或思想流動，是建立在成員間對於對方出（版）品的互信，經長期互動、發展，共同學習、研究，不斷來回刺激對話，思想交互推進形成共同經驗上。雖然各有各的重點成就，但整體來說，具有一定的系列性和多面向的呼應性，彼此間沒有太大的概念鴻溝或矛盾，這個社群概念，也是潔西卡整合理論做課程設計時，一個很有利的基礎。

更進一步來說，透過充分融合並呼應課程的主題結構、課堂教學活動的序列、學生作業項目與要求、課外討論、演講系列講員及講題的安排，幾乎所有 S-300s 的重要內容背後的學術社群，其原始作者和內容誕生的文化條件，都是 AIE 學生舉手可及、可以親自驗證討論、可以直接選修做進一步探討的，比如說當學生讀到 Maxine Greene 的書時，很可能 Greene 本人就是該單元的 JLB 講員。相對於以前我在臺灣學習西方學術理論的遙遠感，對 AIE 的學生來說，至少 S-300s 的學習內容，不是抽象的、遙遠的、陌生的、無

---

[43] PZ 兩位主任柏金斯和嘉德納對「思想」與「創造性」的概念，在構想上有差異。這個差異，還常被 PZ 人員引以為傲地拿來說明 PZ 不是一言堂。兩人理論上的差異，微觀來說可以成立，但是以我對 PZ 這較大研究社群性的觀察，並沒有太大的矛盾。事實上，由於 PZ 研究者之間緊密的工作關係，互相引用、互相影響的情形非常明顯，以上這些個別「主張」的主要作者，除非專門追究，否則是很難確切釐清的。

[44] 原語 "Every piece of the whole matters and hopefully if you take one away, the rest collapses."

切身關聯性的學術抽象概念。AIE 學生在學院與大學的學習經驗，就是這門核心課學習經驗的放大。只要看院裡、大學各處每日不斷的講座、研討會、發表會、茶會等，讓學生隨時與學術上、領域裡最尖端的人士，面對面對話即知，所有的學術課題，不再是一種遊戲，而是某人生活中鮮活的問題，學生可以感受到，他們所學習的內容，就是眼前這些教師，還有教師口中一再提及的前輩教師們，在這個學校裡、或很接近這個學校的學術社群裡，一代一代接力向前推進的成果。搭配上隨時聽得到的學術界內幕、名人趣聞與近身觀察的掌故，不管學生學到多少，件件都是如此真實，這是 S-300s 另一個重要的特色。

到此，讀者應該可以同意，S-300s 不止是潔西卡的個人傑作，它也是一個哈佛文化的產品，是一種接引哈佛新鮮人入夥的訓練課程。對本研究來說，S300s 是一個很會「做哈佛」的哈佛人，在其他哈佛人監督下，為培養新的哈佛人而設計的全套教育訓練。套用教育人類學的說法，S-300s 是一個哈佛文化傳承的生命儀式樣本。以潔西卡在課程設計與實施上所花下的精力，如果之前哈佛大學與教育學院所自稱的「領袖性」教育，不只是空虛的宣傳語言，而是真實地存在於哈佛文化的深層結構中，是在當事者不知覺的習慣中、根植於文化的符碼中，那麼我可能因觀察 S-300s，而越來越接近「領袖性」教育了。

潔西卡建立 AIE 的初衷，根據她課程大綱上所說，並非為培養領袖而設計，「領袖性」教育是我從文化解讀的角度，將她的課程詮釋為哈佛大學與學院脈絡中「領袖性」教育的樣本。潔西卡的課程對她和學生來說，是為培養藝術教育先鋒工作者；對我這個教育民族誌研究者、藝術教育者、訪問學者、異文化者來說，她、課程、學生、演講人在課堂上的展演，不只是在培養藝術教育者，也是哈佛大學與學院整體文化現象的一部分，是展現其文化中隱性意義的一個場域，是「領袖性」教育文化的一個樣貌。

多年後，2007 年，在本書初稿即將完成前，我與已退休的潔西卡

見面，對於我在電子郵件上告訴她，我將以「領袖性」教育（Leadership education）為主軸，來解釋我在哈佛 AIE 之所見[45]，她說：

> 我非常喜歡〔這個想法〕……在我書裡和我以前的〔演講〕裡，我總是說，談到宣揚推動藝術，你知道，是的你可以是 Dick Deasy 在華盛頓的團體，或者是的你可以是美國藝術學院，或者任何其他在全國層次推動藝術的團體，你也可以是教師、家長，是每一位與兒童一起工作的人，致力著提供一個正面的藝術經驗，大家都是在宣揚藝術。我認為來 AIE 的學生，都是在從事大型的或小型的藝術推動工作，而我也認為，推動工作與許多領袖性的工作是相等的，如果你立意去改變周遭的事，當你披上披風、騎上邁向黃昏的馬〔接受了這種身份，做了這種事〕，你同時是個推動者，也是個領袖，你知道，推動工作不可能一個人完成，所以你認識這一點，你驅動你所知的一切力量。我認為那班學生，都已是自行推舉自己要去改變這個世界的，我認為那是他們的推動使命，他們會變成教室裡的領袖、紐約藝術課程的領袖、美術館教育的領袖……不管他們做什麼，他們其實都扮演了領袖的角色，他們正在領域中創造一個網絡，他們在管事，有些人將要、或已經造成了改變的發生。我喜歡這個想法，我不……認為……嗯……如果弄得更明確一點會更好……如果我還在〔AIE〕的話（笑），那我們就可以把它〔領袖性教育〕說得更徹底些，但是我確實認為……嗯……它不錯，真的不錯。而且我認為大部分我們所閱讀的作者，是領域中的行政或者學術領袖，我請來的所有的〔JLB 系列〕演講者，在他們所在的領域中，都是領袖，所以我認為我們是有一個隱性的領袖性焦點，這使妳做的事很有道理。[46]

---

[45] 我在約潔西卡午餐的電子郵件上，只說要這麼做，並沒有說明細節，她的這段反應，是她接信後，在午餐兼訪談中說出的。

　　簡要來說，潔西卡的回答包括下面這兩點，第一、不管在什麼工作情況下，不管是在大還是小型的工作場域，藝術教育者倡議、推動藝術的工作，不能只靠自己，要利用、驅動網絡與人脈，這就是在當領袖；第二、她「喜歡」「領袖性」教育這個想法，認為有道理，而且認為是潛在於她的核心課程的，這似表示，我的詮釋雖不在她原先的預設中，可能稱得上是因為理所當然，而不知不覺，而說開來後，並不覺離譜，算是一種新理解。當然，即使潔西卡個人如此想，我的詮釋還是必須經得起文化中生活面的驗證及旅人生命歷程的長程考驗，這是以下章節會做的。

　　本章到此，介紹了潔西卡精心設計的課程細節、理念背景以及生產環境

---

46 錄音轉拷原語 "I liked it. I liked it very much.... see I've always said, one of the points that I made in my book and I made it before is that ah when it comes to advocacy for the arts, you know, yes you can be um you know Dick Deasy's group in Washington, and yes you can be the American School for the Arts or whatever group doing the advocacy on the National level but every person who works with a kid as a teacher as a parent and gives a positive experience to the arts, is advocating for the arts and I think the students that had come into this program were involved in advocacy writ large and writ small and I think in many ways advocacy is equated with leadership I think if you're setting out to making the change things, and you're taking the mantle, and you're riding the horse into the sunset, you're both the leader and an advocate. You know advocacy can't be done by yourself. So you know. So you marshal your forces you know. I think the folks in that program have self-selected themselves as going out and changing the world. And I think that's their advocacy charge. But I think they will invariably give them the leadership roles to leading classrooms, to leading a New York's arts program, to leading um you know museum ed. or whatever they do, they are really taking the leadership roles in the field, and, and, they're creating the network within the field they are, they are, they are in charge, and I think they will, will change things if not already, which I think many of them have, or together they have So. I like that idea, leadership. I don't.... I think that um.... it might even be nice to have it more sp[*ecific?*]...., if I were still doing it [laugh], then we can speak about it more thoroughly, but I do think that um.... It's good, it's very good. And I think that most of the folks we read are leaders in the field whether it's in research or administration, my whole lecture series were all leaders in whatever they are doing, so I think that there is an implicit focus of leadership which makes great sense with what you're doing." 中括號內為我的加註。Dick Deasy 是在華盛頓工作的藝術與藝術教育遊說團體的專業說客，他曾多次應邀到 JLB 演講系列上演講。

，更指出其中「領袖性」教育的要旨。當然，一套教學計畫只是教育行動的一個點，計畫與實施之間總有差距，差距可能發生在表面，比如說學生除了「菜色」作業外還有文字報告的作業，其寫作以及格式都被認為是學生自行處理的枝節性技術問題，但學生的表現卻相當不一；差距也可能發生在較深的層次，比如說課程理念的轉譯與執行、學生的學習準備狀態、對課程內容的認知與反應等等，都無從靠一份教學計畫去預測。而在一個質性研究裡，比較各種差異，觀察人們如何在理想與現實中解決問題，可以幫助研究者體會一個文化的精神、分辨一個文化的常態與特例，並了解這個文化的核心結構。下一章是我在課堂上的觀察報導。我認為這麼做，一方面可以看見理念實施時的情況，一方面可以與其他管道所得的資料做對照、比較，進一步探究有關「領袖性」教育的觀點。

7
核心課堂上的「領袖性」教育

　　1998-1999 年間，依據學院的要求，我不能在 S-300 與 S-301 課上錄音或者錄影，不能參加課外的「小組討論」，但我可以經教授同意後旁聽課堂，可以聽 JLB 演講，並做手寫的紀錄。[1] 2004 年，我以同樣方式紀錄了潔西卡最後一學期所教 S-301 的大部分上課狀況；2007 年 2 月份，我又旁聽了繼任者史帝夫教的 S-301。不論是哪一年的課堂資料，都是憑我手寫的速度以及當時的語文理解能力，盡力而為。其實紀錄當時，對眼前的一切是不盡理解的，還要靠長期觀察、課外互動以及對整體脈絡的掌握，才漸覺可以進行下面的描述。

　　為避免內容過於冗長起見，本章的內容，僅是描述一小段 AIE 學生的學習狀況。這一段是 S-300 的 1998 秋季班自 9 月 17 日到 1999 年 1 月 5 日之間的課程，是該學期最初的五堂課，也是 AIE 學生的最初五堂課，結構上，是第一大主題下第一小主題的全部四堂課，加上搭配這個小主題課程的 JLB 演講。[2] 回頭來看，我認為這五堂課很關鍵地開啟並反映了以後全年的上課情形。

---

[1] 在院裡旁聽的儀節相當複雜，要求也因案而異，此處的原則不一定適用他課。

　　S-300 第一個大主題「基本課題」下的第一個小主題叫「藝術過程：是思維還是感覺？」（The artistic process: Thinking or feeling?）這個小主題包括四堂課，第一堂和第二堂的指定課前閱讀內容，有強調「藝術也是思考」的古德曼、[3] 傾向「藝術主要是感覺」的杜斯妥（Tolstoy）、[4] 以及注重多元角度的勞倫斯 - 萊福特與潔西卡 [5] 的著作。第三堂用的是安海姆（Arnheim）對畢卡索「格爾尼卡」畫作的完形心理學分析。[6]

　　以下我根據原始的課堂筆記、每日日誌以及相關文獻、文物等，依照日期逐堂翻譯整理，做為一窺 S-300s 堂奧的基礎。下面的內容，除了第一大主題的整體上課情形之外，必然會觸及四位旅人在其間的動態，遇到這種情況，其他學生均隱名，只在四位旅人以及已經介紹過的對照人物：瑪麗、菲麗斯與比娜，他／她們出現時，會標示其名。此外為區分資料與詮釋起見，根據田野紀錄整理的課堂狀況均用標楷體，其內容為免讀者感覺過度冗長難讀，做了必要的編輯，使其更通順，有時會將學生的順序性發言放進表格裡或加以排列，以幫助閱讀，或者將課堂上的講義內容加上灰底，以增視覺效果，但是資料的呈現與順序，均為原貌，未做刪除或調動。另外，現場所使用的重要原文字彙，我認為有必要的，會以圓括號（）標示；當時我聽不懂、聽不清楚或缺乏紀錄的部分，會以〔……〕表示，我覺得有必要的說明，也會放在方括號〔〕裡；相對於標楷體的田野資料，下文中我對資料的闡釋及針對「領袖性」教育的討論，皆使用新細明體，以與田野紀錄區別。

---

[2] 請參考表三、S-300「藝術在教育：課題與學校」（Arts in Education: Issues and Schools）課程架構與內容大要。

[3] Goodman (1978)，頁 57-70。

[4] Tolstoy (1996)，潔西卡採用的是頁 36-42 及頁 84-93。

[5] Lawrence-Lightfoot & Davis (1997)。

[6] 參見 Arnheim (1981)。

9 月 17 日與 9 月 22 日

9 月 17 日

1998 年上學期一開學，S-300 第一週上課時，還在「逛課週」內，潔西卡面對大約七十名左右的「可能」學生，和顏悅色地介紹了課程與要求，發下課程大綱與 AIE 的簡介，並說了一些有關註冊的注意事項，區分「專修」與「選修」。然後，她讓在場者輪流自我介紹，這樣用掉了大部分時間，之後她主持了一個簡單的「什麼是藝術？什麼不是藝術？」的輪流發言，提醒每個人都可以充分參與藝術，就各自散了。我坐在靠前門的角落，感覺得到大家的好奇與興奮。大家的自我介紹，內容都很輝煌，有一些是從其他學院來的，少數沒有藝術專業訓練的學生表示，他／她們想來確定這堂課是否真的不需要專業背景，潔西卡說確實如此，只要有興趣、想擴展自己、願意接受挑戰的學生，都歡迎。

　　前面提過，自我介紹在哈佛是重要功課，師長們會很注意預留時間給在場的每個學生這個機會。學生們在學期間，要做無數次時間不等、功能不同的自我介紹，可說是一項訓練，而且不管老師還是學生，都會以自我的經驗來說明自己之所以如此自忖、如此反思的理由。剛開始自我介紹時，沒經驗的人會講得冗長鬆散，其懲罰就是眼見聽眾精神渙散，興趣迅速降低。慢慢地，聽聽有經驗的人怎麼做，自己的自我介紹就會越來越簡短、精準而且動人。至於內容，到最後無形中都以「使命」作為相互辨識的標誌，什麼人就對應什麼「使命」，一提起來大家都知道，這是很有趣的相濡以沫之例子。

　　所謂「逛課週」（Shopping Week），是在一週內排出教育學院這學期可開出來的每一門課，讓學生可以在事前參考開課目錄，設計好初步的選課方向後，利用這一週的時間，到各個可能選修的課堂上，實際了解此課的上課內涵以及老師的要求，以便在正式選課單與學費送出之前，確定自己這學

期所選的課，都與自己的期待和需要符合。此週內，學生們都行色匆匆，進出各教室。只要保持安靜，他／她們可以隨時進退，而加、退選事務，則到第四週前完成即可。

9 月 22 日

學生陸續進來，大家都揹著、提著、拉著很重的包包，氣喘吁吁地踏進教室，並紛紛將包包擲放在全新漂亮的織花地毯上，或者放在窗前的空調外箱上、牆腳或椅邊，人員、包包加上厚外套，教室突然變得擁擠。約翰一進來，就找個角落坐下，把外套掛在牆上，為了防止糖尿病患者久坐會產生的下肢腫脹問題，他還把鞋也脫下，只穿襪子，兩手舒適地放在肚子上，長長的兩腳交疊著，用掉比別人多的空間，自顧準備上課。這情景，顯然令許多不知情的同學為之側目，但並沒有人多說或多問什麼。我也坐在後門的角落，約翰的旁邊。

約翰從一開始，對同學的姿態就很高，而且毫不保留他是「資深」的事實。他的年齡與班上最年輕的同學，相差超過四十歲，加上他是黑人，有政治常識的白人學生是不會去惹他的。美國社會種族與文化極為多元，民權運動後通過多項保障「多元性」的法律，使之變成社會共識，但也使種族議題上的「政治正確」行為，成為普遍的現象。蓋外顯的公共行為，受到層層法律以及社會價值的節制，但個人心裡想什麼，社會管不著，漸漸會使每個人產生某種裡外不一的情形。我的思考是，「裡外如一」是單一種族、一元文化社會（如果世界上還有這種社會的話）的特有現象，任何人群如果要多元共處，就必須要面對：衝突歧見乃是難免，當差異性與族群分類不斷增加的時候，要做到互相尊重，某種程度的口是心非與虛偽，是有其必要的。

1998-1999 那一年，據我觀察院裡經常被使用的認同類別，包括胖、瘦、高、矮、黑人、白人、棕色皮膚、西班牙裔、亞裔、美洲原住民、猶太人、愛爾蘭裔、拉丁裔、天主教、基督宗教的各種教派分支、回教、佛教、男

性、女性、女同性戀、男同性戀、異性戀、雙性戀、東岸、中西部、南方、西岸、新英格蘭地區、共和黨、民主黨、自由主義、資本主義、自然主義、市場導向、行為學派、認知學派、茹素、葷食、只吃海產類蛋白質、對花粉過敏、心臟病患者、學障者……根本列不完，遑論每個人可能有的無數混搭情形，以致「多元性」的實質意義非常廣闊、非常浮動，大夥兒各有各的紅線、各有各的底線與可能衝動反應的理由。可想而知，一個人要安全航行於這種必須交錯又陷阱處處的文化互動關係中，需要很高的敏感度以及長期的經驗與常識，同時還必須接受人人皆有所伸張、有所壓抑的現實。有關「個人性」的這一點，未來還會討論。

　　暑假期間趕工裝修好的智慧型教室很豪華，但是室內空調很熱，而且有噪音，幾個學生望向我所在位置上方的空調控制鈕，我接到暗示，正當站起來想做點調節時，一名工人出現在門口，說地下室那邊通知他空調過熱，所以他上來看看，一時群情嘩然，大家紛紛互相提醒，笑說：「老大哥在看著呢！」空氣裡有期待的興奮感，但是大家都很矜持自制。

　　「老大哥」（Big Brother）是奧威爾小說《一九八四》中，無所不在地監視人民舉動、箝制人民思想以鞏固其權力的神祕統治力量，是冷戰以來美國公立學校民主教育中設定的最高之惡，也可以說是美國文化中「領袖」的反面榜樣。換句話說，在美國，談「領袖性」教育時，至少可以確定，美國人心目中的「領袖」，絕不是「老大哥」。但弔詭的是，像哈佛這樣的巨大機構，正是美國版的「老大哥」體制的形象樣本之一，因此 AIE 的新生們，會因空調故障這種小事，聯想到「老大哥」，絕非偶然。

　　潔西卡的慈祥微笑和她多層次的絲紗袍裝，一起翩然飄進教室。她宣佈上課。首先她說 JLB 演講系列的志願「贈禮員」名單，已開始接受登記，話聲剛落，約翰就第一個舉手登記，但在接下來幾位學生舉手後，就

後繼無人了。潔西卡看來並不意外，只說 JLB 演講次數有限，不是每個學生都有機會上臺贈禮，因此只限 AIE 專修生，而且是採先到先登記制，額滿為止。接著她傳了幾本上一年的資料給大家看，提醒想做贈禮員的同學，注意要寫一小段自我介紹，並創作或表演一件與演講內容有關的作品。每位贈禮員可以獲得一百美元的補助，用以購買製作禮品所需的材料，與包裝禮品的費用。

「贈禮」這件事，在潔西卡的設計下，十足儀式化。其中「贈禮員」（Gift Tributor）的工作，是在演講者講完之後，在潔西卡的介紹下，上臺代表全班同學致謝辭並致贈親手製作的、與講題有關的小藝術品，是文化界的禮數。本節結束前，會有一次 JLB 演講的描述，屆時再細說實況。JLB 演講系列的花費不小，包括講員的來回機票、住宿、材料費、贈禮費、拍照、晚餐等等，還要補助學生創作禮品的材料費與裝裱費等，每個環節都很注重，一場下來經費可達數千美金，都由布萊恩一人贊助。

接著，她讓等在一旁的一位男學生上來，向同學介紹「AIE 興趣組」，一個由全院中有興趣於「教育中的藝術」的學生組織起來的社團。這位男生自我介紹說是半時生，他說他因為修課上限的規定，不能專修 AIE，但對藝術教育有興趣，所以徵得潔西卡的支持，去年就與一些有類似情況的學生，組織了這個社團。今年，那些全時生都畢業離開了，剩他一人，很希望能再吸收一些新成員。他說，他下課後會在地下室的餐廳等大家。

即使潔西卡大力支持，「AIE 興趣組」（Arts in Education Interest Group, AIEIG）這個社團的發展一直不順利，主因是大家都太忙了，沒辦法持續參與。這一屆的上學期，AIEIG 還能勉強維持，到下學期，實質上是停擺了，兩年後我再來時，AIEIG 已完全不見了。綜合曾參與學生們的說法，我的了

解是，每個人都有自己的優先選擇順序（priorities），這個社團在大家的排序裡，總不夠高，所以人員總是聚不攏、聚不齊。這個現象，當然反映哈佛學生的「個人性」，他／她們不會因為某種外在的使命或需要去做什麼，至少不會因為某人的殷殷期盼去做什麼。也許，「倡儀」也好、「領導」也好，其內涵大概不包括臺灣師範體系裡，很習慣的集體進退式的活動，也不包括一種「你做一部分、我做一部分」式的水平分工。換個角度想，這可能是為什麼 AIE 選學生，會就「使命感」來選，因為只有這樣，使命所在的方向，才會永遠佔據著一個學生的最高優先位置，其他次要的事物永難與之匹敵，是則，使命所在，獲得執行、推進、實現的可能性，自會較高。

潔西卡接著預告下一個小主題上課時，學生們必須要先看的一部影片在課外放映的時間。潔西卡簡介影片的內容，說是桑罕所作的一齣百老匯歌劇。為了方便分配「學習檔案」發表的時間，她公告了一份將全班分成兩組的名單，說明這是凱特事先製作的，並沒有特殊的順序，聽了名單之後，有困難配合的同學，可以與他組同學對調。接著她發下兩份下個小主題要加讀的文獻影本，並為同學說明下週要繳的報告，其內容要求什麼。

桑罕是美國百老匯表演界的音樂與歌詞創作泰斗，潔西卡選的是他的《星期天與喬治在公園裡》（Sunday in the Park with George）這齣音樂劇的影片，[7] 此劇是描述印象派畫家秀拉的創作與愛情。臨時增加的閱讀，一篇是將會來 AIE 演講的 JLB 講員凡伯格（Jonathan Fineberg）所寫，標題 "The innocent eye"，與美術館教育有關，另一篇艾斯納寫的 "The role of Discipline-Based Art Education in America's Schools"，是他公開支持 DBAE 之作，也是美國藝術教育史上重要的文獻，對哈佛這一方面的意義，前面已經介紹過，此

---

[7] Sondheim 這齣音樂劇的影像版，已於 1984 出版。

處不再重複。

話題轉到學生們都很關心的作業問題了。一個學生舉手問「學習檔案」是什麼？這個問題引起很多同學的共鳴。在 9 月 17 日逛課週中第一次見面時，潔西卡已經發下並說明了課程綱要以及各注意事項，但是大部分的人還是不懂要怎麼做這項作業。潔西卡快速說明〔……〕之後，好幾個學生爭相舉手追問，也有學生回饋自己的了解，課堂的氣氛安靜而壓抑，大家都很想快點弄清楚，但還有點生分。潔西卡簡單解釋之後建議大家在閱讀時，隨時寫手記（keep a log），把當時浮現的問題寫出來，累積將來寫穹窿問題的存檔庫（repertoire）。

「學習檔案」與「大、小問題」等，前節已提到。在這堂課之前，我曾聽潔西卡和凱特分別說明過，仍感覺無法了解，學生們大概不可能一次就懂。之後他／她們是靠課外的小組討論、與潔西卡的面談約會，以及各自努力摸索，才會逐漸清楚。在這裡，我想可以至少再次了解到，潔西卡給學生安排的挑戰是全面性的：觀念、詞彙、學習習慣與作業型態都環環相扣，而且不同於一般。尤其課程大綱本身，就埋藏著認知學習的元素，本身就是學習的一部分，學生要改掉許多舊程式才能按著大綱進入潔西卡設計的狀況中。加以，潔西卡喜歡品味文字、創隱喻，很多她的表達方式，都包含著多重意義，需要拿捏玩味。再加上 AIE 學生們各個自認有來頭，多少有較量心態，不願意落人後，也不輕易示弱。這麼一來，抓得住遊戲要點的學生也許還可順勢前進，抓不住的，為了「生存」會轉而揣摩潔西卡的心意，這在 AIE 團體互動的發展上，將會產生意想不到的影響。

正課開始，潔西卡發給每個學生此堂課的第一張 A4 資料，是一首詩。她事先已要求一位寫詩見長的學生，私下讀過一遍，現在她就請這位學生朗誦這首詩給大家聽。〔抱著翻譯田野資料的心情，詩文如下〕

謳歌

我們是譜作音樂的人，

我們是編織夢想的人，

自孤獨的破浪柱身邊漫遊而過，

並坐在無人的溪邊；

失去世界者與背離世界者；

蒼白的月光灑在身上：

但我們是推動與震撼

這世界的人，永遠似此。

以美妙不朽的小調

我們建立起各地偉大的城市，

用一個奇妙的故事

我們塑造一個帝國的光彩：

一個有夢的人，悠閒地，

將趨前攻克一頂皇冠；

三個人用一首新歌的節拍

即可踏垮一個帝國。

我們，在世世代代之前

在地球深藏的過去裡，

以我們的嘆息建立尼尼微，

以我們的笑語搭起巴比倫；

並以預言推翻它們

以新世界的好收服舊世界；

因為每個時代都是一個將死的夢，

或者是一個即將出生的。

　　潔西卡是以這首詩[8]的藝術形式，拉開課序幕。「演出」（performance）是潔西卡時常要學生做的，「學習檔案」、「大、小問題」和「贈禮」都要學生在眾目睽睽之下，以極講究的形式、程序、語言和風格執行，以儀式引導者的角色發表，而發表的內容，也都被要求加入藝術創作的成分。若就「領袖性」教育來說，我估量這種領袖不是只求默默耕耘的那種，而是要隨時做「宣揚」工作的領袖，而以藝術宣揚自己或自己的主張、宣揚藝術、宣揚藝術教育，更是潔西卡母親所謂「你必須學習藝術，如此你才能成為這個世界中的一個人」的要義。

　　很重要的，我認為是詩裡傳達出來一種領袖的自我期許與認同。首先，失去世界者（world loser）、背離世界者（world forsaker）、推動世界者（world mover）、震撼世界者（world shaker）這四個名詞，前兩個是針對領袖自願捨棄的世俗享受，「世界」隱喻領袖付出的代價之大，非比尋常；後者則是針對領袖工作造成的結果，指出領袖驚天動地的事業。其次，領袖被賦以藝術家的氣質，用充滿隱喻和想像空間之詩的語言行走世間，在詩中與領袖類比的，包括了音樂的作者、孤獨浪漫的時空旅人、新世界的創造者、以夢想與笑容面對滄海桑田的人等。最後，藝術教育領袖宣揚的，是藝術及藝術教育的重要性，即使這並非一個資本主義社會重視的項目。藝術對人的價值極高，其作用微妙，既非立即可見，也無法立竿見影，宣揚藝術的工作因

8　詩題 "Ode"，Arthur O'Shaughnessy (1844-1881) 作，此詩出自他 1874 年的 *Music and Moonlight* 詩集。原文採全詩的前 24 句："We are the music makers, And we are the dreamers of dreams, Wandering by lone sea-breakers, And sitting by desolate streams; World-losers and world-forsakers, On whom the pale moon gleams: Yet we are the movers and shakers Of the world for ever, it seems. With wonderfull deathless ditties, We build up the world's great cities, And out of a fabulous story We fashion an empire's glory: One man with a dream, at pleasure, Shall go forth and conquer a crown; And three with a new song's measure Can trample a kingdom down. We, in the ages lying In the buried past of earth, Built Nineveh with our sighing, And Babel itself with our mirth; And o'erthrew them with prophesying To the old of the new world's worth; For each age is a dream that is dying, Or one that is coming to birth.

此擺明是逆水行舟，推動者所需要的信念強度與恆心毅力，都很不同於一般
。不但如此，從事藝術或藝術教育工作的社會回報薄而無常，需要時時體會
自身使命的意義與價值，以犧牲奉獻的態度，做好孤獨旅途的準備。

　　回頭來看，這首詩好像是潔西卡給學生的一個預言，預告一個前途多艱
、需要隨時堅持自我、面對考驗、披荊斬棘的旅程。此詩宣示，領袖的光
環與領導的權威來自受苦，這與一般臺灣所謂領袖的意義不同。而在 S-300s
的第一次正式課程中，這種自我形象建構（self-image construction）與個性建
造（character building）的功課，以及眾醉獨醒、捨我其誰、甚至不惜犧牲小
我的自我期許，就這麼毫不模糊地直接出現了。

　　然而在當場，我的感受並非如此。在哈佛這樣富麗優雅、巨木成蔭的校
園裡，面對著一群先天或後天的幸運兒，教師一開始竟傳授著如此的訊息，
要學生做苦行的精神準備，實令我驚訝。這是不是象牙塔裡的浪漫矯情？這
會不會是得了便宜還賣乖的自我陶醉？而詩中膨脹的自我中心成分，也令我
十分不自在；同時，我懷疑這首詩和藝術教育的關係何在，並擔憂我正親眼
目賭著某種赤裸且拙劣的洗腦過程。

　　我當時之所以如此感受，一方面是來自我未經研究分析的成見與個人價
值觀，一方面是因為初到哈佛時，最先接觸到的是最浮淺的明星宇宙，深受
此一宇宙的單一座標影響，只覺得潔西卡的開場白，與一派亮麗、沒有掙扎
的明星宇宙，格格不入。至於為什麼我沒有馬上看見公司宇宙與聖戰宇宙的
原因，我想一方面是源於我中國文人式的無神論背景，以致無論我讀過多少
文獻、看過多少聖經片，我都將哈佛校園內外林立的教堂視為風景，未直接
意識到基督宗教與美國文化之間的關係，或者基督宗教與新英格蘭地區的關
係，沒有體會到耶穌做為最高聖戰楷模的切身意義，當然也就不了解聖戰宇
宙深入人心的程度。另一方面，我是公教家庭出身，留學回國起一直在同一
所公立大學專職，缺乏將大學與公司（而不是教育部）聯結在一起的慣習。
這些個大盲點，一直要到 2002 年後，才開始逐漸解除，而到了 2004 年，我

腦中才出現三宇宙的鼎立之勢。如今再看此詩，終於領會，在三宇宙共同的文化環境裡，詩中意境，正是「領袖性」氣質或認同。

在一片寂靜中，這位學生唸完後，潔西卡要求黛君和另一位同學站在一個大型的白板旁邊，拿粉筆紀錄下同學們將要說的話，第三位同學則在座位上紀錄同樣的對話，預備給潔西卡在課後參考。潔西卡從她左手邊起，沿著窗邊一個一個地，包括站在板邊的兩位紀錄者，要學生問一個「真問題」。所謂「真問題」，潔西卡簡單解釋說，就是一個沒有現成答案的問題。下面是黑板上的紀錄〔每一個黑點代表一個學生的發言，旅人會特別標示〕。

- 為什麼一定要押韻？
- 為什麼說「我們」？誰是「我們」？（黛君）
- 為什麼這首詩以音樂這項藝術起頭？為什麼是音樂，為什麼不是其他的藝術型態？
- 詩人自己，是個震撼世界者還是背離世界者？
- 獨立思想者之間，如何合作？（茹絲）
- 一個夢真的會死嗎？如果會，如何死，何時死？
- 這首詩是否也是在說視覺藝術家和其他音樂家以外的藝術家？
- 為什麼這位詩人聽起來如此悲觀？
- 為什麼帶著一種權力和氣憤的意味？
- 如果我們夢著織夢者的夢以及摧毀其夢的人。夢者的責任止於何處？為什麼？
- 我們如何確定孩子們是「我們」之一？我們如何將夢的印象傳達給孩子們？
- 「失去世界者」是什麼意義？由誰決定？（菲麗斯）
- 為什麼說三個人？為什麼我們要「踏垮一個帝國」？

- 如果我們不是織夢者，夢還會在那兒嗎？
- 這是對「我們」的支持還是反對？
- 這是藝術與文化之間的互動嗎？
- 這對藝術過程的意義是什麼？
- 這是對「我們」的依附還是宣言？
- 藝術過程〔……〕、神一般的藝術家、〔……〕、愛爾蘭文化〔……〕
  是什麼意思？〔……〕（比娜）

對於每個學生的發言，同學們都會給予不同程度的肯定，潔西卡則完全
不做評論，只偶爾插一兩句話，幫忙澄清說話的人的意思，或對學生們
的發表行為（而不是發表內容）給予稱讚和鼓勵。

　　從大夥的反應中可見，不是只有我對這首詩有疑慮，但這只是第一堂課
的第一部分而已，還待看下文。潔西卡非常注意維持課堂的適當氣氛，不讓
情緒失控或課堂出現空白。比如說課堂開始時，常用輪流的方式，讓每個學
生都有發言的機會，也當做暖身；課堂進行中，則非常注意每個學生的肢體
語言，稍有動靜，她就會問該生是否有話要講。其次，她不在學生發表後表
態，保留討論的開放性與無標準答案的層次，鼓勵學生仔細聽別人說什麼，
避免學生們陷入追問簡單是非的情況中。再其次，她會在學生們紛紛說了一
陣子之後，提出「如果情形是……？」或者她自己的經驗，把議題升高、擴
展或轉向，以製造持續討論的團體動力。她一再強調 AIE 和 S300s 有如庇護
所（safe haven），[9] 同學們是一群志同道合的戰鬥夥伴（cohort），這類隱喻
顯示她意欲維持教室中權力結構的平等、平衡，避免造成任何人特別趾高氣
昂或者因感覺畏懼而退縮。

---

[9] Safe Haven 也是潔西卡一本著作的隱喻性標題，參見 Davis, Soep, Maria, Remba &
　Putnoi(1993)。此詞也有「可以讓個人發揮所長的環境」的意思。

大約一半的學生說完之後，潔西卡就叫停。並發下第二首詩。〔詩文事後翻譯如下〕

保持事物完整

在一個領域裡，

我是那不存在的

領域。

這

總是如此。

不論我身在何處

我就是那缺席的人。

當我行走時

我推開空氣

然永遠

空氣會湧入

充滿空間

填補我身體行過之處。

我們都為各自的理由

而移動。

我移動

是為了保持事物完整。

當時，我一點也不明白這首詩[10]的意義，當同一名朗讀者唸完此詩後，我看在場也有幾個學生面露狐疑。現在，我對這首詩的解讀是，詩裡第一人稱的「我」自謂「領域的缺席者」，「讓空氣在身後充滿」隱喻主人翁的「低調」、「無意義」或「孤絕」；但「移動以保持事物完整」，則又翻轉

前面的失落與疏離感，突出主人翁領先群倫的清醒與靜靜地成全他人的寬宏特徵；至於「移動的理由」，就是領袖的信念與使命了。

潔西卡要上回的同一位學生把這首詩唸完之後，就要求全班一起再唸一遍，大家照做之後，她請剩下的一半學生，也試著就此詩提出「真問題」。白板上的紀錄如下〔每一個黑點代表一個學生的發言，旅人會特別標示〕。

- 藝術家一定要與眾不同嗎？
- 「讓事物完整」的意思是什麼？
- 你如何與鏡子對話？
- 你有可能與領域分開嗎？
- 如果你想讓事物完整，為什麼你與事物的關係這麼敵對？
- 一個既合一又分離的關係是種什麼樣的關係？
- 這首詩〔……〕或生命充滿了經驗與思想？
- 你感覺這首詩是有關製作藝術的嗎？
- 那麼，生命的意義是什麼？
- 為什麼你遺留的空間只被空氣填滿？沒有任何可觸摸的事物嗎？
- 為什麼你要貶抑你自己以及你的藝術能力？
- 為什麼你要給你自己那麼大的權力？（瑪麗）
- 在讀了你移動的原因之後，我移動的原因是什麼？
- 如果你不想表達正面的意思，你還會選用這個詩題嗎？這樣的故事從何而來？

---

10 詩題 "Keeping things whole"，作者 Mark Strand (1934-)，取自 1964 年出版的 *Sleeping with one eye open*。全文："In a field I am the absence of field. This is always the case. Whereever I am I am what's missing. When I walk I part the air and always the air moves in to fill the spaces where my body's been. We all have reasons for moving. I move to keep things whole."

- 在一個裂解的世界裡，很難保持藝術眼光的完整與對稱嗎？
- 什麼是「完整」？
- 〔……〕
- 藝術教育能教孩子同時成為個人與團體的一分子嗎？
- 你對詩的定義是什麼？（約翰）
- 你覺得你是在世界之內還是之外？
- 你認為藝術家必須要隔離自己以便創作嗎？

潔西卡讓大家繼續就著白板上的紀錄，進一步發表意見。舉手的人很多，被潔西卡一點到的，會很快地、很簡短地回話。潔西卡會對之做最簡單回應，如好極了、非常有意思等，她的話聲一落，馬上又有許多人舉手，整個討論過程很少空白，討論時大家搶時間、搶機會的情形很普遍，這是一種不含敵意的發言競爭，沒被點到的人會繼續再舉手。以下是綜合討論中大致的內容。

- 這兩首詩是要讓學生思考藝術過程（the artistic processes）的。
- 這兩首詩也有關創性（creativity），因為韻腳唸起來有爵士樂的感覺。說這話的學生隨即將詩文以自己所認為的爵士樂的方式，重唸了一遍。（比娜）
- 這兩首詩講了很多藝術家給世界衝擊的事。在詩裡隱然有入世、出世的過程，詩人持的是一種局外人的眼光（the outsider's view）。
- 這變成是一個有關我如何在夢想中把握生命的問題。
- 誰握著權力，誰是無權的？（茹絲）
- 一個「世界對個人」的二元論。（黛君）
- 每個人一輩子之中，都做過「裡頭人」或者「局外人」。（瑪麗）
- 藝術的力量是很強大的，我們要多使用它。我們每個人都有各自可以奉獻的。

　　看來，「什麼是真問題？」這個問題本身，已經透過課前的「小組討論」有程度不一的解讀，大家的提問也許深度不一，但至少沒有人問詩人是誰？或詩作於何年？這類封閉性問題，潔西卡也沒有提供任何新的背景資訊。回頭來看，讀這兩首詩時，旅人的反應很有趣。旅人的發言都可以對應他／她們進入 AIE 之前的生命故事：黛君問的是我族與他者的認同，茹絲問的是顛覆的可能，菲麗斯關心權力的分配，比娜用深奧的發言突出自己，是發言時間最長的一位，約翰的發言後面別有文章，當時我只知潔西卡聽了表情不太自然，乾笑了一下，下文要到後來才浮現，篤信天主教的瑪麗生性謙和，似乎不喜歡詩人的狂妄。不論如何，潔西卡一律讓她們講完，不加任何評論就不斷地移向下一位發言者，除了意見中立之外，在課堂上，潔西卡同時也不鼓勵對任何特定人的崇拜和對任何路線的執著──這並不容易落實，而且未來會有難題，下面將再著墨──至少可以說，AIE 核心課對學生的顯性教育功能，不是要改變他／她們，而是要因勢利導，再澄清、再深化、再開展，學生不需被迫動搖自己的主觀，他／她們被允許根據自己的信念過濾教材，每個人都保有自己的主體，同時又聽到別人不同的聲音，了解對同一件事，可以有這麼多不同的反應，以後大家互相了解深了，還會漸漸意識到每個人對不同事物的反應基準，或者察覺到彼此有意識的轉變，由此獲得自我的擴展與深度內省。

　　既然這些學生當初是因為他／她們個別信念，以及強大的推行意志而被挑選入學，其使命方向就不是需要經由教育修正的部分。依我的田野觀察，在課堂上，潔西卡從不干涉或者質疑學生的信念，反而大力呵護，她不表態也不製造不同甚至相反信念之間的辯論，學生在課堂中，基本上是單線、單向對潔西卡發言，大致上沒有學生與學生之間的交叉對話，因此每個學生擁有絕對的主體空間與均等的發言權。在這樣的課堂上，儼然有一種發言的禮節，那便是每個人都耐心地等待發言的機會，輪到或被點到的時候，發言會盡量簡潔精準，對於他人的發言，如果出現突出的內容，大家會以讚美、歡

息、輕笑或者鼓掌回應,對話是很有默契而緊湊地進行著,這是一整年課堂上大致的表面運作情形,中間只會穿插潔西卡少數簡短的演講。如此,在人人都各有發揮也多所收斂的情形下,每個擁有強大能量的主體,都得以保持安全距離,和平互動。也就是說,他/她們互相聽得到對方,別人的一字一句都是自我澄清與思考的機會,自己的一字一句則是信念與表達能力的試煉。比娜兩次發言的長度,已輕微地違反了這個規範,未來還會提到約翰有關監獄教育的發言,則是相當嚴重的違規事件。

在最初的這幾節課裡,我可以感覺學生們互相之間的好感與尊重,氣氛生動亢張,但到上學期後半部時漸有變化,那種豎直了耳朵傾聽的敏銳,降低很多。這個現象,一方面是因為潔西卡「由常識性的二元引發討論,以兩方的相似性做結」的模式,已被摸熟;二方面是因為對每個同學根據自身信念的發言內容與方式,已漸可預測;三方面是累積待繳的作業與報告越來越多,大家的壓力越來越大,打工加熬夜做作業之餘,睡眠普遍不足,開始有少數人翹課,而來上課的人之中,也出現少數打瞌睡或者表情木然的情形。

潔西卡對學生的資歷與能力有信心,相信他/她們足以互相教育,她堅持這樣的課堂風格,是希望刺激學生由多元的反應中,不斷反思。另外,她認為這門課一開始就利用輪流發言的方式,釋放學生的想法,讓這些想法互相挑戰,各人根深蒂固的盲點變得無所遁形,學生們的安全感降低,新的觀念才有發生的空間。回頭看來,潔西卡的課堂活動,不追求結論地不斷對話,幾至為商議而商議的地步,可說是一個持續商議的小型樣本。

然而,並不是每個學生都始終領略並支持這麼做的意義,9/22 這堂課之後,有些學生就私下表示不習慣這樣的上課方式,他/她們期待潔西卡多講課,他/她們希望多一些「教學」(instruction)。一位學生很直接地說,「我們到哈佛來,不是來聽其他學生說話的」。後來,大部分的學生都漸漸適應潔西卡的課堂遊戲規則,但並非每個學生都如此,像菲麗斯和約翰這兩位老學生,就一直不能苟同,未來會說明他們的反應為何。

下課時間已到，潔西卡結束討論並和煦地讚美這堂課上全體學生精采的表現，歡惜下課時間如此快地到來。此時凱特由門外閃入，交給她一疊紙，潔西卡向她致謝後，發下這最後一張資料。她提醒學生依著上面的步驟，註冊加入 AIE 的電子群組。這個網路機制，只有 S-300s 學生可參加，讓學生們能隨時與潔西卡、凱特聯絡，在課外繼續互相討論、交流課堂所學與作業情形，並交換就業與文化活動資訊。

潔西卡曾自陳，每逢學生畢業，她都心痛得要在家療傷許久。我聽了驚訝地問她是不是開玩笑，她說不是，表情十分認真。潔西卡深愛學生的心，溢於言表，她的讚美，就像母親對子女一般，出自肺腑。她上課時是全神貫注在學生身上，下課鐘聲是不得已的中斷，S-300s 每節下課前，她總不忘用 fantastic 或者 fabulous 這樣的字眼讚美學生與這堂課的過程，下課後往往還不斷地對我說：「他們是不是很棒？」起先我以為她只是輕微地需要我的認同，了解她極浪漫的一面後，方知所言是真。學生也感受得到她的愛，即使畢業之後，很多人還是與她保持聯繫，繼續擁護她。

下課後，按說是馬上要在地下室召開 AIEIG 的第一次聚會，但我因觀察需要，拖了一陣才下到地下室，只見先前在課上做介紹的男學生一人在那兒，許久之後，才見幾個學生姍姍來遲。此時逛課週快結束了，可選的課那麼多，他們大都還沒決定怎麼選課，四處奔波逛課一整天後，個個面帶倦容與焦慮，一坐下就忙著交換選課想法，不想專心討論 AIEIG 的事，主席無奈，丟出一些本學期活動的想法，並強調 AIEIG 不是他一個人的，之後，就說家裡有事先走了。

就像 AIEIG 一樣，電子群組的命運也不佳。潔西卡公佈後，上網發言的人據說寥寥無幾，內容也乏善可陳，到 2001 年我再來時，聊天室也已經消失了，這可能又是個人優先性排序下的犧牲品。代之而起的，是一個名叫

「教育中的藝術表列」（arts_in_ed-list）的通訊版，以互通資源機會、就業消息為主。潔西卡退休後每逢有新書發表，都會在此版通告，資訊性質比較偏實用，至今還很活躍。

順便一提，1998-1999 年時，院裡只有助理和教授辦公室裡有電腦，電腦中心像工廠的廠房般，學生得排時間上機，各單位電腦化的程度，明顯落後臺灣各大學。但是到了 2001 年我再去時，電腦不但完全普及，而且全部改成平板銀幕，至於葛特曼圖書館樓上，幾乎完全改裝的新資訊中心，裝備就更大幅超前了。2007 年，我遇到一位也和我一樣旁聽 S-301 的哥倫比亞大學訪問學者，見了當時哈佛資訊化的情形，頗受刺激，說要回去建議學校加速改善資訊設備。這是要說，哈佛常被外界批為保守，我觀察到的是，哈佛只是堅持自己的步伐，不隨意動搖，然一旦動念或做了決定，變化的速度會非常快，而且徹底。

9 月 24 日

開始上課之前，教室的桌椅都收疊在一旁，我問過凱特後，就過去把桌椅還原成上次上課那樣。上課時間快到了，一位媒體中心來的人員，還在調整講桌上的新控制盒。當他工作的時候，三三兩兩走進教室的學生，趁機圍著潔西卡，七嘴八舌地說著逛課週的所見所聞以及自己的選課決定，並爭相請她在個人的選課單上簽名。約翰則以一副事不關己的神態，坐在上週同樣的角落。

前面說過，潔西卡是 AIE 的創辦人、主任、守門人、必修課教師和母親，學生們和潔西卡的互動，和院內其他學術單位主管不同，像這種學生們圍著潔西卡嘰嘰喳喳的情形，在院內絕不多見，除了潔西卡的個人風格外，師

生間頻繁的個別約會，也使雙方關係較一般熱烈。

潔西卡先讓一位學生預告一項藝術活動，她自己則公告新的 AIEIG 開會時間。然後說了一下在過去這個星期中，誰退出了 AIE。其中之一，是位動物園的教育工作者，她在上次課後，就直說她因為沒有藝術訓練背景，上課聽不懂，還有就是課程太難等。本來她跟潔西卡說要改成旁聽，現在她大概乾脆退出了。接著潔西卡公佈 AIE 辦公室的新工讀生名字，這學生聽了，站起來跟大家打招呼。潔西卡說，未來每星期有幾小時的時間，此人將負責處理 JLB 演講系列各個贈禮活動的相關事務。潔西卡又說，她希望在這堂課上，每個人都能互相幫助，像一個藝術的整體（an artistic whole）似的。她說過去兩堂課上，大家已經挑起了許多話題，例如〔……〕。接著她針對指定閱讀文獻的背景，說明「零計畫」的認知作法（cognitive approach）與認知革命，是對應勞恩菲爾的主張而生，而勞恩菲爾是以觀察孩子的外在行為為主的行為主義者；相對的，PZ 的認知主義者是研究孩子心智內的事以及象徵符號。潔西卡說所謂象徵符號，是指孩子用以建構意義的符號體系，而古德曼是哈佛教育學院的符號論者（symbolist），也是 PZ 的創立者，他曾表示擔心 PZ 的發展已逐漸離開藝術。

如前面說的，雖然 AIE 與 PZ 難解難分，潔西卡仍希望營造一個中立的課堂，讓學生的想法不受特定路線限制。再說，AIE 設立初期，院裡並未給予長治久安的保證，潔西卡可能想在 AIE 的學生之間，將 AIE 建構為古德曼嫡系，無形中成為院裡的藝術看守者，算是鞏固 AIE 並「倡儀藝術」的一種方式。

潔西卡說，讀了文獻之後，大家可能以為古德曼和杜斯妥的主張，差異很大，其實兩人都視藝術為美感與表現的集合，不同之處，是杜斯妥認

為藝術過程是個感覺的過程，古德曼則認為是個思想過程，而且是關乎推理的。在實際操作上，杜斯妥認為藝術是有關我怎麼感覺的，是感情；古德曼問：「什麼時候是藝術？」或者「藝術讓我知道了什麼？」就是說「藝術是心智的產物」，這是他談「美感徵兆」的背景。[11]

　　在課堂上的潔西卡極為和氣有風範，雖然課程實際設計得嚴謹，執行得也嚴謹，但是在教學過程中，表面上看起來卻是輕鬆的。她壓低自己的權威性，極力鼓動學生發言，給學生表達的空間，包容學生的意見。偶然見她就閱讀文獻做一些難得的解說時，說話速度就比主持討論時，要快很多，音量特別低，而且匆匆結束，好像不想讓學生吸收得太切實，或過度影響學生想法似的。若碰到談自己的著作或者成就時，就更加小聲而且模糊（句尾常聽不到）了，好像是不願學生過度相信她或受她影響，而只因是必要的課程內容，不得不以最快的方式交代。即使 S-300s 內容都與闡述 PZ 的研究成果或者重要理念有關，但以潔西卡愛護學生的程度，她只願激勵而不願讓學生受任何限制。

　　潔西卡在白板上看似隨意地畫了一條橫向的曲線，說感覺和思維在藝術過程中就像如此。對一個心臟血管科醫師來說，這是病人的心跳；對一個藝術家來說，線條就是線條，兩人「看到」各自傾向於看到的。潔西卡說這呼應指定閱讀文獻中，古德曼說大家應該要問的，不是「什麼是藝術？」而是「什麼時候是藝術？」然後，潔西卡拿出一張透明片來，調暗燈光，以投影機在銀幕上打出一個表格，是她整理指定閱讀的古德曼文獻的結果〔黑暗中，我只能憑感覺紀錄打出來的文字，沒法同時紀錄潔西卡的快速解說〕。

---

[11] 此說法可見 Goodman (1978)，頁 67-68。

納爾遜‧古德曼的五種美感徵兆
（Nelson Goodman's Five Symptoms of the Aesthetic）

當我面對	我必須
語法濃稠度（syntactic density）	詮釋我所見（interpret what I see）
語義濃稠度（semantic density）	注意細膩的差異性（attend to fine differences）
相對的飽滿度（relative repletedness）	研究符號本身的感覺（study feelings of the symbol itself）
好樣品（exemplifications）	拿捏各種符號的意涵（consider what the symbol embodies）
多元／複雜的意義（multiple/ complex significance）	準備接受多元的意義（be ready for multiple meanings）

很快的，潔西卡就說完了透明片中理論的部分，接下來她請一名多媒體專長的學生幫她啟動錄放影機，在教室裡放映一部紀錄片，片名叫《純理性的宴饗》（Feast of Pure Reason），拍攝者是大衛‧蘇哲蘭（David Sutherland），內容是社會主義畫家傑克‧拉文（Jack Levine）的傳記。片中拉文是主要的說話者，黑暗中，他的旁白我只勉強地記下幾個破碎的片段：

‧藝術家總認為自己是粗獷的或獨立的個人，我覺得他們只是小貓咪。
‧我是個圈外人。
‧我畫我記憶中從小成長的波士頓。
‧社會運動的時代。
‧墨西哥壁畫運動。
‧我嘛，我只想一直做個凶狠的小人。

看完電影，燈亮了，潔西卡要求學生討論，究竟拉文是個思維者，還是個感覺者？大家趕緊舉手，只討論了一會兒，大家就得到一個共識：在這個人身上，你無法分別兩者。

與上一節課比較起來，學生不再於兩極之間持續懸宕，意見也趨於一致。或許前一堂課與這一堂課之間，我沒被允許參加的「小組討論」發生了作用；或許大家都受古德曼感召，接受他思維與感覺皆是認知的主張；也有可能學生已經摸到了潔西卡的立場與教學策略，不再需要焦慮。當然，也有可能是閱讀文獻的暗示，以及學生與潔西卡面談的影響。總之，剛開學時那種百花齊放與好奇探索的氣氛，有點沉澱了。

到目前為止，潔西卡的課上，已經碰觸了多種不同的藝術，包括詩、電影、繪畫、音樂、舞臺劇，未來還會引入更多藝種。這種形式是讓學生沁潤於藝術中，不需要離開藝術就可以學習理論與思考，可以從不同的藝術中，咀嚼它所傳達的訊息，體會這些訊息千真萬確地、多元地、複雜地存在，同時意識到，這些訊息不論感性、理性，都是每個人或作者對世界獨特的了解，沒有對錯問題。

潔西卡不但以身作則，也鼓勵學生透過不同藝種「說話」，並利用各藝種的特色，來表達各自的學習與理解狀況，看下面學生的「反思藝術」發表即知。潔西卡也利用這方式讓來自各種背景的學生，都不會感覺被邊緣化。突顯藝種不是問題，而每個人不同的感想與主張，因此更不是問題，大家可以放心做自己。潔西卡曾說，在哈佛這一年，學生的心情很緊張沉重，她需要提供一個安全的所在，讓學生安心地成長。當時她的話讓我意識到，不是只有做田野的我感覺心情緊張，學生也是這樣，不久前才結束學生生涯的潔西卡，可能也記憶猶新，讓她極為母性的個人特質，發揮了出來。

下課時，藝術記者菲麗斯對我說，她認識拉文本人，她很喜歡這部片子裡把畫家的傳記、畫家與周遭人的關係、畫家創作的過程、畫家與作品

的關係很緊湊地組織起來，加上很高明的配樂以及對話選擇，她說她特別感佩這種高品質節目的製作，語氣很興奮。

9 月 29 日

潔西卡一上課就先發了一張學習單，她說希望學生們為自己的學習寫點東西，但不必交來給她。她先口述六個問題，要學生在單子上方的空白處，寫下答案。

你的社會安全號碼是什麼？

你的體重多少？身高多少？

你幾歲？你眼睛的顏色是什麼？

你的職業是什麼？

你的性別是什麼？

你現在穿著什麼？

接著，她要學生利用學習單下方右邊的空白處，回答單子左邊已印好的問題：

一天之中哪一段時間最像你？

你寧願穿什麼質料的織品？

哪一個假日最像你？自然中何物最像你？

世界上哪一個城市最像你？

你聞起來像什麼？

你看起來像哪一種線條？

你有個秘密嗎？

當大家還在安靜地想或寫的時候，潔西卡的聲音輕輕響起，「對你這個人，那些問題提供了具有穿透性的資訊？」及「當你要思考『如何描述你自己？』或者『什麼是真的？』的時候，這些問題很有用處。」一個學生接著說了幾句她的感想〔……〕，大家都沒反應，瑪麗抬起頭愉悅地說，如果更進一步，由他人列出另一份能顯出她的特色的問題清單，會很有趣。另一個學生接著反應說，使用什麼字彙問問題，也是很重要的。其他人陸續加入發表意見的行列，但是大多數的人仍埋首認真地寫單子，場面有點熱不起來。大家很認真地寫，但事後潔西卡並沒有將之收來，只是要學生想這些問題，或者進入一種心情而已。

再看這一段紀錄，特別感覺到瑪麗的體貼與委婉。潔西卡的兩份問題，其實是對照了「刻板的」和「獨特的」描述，後者也是藝術創作的手法。

接下來，潔西卡做了點公告。10月1日，一組班上的學生要做第一次的「學習檔案」發表，由於很多學生的詢問，她正在思考「小組討論」需不需要增加一小時。這時許多人低下了頭，教室裡一片安靜，潔西卡接著說她和助理兩人可以輪流照顧兩個小組，學生們你看我、我看你，還是不反應，直到班上一位年輕的學生怯生生的說，「這全要看時間」（It all depends on the time.），有好幾個學生點頭回應。潔西卡聽了，展顏乾笑說「是啊」，這件事就打住了。接著她唸出這學期 JLB 演講系列的贈禮員順序，並提醒沒唸到的人，下學期還有機會。

在院裡，AIE 人若在路上見面，也只能匆匆打個招呼，就擦肩而過，時間永遠是個問題。此處的一天，感覺過得非常快。我的時間感，從臺北的半小時為單位，一到哈佛就變成以十分鐘、五分鐘為單位了。充沛的資源與複雜的儀節，是造成時間壓縮的重要原因。混合我自己的經驗和我觀察的結果，可以列出一個 AIE 學生典型的生活細節：了解不同單位的不同上班時間與

不同的表格，在這裡詢問、到那裡約時間、在哪天幾點之前面談；了解如何使用新來的電腦化影印機及販賣機；事先到視聽中心學習怎麼使用課堂發表時，要用的視聽器材；即使從沒寫過學術報告也得趕快自己學會或找寫作中心看誰能幫忙什麼，不過得先登記排隊；打代號與密碼查電子信箱，打另一組密碼查銀行帳戶收支狀況以確定學費進帳了；和教授的助理約定與教授討教的時間，提早到教授研究室門外等待，會見後以電子郵件致謝或報告後續發展；在截止時間之前到辦公室繳交作業，並在簽到簿上簽名；問各開課單位的行政助理，如何取得新的閱讀資料，如果資料被拿光了就得下次再來；記得在某位優秀同班同學下課走掉之前，向其請教某個作業是怎麼回事；參與並事前準備各種小組討論，但事先更要弄清楚不同的小組時間與地點；對預計可能讀不懂的書，要主動出面組成讀書會或討論會，並提供願參與者相關服務，以換取學業協助；為申請獎學金或助學金而準備各種文件，包括請父母、同事快遞文件到住處，如果錯過快遞員，得排時間去親領；在畢業之前幾個月，就開始準備求職信，不會寫的話，要到生涯發展辦公室登記面見生涯諮商師，當然還是要先登記排隊；為預備下學期的學費而尋找更便宜的住房，但可能要和室友分擔更多烹飪、打掃等的義務；從皮包裡拿出哈佛學生卡以通過各種門禁，一路上跟把關的人禮貌寒暄；對每位可能人脈自我介紹，不斷掏筆留下各種不同人物的電話與電子信箱；跨院選課的話，一下課就要小跑步，因為教室之間距離很遠；趁空一面喝咖啡提神一面瀏覽教室外牆上的重要活動通告；一輩子欽佩的作者，可能應邀在校園裡某處演講，得天人交戰地調整行事曆以決定去否，如果要去要記得寫下時間地址建築物名稱與房間號碼，以免找不到；為了衝突的時間表而調動打工時間，四處詢問誰可代班；回家路上買明天口頭報告要用的文具和晚餐；要記得在每月截止時間之前付房租、水電、電話、暖氣、瓦斯費，否則可能會被切斷服務；在投幣洗衣間裡閱讀今晚要寫報告的書……。這些都是每人每分每秒都要提起精神應付的事，講起來不過是生活，但加總起來的壓力，大得令人喘不過氣

——至少，我自己的評估是這樣。

針對這一節課前的指定閱讀文獻，潔西卡說她個人認為畢卡索與杜斯妥是「創作者」（makers），嘉德納與伯格是「察覺者」（perceivers），安海姆是心理學者，伯格還兼是藝評人，但她要大家讀這些人著作的目的，不是要大家認為誰是什麼、誰不是什麼，而是要挑起學生對「自己是誰」的反思。接著，她要求瑪麗和另外兩位同學站到白板邊，她要她們三人在白板上任意畫出代表快樂（happy）、悲傷（sad）與生氣（angry）的圖形。當其他兩個同學還在患得患失地思考的時候，瑪麗率先拿起白板筆，一面自嘲說她是個平面設計者，她畫畫是為了傳達，說著就很快地在白板上畫了一個笑臉、一個悲臉和一個生氣的臉，都是卡通式的。第二個學生在瑪麗的圖的下方，畫了一些具不同表情的線條，她說她是想避開寫實的表現。第三個學生則畫得很大，佔滿了另外的半個白板，說這是為了要讓身體成為表演的工具，而且他從來就期許自己要「越出框線」（go outside of the lines），所以小時候大人總說他的畫是向四面八方擴張的，不像別的小孩對框線那麼小心。大家聽了都笑開了，這是到目前為止，課堂上難得一見的輕鬆。接下來，幾個學生說了一些他們對圖形的感想，說像光波〔……〕等等。

「越出框線」的意義，和「跳脫框架的思考」或者「再架構」是類似的，都是打破成規、做開創性思考或行動。「越出框線」的學習活動，可說是潔西卡從一開始就很重視的。她設計的課堂活動，有很多跨界對話、雙向來回思考的機會，這一點學生還會透過製作「反思藝術」作業來體會。

潔西卡要同學們把上面這個小實驗記在腦子裡，隨時想到藝術過程中許多不同的層面。她回憶七〇年代PZ曾做了一個有關「風格」（style）的研究案，研究者給十到十二名兒童一些半完成的圖畫，要他們分別將

之完成，如此完成的圖畫再交給一群沒有藝術專業訓練背景的大學生評
鑑，評鑑的項目有三：題材、線條品質與色彩，結果這些自認沒有創性
的大學生，把評鑑工作做得很好。潔西卡說這個故事是要鼓勵那些自認
為不是藝術家的同學，應該盡情表現他／她們的心智。潔西卡又說，「
寫『個人問題』和『穹窿問題』時，別怕得罪這些指定閱讀材料的作者
。她說，就如古德曼曾道，在不同的時間和環境之下，你可能或覺得你
是個藝術家，或者不是，或者又是，或者又不是⋯⋯。」潔西卡接著進
行這堂課的第三個活動。她在白板的左邊寫下「藝術或藝術過程」（
Art or the Artistic Process），右邊則寫上「科學」（science）一個字，要
求同學就兩者的不同之處發表意見。〔此處有關藝術與科學的辯論，是
出自古德曼[12]〕許多隻手舉起來。〔手稿雜亂，茲以表格整理討論的內
容如下，學生除了旅人之外都匿名，以阿拉伯數字代表。〕

「藝術或藝術過程」與「科學」的差異

	藝術或藝術過程	科學
學生 1	藝術界自稱是主觀的	科學界自稱是客觀的
黛君	有獨特性	有信度
學生 2	沒有規則	受規則限制
學生 3	具探索性	跟隨腳本
學生 4	隨時間進化	搶先發表

到這裡，有些學生插嘴打斷說，看來科學和藝術一樣。菲麗斯也舉手質

---

[12] Goodman (1976)，頁 262-264。

疑，這是不同領域過去養成的特點，還是它們現在的特點？潔西卡不回
應，只說她七年級時，科學這科被當掉，原因是她自己發明了她自己的
國家，她很興奮地設計了這個國家的國旗、郵票等等，老師不能接受，
事後，為了彌補不成功的作業，她被迫做了一個有關新幾內亞鳥類的報
告，而她對這個主題一點都沒有興趣。

潔西卡沒有直接介入學生的討論，但她說的這個故事，實際上已經說明
，藝術與科學對她而言，並沒有明白的界線，而且自小如此。從這種小地方
，可以看出潔西卡一方面有明確的藝術教育立場，一方面又要維持 AIE 學生
的多元性，在這兩種工作間求取平衡。

潔西卡指著下一位同學，討論繼續下去：

菲麗斯	秩序	秩序

此時，又有人打斷討論，以抗議的語氣說「我不認為學科與學科之間，
是這麼對立的。」但潔西卡並沒有因此停止。

學生 5	使用符號	使用符號
學生 6	直覺的，追求了解	經驗性的，追求知識
學生 7	創造	證明

一個學生對學生 7 說，「我覺得剛好相反。」另一個學生插入說，「我
對『沒有規則』和『受規則限制』這個說法有疑問，我不覺得這樣的分
別是存在的。」潔西卡繼續指著下一位輪到發言的人：

約翰	以符號表示 Notation	符號的體系 Notational scheme

茹絲插進來說，基因雙螺旋的發現，是源自科學家某一晚的一個夢，這個例子表示人們就是會有這種「懷疑—思考、懷疑—思考」的輪迴，她還記得有人說知識是一種幻覺，她不知道如何把這些例子結合起來，產生一個論點，只認為思考它們可能會很有趣。她說完，一片安靜，沒有人回應。

看得出來，潔西卡讓學生依當天課堂落座的順序發言，給了學生相對公平的發表機會，但各人的時間都很短，很難同時照顧到整體對話內容的發展與深化。即使學生們已經較前加速掌握了這個單元的學習旨意，潔西卡還是堅持讓每個人都有發表的機會。這個模式還會不斷地被執行下去，就算逐漸不像現在這樣嚴謹，就算難於兼顧發言深度，「每個人都有說話的機會」這個基本原則，是貫穿全年的，不因深入學期而改變。

課程至此，大家的看法已經有重疊，而且微顯不耐地期待集體討論能更深入。此時，茹絲跳出來，有意地要引導話題，她引一位科學家的證言，希望引導大家去思考「科學與非科學之間的界線模糊」。但是大家並沒有給她這個引導討論的權力，學生在課堂上單向地與潔西卡對話的「潔西卡掌舵」原則，似乎已靜靜地被認定了。在 S-300s 以後的這一年，就算學生們之間對潔西卡的領導反應不一，此一局面都不會改變。

如前所說，在 S-300 上，存在著某種團體性的「秩序」（order）。這個現象，如果解釋成：在號稱很「自由」、很「個人」的社會裡，卻有著中央集權的結構，就太簡化了。「秩序」就是建構優先性，在任何課堂上，以制度與機構為後盾、擁有課程設計與評量權的教師，顯然擁有最高權力，唯優先者並沒有白吃的午餐，在上者權力的合法性，還要在下者認可才行──就像任何領袖一般。

以我的觀察，公認領袖的合法性來源，大致上是一些項目的部分或者總和，例如對大局的影響力（院內、校內到國家層面）、年齡與資歷、學術成

就與聲望、募款能力、學生與同事的愛戴等。潔西卡缺乏前面兩個項目，學術上她還在教學與行政負擔中掙扎求進，成果有所累積，但速度快不起來，募款能力雖已引人注目，但數字遠不能與院內眾多名教授相比，倒是最後一項：學生與同事的愛戴，是個她眼前可以期待有成的項目。先不談與同事的關係，我想，潔西卡堅持與課堂上的每個學生分享她的優先權，至少是被大部分學生認可的。由這個角度有助於了解，為什麼沒有任何條件的茹絲，不可能引導課堂的討論。

繼續：

潔西卡說，有人這麼說	混亂	清晰
學生 8	成功的標準不清晰	成功的標準清晰
學生 9	使用整體對部分的類比，如果你把一個莎士比亞的作品分解，就算你把分解的部分加起來，你也無法得到他作品的原貌。還有，在藝術這個學科裡，你總是不停地被問到「你怎麼想？」這種問題。	以我大學裡的一些科學課為例，教授們談的總是定理，很離散。整體等於部分的總合。

潔西卡插入說，在心理學裡有一種說法，認為整體是大於部分的總合。她說了一個過去她上自然科學課的經驗：在做青蛙的解剖時，教師指示學生將青蛙的心臟取出，放在一隻手掌上，另一隻手掌上擺著還抽動著的青蛙，教授提問：「青蛙是什麼時候死亡的？什麼是生命？」潔西卡說到這裡，課堂上響起了一片驚嘆與噁心的聲音。

　　這個顯然聳動的故事，很快地凝聚了因為茹絲的發言而分散的注意力，並將討論推向完形心理學的整體觀——事物的每個部分之間，互相都是相關而且大於總和的。這等於是提供了這一輪討論的結論，但是由於班上學生的背景差距很大，潔西卡又未加闡述，每個學生的認知必然不一。

一個學生說，「科學和藝術都有很多種，我們必須考慮這個現實。」瑪麗此時也質疑，「為什麼要把事情看得如此的對立？」

學生 10	把具體的變得抽象	把抽象的變得具體
學生 11	超越界線	設立界線

約翰插嘴說他要提醒大家，還得把文化脈絡納入考量。「是的，我們應該要注意文化脈絡」，潔西卡呼應此點，並結束了討論。

　　約翰並不是全班最後一個發言者，但他的發言卻讓潔西卡堅持維持下去的討論，到此嘎然而止，以後會談到他／她倆之間的問題。從接下來的話題來看，潔西卡很巧妙地將課堂的方向，轉向了「脈絡」這個概念，但是，她所謂的「脈絡」，是被限制在安海姆與柏格那種個人性的世界裡的，並不是約翰想提起的種族政治課題。如前所述，美國種族問題極為敏感，又夾纏個人經驗與體會，已經到達無法說得清的地步；再者，院裡最近幾年正有「多元性」的爭議，在 AIE 草創時，潔西卡會想要迴避此話題，應可理解。而且潔西卡如此反應，並不能簡單地解釋為種族歧視，蓋未來我將發現，潔西卡在私下、在畢業後，都曾花很多時間與黛君談種族觀念，這部分容後再表。

接著，潔西卡簡短地談了一下她和勞倫斯-萊福特合著的書中的一些內容〔……〕，然後利用投影機放了一張透明片，標題叫「平行的過程」（Parallel Processes）給大家看。〔內容完整翻譯如下，圓括號內文字如現場所見。〕

平行的過程

拉文的紀錄片：幾個主題

1. 他和畫中人物的關係

2. 他是局外人

3. Phiotomy physicality〔我只是照潔西卡的發音拼，並不懂是什麼意義〕

4. 跨越藝術型態的溝通

5. 藝術的評價（誰好？誰壞？）

6. 童年與兒童

7. 過程的形象（藝術的過程是永無止境的）

潔西卡說，拉文自述其藝術創作與七個主題之間的平行性，展現的就是安海姆在文獻中描述的創作過程。她提到上星期曾花了一個半小時旁觀兩個八歲男孩畫畫——院方的攝影師還特別前來拍照，將來會印在新的課程手冊裡——這兩個孩子畫的是「驚訝」（Surprise），其中一個認真滿一張紙才停止，他們的教師走過來，幫他把名字寫在畫的背面，老師用的是奇異筆，油性的墨水滲透到了畫的正面（教室裡響起一陣驚歎與惋惜），潔西卡說她當時也替孩子覺得惋惜，孩子卻說沒關係，他順著畫面上滲透的痕跡，畫了一些黑色的花紋，就這麼解決了問題。另一個孩子為潔西卡畫了一個驚喜生日派對的景象，蛋糕上有五十隻蠟燭，還畫了潔西卡提著公事包走進房間的樣子，頭上大大寫著「驚喜」（大家笑了起來）。

　　所謂「平行性」，大概是描述一種緊密的呼應與互動關係，再一次，潔西卡是透過個人生活中的例子來闡釋理論。私下，潔西卡非常滿意她被院攝影師拍到的這張照片，每次院裡的印刷品需要材料，她都會提供這一張。照片中，潔西卡與托兒所年齡、一白一黃兩位小男孩，愉快地享受一起畫畫的好時光，大人小孩相看兩不厭，而潔西卡喜歡孩子的心，溢於圖表。這不止

是一個教育學院裡藝術教育教師的適當形象，也是潔西卡對小小孩的真情流
露。她時常在談話中提到她的幾個小孫子，她退休後寫的第一本書的點子，
也是來自她四歲幼孫的童言童語。[13]

潔西卡問，什麼樣的教學能為孩子留下藝術的「魔法」（magic）？她
說安海姆也問同樣的問題。初到 PZ 時，她覺得研究人員注意的是個很
難捉摸的課題，因為藝術是來自內在的過程。PZ 的心理學家們開始去
注意這不易捉摸之中，比較容易捉摸的部分，比如說創造力，覺得創造
力是一種可能對每個人都很重要的潛能。早期安海姆注意的是類似畢卡
所畫的「格爾尼卡」的內容，其實畢卡索說他畫「格爾尼卡」時，一邊
研究戰爭的實況。伯格與安海姆不同，他注意到脈絡，伯格認為藝術家
並非生存於真空之中，他的著作顯示，時間和媒體影響我們看待藝術過
程的方式。接著潔西卡問大家，什麼是「架構視野」（framing vision）？

前面說過，動詞 framing（架構）或者 reframing（再架構），是 PZ 上下
很喜歡使用的名詞，它們代表「新解」與「再定義」，是一種突破舊視角與
視野、以新觀點看見新意義、新可能性的手段。AIE 創立的宗旨，是將藝術
定義為不可替代的教育路徑，不只是為了提升美感、怡情養性等傳統上藝術
教育的意義。相對於傳統的「藝術教育」（art education 或 arts education），
AIE 是 arts in education，一字之差，差之大矣，因此創立 AIE，也可以說就
是「架構」與「再架構」的體現。

一個學生說，「架構視野」與小主題標題「感覺對應思維」有關。一個
學生說，畢卡索是先有了感覺，才開始加強思考的部分。另一個學生說
，勞倫斯 - 萊福特的「畫像」方法，也可說是兩者兼顧，並不是反映任

---

[13] 參見 Davis (2005) 一書標題與頁 1。

何特定的時刻。茹絲說，畢卡索把藝術的創作視為一種學習。約翰說，藝術界會說某件畢卡索的作品是「一個較弱或較差的畢卡索」（A weak or bad Picasso），這有什麼要緊嗎？安海姆以如此又切又炒（Slice and dice）的方法解剖（dissect）藝術，以求了解藝術，是反而失去了藝術的整個意義（the whole notion of art）。

　　茹絲在此仍是一語切中主題，但是潔西卡照例還要聽聽其他學生的聲音，所以並不回應，繼續在如林的手臂中，指向約翰。約翰的意見，在課前已經顯現。課前，他一手抱著書，問我讀過安海姆否？沒等我開口，他就嚴肅地表示，做為一個藝術家，安海姆的書他實在讀不下去，他認為這個人一點也不懂藝術，還動手「又切又炒」[14] 見樹不見林地，謀殺了藝術。

　　約翰對學習很認真，一輩子的滄桑讓他不可能區分學術論述與政治路線，也不可能將學術中立的宣稱當真，反而習慣性地將他在哈佛讀到、看到的，等同是哈佛或者哈佛的意圖。這個傾向，使他很難融入三宇宙的校園文化與亦真亦假的學術遊戲之中。課前，他已認為潔西卡要大家讀安海姆，就是潔西卡認同安海姆或至少覺得安海姆有讀的價值，而且用意是要向學生灌輸安海姆的思想。課中，被潔西卡點到後，他的發言，就顯示是質疑潔西卡為什麼看不出來安海姆的主張的問題。

　　進一步說，任何教師都不可能沒有個人觀點，但就算教師胸有成竹，學生並不會全盤接受，學生可以像茹絲一樣，揣摩 S-300s 課堂的潛在訊息，為自己抓住自己需要的東西；也可以像部分學生一樣，選擇不懷疑教師的書目選擇與動機，接受課程大綱所言，將安海姆的主張視為言論市場中的大師，或者視為突顯重大爭議性議題的切入點。至於外顯的表現，如果不要像茹

---

[14] "slice and dice"，意思是說，安海姆把藝術作品加以分析，是切碎、改變了原本完整的感受或意義，見樹不見林。

絲那麼簡單直接，學生可以順著潔西卡設下的學習程式，提出一個潔西卡所謂的「真問題」：問安海姆那樣的分析方法，能讓我們更了解藝術或者畢卡索嗎？或者，也可以以個人創作藝術的經驗，檢驗安海姆的言論。這麼做，會比較合乎潔西卡課程設計的期待。然而，約翰直接切入教學者的動機，採取懷疑潔西卡這個人的立足點，算是違逆了學院環境中對事不對人、對人也須以學術取勝的行為準則，以及聖戰宇宙中的一個不明說的規範：聖戰的對象是外人，不是自己人，這一點還會再討論。

回頭再看看約翰有關安海姆的意見。他以藝術創作者的身份，對安海姆理念所提出的質疑，在言論市場上，既非創見亦非罕見；相對來說，安海姆或任何 PZ 研究者，也都不會自認顛撲不破、不可質疑。但是約翰的發言，是直接挑戰了 AIE 的學術路線與教化方向——即使發言內容簡短，而且就和茹絲的發言一樣，當場並未激起同學的共鳴。

比較起來，茹絲的回應：「畢卡索把藝術的創作視為一種學習」，不但抓到 PZ 之核心主張，而且掌握了潔西卡要將藝術建構為認知學習活動，而藝術教育即認知學習的教學意圖。如果理論上，任何人都可以對任何論述提出任何反應，則茹絲的一句話，顯示她已排除了無數的可能反應，精準地挑選了正確的意義來發表，不管她對這句話的生產有多少意識，唸過藝術史碩士班的她，畢竟是熟稔學術遊戲的。何況，這種作法也很合乎她自己一向的策略：若要抗爭，也必須處心積慮地了解對手，找到好方法才出手，而最好的方法並不是正面衝突、先犧牲自己，而是緩慢但精準地由內部翻轉。也就是說，她和美術館教育先鋒 A 在被孤立的處境下，共同順著機構紋理發展出來的戰鬥策略，與約翰嫉惡如仇的街頭經驗，從商議的角度來說，都是商議但，是截然不同的商議。

潔西卡說，曾經有這麼一個美術館教育的課程中，老師們準備了一些剪紙牌子給孩子，做觀賞藝術時的標示，心形的剪紙代表孩子喜歡的作品

，紙鈔形的代表孩子認為最昂貴的作品，房屋形的代表孩子會想掛在自己家中的作品，這時有些孩子反應了，為什麼不給他們代表好作品與壞作品的剪紙。潔西卡說，鑑定與詮釋是不可逃避或壓抑的事，它是科學家與藝術家都要做的，許多學生點頭或發聲表示同意。

這裡，潔西卡有兩個重點，第一是認知觀點的藝術教育，認為一切接觸藝術的活動，都是認知的活動，任何年齡的人在當下的不同認知，都是平等、合法的認知，都具有很大的教育意義。意思是說，一般美術館會輕判孩子們的能力，只要求他／她們做些「輕鬆」的事——像拿別人已剪好的牌子來標示作品。第二個重點，則是再次強調古德曼認為藝術與科學間，因符號論而分享同樣的認知價值。由現場學生的反應來看，他／她們似都能接受這兩個相當明顯的 PZ 路線。看來，S-300s 這堂課的最初幾個禮拜，雖然只完成整年十二個小主題中的第一個而已，AIE 潛移默化的成果，就似乎已經顯而易見了。事後來看，即使 AIE 學生會對各種教育現象與主張提出異議，也確實沒有獨鍾 PZ 以致失去自我的現象，但在潔西卡的安排下，他／她們對 PZ 的這些主張，也極少懷疑。

話說回頭，AIE 的教育不可能是為了宣揚 PZ 路線而存在，因為這個工作太簡單了。AIE 成立之前，PZ 路線在藝術教育思想市場上已流通許久，有大量的出版品供人檢閱，學生會來 AIE，就表示對此路線多少已有心理準備。（有的學生像瑪麗，則是直接衝著嘉德納來的）。可以再度認識到的倒是，現成的知識，並不是 AIE 教育的主旨，對學生也不會有挑戰性，反而是前章提到過的：以自己為中心建構知識、高視點、未來導向、對不確定情況的研判、建立社群網絡等的討論，這一類屬於態度、思考習慣、視野、做事方法、執行儀式等的訓練，才是重點。

黛君說，她覺得安海姆這篇文章，出現已有一段相當長的時間了，現在，不論是寫作風格還是表達上，所允許的範疇，都不同了。

潔西卡說，有些美術館教育者認為，最好不要和孩子談感覺，以免讓某些孩子覺得不舒服〔意思是說，這樣會侵犯了孩子的感情世界〕。潔西卡說她曾和一群一年級的孩子談「格爾尼卡」，孩子們最後感嘆說，畢卡索能畫這麼一幅畫，確實很過癮。她的感想是，孩子們其實是很不簡單的。這節課到此就結束了。

黛君的看法，雖然是直指文獻太老，但是表達時保持了個人與意見的距離（detachment），安全地留在「論事不論人」的規範中。潔西卡就不一樣，她直接展示如何以大、小課題為本，以主體思考藝術與藝術教育，並以課題來貫穿自己與同學的經驗、理論性的閱讀內容、課堂上透過藝術進行的教學。可以說，潔西卡的課程，面對極其多元又有主張的學生，對話的高度是設計在超越個性或經驗差異之處，透過學生們共同對藝術的親近感，把艱澀的理論與 PZ 的研究成果，自然而不留痕跡地匯入學生的學習過程中，而且始終讓學生感覺是掌握著自己的主體，沒有需要放棄自己原有的觀點。

上面這幾週的 AIE 核心課，不只是一場老師與學生的互動，也是一個文化上「有意義的片段」（significant event）。課堂是文化展演的場域，教師和學生都是文化的成員，由他／她們之間的互動，文化規範獲得傳承、切磋、演繹、闡釋與選擇。下一堂課，當學生們上場做個人發表時，我們就可以看到他／她們各自做為文化對話的一方，怎麼表現出他／她們過去三週所受文化薰陶的結果。

10 月 1 日

今天，第一批學生要發表「個人問題」、「穹窿問題」及「反思藝術」，全班都早早到了，大家似乎都想吸收別人的經驗，場子裡有低低的講

話聲，氣氛相當興奮緊繃。技術人員忙著測試著電腦與銀幕的聯結，要上場的學生，則認真、緊張、忙碌地做著準備。潔西卡先讓要發表的學生舉手，然後依著座位由近而遠的，給每人分配了發表的順序〔以下我用號碼代表〕。每個人只有五分鐘的時間。

開始發表之前，潔西卡公告說，第一份電子群組的訊息已經發出，請大家注意。她要求還沒有完成群組註冊的學生，加速動作。然後她問有誰還沒繳出小報告的，她說因為這是第一次，所以會給需要的人一些截止時間的彈性，但下次希望大家都能準時交出。然後，她就宣佈開始發表活動。

在此，柏金斯與嘉德納對「了解」的定義，可能提供有趣的思考工具，他們認為，「了解」是衡量教育成敗的最好標準。所謂「了解」簡單地說就是（學生能）廣泛地運用所學於不同的情境，[15] 套句中文世界的語言，就是說如果學生能「舉一隅而反三隅」，就是學到了。假使以「了解」為指標，讀者應該可以自行衡量下面每位學生，在過去這三週之間，不同的學習反應，以及是否內化了課程與教學內容。

我有興趣的是，潔西卡和學生們如何展演他／她們的文化，尤其，在我發現了「領袖性」教育這個課題之後，我看 AIE 的文化焦點，就轉向「領袖性」教育。更明確地說，我會特別注意，在他／她們複雜的教育文化展演中，顯示了什麼有關「領袖性」教育的線索？能不能幫助我進一步形成某種有關哈佛「領袖性」教育的詮釋？

一號。

她以小磁鐵在白板上貼了兩張圖畫，一張是風景畫，一張是較抽象的靜物畫。她問：「哪一張是思維？哪一張是感覺？」這是她提的個人問題

---

[15] 參見 Perkins (1992) 與 Gardner (1993)，此二文獻並不在這些學生的指定閱讀範圍內。

。然後她在白板上寫了「思維」與「感覺」兩個字，請求同學由這兩個字做聯想。在場很多人都熱情地舉手回應她的要求，她則把同學提出來的聯想的字一一寫出如下。〔下面是我把文字外加上框線之後的整理〕

感覺	思維
彩色的	明確
較無明確定義的	幾何的
熱情的	設計的
氣氛的	有組織的
未定義的	深度

接著，撇開白板上的文字，一號唸出她自己預先準備的一份關鍵字聯想，說跟大家的聯想結果很相似。然後，她要同學們就著白板上左右兩欄的關鍵字本身，倒過來想看看，會是指向什麼已知的繪畫風格？有的同學說左邊的是「印象主義」（Impressionism），有的同學說右邊的是「超現實主義」（Surrealism），但是同學之間一時並無法獲得共識。到此，一號宣告說，這是很難確定下來的，因此她的穹窿問題是：「誰來決定什麼是藝術？什麼不是藝術？」她走下講臺，大家熱烈鼓掌。

此刻是一號學生入學後的第四週，我不知道她在進 AIE 之前，習不習於這樣顛過來、倒過去、反覆咀嚼的思考方式（所謂 reflection），但是假設她就像其他學生一樣，花很多時間和精力準備這個發表，也像每個同學一樣，極端在意表現出個人的學習成果，那麼她的發表內容，就值得被當作是她到現在為止所學的內涵線索。不管潔西卡覺得她的發表如何，從我有興趣的角度來說，至少可以猜測一號關切的是：怎麼藉著問問題來抓出她自己可以看

見的重點，怎麼從細小的地方看見超越性的、基本性的課題，怎麼區分大問題與小問題，怎麼從一個制高點思考日常世界裡的問題現象，怎麼讓自己已知的，去面對新學到、聽到的，產生新架構與新對話。

另外，在五分鐘這麼短的發表時間限制裡，就像在眾人前介紹自己、與教授約會時說話應精要，這名學生在發表時，必須嚴格選擇她要的內容，排除很多她可能很想說的話，有些東西可能被排除了，比如：藝術與教育的技術性細節、冗長的論述與缺乏親切感的純理論性語言。她保留了什麼呢？一個領袖為追隨者做的事：判斷制高點、建構集體意義、目的與價值等。從這個觀點來說，S-300s 這個課程和這種小作業，對 AIE 學生來說，可以這麼被看成是「領袖性」教育的一部分。

黛君是二號。

她首先問：「為什麼我們要將感覺和思維對立化？」接著，她給大家看一本封面上手寫著「做藝術」（Do Art）字樣的速寫本。她認為做藝術比討論感覺與思維重要。對她來說，藝術最重要的事，就是每天在這個本子裡，加一點自己的圖或者文字，這樣藝術對她才是真的。她拿出一張拼貼作品，正中有一個從雜誌上剪下來的釋迦佛頭像，佛像的右邊臉頰上，用長短不一的線懸掛著七、八張木紋方形小紙片，一直垂到框外。她說，佛像圖片和假木紋紙，一個是宗教符號，一個是材料符號，對她來說都不是藝術，現在她動手把這些東西拼起來，變成了藝術，是她對這四堂課的小主題的回應。大家熱烈鼓掌。

黛君拿出的佛頭像，在學院這個西方文化環境裡很不尋常，算是強烈的視覺刺激，但這件拼貼作品的各個部分，在她的解說中，都不過是符號。當黛君將符號重組成藝術作品之後，不管原來是什麼，都被解除武裝，變成黛君的了。或者，用黛君的話說，變成真的——真實的、有意義的。

如果閱讀 PZ 的各種出版品，會感覺某種嚴肅、理性與科學性的傾向，

這和 S-300s 的氣氛完全不同。這說明 PZ 的理論已經被潔西卡完全改造為 S-300s 課堂上不同的活動，脫離了純理論性、學術性，更接近學生的層次，更活潑更允許學生在共同的基礎上做個人的發揮。也就是說，以一年的時間，學生們體驗的是潔西卡重新設計過、序列化的體驗過程，他／她們是實際而整體地活過這個課程，並不駐足在吸收抽象而破碎的文獻理論上。在學習時，他／她們被要求隨時與自己已有的東西對照、比較，取課程中可用者，不做過度的咀嚼，即快速地根據個人的願景，生產自己的新東西，不論這個東西是什麼。在 S-300s 上，一個學生是不停地接收新資訊→反思→生產自己的知識→再接收新資訊，不論是參與短短幾分鐘的討論段落，還是一兩小時的閱讀，還是要花三、五天準備的檔案報告，還是需要一、兩週時間才能寫出的專案計畫，這種大大小小的循環活動，密度高、節奏快，學生要趕得上，才能適應。

三號。

這個年輕的男孩，帶著興奮的模樣上場。他先快速地感謝潔西卡過去這幾週給他帶來的刺激與成長，然後他說，做為一個多媒體藝術的工作者，他覺得有必要藉機展示多媒體的可能性。說罷，他便緊張急切地拿出五卷錄音帶，快速地等距擺在白板下方的接槽上，接著，他問同學三個問題：「一個人有沒有可能單靠思維，不用感情，而仍能有創造力？」、「一個人能不能單靠感情，不用思維，而仍能有創造力？」、「什麼是創造力？」然後他在左邊第一卷錄音帶的上方白板上，貼出第一張拼貼畫，接著拿起錄音帶，轉身置入錄音機，開始播放其中一小段他特選的音樂，就這樣每貼一張畫，就放一段音樂，如此反覆了五次。五張拼貼畫之中的四張，畫面上方各寫著一個大字。第一張是「符號」（Symbol），文字下方，正中間是一個藍色的圓形，圓形上面倒貼著一個灰色字母「S」。第二張寫的是「畫像」（Portrait），下面貼著三塊紅

、橘、黃色拼圖模樣的色紙，及由同樣三塊拼圖拼成的一個完整的圓形。第三張寫的是「感染」（Infection），畫面是一個桃色的圓形貼在藍色的方形上。第四張寫的是「方形」（Square），下面的畫面，卻是一個大大的綠色圓形。第五張則沒有標題，因為是代表他個人閱讀文獻後的感受，畫面像一個由左到右的四格連環畫，第一格顯示一個在方線框中的黑線圓圈，第二格與三格顯示圓圈由方框中逐漸脫出，第四格顯示完全獨立的圓圈裡，填滿了粉紅色。除此之外，配合第一張「符號」所播放的音樂，是瑪丹娜的歌曲「宛如處女」，聲音符號與視覺符號形成的雙關語，讓全場登時充滿了笑聲，有些較年長的女同學之間，交換著「年輕人就是這麼聰明」的眼神。就在換第二卷錄音帶時，機器出了狀況，他急了起來，當場舉拳重捶錄音機，全場因此發出驚呼，只見他滿頭汗地、近乎神經質地重新操作，好不容易音樂再播放出來，對照著，大家又覺得精采而叫好。配合「畫像」圖播放的音樂，是披頭四的「看著我」（Look at Me）。配合第三圖的音樂顯然也是大家耳熟能詳的，可是我的文化背景知識不夠，無法知道曲名，只知同學們都在笑了。像最後一張，他說這代表他自己的學習歷程，配合的是重金屬音樂，只聽到歌手們一齊嘶喊一句歌詞：「這是怎麼一回事？」全場都笑翻了。最後，他說出相關的小問題是：「『畫像』是圖畫還是紀律？」〔大問題是什麼我沒聽清楚〕大家鼓掌的聲音特別大、特別長。三號結束後，趕緊收拾機器。

　　這名來自長島富裕家庭的男學生，和黛君的年齡相彷，是班上較年輕的一群學生之一。他的發表充分地展現了他認知上的彈性，他要說的話，可以透過語言、文字、視覺藝術、音樂──也就古德曼所謂不同的符號系統──很有吸引力地說出來，而且這些不同的管道還傳達了不同質感交錯的豐富性，可以同步呈現出他的理解深度、想像空間、個人品味與幽默感，呼應了潔

西卡的母親安娜說的，藝術可以讓人以優秀的姿態行走世界。當然，用拳頭
捶機器除外，那可能只是火候問題。

　　從這裡，也可以看出 S-300s 的又一項特色，就是要讓學生無礙地創造
知識，要能打破畛域，不論內外（生理、心理、行為、社會環境）、時空（
文化、歷史……）、文類（文學、美術、哲學、案例報告……）、符號系統
（文字、身體、圖像、樂譜……）、學術領域（心理學、藝術創作、生活經
驗……）都要能暢行無阻，並且盡量習慣跨界思考、無盡連線、融會貫通。

　　四號。

　　她說她是個資深導師，是實事求是的人，沒有受過任何藝術的訓練。這
　　次為了這個發表，勉力製作了一件拼貼畫，畫中用來拼貼的材料，包括
　　照片、明信片、雜誌圖片，所傳達的隱喻，是有關「教」與「學」的。
　　接著她就著每一種材料的「教」與「學」的隱喻，分別找了一段指定閱
　　讀文獻中的片段，並把它們唸出來。比如說〔……〕。作品中使用的照
　　片分別隱喻歷史的記憶，明信片隱喻人際關係的維繫，雜誌圖片隱喻大
　　眾傳播與社會主流意見。大家鼓掌。

　　這個以各類藝種輪流表達課程主旨的設計，固然是發揮藝術可以提供的
多元進入點，讓不同藝術訓練與文化背景的學生，都能感覺親切並有表現特
長的機會，並激發內在動機。但更重要的，潔西卡以 AIE 必修課的整體設計
，展示藝術是優良的教育與學習媒介，她想讓學生親身體會到，不管過去有
沒有藝術的專業訓練，藝術都不只是過去一直被認為的藝術，它蘊含許多思
考與符號解讀的可能性，可以幫助了解並增加了解的深度。從這一點來說，
藝術教育因此就不只是一種「教藝術的教育」，而是「認知教育的手段」，
甚至是「教育」本體了。

　　S-300s 就展示了以藝術促進認知的實際情況，學生一方面以藝術教育者
的身份，學習「教育中的藝術」的相關內容；一方面以 AIE 學生的身份，親

身體驗「教育中的藝術」的實際應用過程，而且親眼見到許多不同個體、不同專長的學生，展現出來的不同認知過程。這種思想與行為的多元搭配狀況，我認為也是呼應了美國文化之多元性的本質。

五號。

她一上場就先問小問題：「決定藝術是什麼的關鍵玩家（key player）是誰？」、「視覺偏見應被考量到什麼程度？」並說出大問題是「你到底看見什麼？」然後，她活潑地舉著一個烤箱用的錫箔盤，盤子內貼著用鮮豔顏色的黏土搓成的不同大小圓球與小棒子，拼成抽象圖案，她一面以逆時鐘方向在教室裡慢慢移動一圈，讓同學們近看她的作品，一面問大家看到了什麼？同學們的答案是一個又一個名詞，有糖果、水果、食物、數位整同（digital synergy）、色彩等等。她說這就是她對古德曼「你所見，端視你用的是什麼符號系統而定」這句話的藝術詮釋。大家鼓掌，她顯得很雀躍。

　　這位年輕女孩，曾任南方某大學的啦啦隊團長，初到哈佛時挫折感很重，覺得大家都輕視她，還抱怨指定閱讀的文獻太枯燥難懂。其實，書目並不是課程的重點，因為整個課程主要是由課題架構起來的，任何學期抽換任何文獻，並不會影響課程架構本身。倒是實際的案例、學生自行製作的檔案、專案報告等等，是 S-300s 重要而且活生生的內涵，強調的是個人創造知識的精神，因此個人認知的部分比理論部分重要。以現在這場發表來說，她不但沒有因為閱讀困難而受挫，反而精確地掌握了學習的重點，不但如此，還很具政治敏感度地問「關鍵玩家」是誰？從前面的上課紀錄可知，學生們對於誰掌握權力這類問題，不斷浮現，這是美國民主教育的重要話題，戰後「每個〔白人〕男孩都可以做總統」的口號，近年換成「每個人都可以有影響」，是在生活中隨時都可以聽到的。

六號。

她說，她現在在哈佛大學出版社工作，負責書籍設計，對於到目前為止的哲學討論，感覺糊塗而且挫折。她講了一個高中時代她曾參加的學生藝術比賽的故事。當時，一名參賽者在牆上釘了一支生鏽的釘子，在釘子上掛了一件外套。這件作品後來是評審者提出的得獎人之一，得獎的作者自述這件作品的目的，是要「不做什麼」（to make nothing），她在旁聽了，和很多朋友一樣，覺得評審很不公平，但現在不同了。於是，她拿出一件拼貼作品，表現她自己被杜斯妥、伯格、古德曼等人的魂魄圍繞的樣子。這種被鬼魂糾纏侵擾的感覺，是當她思考什麼是藝術、什麼不是藝術時出現的。對照那件得獎作品，她的問題是：「你會不會因為過度討論一個問題而壞事？」大家鼓掌。

七號。

她說她和父親最近一起去參觀了哈佛大學的法閣美術館，在那裡遇到了一位高齡女士，女士說她很喜歡美術館，因為美術館讓她覺得有長進。順著這個小故事，她說她要就「藝術過程」做個反思，她將表演一段她高中戲劇公演時的角色「海倫」的部分臺詞。表演之前，她解釋這個角色說，海倫是個純潔的女孩，對自己很認真，有時候會有點緊張。這齣戲叫《我仰慕愛蜜莉・狄金森》（I Admire Emily Dickinson）。然後她開始表演這段面向觀眾的獨白，聲量很大，臺詞很幽默，現場傳出一陣陣笑聲。我自忖無法以文字紀錄完整傳達，乾脆純欣賞。最後，她說她的「穹窿問題」是：「思維與感覺怎會互斥？」、「藝術是不是一個藝術家與觀眾之間的互動過程？」大家鼓掌。

　　六號是瑪麗到 AIE 來之後結交的好友。六號的父母都是大型基金會的高階主管，服裝走辦公室實用型，本人個性文雅得體，屬於班上比較低調沉靜的一類。七號來自東案岸傳統家族，紮公主頭，穿白色花邊襯衫配蘇格蘭格

子呢褶裙與黑長襪，她和六號都出身東岸私立名校，都是彬彬有禮、學藝俱佳的白人女孩。類似出身的學生，是 AIE 的重要人口。多年後，2004 年，潔西卡退休前，我驚訝地發現院裡隱然有批評她的聲音說：AIE 越來越「菁英」了。以 2004 那年來說，S-300s 的地點已改在新裝修好的環型階梯大演講廳，學生們自行選擇就座的位置與互動狀況就很有趣。這類白人上層社會女子，會坐在靠前面的中央區，一進來就互相熱情地打招呼，態度甚為親密自在，而四周圍繞著就座的，則是相對低調的有色學生、年長學生、西岸或南方學生、胖學生、以及入校本來就不多的男生，默默地看著場中央熱鬧的景象，這個場面似乎呼應了院內人士的批評。潔西卡退休之後，院內人士的意見改觀，我進 S-301 一看，堂上就像美國一般都市中的人口景象，容貌膚色各異，英語南腔北調，想法南轅北轍，辯論此起彼落。我不認為作為一個守門人的潔西卡故意排斥什麼，但人性本就趨向安全熟悉的環境，因此除非刻意逆勢為之，否則「多元性」不會自然發生。換句話說，「一元性」是「自然而且舒適」的，「多元性」是要靠整個社會刻意維持，靠每個個人抗拒自己的慣性，而且要時時靠外力規範、監督，才可能存在的。

　　八號。

　　她先問：「你的思想和觀念一定要被查覺，並加以分化嗎？」、「直覺在這個過程中的位置在哪裡？」她拿出四張氰版相片（cyanotypes）給大家傳閱，一面解說這種古老照相藝術的技術特色，以及她搜尋這種原始攝影材料的困難過程，場內許多人發出驚嘆聲。她接著說製作這種相片的時候，要在紙上塗一種特殊的感光劑，只需把底片放在紙上，把兩樣東西放在陽光或者燈光下，就能感光成像。她說現場這四張作品是以很老的底片感光的，過程很冗長，經驗很重要，做的時候並沒思考什麼，感覺呢，只在最初心中形成一個形象的當下發生，其餘大都是技術與經驗。話雖如此，她承認，技術經驗與感覺兩者並不能清楚劃分，而指

定閱讀的文獻內容，正反映了她的攝影經驗，那就是：第一、攝影有隨
機的因素；第二、她在視窗裡看見的，跟照片中會呈現的，並不相同；
因此整體來說，攝影是一個「部分認知」的過程，而且其中還存在機會
因素。接著她要幾位窗邊的同學坐著不動，由她以此技術拍一張照片。
窗邊的同學紛紛向兩邊讓開位置，幾個想入照的，則過來擠在窗邊，擺
起姿勢、扯笑話，大家一陣笑。此時八號的發表早已超過五分鐘，但是
大家擺姿勢的擺姿勢，移動位置以讓出空間的則繼續挪椅子、搬東西，
興致很高。潔西卡就要求擺姿勢的人繼續由八號隔著教室進行感光，下
一位發表者則上場。

　　發表活動到此，AIE 培養「高層思考」證據，應已經充分演示出來，臺
下的學生們也已得到他／她們想得到的，那就是了解這個作業怎麼做了，嚴
肅緊張的氣氛消退，顧不得下面還有好幾位同學要報告，座位間的噪音升高
，場面零亂起來。下面九號到十六號的報告，我只陳現，不再做討論，請讀
者自行揣摩這些 AIE 學生學到了什麼。

　　九號。
她給大家看一張從《紐約客》雜誌上剪下來的圖片，是克莉絲蒂藝術拍
賣公司的廣告，畫面中央上方有一個紅色全大寫的「ART」，下面兩邊
分別是兩個頭像，一是名真實女性的正面睡容，平擺著，另一個立著的
，是一個黑色的非洲木雕正面頭像。她說當時她在該公司工作，知道這
兩件藝術品最後賣出的價錢。她舉著裱在硬紙板上的原圖繞教室一周，
同學們伸長脖子爭睹圖面時，她說這張廣告讓她想起好幾項對比：符號
對神話、黑色對白色、真實對不真實、實對虛、全部大寫的藝術〔ART
〕對首個字母大寫的藝術〔Art〕、攝影藝術對藝品的攝影、藝術對六到
八百萬美金的高價等。對她來說，這些對比是感覺與思維的整合。潔西
卡插進來要她提出她的大、小問題。她說她的第一個問題是：「在藝術

過程中，思維與感覺的對話會不會造成兩者的整合？」第二個問題是：
「我們藝術教育者要如何同時教反思、自由表現與拷貝？」大家鼓掌。

十號。

她說，雖然家裡自小就有幾位親人是藝術家，但拿畫筆畫畫這件事，對
她一直很遙遠，所帶來的這件壓克力畫作的材料與畫筆，還是向一位親
戚借的。她舉起這件作品，是一個上白色的紙糊（paper mache）小馬，
她說自小喜歡馬，選馬至少還有親切感，馬身各處的問號、驚嘆號等簡
單的線條符號，是她畫上的。當她在家進行這項作業時，感到很緊張，
只有一小段時間，就是畫這些符號的時候，是覺得舒適而且有靈感，因
為她表達了一些感受。這個經驗，有助於她反思藝術過程的「思維與感
覺」。大家鼓掌。

十一號。

她用硬紙板做了一個金字塔，四面中有兩面是黑白的，分別標上「它是
藝術」與「它不是藝術」的字眼，剩下的兩面是彩色的，也分別標上「
它是藝術」與「它不是藝術」的字眼，如此交錯成四個不同的面。她轉
動著塔身給同學們看，說這件作品反映：有時事物是藝術，有時不是；
有時事物是黑白分明的，有時不是。她提的問題是：「能不能喜歡藝術
，但不把藝術想成是一個過程？」大家鼓掌。

十二號。

她從角落站起來，低著頭上前的時候，撞上牆上突出的幻燈機座，發出
很大的聲響，大家都嚇了一跳，她面不改色地走到場中說，「我現在一
點都感覺不到疼痛，我現在太緊張了。」她請一位同學幫忙，展示一張
毛毯，毯子上別著一張影印的荷蘭畫家林布蘭的自畫像，接著低頭、聲
量很小地唸出她手上準備好的小問題：「用意（intention）什麼時候出

現？創作之前還是創作之後？」、「我們何時知道某人打破了既定規則
？是不是要到規則被打破的時候才知道？」、「為什麼我們這麼注意過
程？」然後，她說了一個新聞故事。一個女人把她一輩子所有的事都留
下紀錄，她的遺囑是要給一個人很大一筆錢，條件是這個人必須要放棄
他／她自己的生涯，並將剩下的一輩子時間，用來閱讀這些紀錄。她接
著說，去年她讀不懂古德曼〔這名學生是半時生〕，今年讀的時候卻覺
得很好笑（hilarious）。接著她就唸了幾段古德曼的文字，說明好笑在
何處，然後說明毯子、林布蘭自畫像、一個玩具黏土做的結婚蛋糕、一
個包裝盒之間的意義〔……〕。結束時，大家的掌聲有點零落。

到此，場面似突然退燒了，下課時間已過，還有好幾位學生沒發表。發
表過的學生下臺後，在座位上大都顯得昏昏欲睡，不用發表的人也不太
有精神，大約都睡眠不足。

十三號。

她一開始就表演了一段獨白，她說是舞臺劇《最後火紅愛人》（Last of
the Red Hot Lovers）中一段諧角的臺詞。她說這個表演是藝術過程中思
維的結果，因為她取得劇本之後，必須反覆研讀，並且寫下她對角色的
想法，不斷衡量，才能進行表演。大家鼓掌。她沒說她的問題是什麼？

十四號

她問：「意義是找到的還是創造的？」並在白板上畫了一張有三個欄位
的表，欄頭分別標示為 T1、T2、T3，她要大家把看她表演之後聯想到
的關鍵字寫下來，等表演完後，她會和大家一起填這張表。接著她表演
一段很短的舞蹈，重複三遍，每一遍都做一點小變化。表演結束之後，
她告訴大家說，第一遍是舞一個預設的意義，第二遍她是透過變化節奏
來變化原有的意義，第三遍她放開自己試圖表現又一個感覺。她問大家
有沒有感覺到她做的變化，許多人都說有，但氣氛中有勉強成分。因為

時間超過，她匆匆結束發表，並沒有回到白板上那個表格。大家鼓掌〔掌聲帶著禮貌的成分。〕

十五號。

她預先已把幻燈機弄好，關掉燈光，走到大家前面，準備一面放一套喬治亞・歐姬芙（Georgia O'Keeffe）作品的幻燈片，一面唸幻燈片上已有的文字。但到了當場，她按下遙控器，幻燈機卻不動了。先是我，接著其他的人站起來，黑暗之中幫忙搬弄了一陣，幻燈機動了，但是整個次序都不對，只好就著錯誤的順序放映，由她在旁盡量解說，場面很混亂。在臺灣我上課常用幻燈機，自告奮勇前完全沒有遲疑，到操作時才意識到同樣是柯達，此柯達非彼柯達。四下黑暗，我沒做紀錄。等燈光再亮起來的時候，大部分的人都顯得更加疲倦，掌聲也稀落了。

十六號。

她上前之後首先說，她為了這個發表，有好幾夜沒睡好。她帶來一份拼貼和一首自撰的詩，她的問題是：「如果沒人看得出來，一個東西還能被稱做是『符號的』嗎？」對她發表的其餘內容，由於我還沉浸在前一位同學的幻燈機事件中，深覺抱歉，沒有做紀錄。

潔西卡宣佈，今天的發表到此為止，她說大家做得都極好，她鼓勵每個人都利用群組電子郵件互相回饋、交流。由於超過原定時間很久，眾人紛紛收拾四散。我趕去向十五號道歉，她說她原先還準備了一套影片，但是今天去媒體中心要求派人支援放映工作時，對方說所有的人員目前都有工作，沒有預約的她，只好改用第二優先的幻燈片，但並沒有事先熟習機器，因此不能怪我。我知道每個人對自己的發表都很重視，她這麼說讓我很感謝但不能降低我的歉意。

在走回辦公室的路上，我問潔西卡，為什麼他／她們能有這樣的進展

？潔西卡說，好的開始很重要，「我所做的是先撼動他們。」（What I did was that I shook them up.）以前學生們認為理所當然的觀念，甚至這個課程架構本身，學生們都必須重新思考。潔西卡說，這是為了建造一個共同的學習背景，讓新的學習發生。在學生繳來的報告裡，潔西卡說她看得出來，學生們常說些他們認為她會喜歡聽的話，其實她希望學生在長時間的挑戰與討論之後，能了解思想與感情是不能分開的，就像生命中的一切，兩者之間，並不存在一條清晰的界線。她希望學生能就此準備好，面對下一個小主題。未來，她希望他們不會問數學科與生物科能為藝術科做什麼，而問藝術能為所有其他的科目做什麼。她說丟掉了清晰的界線，藝術就是一個統整體（synthesis），他們會發現藝術是所有學校科目中，唯一能統整所有科目之學習的科目。接著，潔西卡告訴我說，一部分人沒有抓到她要的重點，她希望大家對自己的意見能更大膽一些。她說像黛君，就沒有真正越線，離黛君自己原先的設想收斂很多，但是以黛君的聰明，她說她相信黛君很快就會了解的。

由與潔西卡的課後談話可知，黛君和許多這次發表的同學一樣，在發表內容定案之前，就和潔西卡會談。黛君談過之後，朝著比原來保守的方向，修改了她的發表內容，而這個動作，潔西卡說是黛君誤解了與潔西卡面會的意義，潔西卡說她並不想授意學生做什麼。我認為這表示黛君在新環境中的自我定位，可能還未穩定。茹絲看來相當進入狀況，瑪麗也沒什麼問題，約翰的情況則很不同，請看下面的 JLB 演講之現場紀錄。

10 月 6 日 JLB 演講系列第一場

演講開始前學生們均已就座，潔西卡帶著講者肯尼斯·寇克（Kenneth

Koch）出現在阿斯克維茲廳門口，寇克是一名七十餘歲風度翩翩的作家兼寫作教師，凱特曾說他在劍橋地區有一大批與他年齡相仿的女性仰慕者，當天這些讀者們就把偌大的阿斯克維茲廳坐了七成。寇克的作品涵蓋詩、劇本、小說，出版過三本有關詩作教育的書，但並未受到主流教育界的重視。他對能受邀到哈佛來演講，看得出來是很感榮幸與緊張。他演講的主題是寫詩與讀詩的樂趣，他的主要論點，是抗拒後現代文學理論的理性分析，呼籲重返詩學的樂趣，他認為教學生創作一首詩，需要用一種簡單的、自在的態度，不要太沉重，也不要太介意押韻這類事，將玩味文字的與遊戲的心發揮出來即可。他的演講充滿了表演的意味，不但隨時插播風趣小語，讓臺下年長的女士們覺得有趣，但是，AIE學生感覺似乎不同。尤其到了演講的後半部，寇克用投影機說明一首詩可以有不同的朗誦方式與節奏時，因一再演示而枯燥冗長，很多學生就睡著了，昏暗中場面靜悄悄的。到演講結束時，已超過時間。潔西卡上臺問同學有沒有問題，一名學生問詩的教育可否有助學生拼字的能力，寇克的表情顯得不以為然，他回答說，學跳舞並不是要讓姿勢變好。〔他的意思是說藝術就是為了藝術自己，不是為了藝術以外的目的，想來寇克是不會同意潔西卡母親安娜的說法。〕

潔西卡上臺感謝寇克，並說：我們 AIE 有個小傳統（a little tradition），AIE 人會用贈禮的方式，感謝講員慷慨的分享〔以後我發現，她每次都會以這幾句話作為贈禮活動的開場，更加突顯贈禮的儀式性〕。她介紹這一場演講的 AIE 贈禮員，是約翰。約翰從臺下把他用紙張包好的一件作品帶上臺，與寇克握手並擺姿勢讓凱特拍照。寇克當場打開包裝，讓大家看其內容，原來是一件二合一的作品，在金色耀眼的框子裡，左邊是約翰的水彩自畫頭像，戴著眼罩，表情冷酷，右邊是一首詩，用手寫的。寇克禮貌地把作品展示在臺前，給大家觀賞。在致謝詞之前，約翰先很有興味地舉起寇克放在講臺上的一本詩集，說這本書大概因為被

寇克長期翻閱的緣故，已經非常破舊，書頁的三面，一層層密貼著無數的小彩色標籤，時間久了，都翻捲起來，讓整本詩集像個有毛的小動物，約翰對在場聽眾笑說，這是寇克所謂詩的「生物性」（organic）的證據。接著，約翰自述自己早年的一個與詩有關的經驗，那是在麥克道爾藝術家社區裡，他曾遇到兩位也在那兒努力作詩的詩人大師，經他們指點，約翰這才知道原來詩人也是要「工作」的，他們是在紙上表現文字與聲音形象的工匠。約翰向兩人請教作詩，當時那兩人都說，詩只要傳達真實即可。結束致詞的最後，約翰為寇克唸了畫框裡他自己的詩〈像什麼〉（What's it like），是表現自己到哈佛來的經驗。之後，約翰與寇克一人一邊，支撐著作品合照。作品拿倒了，下面同學告訴他們，寇克想改正，約翰與他兩人四手把畫轉來轉去，最後還是倒著的，約翰好像渾然不覺，只顧對臺下舉著相機等待著的凱特擺姿勢微笑，在場的同學還想阻止，但又不願太大聲張揚，寇克見狀只好也專心面對相機，凱特本來有遲疑，最後還是就這樣按下快門。散場時，約翰的伴侶可芮一面收拾外套、一面對我秘笑說，「他是不是很調皮？」我一頭霧水？她說妳去問約翰，看他要不要告訴你，但約翰只是似笑非笑地瞄我。

很久以後，可芮告訴我，約翰本是興高采烈地志願擔任第一位 JLB 贈禮員，潔西卡要求約翰提早擬計畫給她過目，作品也是一樣，要潔西卡先看了再裝框。自認為國際職業藝術家的約翰，對此要求頗不以為然，只是勉強配合，沒想到所做的作品，潔西卡真的提了很多意見，而且要求約翰修改他所寫的詩，讓他感覺非常不悅。演講前，他放棄了原先精心計畫中的禮品製作，另外隨便做了一個交差。上課發言中以及向寇克贈禮時，約翰不但借題強調詩只要真實就好，留影時還故意將作品反拿，以示抗議。當時潔西卡就坐在臺下，但她沒有作聲。

以我的了解，約翰不是不懂分寸，是不願順服，以至時常顯得十分粗魯

。我覺得，哈佛對他這個街頭老小子來說，是如此遙遠、神聖，他來到這裡之前的路途，比任何同學都長、都艱辛，他心存感激，但是長年在與哈佛很不同、甚至相對立的環境裡翻滾，也讓他世故而疲倦。面對強大的哈佛三宇宙，他必須打起精神維持自己的價值、尊嚴與特色，還得時時提防，確定自己沒有動搖。因此，他一方面用最直率的方式行走哈佛，算是對哈佛的最高敬意，一方面以哈佛一員的身份，看守它、監督它、鞭策它，要它完美——可能他必須這樣，才能真正相信哈佛，並且真正有參與感。

小結

現在，回顧本章這四節課與一個演講。9 月 22 日是以詩為媒介，談藝術的力量與藝術家的世界性角色，也可說是以討論藝術的核心性價值，拉開學生在 AIE 的序幕。9 月 24 日則由畫家自述其藝術過程，以突顯藝術過程是思考還是感情的小主題，並以專業藝術家為深度思考與深度感情的角色模範，讓理論落實到個別的案例。9 月 29 日主要使用文字符號，要學生直接就文字作解讀，這是符號思維的開始。10 月 1 日學生的發表，利用各式各樣的藝術媒體，表達自己的學習狀況，可說都是多元進入點的運用，以及生產路徑、知覺路徑與反思路徑的三方結合，整個是以課題來架構，以問題為學習的里程碑。10 月 6 日也是第一主題的最後活動，即本學年第一場 JLB 演講，是由藝術家寇克親自展現複雜的思考與感情結合個案，以及生產、知覺、反思不斷循環的現象。

AIE 學生來自四面八方，背景各擅勝場，但這四節課加一場演講下來，大家看起來都順利地聚到潔西卡安排的路徑上了。

只要學生能被撼動，並進入上述的學習模式，我想可能潔西卡就認為學生已達到此課的目標，而給出好的評量。這一點，讓很多期末前因對作業沒

把握而緊張的學生，在接到成績單後，一方面鬆了一口氣，一方面覺得成績太高，給得太鬆，課程則太容易過關。我想，這些學生可能不習慣這種新的學習與認知方式，以為哈佛就代表競爭中的競爭、激烈無比的競爭，沒想到，至少在 S-300s，學生的任務，是要在強大的三宇宙磁場中，找到自己在專業知識與專業遊戲中的領袖位置。從另一個角度來看，學生與三宇宙拉扯、定位自己、尋求自己的利基，也可說是一種「做哈佛」，一種哈佛的商議。

S-300s 是以課題來建構，兩學期之中，要走過四個大課題、十二個小主題，課堂上極少觸及答案，只是不斷地由問題導出問題（發生性思考），由小問題整理出大問題（高視點），由大問題分解出小問題（分析），把別人的問題改成自己的問題（主體化），聽取他人的問題來判斷自己是否掌握問題（反思），試著把自己的問題說出來（再架構），隨時玩味問題的每一個面向與聯想可能（隱喻、創性），不斷地追蹤問題的定義、結構與問題解決的策略（解決問題），不太關心問題的答案或者他人的同意與否（開放性）等等。整個過程中，學生產生洞見（insight）的重要性高於其他。這些都是 PZ 的各種研究中，所歸納出來的「高層次思考」（higher order thinking）的項目。

換一個角度來說，AIE 學生在這樣的課程下，學到的，是把學校中的學習當作商議，S-300s 鼓吹的跨界思考、無界聯結，其根本，是要以「自我」這個主體中心，讓整個周圍的世界，圍繞著自己、為自己服務、接受自己的塑造。S-300s 一個貫穿性的作法，就是人人都必須鍛鍊自我的呈現，在創作、學習、表達和思考上，展現的機會非常頻繁，在群體討論、口頭發表、儀式性贈禮、大小問題寫作時，都需要從個人出發，沒有標準答案，迫使學生不斷地思考自己的主張與風格是什麼，與別人不同處何在，如何表現，表現什麼，怎麼改進，整個呈現是否讓自己感覺滿意、適切等等。做這種判斷的基礎，則是個人的自我期許，牽涉到自我認同、意志力、信念強度、勇氣，以及拿捏、妥協、等待、盤算與調整等商議能力。這學期的 S-300，是如此

以自我為中心，與周圍的世界商議自我的定位、建構自我的知識。等到下學期的 S-301，如何經營藝術教育中心、如何推動社區藝術教育、如何寫企劃案申請經費、如何進行政治遊說等大小主題上場時，這個必修課程，就會引導同學從商議自己，變成商議別人，學習如何做個變局的催化者，如何將周圍的世界轉向，成為自己所期待的模樣。我認為課堂上的作業還算好應付，其中唯有自我淬煉的功課，以及商議個人在新局面中的處境，並且以個人的方式勝出，這一部分是極不容易的，而這也是下一章的重點。

　　如前所述，茹絲在這幾週的課堂紀錄裡顯示，她之前與 A 發展出來的商議型態，進了哈佛之後，還是順利可行；黛君離開父母的羽翼，人在哈佛有點動搖，但有潔西卡的看守與保護，她漸漸成長；約翰方面，則進入了與哈佛愛恨交織的關係之中，潔西卡成了哈佛的具體形象，禮品事件讓這個白種女子有如一把打開他所有鬥爭傷口的鑰匙，開啟的是他在三宇宙中極為辛苦的旅程。潔西卡自己，則在每日經營 AIE 的過程之中，繼續「做哈佛」，繼續商議自己的前程。潔西卡在 S-300 開始時用的幾首詩，明示了領袖的孤獨、領袖的力量、領袖的創造和領袖的犧牲，可以說是整學年課中，給學生的定位，三宇宙也自有給學生的定位。下一章，就要看看我在 S-300s 的所見，是否能在學院及整個學校的場域中，產生印證與迴響。

8
核心課外的「領袖性」教育

　　本章要把目光從 AIE 的 S-300s，同時向上層的三宇宙，與向下層的個人成長歷程發展，一方面檢視其他的田野資料，以試圖了解四位旅人通過三宇宙、三層次的旅程，一方面進一步探討由前面章節逐漸產生的、可能的「領袖性」教育內涵，尤其是揣摩學生脫胎換骨的心路歷程。

個人性、多元性與商議的必要

　　在上一章裡，我描述了 S-300s 課第一大主題之下，第一小主題的全部四堂課。課外，我聽到許多學生對課堂情形或教學的讚美，滿意的反應主要是在課程內容提供的衝擊與省思，以及理論閱讀與學習的機會，也聽到一些抱怨，例如老師講課太少、討論結構太兩極化、內容太淺或太深、放任錯誤言論不管等等。本研究並不是一個為特定目的進行的課程評鑑，對本研究而言，這些分歧、矛盾、甚至前後不一的評論之意義，是提供了文化了解的契機。為了避免涉入解釋整個美國文化的不可能任務，又能維持某種程度的切割合理性，我是用一個較穩定的「進入點」、一條不致偏離已知田野現實的

線索，來進行本章的寫作。我是用「個人性」（individualism），來銜接田
野中一直有的商議現象，以及「領袖性」教育。既然本研究的作者與預定讀
者，對於本研究的對象而言，是「異文化」人，那麼我可以問：我的研究對
象，會如何向「異文化」解釋他／她們自己？這麼一來，一份原先並不起眼
的田野資料，便成為這一章的極佳起點了。

　　1997 學年，哈佛大學校園中有 1993 位國際學者、2824 位國際全時學生
，這只是哈佛大學做為美國國際學術交流據點的一個小證據。1998 學年開
始前，我抵達哈佛，國際辦公室給我和所有當年的國際學生、學者一本手冊
，裡面選用了一小段文字，來為蒞校的國際人士解釋，「美國人」是怎麼樣
的人。

　　這段文字雖然簡略，但是如今回過頭去看，正由於它的淺顯，沒有經濟
數據、政治觀察等，有效地指出了美國大學校園中對外國人來說最易產生文
化落差的關鍵。它原是一份取自一家美國跨國公司的文獻，經哈佛國際辦公
室選中、改寫而成，表面上是不完整的三手資料，實際上，正因它經過這麼
多人之傳播與處理，才來到我的手上，表示它在為非美國人描述美國人特色
的這件事上，具有某種可信度與有效性，而且可以視作是反映哈佛大學國際
辦公室長期處理各種外籍人員之疑問，被認為有助於非美國人克服對美國人
的概念障礙。茲將小標題的原文留下，並全文[1]翻譯如下，其中圓括號與方
括號內的中文依原文，圓括號內的英文則是原文：

了解美國人（Understanding Americans）
在適應一個新文化的時候，對該文化作一點了解，應該是有益的。美國

---

[1] 在原文標題之下，有一小段文字說明我所引用的這兩頁內容的背景，是根據 AT&T 出
版的國際學生手冊中之附錄五，再由哈佛大學國際辦公室改寫，置於手冊之中，此手
冊是外籍訪客或學生到國際辦公室報到後，所獲資料夾中的各種免費資料之一，也是
最主要的一份。

的人口是由許多不同的種族所組成，這一點是美國最重要的特色之一。
即令如此，還是可以談談一些美國人共享的「主流」價值。在你吸收下
面對這些價值的解釋之後，你仍不可能了解所有的美國人，但是對我們
行為的底層是什麼，這一個問題上，你會有一些進展。請放心，我們無
意要將你「變成」一個美國人，我們只是想幫助你了解你周圍的人。

個人性與隱私（Individualism and privacy）

美國人對個人性的投入，可能是要了解他們最重要的一點。兒童們從小
就被訓練要獨立，並且對他們自己的未來負責。這種訓練可能造成的，
是一種看起來對父母與年長者的不敬。隨著個人性而來的，是對隱私以
及獨處的需要。這種需要，可見於父母給每個孩子一間自己的房間（如
果他們可以負擔得起的話）。雖然美國人是好客的，但很多美國人會希
望他們的朋友，先電告再抵達他們的住家。比起其他文化，隨意而未經
告知的訪問，在美國較不常見。

平等（Equality）

在我們的獨立宣言中，言明了這個美國理想：「所有的人皆生而平等」
。但是美國人的行為似乎並未照著這個理想進行，那是因為在這個多元
文化的社會裡，平等這個概念仍在演化之中。而且有時候，你可以從細
微的語音變化、說話與座位的次序等，看出某種層級分化。

不正式（Informality）

平等的概念讓美國人的行為和人際關係顯得相當不正式。你可以從服裝
、語言（尤其是使用俚語這點）、姿勢、教室活動（像公然吃東西）、
問很多問題並作評論等等，看得見一種隨意。

未來、改變與進步（The future, change, and progress）

美國人以抽象的形式尊敬歷史與傳統，但他們通常不把歷史與傳統當作

一種束縛性的指引。一般的想法是，人們可以控制他們的未來、甚至世界，並且透過自發性與進取心使之變好。

時間（Time）

你可能會聽到「時間就是金錢」這句話，聽起來很奇怪，但這就是美國人看待時間的方式：需要為有益的目的而保留或者花掉的一種有限的資源。這表示在現實生活上，美國人通常會準時到達會議與約會，會維持一個活動時間表，並會要求他人也如此。在會議與專業性會面中，表現得有條理會被極度賞識，相反的，「浪費時間」於「無所是事」的對話上，則否。

成就、行動、工作與物質性（Achievement, action, work and materialism）

以完成某種可被衡量的事業為生命職志的高成就追求者，是美國人欽佩的對象。相較於其他喜歡坐著談話的人，美國人非常活躍，重視做出某種事業，即使休閒時也不例外。新教徒式的工作熱忱，也許較前稍有消退，但是行動和成就的概念仍在。因此美國人的認同，傾向於是他們的工作。當你與新朋友見面時，你會被問到的第一個問題，可能是問「你從事什麼工作？」（What do you do?），而不是問你的家庭或背景。

直接與伸張己見（Directness and assertiveness）

美國人與他人相處時，一般自認為很坦白、直接。當他們對某件他們不喜歡的事表示意見時，他們可能稱之為「建設性」批評。美國人不認為他們有必要掩飾自己的感覺，即使有時他們的言語並不那麼直接，他們的表情卻很明白。保持誠實常被視為比維持人際和諧關係，要來得重要；在表達意見或做要求時，表現出堅持的態度，是可以被接受的，甚至可能是必要的（記住個人性的重要），但表現得太「壓人」或者強勢，則否。如何分別這兩者間的微妙界線，對美國人來說也是困難的。

　　我之所以會選擇這篇短文來做討論的起點，還有一個原因，就是文中的每一條、每一項，我可說都以各種形式親身體驗過，冷暖自知之餘，深感貼切。研究工作本身，因為田野中對「個人性」的重視，受到很深的影響。在某些方面，我認為不要緊的要求，對方會毫不讓步，在其他方面，我根本沒有要求的協助，卻送上門來，而且對方覺得完全沒有必要接受致謝。這類經驗除與個別情境或人物個性有關外，可說只是跨文化互動時的常態。總之，我認為上面這篇小文，是相當貼近田野實況的。如果閱讀文中的各個小項，必定還會發現，其實所有的小項，合起來是一體，而所有的小項，都是第一小項「個人性」的衍申或闡述，「個人性」確實具有美國主流價值的地位，但是正如文末所言「如何分別這兩者間的微妙界線，對美國人來說也是困難的」，其中別有蹊蹺。我認為讀者雖然不在現場，但可以利用此小文，迅速而有效地擁有一個比較與對照的基礎，因而較易進入下面有關哈佛教育學院學生通過學院與大學旅程的討論。

　　重視個人性是西方文化的總體特色，但美國式的個人主義，由於族群文化的極端多元，又有一個特別之處，即要了解美國人的「個人性」，必須與前一章所提到的「多元性」並置來看。

　　美國人自小就被鼓勵去做自己，接受自己的獨特性，以自己為中心定位宇宙、珍惜自己的自由獨立，反對被同化、被框限，更不情願接受憐憫或摸頭。無形中，周圍的大環境，不管是階級、社會共識還是歷史傳統，都很容易被視為個人生命旅途的試鍊，或者是動搖個人主體的力量。同時，每個人也被鼓勵要發展自己、伸張自己、實現自己，要熱心地回饋社會、參與社會、改變社會，期待著未來的進步，可以說，每個人都被培養去擁有不同程度的「領袖性」。於是透過民主社會中爆炸數量的言論自由、人民行動力以及選擇權，每個人又同時被培養成壓抑他人或企圖改變他人的力量，這，就無可避免地會與他人的「個人性」直接衝撞，並與整個社會多元的客觀現實短兵相接了。我認為，在「個人性」與「多元性」兩大力量的拉扯之間，商議

變得異常重要。

　　簡單地說,社會由個人組成,個人在群體所設下的巨大前提中,只有微小的、相對的意義;反之,微小的個人,力求透過決心與行動,改變其他的個人的思想與行動,甚至影響周圍的巨大結構,建立起個人絕對的意義,這是美國式商議的本質。

　　哈佛大學本身作為主流中的主流,鼓勵這種核心文化價值的立場,也是很容易了解。讀者看看四位旅人的故事,就可以了解哈佛吸收的,正是手冊中所謂「以完成某種可被衡量的事業為生命職志的高成就追求者」。從文化的角度來說,任何美國教育活動,如果不回應這項強大的文化因素,不但不可能被接受,也不可能被視為有價值,可以說,哈佛大學鼓勵的、挑選的、增強的,與美國文化認可的素質,有極大的相通之處。

　　更進一步說,美國是世界上最大的、持續地接受移民的社會,境內有全球各地各種文化的人口樣本,文化之多元,不是其他地區所能想像或比擬的。美國也是世界第一強國,自認力量越大責任越大,政府與民間不斷介入他國事務,以美國的價值看守著世界秩序。對這個國家來說,其文化的課題非常糾結複雜,在個人與外在世界間關係的這個課題上,比較其他西方國家更加放大、更加激化。由這個角度追究到底,每個人與其他人的相同性很容易被忽略,而差異性則被突顯,激發個人與他人、我族與異族之間,無休止的抗爭、辯論、對話、妥協、合作的需要——或者說,商議的必要。現在,我們來看看商議在哈佛學生的個人意識上的展現,以及商議對「領袖性」教育的意義。

　　很貼切的,這種個人與外在世界很矛盾的兩極交錯無解關係,在哈佛常聽到的用語,就是「難題」(conundrum)。也許有人會說,公與私的界線很簡單,在私領域裡,個人的權利應受尊重,在公領域裡,則以眾人的權利為主,因此一個人私下批評什麼,是一個人自己的事,在公開的場合,此人就必須尊重其他人的感受。但如何界定公私領域的界線,其實並不簡單,甚

至可能會牽涉到法律的解釋以及政治爭議——比如，胎兒的生死命運是母親的私事還是公眾價值體系的一部分？在不超越本研究範圍的前提下，姑且審慎地說，手冊中所說的「人人平等」、「天賦人權」、「尊重並包容差異」等等這些基本的遊戲規則，讓美國社會能夠維持某種程度的和平。但是大部分的人又都能感覺到，美國社會處處可以看到消費個人、膨脹個人性的情形，比如說，商業廣告所鼓勵的消費者個人風格、教育界對個人的發明、創造與冒險所帶來的「進步」之推崇、社會對反抗權威、桀驁不馴與特立獨行者的包容與欣賞。在這樣的文化溫床上，哈佛三宇宙的極致性特質，更加激化個人與群體的碰撞，進而使商議的遊戲，更見細緻。

商議現場

在哈佛教育學院裡，不管是美國學生還是極少數的國際學生，要如何自處呢？一位資深黑人女博士生格萊蒂斯（假名）說，在院裡，第一重要的是個人。「那些在進哈佛之前，相信『社區大於個人』，即團體比個人重要的人，在這裡會很難熬，這個學院被稱做是『菁英化』，不是沒來由的。」[2] 她解釋說，所謂「相信『社區大於個人』的人」，就是倚賴「機構支持」（institutional support）的人，就是缺乏「內在強度」（inner strength）的人，也是容易被「嬰兒化」（infantilized）的人，她說，如果你是這種人，在這裡，可找不到呵護，也沒人會接受你的「成長之痛」（growth pain），因為「當你來這裡的時候，他們就當你是成人了。」從她的語氣裡，「菁英」必

2　原語 "It's focused on the individual first and the foremost. People who believe that 'Community is bigger than the individual' before they come here, would have a hard time here. They don't call it 'elitist' for nothing."

是「成人」，而「成人」就得頂自己的天、立自己的地。

以院裡明顯可見的措施來說，「學生是成人」或「學生是自主的個人」這個前提，是不斷被加強的。院內種種細密的行政體系，都是從對學生個人性的「支持」（support）或頂多「身導」（mentoring）的概念出發，不是採取台灣較習慣的教導（teaching）或者輔導（council）態度。以新生訓練來說，為了充分告知學生們一切的資源與服務項目，學生服務辦公室（Office of Student Services）安排的活動，從早到晚重重疊疊地，竟進行了整整六天。訓練的內容歸納起來，有院裡的、領域裡的會議與報告，圖書館與電腦中心的導覽，學生團體聚會，特殊學生團體（如同性戀學生等）聚會，關於就業資訊、獎助學金、現場實習等的溝通，還有純交誼的咖啡時間與划船活動等，讓人分身乏術。實際的支持態度，還顯現在許多小節上。例如任何學生深夜從圖書館出來，可以請夜間校車接送，以保行動的自由與安全；一個聽障生可以得到免費的個人助理，跟著一起上課，幫著做筆記，以維個人學習的權益；學院教師開課自由化、學生選課個人化、學院行政自主化（對學校行政上的中央而言），以保障所有人的自主空間。整個環境一再要求的、增強的，就是做為一個個人，不管入學前條件如何，學校都會動用資源盡力補足，把個人前行的障礙，降至最低，要點是，這麼一來個人就沒有藉口了。這是哈佛公司宇宙提供的頂級服務，但在這樣五星級的環境中，學生必須面對哈佛獨有的煎熬。

2004 年，在第一場 JLB 演講會後，AIE 學生與講員茶敘，講員是一位遠道而來的大美術館館長，席間她非常親切地回答學生的提問，並且誠懇地吐露工作中不為人知的內幕。一位 AIE 的年輕黑人女生坐在和我一樣遠的角落，她來自那位館長同樣的地區，但她全程沒有說話，只狐疑地半對著我、半對著自己，自言自語道：「如果我們不是哈佛，她會對我們這麼親切嗎？」我心想她可抓到重點了。我知道至少有兩位藝術教育界的大人物，曾為了 AIE 而落淚。一位是當潔西卡在電話上通知說 AIE 將正式成立時，激動哽咽

，高興藝術教育界有哈佛加入，從此便要不同。另一位地位崇高的 JLB 講員，在演講後看見 AIE 學生圍著他，認真地討論著藝術教育政策，及為什麼藝術教育不受重視時，不禁欣慰得五官扭曲幾至痛哭，他一面拿出他精緻的絲手帕拭淚，一面哽咽解釋說他可以看見他的工作後繼有人了。這幾個例子的主角都是性情中人，由他／她們的反應，學生們會明確地意識到其所受期許之重。學生們從別人的肯定之中，會更相信自己可以挑起本來就想要挑的。以及可能新增加的擔子，而這些不管來自他人還是來自自我的高度期許，都是很大的壓力。

　　一位曾做過哈佛大學部「駐舍舍監」（resident master）的老教授樓伯（Arthur Loeb，真名）說，你以為你是全州第一，到了哈佛你會發現，班上有三分之二的人是全州、全國甚至全世界第一，而且還兼有各種其他出眾的資格，讓你望塵莫及，這種情況，足以使每個學生緊張得幾乎要昏倒。教育學院雖是研究所層級，不是大學部，可是老教授所說的情況，卻只有更嚴重。剛開學時，自我介紹是常有的，每個學生因此會聽到無數其他學生的榮耀故事，接著可能聽到教師對學生學習的高要求，兼要忙著了解課程計畫，再加上教授所開出的長長書單，沒多久，就開始自我懷疑，並深深憂慮自己的學習前景。我曾在美國留學多年，與許多美國學生交往過，但從未見過任何美國學生像哈佛教育學院的學生，尤其是只來一年的碩士生，這樣集體性地自卑恐懼、緊張失常、心力交瘁。

　　教育學院碩士班新生緊張的心情，是由來已久的常態。一位哈佛教育學院老校友葛里哥雷・理查・安雷格（Gregory Richard Anrig, Harvard M.A.T. 1956 and Ed.D. 1963），曾任教育測驗服務社的總裁（President of the Educational Testing Service），他口述當年剛進哈佛唸碩士時的情景，說：

　　我以為學院會跟大學部差不多，所以，我和其他的男生們就出去喝個啤
　　酒什麼的，然後，那年十月份，我最初的幾個考試得了 C。嗯，那時節

，C 是不能用 A 來抵的，所以拿 C 對一個研究生來說，就是在失敗的路上了，這嚇得我三魂出竅。我心想，噢！我進了這麼個有傳統、有名望的地方，卻快要被當掉。我最不想做的，就是當個失敗者，所以我告訴我自己，晚間活動就算了。接下來六個月，我基本上待在我向布萊佛‧華許本，當時波士頓科學博物館館長，租來的三樓房間裡，我用功、用功、再用功。期末考時，我考得挺不錯，所以我鬆了一口氣，來了杯啤酒，然後再一頭鑽進書堆裡。那一整年，我都嚇得要命。真的，這就是我怎麼來到哈佛並拿到我的 M.A.T. 學位的，靠極端的恐懼！[3]

　　葛里哥雷當時「極端的恐懼」，是來自明星宇宙的重量。他是進了學院之後，才體會到他對失敗的恐懼，他不願負了自己，不安全感啃蝕他，使他工作動力大大升高。

　　課業壓力之外，還有其他讓學生心情沉重的事。1999 屆教育學院的碩士學生，為了來哈佛，每人平均大約一年連生活費，要花費兩萬四千美金左右，像約翰和黛君那樣，有獎學金的人很少。想將來要大富大貴的學生，不會選教育學院，教育學院的學生中，已在職的多是各級教師，不屬於高所得階級，大部分的學生畢業後，必須面對長期攤還超高額學生貸款的壓力。然而在哈佛的時間非常短暫，一天只有二十四小時，一星期上課五天，每個學生畢業前，每學期需要至少四門「半年課」，以 S-300 為例，一門課需要每週上課四小時，分組討論兩小時，每月還有一次大型演講會，其餘的課需要的時間也許多、也許少，但是必須不能衝堂，而且常有先修的要求，加上準備、閱讀、找資料、做作業等課前、課後工作，一週的時間大約已經佔滿，即使真的勻出時間，去看一看校內很棒的美術館，都會發現根本看不完，若下次再來，必要等很久以後才有空了。

---

[3] Harvard Graduate School of Education (1988)，頁 7。最後一句的原文是 "through abject fear!"

　　教育學院在哈佛大學裡，資源自然還是較之他校豐富，但是給學生異常豐富的、極為奢侈的資源，同時又給學生忙碌緊湊的時程，讓學生覺得身在花園中，卻沒有時間逛花園，所有資源因此是近在眼前，也遠在天邊，看得見但享受不到。這種情況，可比出差時住進五星級高級旅館，每日出門開會，回房倒頭睡覺，無從享受種種頂級服務一般。此情此景，凱特聽過一個令人噴飯的譬喻，叫「試圖從消防栓喝水」。[4] 來哈佛以前，機會很珍貴，來了哈佛，機會太多，反而有挫折感，因此大家更加行色匆匆、憂心忡忡。一名白人半時生勞夫（假名）因為有過前一年的經驗，誠懇地告訴晚他一年進來的新生說，「在學院裡，一部分的學習，是學習如何在危機之下工作，而仍維持生產效能。」[5] 他說，如果你不能「面對一點點嚇人壓力，他們不會給你哈佛之名。」[6]

　　能進哈佛的學生，無疑是同儕中的佼佼者，進來了，看看周圍的人和事，才深覺自己平凡無奇，甚至自慚形穢。有一次，我與一位 AIE 人穿過人來人往、老樹高聳的哈佛庭院，她有點不好意思地表露說，她不明白為什麼這裡的人，比起家鄉，看起來似乎都特別好看，英俊漂亮聰明能幹的人密度這麼高，讓她覺得很「膽怯」（intimidated）。在三宇宙中，學生的困難之一在於發現，在明星宇宙前，自己是如此晦暗無光、相形失色；在公司宇宙前，自己是如此軟弱無能、撐不起局面；在聖戰宇宙前，自己又是如此空洞而無意義。進了哈佛，恐懼的面貌有很多種，不只於課業、財務與時間壓力，或者好強的自尊心受挫等這幾方面，同時，每個人都被迫在多重壓力的交相作用之中，重新認識、界定自己，否則舉步維艱，很難向前邁進。

---

[4] 原文 "Trying to drink from a fire hydrant."

[5] 原文 "Part of being in the Grad. School is learning how to operate in crisis and still be productive."

[6] 原文 "And if you can't handle a minimum degree of freak-out stress, they won't give you the Harvard name."

　　其實，不只這位 AIE 同學會因自己的過去而有心理作用，每個人都有每個人的歷史，這些個人的歷史，又跟整個美國社會的歷史緊密相連。種族的、性別的、階級的、信仰的、地域的、道德的……這類超大的課題，如果不是哈佛這種環境，也許有些塵封已久的心結就不需見光，有些帳不用算得那麼清楚，有些挑戰性的課題，就不必被剖析到那種深度，也就不會那麼傷痛。但是，這是哈佛魔法，就算是潘朵拉的盒子也必須打開，否則就無法安然航行哈佛的三宇宙，也就不能擁有哈佛之名。

　　對這些學生而言，來到哈佛，就是一頭栽進了一個「高代價遊戲」（high stake game）、「高權力遊戲」（high power game）與「高壓力遊戲」（high pressure game）之中。每個人似乎都有某種程度的患得患失，大家都變得小心翼翼，說起話來比一般美國人閃爍許多，直爽的程度大為下降，顧左右而言他、察言觀色而後動、口是心非的阿諛奉承、搞政治正確以自保的情形，隨處可見。老於哈佛者，如從哈佛大學部畢業的比娜，自有辦法，新來的學生，就覺得彷彿進入了異域，頓時進退失據，惶惶中感覺特別疏離孤單。有話說不出口、怕說不好、怕丟臉、不敢說、不能說、不願說，或者只能非常小心地說的經驗，對於習慣直率的一般美國學生而言，異常苦澀，難免動念懷疑是否有某種系統性的壓抑力量，或者某種陰謀存在（比如大眾傳說中的骷髏黨），益發使自己的心情惡化，面對起新環境來，更加困難。

　　如本章一開始的短文所說，「個人性」及表裡如一的「直接伸張己見」，是美國人重視的美德，但是，面對哈佛這麼大的挑戰，難免壓抑自己。這種壓抑，究竟代表自身身心的軟弱、信念的動搖，還是新的轉化與成長，需要自己去經歷才知道，何況，過程中，有時就需要以表裡不一的方式來保護自己。操作不同的「表裡」，就與「做哈佛」和玩「高代價遊戲」一樣，是重要的商議活動，內涵就是在三宇宙中、在課堂內外，商議自己、商議周遭的世界。

　　一位 AIE 的年輕新生對我說，入學後她就感覺一直被唬，但是她不是半

途而廢的人，相反的，她發誓要留下來繼續讀完，因為她要學一些語彙和思想，以便將來也可以「唬」人。[7] 其實在哈佛，並不只是表面上誰唬誰的問題，內涵比她想像的複雜得多。下面是田野中我所知道的一些學院學生商議自己、商議周遭世界的例子。

從「多元性大會」談起

話說自從民權運動以來，美國校園裡就不斷地上演校園運動，到了世紀末，重點已由黑白種族問題（racial issue），演變成民權問題（civil right issue），之後再演變成「多元性」（diversity issue）問題。研究期間美國學校機構注重學生與教師的「多元性」，除了是法令規定之外，也是因為逐漸發現「多元性」的教育價值。比如說，哈佛附近的某大學給大一新生的父母，準備了一份摺頁，裡面最後一個部分，標題叫「為一個更大的世界做準備」，其中有關「多元性」的文字是：

您的孩子，很可能會因他在校園裡所新遇之人而受到有益的挑戰。不同政治理念的室友、不同宗教背景的朋友、來自不同族群的同學，都會讓您的孩子大開眼界──如果他願意的話。請鼓勵這種成長，因為一個對多元性持開放態度的學生與沒有此種態度的學生，發展將截然不同。[8]

1999 年春，教育學院的公告欄裡出現了一大批信紙大小、火力十足的影印海報。有一張點名魯登斯坦校長，說他對「多元性」只說不做（lip service）；另一張海報稱呼不支持亞裔美國人社區的教育學院為「錯誤教育

7　原文 "BS"。

8　該摺頁文章的標題是 A New Chapter: How parents fit into their students' lives at college。

學院」（School of Mis-Education），還有一張是直指墨菲院長，說他對「多元性串聯」的九項要求都沒有反應。[9] 到 5 月 3 日下午 1:30，由一群從西岸加州洛杉磯來的拉丁裔女學生領頭，在院中心草地旁召開了一場「多元性大會」（Diversity Rally），此會是屬於「多元性行動」（Diveristy Initiatives）的一部分，[10] 目的是抗議院長不重視他／她們先前提出來的九項要求。[11] 所謂「多元性」，學生的定義是：有能力並且願意認知並包容差異，差異包括不同種族、性別、年齡、宗教、政治傾向、性傾向、階層、精神、身體、學習上的障礙、地區、國籍及學習風格。可以說，就是每個人，或者「任何具有差異性的個人」，[12] 或者多項差異混合的整體表現之一。如果再觀察實際

---

[9] 海報標題是「院長對多元性的回應：九項要求，九個不」（THE DEAN'S RESPONSE TO DIVERSITY: 9 DEMANDS, 9 NO'S），下面垂直對分為兩半，左邊一半標為 DEMAND，底下是九項要求的內容：包括開設有關多元性議題的課程、聘用專人負責多元性業務、建立有色校友的組織、繼續每兩年辦一次多元性專題冬／夏令營、資助辦理有色校友回院研討、GRE 分數改為非必要入學參考、在春季有色校友回院研討期間邀請有色大學生來院訪問以助招生、規定入學新生必須參與社區服務，原文 "1. Post-Doctorate Position to teach two courses in areas related to diversity. 2. Create a full-time staff position in the OSA to focus specifically on diversity issues. 3. Develop an Alumni of Color Initiative. 5. Diversity Retreat continued and funded biannually. 6. Financial support for annual conference to bring alumni of color back to campus. 7. Make GRE scores optional for admission to HGSE. 8. Invite students of color to visit campus in Spring (during Alumni of color conference) as a recruitment strategy. 9. Service to Community be required of all incoming Ed.D. students. " 右邊一半上方標示 RESPONSE，下面是連九個 "NO" 字。

[10] 有關此活動的起點，根據特藏室中的文件，有的是指向 1996 年春由一門課上的討論所引發有關多元性的學生運動，有的是指向 1995 年教育學院院長辦公室推動的一項「多元性」研究以及一個「三段式的多元性行動」（Three Phase Diversity Initiative）。

[11] 1999/1/25-27，十六名學生由學院補助，前往佛蒙特州舉辦一個冬令營，研討多元性的政治行動綱領，根據這三天的討論，以及回校後的一些會議，1999/3/2 他／她們向墨菲院長提出了一份總結報告，陳述他／她們的意見與改善方式。

[12] 根據 Gehrman, Elizabeth (April 26, 2007). HGSE makes creative efforts visible. *Harvard University Online*. http://www.news.harvard.edu/gazette/2007/04/26/17-alana.html.. 作者訪問學生有關 diversity 的意義時學生所做的回應。特藏室所藏紙本原文 "Anyone who brings something different to the table."。

參與相關活動者的特徵，很容易會發現，除了「健全的上階層白人男性異性
戀者」比較少出現之外，其他各類人都所在多有，再對照其公私言論，可以
推測所謂「差異性」，是相對於「健全的上階層白人男性異性戀者」此一被
認為最具優勢的族群而言的。[13] 但是讀者必須先明白，在女性居多數、而且
是哈佛師生人口最具多元性的教育學院裡，合於這個標籤的人，以我的觀察
其實並不多。

到 2008 年中本研究田野工作結束前，「多元性行動」已連續進行了九
年，期間每年都由學院補助出版一本集子，紀錄當年的活動成果、學生心聲
以及「抗議寫作」（protest writings）。這些公開出版、免費發送的小集子，
在學生眼裡，是他／她們的心血結晶與心情紀錄，也是來哈佛一年留下的足
跡。在教職員眼中，是學生們的創作作品，全由學生自行驅動，品質難免粗
糙，但由於學生堅持，已經成了院內一項年年辦理的傳統。在我的眼裡，它
們則是一窺學生內心世界或者了解三宇宙中學生旅程的上好資料。

1999 年時，我正逢上這個運動的小爆發點──「多元性大會」──當
時觀察起來，參與者的特質五花八門，發表的內容牽涉極廣，政治、文化、
族群、階級、性別等課題無所不包，可說是缺乏焦點，而大會活動的時間很
短，只是煞有介事地喊喊解放（emancipation）與抗爭（struggle）的口號，
說教育學院的學生將來會面對多元的學生，因此教育學院必須帶頭檢討本身
是不是具有多元性，展現一個多元化的模範學習環境。對我這個奧勒崗大學

---

[13] 這一點，也可以從一個多元性活動的主旨陳述中領略一二。2000/2/10，一位教育學
　　院的拉丁裔女生 Marisel Perez 發出電子通告，邀請大家來參加一個專為白人學生與職
　　員辦理的討論會，名叫「以檢視白性（whiteness）來做為反種族歧視的一部分工作」
　　（Examining whiteness as part of anti-racist work）的討論會，信中說討論課題有四項，
　　「社會建構下的『白』、白人認同與階級的交會、性別與性傾向的關係、挑戰白人
　　的特權、我們在 GSE 多元性工作中的角色」（the social construction of "whiteness"、
　　the intersections of white identity and class、gender and sexual orientation、challenging white
　　privilege、our roles in the diversity work at GSE）。

的留學生來說，這是三、四十年前美國大學校園裡的老生常談，現在怎麼還是一樣？再看看這些學生個個天賦好、成就高，又進了名校，若不算得天獨厚，比下也絕對有餘，我不但認為這個「活動」不會長久，而且不了解到底這群學生在「鬧」什麼？

後來我發現，我可錯了。不只「多元性」的改革，是個標準的聖戰項目，天長地久地持續下去，本不必感覺意外，而且，當我以一個外人的身份，自以為是的時候，其實是沒體會到其中的奧妙，何況在哈佛，不只我會感覺格格不入，其實各地來的美國學生也有同樣的問題。

要跳開「多元性大會」或「多元性行動」的表面，可以藉我自己的經驗，以及一些內部文件，[14] 來切入這件事。外人初到哈佛，就像鄉下人到了城市，看見很多事情在發生，但是自己不得其門而入，要向人請教，又不能隨機進行，不管教授、職員還是學生，一定得先約，等見了面，約會時間又很短，一大堆疑問根本無法解決，看眾人行色匆匆，各自忙各自的好像很適得其所，反觀自己，有如一首五言長詩中的一段：「枯桑知天風，海水知天寒，入門各自媚，誰肯相為言。」[15] 我是訪問學者，只管做我的研究，還算相對輕鬆，學生們心中的恐慌、挫折、淒涼就大多了。因此漸漸地我認為「多元性大會」或「多元性行動」的特色或功能，除了表面上的那些議題之外，一方面是讓每個自認受擠壓、自認未受重視的學生，在緊張疏離的學院生活裡，打造自己的社群，疏解心中的壓力，並企圖以改變學院來適合自己；一方面則是調適自己因突然變成「哈佛人」，所產生對新身份不適應的問題。透過他／她們的文字，我可以窺見學生們由不適應到適應哈佛的過程，本節下面的引文中，若作者是學生或從學生的角度敘事，引文會以灰底區別之，

---

[14] 指的是下面會討論的 Standing Committee on Diversity Summary Report 1997-1998 中之各項會議紀錄。
[15] 出自樂府詩〈飲馬長城窟行〉。

其他引文，相對的，是透露或闡述學院中隱性教化的內涵。

　　看 1999 年出版的第一本集子，[16] 便可以了解為什麼我會認為學生的寫作透露了學生的文化適應過程。在集子的合寫引言第一段，兩名拉丁裔學生領袖亞娜（Ana Tavares）與瑞貝卡（Rebeca Burciaga）說：

> 這是我們的希望工程。開始的時候，它是一個獨立研究課，後來它成了我們的生命線。做為與各自的社群深深聯結，並且意欲為弱勢青少年工作的拉丁裔，我們帶著希望來到哈佛教育學院，我們期待透過研究的支撐、課堂討論，留意有色族群的研究者，以及將我們的經驗與教授提供的理論架構整合在一起的機會，但是，我們感受到的，是空洞——這一點，可以從集子作者們的發聲中，聽到回音。我們發現，我們自己必須創造教室裡理論與我們經驗之間的聯結，在學期的第一個星期中，我們就發現，我們需要為我們自己和其他人，創造一個對話與批判的空間，一個人需要學習如何在哈佛這個混沌的水域航行。

　　如今看起來，「我們需要為我們自己和其他人，創造一個對話與批判的空間，一個人需要學習如何在哈佛這個混沌的水域航行」，這段亞娜與瑞貝卡點出來的問題，正是「領袖性」教育的一部分精義，只不過，她們做為當事者，也許不能完全體會。看看這一段文字，再對照各年集子裡的其他作品，就可以漸漸理解，為什麼「多元性大會」或「多元性行動」，其實是個集體的自我定義或者自我治療的儀式。學生入學之後，可能在三宇宙崇隆的對比之下，發現自身來處的特殊性，感覺自己的邊緣性。或者，可能發現他／她們過去的精采經驗，在哈佛這個環境裡，失去了原有的意義與價值，連帶

---

[16] 根據 *The Boston Globe*，1999/11/30，C3 版報導，集子出版前，曾正式在院內大堂舉辦過一場朗讀會，在場的有亞娜與瑞貝卡及一些其他作者。

有如失去了自己，面對著三宇宙強大無形的作用，他／她們奮力反擊，將其對三宇宙的不適應，形諸於外、公諸於世。

　　不管你是因來自西岸而排斥東岸的「傲慢疏離」，還是因功課趕不上而質疑教授的教學，還是因勞工階級出身而需要大量的鼓勵肯定，還是有色學生因身處白人旗艦機構而深感不自在，還是因身為女性或者同性戀者而懷疑自己被歧視或被壓迫，還是因身為年輕人而抵制老機構的老規矩等等，凡是自認在哈佛感覺不舒服的學生，不論背景，都可以藉參加「大會」或「行動」，來一吐胸中塊壘，要求更好的待遇。也可以說，這是學生在「個人性」與「多元性」之間，在「自我」與「機構」之間，掙扎著認識戴上哈佛標籤之後嶄新的自己。這種集子表面上是學生的發聲管道，實際上，每個發表的學生都必須面對自己的處境、說明自己的感受，這種「再現為文本」的活動，和 S-300s 所謂的「架構」、「再架構」、「表演」等概念一樣，是一種「認知」活動，也是一種商議活動。多年後瑪麗曾對我表示，這個活動對每個人都有衝擊，就連她這樣的白人學生，也因此感受到有色人種的感受，與自己的感受是多麼不同。

　　再舉一些例子，2004 年那本集子裡，有一個洛杉磯出生的南亞回教徒阿夏（Arshad Ali），他作了一首詩，提醒自己面對三宇宙強大的磁場，要堅強、要反省。詩的標題是：〈特權的牆〉（Walls of Privilege），節錄最後的三小節。

優勢的牆

雄偉的夢，當我觀看艾爾・切[17]的紀錄片

在 72 度無塵的教室裡坐著，啜飲查莫米[18]

---

[17] 拉丁美洲醫生兼游擊領袖厄內斯托・切・格瓦拉（Ernesto Che Guevara）暱稱 El Che。
[18] 一種品牌的玻璃瓶裝水果飲料。

> 談著革命
>
> 痛批北美貿聯、自由貿易與美國獨裁
>
> 常春藤爬上我的背脊
>
> 正當我嘗試著要定義我自己
>
> 在這特權的牆內
>
> 想為人類找個空間
>
> 卻失落了我自己的
>
> 我活著，但懼怕我的心
>
> 及它告訴的我是誰
>
> 及它告訴的我變成了什麼。

正如 2005 年「多元性行動」專輯的前言所指出，過去六年來的出版，其實是要回答一個同樣的問題，「一個人要如何與一個機構聯結，尤其是像哈佛這樣一個承載著沉重歷史與符號意義的機構？」在這個前提之下，學生們在集子裡發聲的意義是：

學生們發現，透過他們表達出來的聲音，可以找到他們經驗裡的力量，經驗模塑我們，但我們也模塑我們的經驗。

那麼，除了像阿夏這樣，自覺於自己的改變之外，其他學生如何「模塑」這個經驗呢？

2000-2001 年的那本集子，是以一首學生作的詩來開場，詩的前面有學生的創作自述，然後是詩本身，最後是教育學院編輯人員說明為什麼選她的詩來為整個集子開場。在創作自述中，這個叫伊麗莎白（Elizabeth Santiago）的學生說，有連續一週的時間，她感覺沒人「看見」她（I felt invisible），而最後一根壓倒她的麥草，她說，是一次上課的經驗。那一天，在課堂上，她說了一個她的見解，完全沒有人理她，幾分鐘之後，另一名學生用她覺

得大家可能比較能接受的語言，再說了一次與她完全相同的意見，卻受到了稱讚。在回家的路上，她做了這首名為〈有關特權哈佛菁英的真相〉（The truth about the privileged Harvard elite）的詩，將全詩翻譯如下：

優勢哈佛菁英的真相

我們之中有些人，竟能如此自以為是

當你給我那種空洞的眼神時，我知道你的意思。

你那雙輕佻的眼說，我聽到你說的，但我不喜歡你說話的方式，所以我不理你。

我們之中有些人，可以這麼多聞

好罷！就算你是對的，教育只能用你的方式來看待。請原諒我有與你完全雷同、但是相左的意見。順便一提，你是怎麼將所有最新的流行名詞融入你的辯論裡的？你是不是為了這場對話，預先做了練習？

我們之中有些人認為他們了解我們的程度，比我們自己還多

你似乎以為，因為你讀了一本書、上了一門課、看了一場有關某個文化或經驗的電影，你就可以比活在其中的人，說得更頭頭是道。

「我們」大多不夠謙虛

在這場演講裡，你已經問了七個問題。

每個人都知道，你在這個房間裡、你在聽講、你聰明出眾。

我們之中有些人，真是大騙子

當他們對你說，你好神奇，你竟走了這麼遠的生涯路來到這裡，完成了這麼多

其實他們真正的意思是，你來這裡做什麼？

詩中的「你」，可以解讀為某一個特定的人，也可以解讀為讓伊麗莎白感覺帶有敵意的環境。這詩，可說是一個學生認為她身邊有一個比她強大的

環境（或人）存在，這個環境（或人），以偽稱的「我們」為代名詞，代換了她的空間，讓她感覺受到壓抑、產生很大的不安全感。

伊麗莎白面對自己的心理掙扎，藉著詩釐清自己憤怒的一面，精準表達情緒、自我治療，並公開尋求社群支持自己，而且訴諸集體的力量，於有力的發表管道上，刊出自己的感受（即亞娜與瑞貝卡所謂「發聲」，動詞voice），成功地轉負面的力量為正面的力量。這一點，看看同頁詩的下方，未具名的學院編輯人員對此詩的感言，就可以了解到，伊麗莎白用了院方認為正確的「語言」，來說了她想說的話。

集刊同仁感謝伊麗莎白・桑地牙哥在鬥爭過程中的韌性與勇氣。她的作品顯揚了，在這個世界裡，我們共同的鬥爭意義，並強有力地代表了HGSE 裡所有未發聲者的鬥爭。我們受她的「真理」[19] 感召，特此以她的聲音，做為讀者們最先讀到的內容。

寫這段話的學院編輯人員，是公司宇宙的職員，她們自己經歷過也見多了在「高權力」（high power）環境中，自覺渺小、孤獨無助和無名憤怒的情緒，曉得這種情緒的面貌與普遍性，所以他們了解，伊麗莎白寫作的精準度，故特以哈佛校訓「真理」形容之。換個角度說，詩的作者伊麗莎白，以一個第一年的新人，從個人的角度，將哈佛這個明星宇宙給她的挫折描述了出來，不屈服的她，鼓起勇氣面對挑戰，其鬥爭的成績（此詩）受到公司宇宙的再詮釋與推介（編輯感言），進入聖戰宇宙，披上聖戰戰袍（我要暴露「你」或「妳」這類人的傲慢與虛偽），成為哈佛聖戰的一分子。她的勝利，就是哈佛的勝利。對她個人而言，她在神聖性的競爭上，贏了一回合，完成了在高權力環境中，商議自我、重新建構自己的意義的過程。

還記得那個使潔西卡動念建立 AIE 的座談會嗎？那整個過程與故事，可

---

[19] 原文用拉丁文 Veritas，即哈佛校訓。

以從一個不同的角度來解釋，並且與伊麗莎白的故事聯結起來。潔西卡這麼
一個人，她的生命中想必有無數足可重視的事，但她進入哈佛三宇宙幾年後
，到了賓州的圓桌討論會上，對其他與會者而言，她這個人最重要的意義，
就是身為哈佛教育學院的博士生與 PZ 研究者，這兩個新身份使潔西卡在其
他與會者眼中，有如明星一般，也許當場大家都說了話，但是資淺的潔西卡
卻仍然成為眾人詢問與關切的焦點。這在某種程度上顯示，哈佛三宇宙對潔
西卡畫龍點睛的效果──即使她說當時她並不覺得自己值得被如此重視或諮
詢。不論如何，因為這個會議，明星宇宙對她起了下一個作用，她開始自覺
到，哈佛這個公司宇宙也沒那麼完美，事實上，連個藝術教育的專門單位都
沒有，何偉大之有？故事繼續下去，由於座談會上偶然的問答，觸發了潔西
卡在飛機上某種使命所在的自覺，從此發現了自己的聖戰戰場，奮力說服公
司宇宙，順著公司的紋理，在各層次人員的協助下，建立起 AIE。再接下來
，哈佛人潔西卡吸收了三旅人及其他 AIE 人為哈佛新人，她自己則轉變為藝
術教育聖戰士的導師，在我旁聽的第一節必修課上，她告訴學生：我們是推
動世界者與震撼世界者，學生們本來就各有各的奮鬥目標，與哈佛的聖戰宇
宙一拍即合，一切都很自然。

　　這就是三宇宙在教育上的符號性功能。只有在符號的層次，伊麗莎白和
潔西卡才能如此無礙地，在極端不同的宇宙之間轉換、流動，並且從中製造
了對她們各自而言，全新的局面，也讓她們脫胎換骨，從此進入生命的新境
界，永遠不會再回到哈佛之前的身份。

　　再換一個角度，過程的啟動點都是個人，個人必須發動、堅持，個人的
轉變才會發生。對伊麗莎白來說，在多元混沌中，以個人化的經驗透過詩來
澄清，才終於產生了個人化的真理。這個過程，豈不又呼應「教育中的藝術
」這種概念，而且也呼應 S-300s 課中，學生一再透過「真問題」、「檔案
」、「菜色」、「案例」、「贈禮」等等的訓練，將知識個人化，而個人化
了的知識，才是落實的知識。

　　以上跡象顯示，哈佛教育學院 AIE 的 S-300s 的課堂上，教師所介紹的理論，與院內學生自發性的課外學生運動，其實是在同一個脈絡之中，這一點恐怕要大出亞娜與瑞貝卡的意料之外。她倆可能以為，自己的自我是與哈佛無關或者對立的。

　　剛才說過，進了哈佛，每個人都必須要重新界定自己，否則很難向前邁進。接下來，我還會漸漸了解，在哈佛商議自己的個人性，就是經過三宇宙的洗禮──接受並學習操作三宇宙，融入其中。在遊戲中力圖出類拔萃，是哈佛會獎賞、肯定的模式，相反的，抗拒、懷疑或者顛覆的模式，則會有不愉快的後果。這裡先說什麼是被鼓勵或者被容忍的模式。

　　種族與文化問題，是學院「多元性大會」與「多元性行動」的重心，也是標準的美國問題。1999 年那本集子，集結了 47 份學生在院內找尋自己的定位與認同，商議自己的空間與目的的自述，其中有關「認同」的主題下，有一篇是一名日裔學生吉兒（Jill Fumi Yoshikawa）寫的，標題為「字典」，內容是一連串學院中常用辭彙的另類解釋，其中一個條目是「功課」（homework），她提出的應用案例（其中括號如原文）：

> 「O-hayo gozaimasu!」〔日語的早安〕，她對我宣告，同時睞著眼讀我的名牌。此刻是下午六點鐘，我們在九月份的有色學生招待會上，而這個人沒有做好她的功課。我是個「四世」，第四代日裔美國人。她開口之前問過我嗎？沒有。在她靠近我之前，有沒有研究實情？沒有。她有沒有做她的功課？顯然沒有。

　　另一個吉兒寫的條目是「了解」（understanding），她的字詞舉例如下（原文中全大寫的英文字譯成中文後，改以底線標示之）：

> 「告訴我，該怎麼了解你。」「我完全了解你的經歷。」「我不了解為

什麼你總是把每些事都跟種族扯上關係？」這些話語，在我的生活中太常見了。我想吶喊回去——我不期待你們的了解！別他媽的用你的同情來眷顧我！別用「你能感受」這種說法，來貶低我的經驗，別說「我們都經歷過這種事！」我的經驗是我的，它們壯大我的生命並且影響我的世界觀，它們是我的歷史，不能被你任意收編。在我這個生命裡，有些事，是不關乎你的。

充滿火藥味的表達，意味著好幾個層次的意義。不同文化背景的美國人生活在一起，誰都無法逃避跨文化經驗，「善意」與「惡意」的解讀，只有一線之隔，族群間相處的問題特別複雜。吉兒有這樣的吶喊，不會是進了哈佛才開始的，但她這些筆記的張力如此大，卻可能反映她對自己的族裔背景有了與以前不一樣的自覺。吉兒鬥爭的對象和伊麗莎白一樣，都可能是不確定的人或機制：可能是她們心目中的強勢人物，可能是帶著優越感的白人，可能是文化自覺力低的人，或是讓她們覺得不舒服而導致她們不喜歡自己的人，也有可能是上述所有這些人所代表的機構與環境，或者，她們在掙扎保存她們那具有特殊歷史印記的自我，而在抗拒改變。總之，她們認為有這個（些）人或這個機構比她們自在、愜意，更融入哈佛，而且對方冒犯她們之處，是對方以「無知」和「理所當然」讓她們兩人感覺被推向邊緣，被貶抑、被矮化，讓她們被迫反抗。

但是，我認為吉兒她們的心路也可以以三宇宙的符號意義來解釋。課堂上讓伊麗莎白吃憋的同學也好，惹火了吉兒的人也好，我們都不必以字面意義來看待他／她們，這些「他者」可能象徵著伊麗莎白與吉兒各自一直有的心結，因為來到哈佛這個什麼都被放大檢視的場域，特別容易被突顯出來，煎熬著兩人——某種程度上，這就像潔西卡煎熬著約翰一樣——對伊麗莎白與吉兒來說，藉著「再定義」、「再架構」的寫作，可以使他們變得更強壯、變得更清楚自己要什麼。

　　進一步說，在哈佛的出版品上口出惡言，其實就是前面學院編輯人員所謂的「受『真理』感召」，也就是被哈佛濡化的前兆。比如，吉兒在同一本集子裡的另外一篇文章，一開頭她先自述自己在一所波士頓高中實習教學時，由於與學生討論種族問題，產生了的一個自覺：「我何時是問題的一部分，何時是解決方案的一部分？」[20] 文末，她的話語相當深刻：

> 要成為解決方案的一部分，同時也牽涉一個信念，那就是假以時日，體制能、而且會改變，更甚者，在它還未能為我服務之前，我仍須對它懷抱信念，否則，我雖活著，但將不能呼吸，我將活在壓迫性的靜默中、充滿憤怒與仇恨——恨這個體制、恨我自己、恨我的社區。對我來說，參與解決的方案，就是我個人的解放。

　　伊麗莎白與吉兒擁有這樣精確的表達能力與洞察力，還有深入的覺醒與自我意識，也許不能保證他們一生順遂、克服所有困境，但是三宇宙中求生的新經驗，確實製造了他們自我意識壯大的跡象，也就是挑起聖戰重擔者的基本資歷。一個學院裡，聚集了從各方而來、許許多多的葛里哥雷、亞娜、瑞貝卡、阿夏、伊麗莎白與吉兒，把他／她們放在一起學習，不但張力十足，而且效果上，形同學院提供給每個學生的最鮮活教材。但是，這種覺醒與抗爭不是沒有極限、沒有規則的。因為，除了「個人性」、「多元性」這兩個因素之外，還有一個不可忽略的因素：哈佛。

　　讓我們再回到「多元性大會」的現場。一位拉丁裔的博士班學生荷西（假名）是下面會介紹的 SCOD 的成員，他獨自站在一棵樹下，遠觀著 1999

---

[20] 原文 "When am I part of the problem and when am I part of the solution?" 這個問題的意涵是：身為「問題」的一部分，就是別人的負擔，要等別人來「解決」你這個問題，或為你「解決」你的問題；身為「解決方案」的一部分，就是對解決問題有貢獻。

年 5 月 3 日那場「多元性大會」活動。荷西說，其實前幾年已經有過類似的集會，最初是受到院裡幾位老師在上課時談「自由」與「解放」課題的影響。他眼前的這一場戶外集會，地點就在隆斐勒樓與葛特曼圖書館之間的小空地上，等於是在學院的心臟地帶。學生們以學院申請來的經費辦這個活動，透過學院提供的擴音設備，串聯著法學院、甘迺迪學院、大學部、社區人士及校外的社會運動分子，正高分貝地批判學院領導者，以冷漠、疏離、歧視、高傲等這類字眼控訴學院的行政。看著這麼認真熱鬧的場面，荷西有點虛無地說：一切都不會有影響，也不會造成很多人預想中的燎原之勢。我問他是不是質疑「多元性」的訴求，他就說了一個我沒想到的見解。

　　荷西說，學生人口中的最大群體是碩士生，碩士生九個月的在校時間很短不說，逢到要繳報告和考試的時候，大家自然就各自回去拼功課了；串聯開始籌備的時間是上學期期末，要繳大作業，又正逢開始找工作和申請博士班的高峰期，人人都會忙得不可開交，即使下學期總算辦成了，然而轉眼間，學期也就要結束了，畢業生們整理行裝、各奔東西，而且立即要面對新工作和攤還就學貸款的壓力，不管什麼「大會」，到時自然都煙消雲散了。荷西繼續說，新一年的學生要到暑假完畢九月後才會到院，屆時整個大會之後的氣氛，只能靠少數暑期後仍然留在院裡的半時生聯繫，新、舊生在打工與學業的拉扯之間，上學期還勉強開些會，醞釀氣勢，下學期一開學，大家就又進入找工作或申請博士班的氣氛中，因此多年來，活動總是起起落落、隨時瀕臨停擺，就連印「多元性」專輯以及撰寫陳情書的事，都要靠很負責任的個別學生，捉著自己生活的空檔，與院裡的編輯人員、行政人員密切配合著進行，否則即使到了畢業典禮之前，也無法出刊。

　　學生的「個人性」與「多元性」，固然是「多元性行動」的主要內容，但其實學院各方面，以其每年編列的專案經費，加上行政資源的支持，卻是「行動」背後根本的驅動力與模塑力。這是不是表示學院是從控制的角度在操作這個活動？恐怕不是那麼簡單。雖然所有學院行政人員都說，他／她們

是從所謂「提供一個安全的環境」、「服務學生」、「尊重個人性」的角度
出發，幫助學生，而且事後來看，學生也確實並未因參加活動而受到任何不
妥的待遇。但回顧起來，長期顯示的事實是，「多元性行動」能這麼年年傳
承，學院也扮演了與學生幾乎同等重要的角色，那就是確定學生的理念不會
不了了之，堅持要學生見到工作的果實（consequence），即使這個結果的出
現，已是好幾代學生之後。正如上面吉兒所說，學生與學院雙方參與解決的
方案，都不是為自己，而是為大局奮鬥。

　　1999 年 6 月 9 日，我目睹的那場大會活動之後約一個月，畢業典禮
之前，墨菲院長發佈了〈1997-1999 多元性調查團最後報告〉（Standing
Committee on Diversity: Final Report 1997-1999），前面還附了一封信，署名
者是兩位調查團的主席，一位是觸發學生自覺的教授之一（她是白人女性
），另一位是招生辦公室主任（他是黑人男性），其餘成員多數是學生，
少數是院內員工。這份報告總共 170 頁，內含 14 個附件，報告的對象是
「院長與學院社群」（The Dean and the Harvard Graduate School of Education
Community），主題是調查團過去兩年來的活動與成果。[21] 內文一開始就說
，多元性調查團（Standing Committee on Diversity，報告內簡稱 SCOD）是
應之前院裡一份〈多元性工作文〉（Working Paper on Diversity）的要求而成
立，主要任務是回答墨菲院長提出的兩個問題。妙的是，墨菲這兩個問題一
方面是學院的自我檢討，另一方面是學院在教育大家：怎樣做運動？就是把
問題深化並且落實，別小鼻子小眼睛地只看見自己的悲情。墨菲說，

　我們現在何處？我們所做所為有效嗎？我們要如何測量已實施的每一項
　措施，了解它們是否導致了預訂的結果？哪些因素可以幫助我們了解這

---

[21] 這是根據 Cover letter from the Co-Chairs of the Standing Committee on Diversity for the Final
　　Report。

些措施的成敗？五年之後，對於下列問題，HGSE 應到達何處？這些問題是：學生、教師、行政管理人及員工人口、課程、教學、對話機會、研究機會、學生生活及 HGSE 整體氣氛的多元性。[22]

接著報告內文說明 SCOD 辦理的各種公共對話活動，包括實體的開放論壇、咖啡時間、電子熱線、定期與院長面談，如果看附件，其他的共識凝聚手段還有：營隊、對話圈、邀請學術單位主管及學生團體參與工作會、文件分享、及各種 SCOD 內部的定期與臨時會議。報告說，SCOD 歸納出了六個焦點，包括開放性與校園氣氛、課程評鑑、定義多元性、教師事務、其他機構的研究、及以實務為基礎的研究會議；為了更有效地調查這六個焦點，調查團分成兩個次團，負責研究各個焦點、形成可行的建議、了解誰或哪個單位該推動建議的工作、進而追蹤並與該人或單位合作推動工作。[23] 接下來還有一連串在我看來相當深入、精闢的建議，值得花些篇幅加以敘述。

在〈最後報告〉中，建議事項是分年寫的。1997-1998 年的建議，歸納起來有六點，包括維持 SCOD 的開放論壇、教學評鑑表納入多元性方面的問題、教師聘用過程透明化、SCOD 應完成對其他機構的多元性經驗報告、辦理聯結理論與實務的研討會以回應多元社群的教育需要。[24]1998-1999 年的建議，洋洋灑灑有 26 點：以兩年為單位長期維持 SCOD 之運作、實施新的課程評鑑問卷、提高並鼓勵教師使用課程轉型補助款、設計並辦理教師聘任與留任過程說明會、了解聘用多元背景教師的障礙並做實質改變、辦理秘密座談以了解不同族群對多元性的定義、訪問西岸的史丹佛大學與加州大學

---

[22] University Graduate School of Education (June 9, 1999)。*Standing Committee on Diversity: Final Report 1997-1999*，頁 1。

[23] 同上，頁 1-2。六點內容是：(1)Openness & Campus Climate；(2)Course Evaluations；(3)Defining (Understanding) Diversity；(4)Faculty Affairs；(5)Research of Other Institutions；(6)Practices Based Research Conference。

[24] 同上，頁 2-3。

柏克萊分校、繼續調查他校的最佳作法（best practices）、邀請他校學生來
訪並交流經驗、監督學生事務與人力資源管理、補助與獎助、改善招生功能
、強化與學生福祉有關各單位在院內之組織位階、增加參與院內決策的學生
數量、直接且持續地與院長對話、點名缺乏少數族群員工的單位、鼓勵員工
參與 SCOD、調查獎助學金收受學生背景及生活情況、降低貸款形式之補助
、獎助學金申請單一窗口化、給予國際學生特別協助、調查申請者與入學者
間之背景關聯性、提高有色學生入學率、了解招生過程並考量學生反應、公
開每年招生結果及申請者、入學者之背景統計。這一年的建議大部分都執行
了，[25] 至於各項目的細節，在此就不多贅述。

　　從這一份報告可以知道，由〈工作文件〉到〈最後報告〉，學生意見的
推進很明顯，尤其是 1998-1999 建議的這部分，其設計推動的各項工作，都
具有關鍵性，其介入範圍之深之廣，幾乎等同一次院內的教育改革運動。其
牽涉的教育課題，包括教育改革與改變、教育機會、比較教育、多元文化教
育、民主教育、特殊教育、教育社會學、教育資源與分配、教育行政與財政
、教育評鑑與評量、課程與教學、教育規劃與執行、人力資源與管理、教育
統計學、教育研究法、教育歷史學等等，幾乎涵蓋了各種教育學理論書中的
全部課題，[26] 再外加國際研討會的辦理與評鑑訪視考察等實務，牽動院內所
有辦公室，與院內上下無數人對談、檢討院內各種工作程序、了解各種工作
內容。可以說，學生們透過這麼徹底翻箱倒櫃的過程，才算了解了哈佛這個
對手，才能相信院裡沒有「老大哥」、沒有陰謀，只有很多改革的空間。換

---

[25] 同上，頁 3-18。
[26] 比如說，1999/3/2 由十六名學生聯名向院長提出的 Summary Report，曾引用了 Darryl
　　G. Smith 寫的一篇學術性文章的內容。該文標題〈高等教育多元性的組織意義〉（
　　Organizational Implications of Diversity in Higher Education），將多元性依程度定為五級
　　：(1) 無多元性；(2) 特定族群是問題；(3) 族群被以各自的方式對待；(4) 發展不同的
　　紀律、理論、方法論、問題、觀點、教學法，並 (5) 納入學術研究中。學生據此，認為
　　學院還在第四級的。

句話說，「多元性行動」，是學生們接受學院之教育時，學以致用的大好平臺，是他／她們「領袖性」的操練場域，同時也是學生們甘為「哈佛人」之前，對哈佛所做的信用調查。

學生們進得哈佛來，所有行為的意義都大為升高，一切都不再單純。每個人都可以發表意見，都有行動的自由，但是必須為之負責到底。運動的各方都絕不馬虎，會議一次次開，不斷呼籲大家參與，文件一份份生產出來，供公開檢閱。學院方面，雖然歷經包括院長級之多次人事變動，照樣長期以經費、人力及體制力量支持這個運動；學生們也一樣，要在忙碌的生活中擠出時間，為了信念親自下海做事，要鼓起勇氣，耐心面對強大的機構對手與商議老手，要檢討改進自己的意見，提出理性建設性的方案，[27] 並親自監督方案的執行，不因為新舊人交替而停止運動；員工方面，本來是無關係的，在過程中被引入成為第三方，進入了商議圈內，申張了發言權，打破了二元對立的局面，增加了變局的動力與空間。三方各自追求各自的主張，將理論性的、意識型態式的批判，轉化為建設性的明確措施；只要三方皆贏的局面仍存在，就還有可為，而這個看似冗長的商議，就還會繼續下去。

如果將此運動放在整個美國的多元化特質上來看，運動的訴求幾乎不可能停止，至少在大環境裡同樣的問題沒解決之前，不可能失去意義。因此我認為重點不是哪一方在哪一次獲得全勝，重點是由無到有，由小做大，無限上綱，拉長戰線，尋找新的議題，製造各種可能性，維持著對話的能量，也維持著火藥味，要講究的是每一場戰役的開展與所得，而不是停戰、止戰。

---

[27] 比如說，1999/5/11，十名學生發了一份致教職員的簡要電子郵件，裡面提出十一點要求，包括：一個專業為「多元性」研究的博士後缺額、制度化學生參與教師聘用的程序、某次教師發展會議的議題應是教學、對每個大領域課程的評鑑、公開教師會議議程與會議紀錄公開、學生事務部門專聘一人辦理「多元性」事務、對外工作部門準備「有色校友通訊錄」、院長每年報告「多元性」進展情況、學生輔導業務時間表、每年補助「多元性」營隊、GRE 分數不納入招生必要條件、學院邀請並補助有色學生春季來院訪視、將學生參與招生標準制定的權力法制化、評量原則與目標設定工作。

當然，以我所觀察到「多元性行動」的實際發展來說，各方也不忘一路自取所需、展演一齣又一齣的真相劇場。我從臺灣那種以滅火、開導、諮商為主的校園文化中走來，對於所見不禁驚訝，深覺若不是哈佛三宇宙這個奇特的溫床，哪能有這種「魔法」發生。

2002 年 12 月，院內學生事務辦公室特聘的多元文化事務人員，推動舉辦了首次的「多元文化週」（Multicultural Week），包括藝術展覽、詩作發表、壁畫創作與討論、電影欣賞、大學多元性全國計畫之工作報告與討論、晚餐與舞會及多元性冬令營，為了吸引更多人參加，通告的內容說，一定會「好玩、具啟發性且是良好的對話機會」，幾乎可以被混淆為一項社交活動。[28] 之後，當院裡幾位「行動」的老師，因與院方協商合約不成後，跳槽到紐約某大學並獲得較豐厚的待遇。消息傳來，學生間浮起了一片陰謀論，說學院刻意趕走當初肇事的老師，露出「老大哥」的本質，但同時也有人說，跳槽是獨立事件，紐約本來就比較合適從事多元性研究的學者，對方立意挖角，所提出的工作條件又好，學院這邊新合約就沒談攏，如此而已。

又過了幾年，2007 年冬季，新上任的多元文化事務人員是一位 AIE 當年 1999 班的校友。那年，「多元性」集子仍在出版中，積極參與的學生裡，有一位由加勒比海島嶼來的女學生。她入學不久即因家庭變故而幾至三餐不繼，學院提供了一些幫助，但為了省錢，她晚上得拖著行李到徹夜開放的法學院圖書館裡棲身。現在，她與一大群有色學生，領著學院津貼參辦此事。這群學生個個口才無礙，精明幹練，到處呼籲同學們投稿，還說這是在哈佛留下求學紀念的機會。集子出版的同時，搭配舉辦一場校外人士須繳高額費用才能參加的研討會，[29] 與會的是世界各大學前來為「多元性」發聲的戰士們，大夥身著正式服裝或民族服飾，一邊享用高檔點心飲品，一邊欣賞名

---

28 電子通告藏葛特曼圖書館特藏室。結語原文 "Each of these events will be fun, thought-provoking, and a good opportunity for dialogue."

為「那些先前來此者：歷史計畫」的圖片集，[30] 一邊認真地在葛特曼圖書館的國際會議廳裡，繼續擴大鬥爭與批判工作，立意拯救更多受歧視的人。同一個會議並頒發傑出貢獻獎，給先行者亞娜與瑞貝卡，前者當時正在洛杉磯加州大學攻讀博士，後者在 HGSE 又取得一個碩士學位後，現任波士頓某校的學校與社區行動會主任，兩人都成家立業，且曾因多元性相關工作，獲得其他各種重要獎項。[31] 而當初跳槽離開的教授們，聽說在大筆贊助經費下，正與學院內的教授聯手進行一項大型長程跨國研究計畫，主題是有關全球化對世界各文化的影響，旗下用了很多哈佛博士生。

到 2008 年時，當初 1999 年的 SCOD 的成員中，學生們應該全已畢業他去，兩位原先的主席已離校或退休，一位曾非常熱情支持行動的教師，辭職去當營養諮商師，一位曾自稱是衝著學院注重「多元性」而自加州大學柏克萊分校跳槽來的教授，[32] 已又再跳槽他校，可說人事全非。然而，在變化萬千之中，多元性運動如常地持續著，真真假假、撲朔迷離，如此行禮如儀、理所當然，而且如此高潮迭起、亦莊嚴亦詼諧。

「哈佛人」教育與「領袖性」教育

回想起來，那位預言一切無事的拉丁裔博士生荷西並沒有神力，他只是

---

[29] 此研討會的第一屆是於 2002 年開始，名稱是「第一屆 HGSE 有色校友年度研究研討會」（The First Annual HGSE Alumni of Color Research Conference），2007 年這場是第五屆，參與者正式擴展至不具校友身份的、全球傑出有色教育人士。

[30] 原文 "Those Who Have Come Before: Project History"，展出哈佛教育學院的傑出有色校友照片與事蹟。

[31] 這是根據「第五屆有色校友年度研討會」（The Fifth Annual Alumni of Color Conference）會議手冊的第 13-14 頁。

[32] 根據 *Harvard Crimson*，1999/12/8，A-1 與 A-5 版有關 Pedro Noguera 寫的報導。

在哈佛待得夠久，比我了解這個文化的軌跡。多年後我開始明白，這麼符號性、儀式化的活動，為什麼是哈佛的特徵？追根究底，三宇宙就是三宇宙，哈佛是個政治上、財務上、法律上完全獨立的機構，除了學生，哈佛不必向任何人負責；以哈佛的獨立，除非哈佛自願，也不必向任何人表示善意或惡意。因此任何人都不可能憑指控什麼或者憑運動的手段，迫其就範。就算大家都知道哈佛絕不會虧待其學生顧客，這個學校也不可能隨學生之風起舞，除非，透過商議讓它了解問題所在，使它願意為了正面的原因採取行動，否則一切不過是蟻蜉撼樹而已。可以說，哈佛唯一的小罩門，就是學生，學生是哈佛寵愛的顧客、衣食父母，他／她們的不滿，必須以最細膩的手段回應，學生在這樣的環境之中治療自己的「地位上升不適應症候群」，並學到商議的精義，此過程中哈佛也更完善了，整個情勢確實妙極。

　　最妙不可言的，當然還是學生在三宇宙中所受的商議藝術之鍛鍊，這裡頭有一套潛在的行為規範。這套規範說，人人都可以商議，什麼都可以是籌碼，手段越有創意越好，過程最好複雜莊嚴、充滿儀式性，偶爾撒野或撕破臉無所謂，多花點錢更不是問題，只要商議的結果不只是多贏，而且是一種「魔法」──打動人心不需見血，以最小的代價促成多方、多層次、多面向的變革──就是好事。像葛里哥雷、亞娜、瑞貝卡、阿夏、伊麗莎白、吉兒所做的，是以議題為中心的「批判」與「覺醒」，不構成對於三宇宙的實質威脅或破壞行動，對三宇宙來說，不管商議的當事人本身有多麼認真激動，只要與三宇宙的互動是止於一種專題學習儀式，儀式告一段落時，即是雙方各自更上層樓時，也就到了該交棒的時刻，一切無事。

　　在哈佛，「個人性」與「多元性」的衝突是如此劇烈，以致於以抗爭為主而伸張個人意志的手法，會被視如兒戲而行不通。不論是出於自身實踐信念與使命的志氣、自我肯定的需要、對失敗的深切恐懼、還是強大的自尊心，都必須放下、改變，轉為堅定自己、與他人共同工作，以商議來改變世界。不但如此，在這種過程中，轉化的不只是學生的個人意識，還有其他比如

「教育」的觀念。2008 年，在學院一本雜誌上，一位原先來自公共健康科學領域的博士生普麗亞寫道：

> 我加入哈佛教育學研究院的博士班，想了解教育可能如何影響兒童的健康情況。很快地，我整個觀念改變了。我四周的人，不再談疾病、臨床實驗與疫苗注射，現在他們談的是心理發展、預防與抵抗力。這個社區強迫我去擴大過去我對「教育」的了解與定義。現在，「教育」的意義，不再只是去學校、教書或學習，它代表賦權、動機、成就、識能與自我仲裁。[33]

她說，她發現了孩子在逆境中的自主性，教育也好、健康科學也好，使用這些正面因素的，是孩子自己。我覺得尤其重要的，是她將教育當作「賦權、動機、成就、識能與自我仲裁」，也就是視教育為壯大受教者主體的意義。此一意義反映了很多學院裡的學生──不管是博士生還是碩士生──在院裡親身的體驗，以及，從下面這個外人在院刊上發表的文章來看，學院有意傳達的一項態度。

學院的教師這邊，儘管年復一年地看著學生做著類似的掙扎，也並非無動於衷，由於「多元性行動」，很多教師參加了各種會議、討論了學院的改進方案、改造了自己的課程、檢視了他／她們自己的經驗。一篇 2007 年秋院刊 *Ed.* 上的文章，[34] 反芻式地回顧了一個約五年前發生在院裡的課堂事件，並談到學院的反應。這篇報導的作者麥可・布蘭丁（Michael Blanding）說

---

[33] Nalkur (Summer, 1999)，頁 8。最後那一句原文是 "Education' meant more than schooling, teaching and learning; it meant empowerment, motivation, achievement, literacy, agency."

[34] Blanding (Fall, 2007)。文末介紹他是一位得獎的雜誌作家，作品發表於 *The Nation, The New Republic, Boston Magazine, The Boston Globe* 等，這些雜誌可說代表一種美國最上層的讀者群。

，當時，在理查・艾爾摩（Richard Elmore）教授平靜的「政治與教育」課堂上，兩名白人女學生發言，認為很多教育落差的課題，可能是性別問題或社會階級問題，不一定是種族問題，當下引起兩名拉丁裔女生的強烈反彈。事後，全班的發言變得極為謹慎，兩名白人學生之一退選，另一名寫信給艾爾摩說不再參加類似的討論，兩名拉丁裔學生則憤怒地質疑教授的立場。布蘭丁引用白人教授艾爾摩當時感受的自述：

> 在片刻間，我整個生命（至少我作為教師的生命），從我眼前閃過。……我感覺非常糟，糟得像深─到─胃─底─我─想─逃的那種糟。[35]

布蘭丁說艾爾摩將這次的經驗寫成案例，提供以後的學生討論，接下來布蘭丁的文章開始擴大視野，引用許多老師、學生與校友的意見，討論教師如何處理學生的種族問題。大致是說，教育不可能無色（color-blind），種族問題不論有多麼敏感，都應拿出來談，但教師與學生都必須放棄「缺陷模式」（deficit model）與「文化簡寫」（cultural shorthand），而要積極面對這種教育挑戰。「缺陷模式」即認為教育就是要彌補學生缺陷的觀念，這種觀念會令種族成為學生鬆懈或教師放任的藉口。文章說這也是一種型態的種族歧視，同時也是教育學生不用為自己負責任；「文化簡寫」則會將學生歸入簡單的族群，而抹煞了個人的教育需要。布蘭丁鼓勵教師不能因為問題太大而氣餒，這點，實務上已有許多很好的經驗可以應用，比如說讓學生不以自己是族群代表的身份（比如說「我們臺灣人都……」），而是以個人的身份發言將話題開放及合法化以減少壓抑感、即使面對單一弱勢族群學生也要堅持教學材料的多元性等。文章結尾，布蘭丁提到艾爾摩的班上最近又發生類似事件，一名東歐來的學生因為發表了一些有關美國黑人的文化定見，而遭到一名美國黑人學生的激烈反彈。布蘭丁引用艾爾摩事後的話說：

---

[35] 同上，頁 18。

「一些課上的人可能以為，這個人〔東歐學生〕已被完全壓制消音了，
」艾爾摩說，「但這可能是一個棘手的情況，如果你，一個教授，插手
並扭轉情勢，你就是讓整個團體脫鉤〔擺脫責任〕。我的責任是創造一
個支撐的環境，在此環境中，那樣的談話可以以某種形式發生，但不會
對當事者〔複數〕產生毀滅性的結果。」

緊接著，布蘭丁說：

從某個角度來說，這可以被視為是整個教育學院的平行比對，學院是一
個讓學生可以安然航行於種族課題的安全所在，以便使他們，當課堂中
這類問題出現的時候，準備得更好。

凱瑟琳·麥卡錫院長說，「這就是目標」。「但是，根據我與學生的談
話，很明顯的，我們還有很多工作要做。」教授們說，這個工作必須在
教室中以及更廣大的校園環境中做。[36]

　　這一篇 2007 年的報導中，所傳達的一番論述，我已聽很多院內教師說
過，但這是很罕見地以文字方式，透露了學院對「多元性」之中種族方面問
題的態度。這項資訊，一方面，可說呼應了普麗亞跳過教育的表面功能，說
她進入學院後，「『教育』的意義，不再只是去學校、教書或學習」，相對
的，她發現教育即「賦權、動機、成就、識能與自我仲裁」；另一方面，以
我的觀點來看，不管是種族、性別還是階級等等，學院表達的這個立場，其
實並不只是學院對種族問題的應對之道，而是學院對學生在院裡的成長之苦
與認同掙扎的一貫的態度。

　　1999 年初，穩重的格萊蒂斯應院方邀請，與有興趣申請博士班的碩士

---

[36] 同上，頁 21。觀察上下文，最後一句「教授們說」，可能是指院長、院內的艾爾摩教
　　授及約翰·戴蒙（John Diamond）教授。2008 年，戴蒙教授應邀在第六屆「有色校友
　　年度研討會」上發表有色教師在高等教育機構中教學的感想。

生，分享申請入博士班的經驗與博士生生活概況，我感覺她的意見非常受到
院方的尊重，事後就請她談談她對院內碩士學生的忠告。她說，

歸根結底，你要問你自己，你最初為什麼要來這裡？你最初來這裡的目
的是什麼？」[37] 有時候，你必須拒絕別人把你當孩子，我認為這裡有一
個獨立自主的文化，你必須讓〔你自己的〕問題浮現，而且你必須維持
對每件事務的對話。[38]

　　格萊蒂斯繼續舉自己為例：

我有過很多歷練，我把那些好的經驗帶來哈佛，哈佛從我這裡也得到一
些東西。這個學院吸收了學生帶進來的經驗，我們也有貢獻。我來此做
個提供者，也是個收受者，我給了哈佛我的禮物，而我也得到它的禮物
。我們不應該把自己看作是空的容器，或者是小孩，因為，如果我們這
麼想，我們就是自認我們自己沒有責任。……我帶走我需要的，並且留
下對我沒用的東西。[39]

　　我還記得，格萊蒂斯說著她這一席話時，面容莊嚴，雙目深邃，讓我暗
自感到困惑。我不解為什麼她像是在分享一個重要的訊息，究竟她所說的意
義何在？那時，我還沒有「領袖性」教育這個座標去定位她的話。現在的我

---

[37] 原文 "The bottom line is why you are here in the first place? What was your purpose to be here?"

[38] 原文 "Sometimes you have to refuse to be treated like children. I think there is a culture of independence. You have to make the question emerge. And you have to keep a dialogue about everything."

[39] 原文 "I have been different places. I brought all those nice experiences into Harvard. Harvard received something form me too. The school feed on the experiences people brought in. We contributed too. I came as a giver and as a receiver. I'm giving them my gifts as I'm receiving their gifts. We should not see ourselves as empty vessels or as children. Cause if we do, we see us as having no responsibility on ourselves.... I carry away what I need and I leave what I have no use of."

，明白格萊蒂斯的意思是說：為伸張自己而奮鬥，是天經地義的個人事業，然而在多元的社會裡，尤其是人人伸張方向不同的社會裡，避免衝突無限擴大的方式，就是教育每個人透過不斷的、複雜的商議過程，尋求自覺、自省、雙贏、多贏。格萊蒂斯所謂的「內在力量」，並非指抗拒反擊的力量之意，而是指審度情勢、節省時間精力、找出客觀條件下對自己有利的空間與可能性，化險阻為助益。

如果學生抓不到商議的藝術，不能面對商議所帶來的痛苦反省以及緩慢模糊的過程，反而不成熟地、像「兒童」般地死抱著「缺陷模式」，堅持單面抗爭，或者甘願以陰謀論自我解釋，甚或擴張到懷疑學院與教師動機的地步的話，則會被蔑視為胡鬧，被視為是一種放棄自主性、承認外在力量可操控自己的態度，也就是一種把責任丟給別人的受害者心態，不但院方與教師不會多加理會，對學生自己也是沒有好處的。或者，也可以這麼說，拒絕商議，就是壞了明星宇宙的優雅姿態、推翻公司宇宙的嚴謹倫理、拉下聖戰宇宙的道德高度；拒絕商議，就是拒絕正向地解決問題的可能，那麼對方不但不會覺得自己需要改變，反而會認為你才是需要改變的。總之，檢討別人的同時，自我改變也很重要，否則會有反作用，格萊蒂斯就舉了一個從「領袖性」教育角度也可以解讀的反面例子。

> 一位我的同門，一個博士班同學，沒能完成她的學業。她在進哈佛之前，聽了許多言語，進來之後，就一直注意著「什麼地方有問題」，覺得「老大哥」在壓迫她。當你有這種想法時，你很難看清什麼是真的、什麼是可能的。我已有一陣子沒見到她了，她現在在某處做實習生，還差完成論文這一步。[40]

當然，大部分學生採取的態度是另一種策略，他／她們不管閒事也不會去硬碰硬。譬如待到第二年的白人半時生勞夫很實際地說，哈佛既然是個大機構，就會有一個大機構無法避免的問題，來求學的人，既然來了，就要有

此自覺。何況來到哈佛，一定會清楚地看到這些問題，彈精竭慮地與這麼大
的體系抗爭，絕對於己無益，因為每個人都有很多事要忙，要學習並且強化
自己、為自己的未來儲備能量尚且來不及，「何必一戰呢？」（Why fight?
）這也是微言大義了。

　　「機構」（institution），在符號與體制上的複雜度，其首重維持自身
生存而非為其檯面上的高遠目的，或被認為具有內建的壓迫性與腐敗因子這
種論點，在人文社會科學的研究中，並不是新聞。但是機構與個人的關係，
在哈佛，有很多面向。如果一個獨立自主的個人，接到哈佛的入學通知書，
自主地接受了這個機構的徵召，某種程度上，就自動失去了拒絕這個機構的
立場，[41] 可以說，這是重視「個人性」的自由社會中，會有的不成文遊戲規
則：你可以做很多事，但是要準備承擔後果。反過來說，一個人一旦決定來
到哈佛，如果不斷質疑哈佛，就是自我抵觸，他／她在哈佛就可能處處碰壁
，入寶山而空回，或者像格萊蒂斯提到的她的那位同學一樣，提早結束了學
業。

　　哈佛三宇宙自給自足，屹立不搖三百多年，學生老師多少人來來去去，
不管是誰，都只是過客。這些人無論有多麼精明、創造多少功勳、投射什麼
夢想，對哈佛的心情不管是恐懼、興奮也好，是崇敬、厭惡也罷，都不可能
撼動三宇宙結合起來的穩定結構以及永恆感。人們來去之間縱有波瀾，最後
都只是在接力製造三宇宙的傳奇，增益三宇宙的魅力。學校與學生之間的力
量極不均等，所謂商議，是在極強勢的一方所設定的規則下進行，玩這種遊

---

40 原文 "A colleague of mine, a fellow doctoral student, didn't make it through the program.
　She had heard a lot about Harvard before coming in. When she came in she focused on 'what's
　wrong.' She felt that the 'big brother' was imposing on her. When you have ideas like that, it
　would prevent you from seeing what really is and would be. I hadn't seen her for some time now.
　She is an intern somewhere. She is short of dissertation."

41 這也可說是美國憲法「社會合約」（social contract）的精神延伸。

戲，根本是哈佛教化的一部分，也是學生在三宇宙中被社會化的內涵。對學生來說，他／她們的考驗在於，哈佛太突出、太強大、太攸關利害，有形無形的代價也太高，進來的人會感受很大的壓力，這時大機構裡或真亦假、既實又虛的生活，很容易成為解釋自己的脆弱、掩飾自己的不足、安慰自己仍佔上風、或者引為自己尚能操控全局的證明。依上面兩位老手（格萊蒂斯和勞夫）所說的，還是回歸自己的個人性，問自己，來哈佛受教育的目的是什麼？哈佛對自己的意義是什麼？並且集中精力於讓哈佛為自己服務，這樣，哈佛還是哈佛，自己還是自己，各取所需，才是雙贏。看看葛里哥雷、亞娜、瑞貝卡、阿夏、伊麗莎白和吉兒，他／她們都是懷疑者，然而，再怎麼苦大仇深也都落在幾本集子裡去表達，集子外做的，就是幾場集會與一些報告，不但沒有脫序行為或者暴力行動，而且都致力自癒，並各取所需。由此可知，整個學院的生活，或者「多元性行動」與之後被擴大稱呼為「多元性運動」的潛在教育意義，非常深遠──尤其，是當其放在「領袖性」教育的眼光下來觀察時。

很明顯的，「哈佛」與「被投射的哈佛」兩者間有很大的距離。蓋三宇宙中，明星宇宙是一片美好，也許容不下陰影，卻不能誤會其暗藏著陰影，因為明星宇宙只有形象，沒有實質；有體制的公司宇宙，外人不可能得知其內部的傾軋，但它對待學生就像對待顧客一般，百般呵護，殊不可能將對內之態度與對外相提並論；至於聖戰宇宙，其實不容任何低於最高標準的作法，因此早已自我設限，失去了真正致命性的攻擊力。何況，所有哈佛現行關乎人、行政、學術與研究等的會議紀錄、往來文件、報告與出版品等，均儲藏於哈佛大學檔案中（The Harvard University Archives），50 至 80 年之後必須公諸於世，[42] 因此當牽涉到歷史責任與本人的遺緒時，主事者可能遠比學生留意。因此，學生們的反應，雖然多有順性成分，但哈佛對商議的過程卻

---

[42] 根據 2009/11/6，下載自 http://hul.harvard.edu/huarc/。

步步為營，一點也馬虎不得，新來者不明究理，很容易產生誤會。

能不能克服距離感，決定了學生在哈佛的命運與感受。若懷疑哈佛或以哈佛為敵，拒絕參與改革或了解哈佛的過程，抵抗融入三宇宙，拒絕順勢改變自己商議的方式，或者說拒絕遵行三宇宙認可的商議方式，提升自己的商議資格與能力，在哈佛的旅途便不會順利，嚴重者甚至影響他／她成為一個「哈佛人」的前景；而能否順利接受「哈佛人」的身份，又影響他／她從個人單獨聖戰的小格局裡，成功地蛻變，羽化成為聖戰士，將哈佛無盡的資源納為己用，挑戰比哈佛還要巨大、還要凶險的「惡龍」（隱喻世間之惡），進入聖戰的新格局中。

至此，我所看到的是，在美國文化特有的「個人性」與「多元性」之間，三宇宙確實提供豐沛的商議機會、觸發商議的需要、建立商議的價值、表現商議的影響，而 AIE 學生就是在這樣的脈絡裡，在哈佛旅行。我也看到，哈佛提供的課外薰陶，與課內教學互為表裡的呼應狀況，並了解課內與課外一體的共同脈絡，以及如何由此提供「領袖性」教育的操演，讓學生在哈佛中商議自我、並透過商議建構外在世界，而哈佛也經由商議，塑造著「哈佛人」。合攏來看，「領袖性」與「哈佛人」是同時養成，而且密切相關的。

明白什麼是哈佛教化薰陶的方向，什麼是行走哈佛的明智之舉，並不表示每個哈佛人與哈佛發生的關係，會因此類似，或者雲淡風輕。下一章對四位旅人旅程的描述，由於是田野觀察所得，就比本章走馬燈般上場的葛里哥雷、亞娜、瑞貝卡、阿夏、伊麗莎白、吉兒、普麗雅、艾爾摩、格萊蒂斯與勞夫等等的資料，更具細節，因此更有助我們在本章所獲致的基礎了解上，看見更生動、深入且各具妍態的展演。

9

四位旅人的領袖路

　　本章的內容，是直接承接第 1 章以及第 2 章有關約翰、黛君、茹絲、潔西卡四旅人的描述，其間穿插瑪麗、菲麗斯與比娜，並呼應其餘各章的發現，一方面了解四旅人的後續發展，一方面試著從中了解哈佛教育學院聲稱的「領袖的教育」，或者我所見的「哈佛人」與「領袖性」教育，究竟能不能得到某種程度的質性呼應。以下描述的時間範圍，是 1998 年入學後，一直到 2008 年中。

　　在進入四旅人的「後 AIE」描述前，讓我們先看看在 2001 年的「多元性行動」手冊上，一首標題為〈變之歌〉（Ode to Change）的長詩，全詩有六段，此為第四與第五段，作者蘇珊（Susan Frick）寫的是她的畢業感言，譯文中畫底線的部分，在原文中是每字首為大寫者。[1]

---

[1] 原文 "Ode to Change Although we know more about Ourselves and the World than we did nine months ago we have also lost So much Along the way. My prayer is that as we gain Knowledge we do not lose Hope for Change. The road at the HUGSE has been long and hard (and there's a long way to go before we rest!) but the Road ahead will be tough terrain as well. Friends and allies of the present and future, although there is much we do not, cannot, will not share This Experience We Do. May we not forget the cycle of hope/lessness that will drive us on To Accomplish Great Things Despite harsh realities. We Dare to Dream. Will we wake up to a more beautiful reality on the Outside of these ivory Walls? Will we make it so?"

變之歌

〔前略〕

雖然我們多知道了些<u>我們自己</u>和<u>這個世界</u>

比九個月之前

我們也失去了

很多

於路途之中。

我祈禱我們得到<u>知識</u>

但不停止<u>期望</u>

去變革。

在哈佛教育學院的跋涉又長又苦

（在我們休息之前還有更多的路要走！）

但眼前之路仍是崎嶇不平。

現在與將來的朋友與同夥們，

雖然我們有許多不能、無法、不會分享的

<u>這個經驗卻是我們共有的。</u>

讓我們不要忘卻那激勵我們前進的希望與絕望之循環

<u>達成偉大的事業</u>

即令現實是殘酷的。

我們<u>敢於夢想</u>。

我們能否從更美麗的現實中醒來

外於這堵象牙建的牆？

我們能使之成真嗎？

蘇珊在畢業之前，感覺在院裡的日子有得有失，她預言這辛苦不會因畢業而減少，因為夢想中的偉大事業，必也是一條「又長又苦」充滿「希望與

絕望」的路。詩中，她不斷地使用「我們」這兩字，針對「牆」之外的世界，展現了某種新的團體認同。

2006 年，繼潔西卡之後接手 AIE 的史帝夫，發動了一個有關 AIE 畢業生的追蹤研究，報告中說，回應調查的學生們都非常正面地評價他／她們在 AIE 的學習經驗。[2] 這些資料，給了我們一個比較整體的、難得的概略印象，但並未深入追蹤旅程，而且就我所知，本書之旅人們都不在回應者之中。下面，就是史帝夫報告中所沒有的部分：自 1999 班三位旅人約翰、黛君、茹絲進入哈佛，與第四位旅人潔西卡會合之後，各人至 2008 年中十年的生命旅程速寫。我想讀者可以藉之判斷，哈佛 AIE 的教育是否除了藝術教育之外，也可以被看做是「哈佛人」教育，以及「領袖性」教育？

約翰（與菲麗斯）

人剛到劍橋，心情極佳的約翰，仍像平時一樣，把社會責任放在心上。以下這個事件是開學不久 1998 年 9 月 17 日那天，聽他說的，實際發生時間約在之前一星期以內，確切日期不詳。總之，17 日那天，約翰和潔西卡笑著轉進凱特和我所在這邊的辦公室，潔西卡宣佈說，約翰做了一件很特殊的事，她要約翰自己講給我們聽。

約翰說，他上星期來教育學院準備要見潔西卡，路過學院旁的公園（叫 Cambridge Commons），見到一位黑人男子垂頭喪氣地坐在長椅上，腳邊堆放著行李（一般人應該會視之為流浪漢，但約翰不是一般人）。約翰問這位「兄弟」（Brother，黑人男性間的互相稱呼）怎麼了？兄弟回說，他可能無法完成哈佛的法律學碩士學位了，因為他不知道劍橋物價那麼高，一到劍

---

[2] Rhodes & Seidel (December 18, 2006)。

橋,就住進旅館,很快地花光了身上的錢,現在他無家可歸,也沒錢註冊。自許「專案之王」[3]的約翰,馬上繼續詢問他的來歷,看看能不能從種族及其他身份背景上,找到申請專案資源的可能性。這人回說自己是個越戰退伍軍人,約翰一聽暗自叫好,正事也擺下了,樂乎乎地領著這位落難的兄弟,搭地鐵去波士頓城中的退伍軍人中心。中心櫃檯人員說,美國退伍軍人上大學的學費、生活費、零用金都有全額補助,還問要不要個手提電腦,只需填表簽名即可。這位兄弟驚訝得雙腿顫抖,得靠約翰在一旁扶持,一路魂不附體,直到完成手續走出門外,才回過神來,當下在熙來攘往的大街人行道上跪下,張開雙臂仰天大呼「我主!我主!我主!」(My Lord! My Lord! My Lord!)。約翰手舞足蹈地演給我們看,一張嘴,笑得連缺牙處都露了出來,把大夥也逗得笑成一團。大約九個月後,畢業典禮之前,約翰要我開車載他去與此人話別,讓我終於見到了這位矮壯的兄弟,那時他住在法學院的單人宿舍中,兩人依依不捨,不斷地用黑人兄弟間特有的方式擊掌、勾指、握手、交肘、碰肩,並用力地互相擁抱、拍背,道不盡兄弟間的情誼與祝福。

見過許多世面的約翰,對潔西卡以兩極化的主題來刺激討論的課程設計沒有興趣,他不會浪費精力去辯論什麼,但是學習之心並不稍減,興致很高地到處探索,如果在院裡遇到他,總能聽到新事趣聞。有一次他問我,整理哈佛的校園需要很多服務人員,卻不常見到這些人走過校園,為什麼?我答不出來,他就站得筆挺地用他的獨眼,得意地俯瞄我,說在校園的地下,有網狀的服務通道,供服務的人員與服務機器通過,這樣哈佛的大量勞工就不會在明處穿梭不停了。

換了一天,我見他悶悶不樂地坐在地下室餐廳,他說他發現美國歷史上黑奴制度的想法,竟是從波士頓地區開始的,而且其背後一些設計者,和哈

---

[3] "Grant King" 指擅長申請專案獲得資源之外,因一字之差,也有 "Grand King"「偉大的國王」之意。

佛有很深的關係。他聽說，殖民地最早的時候，有一些黑人移民，受過很好的教育，在此地區有很好的發展。但當地白人因為政治、經濟、社會等目的，經過一連串轉折，竟在波士頓市議會的一次會議中，通過法令，將該區黑人「定義為」奴隸，從此任何白人都可以公然沒收任何黑人的財產並強迫其全家為奴，其餘殖民地見狀群起效尤，尤其是南方的棉花業正逢崛起，需要大量的廉價勞力，此惡法迅速蔓延，不但黑人全部淪為奴隸，並大大刺激了跨洋的奴隸買賣，奠下了後來種種黑奴悲慘命運的歷史。

　　我知道有一部當時在波士頓地區公共電視臺播放的影片，介紹過類似的內容，我也知道約翰和全美黑人學生聯盟的兄弟們有聯繫，但細節不清楚，更無從得知此故事的正確性。我感覺約翰對這種故事的激動，不只是為他的同胞憤怒，而且他還要面對自己如今就在哈佛，是個哈佛人的事實，質疑自己究竟是不是背叛了整個黑人族群和他自己，以及他長期以來拯救同胞的信念。那天是我第一次發現，飽經滄桑的約翰，憤怒之火裡，帶著深刻的疲倦與無力感。那時節，黑人政治人物柯林・鮑威爾（Colin Powell）聲望很高，我試著安慰他，也許鮑威爾會出來競選美國總統，萬一選上，黑人不就有出頭天了。他聽了，頭低低地勉強回答說，鮑威爾曾從民主黨跳槽到共和黨，共和黨不會給鮑威爾這個機會，而且如果他出來，白人極端分子會追殺他至天涯海角，他和他的家人將永無寧日。[4] 我無法知道他預言實現的可能性，因此無言以對。我只知那一天，我和約翰坐在教育學院地下室的餐桌旁，感受到美國黑白種族問題的糾結無解，以及美國黑人，尤其是黑人男性，的深

---

[4] 後來鮑威爾未出來競選總統，轉而做了小布希的閣員，以國務卿的身份，在聯合國說服各國相信伊拉克正在發展大規模毀滅性武器，使各國同意美英等國聯軍出兵攻打伊拉克。事後，他發現 CIA 與白宮提供的資料有問題，主動辭職，離開政壇。2008 年，當民主黨的黑人候選人巴拉克・歐巴馬漸露頭角時，共和黨這邊就有人提議，讓鮑威爾做共和黨候選人約翰・麥坎的副手，可見種族政治是美國政壇重要的槓桿力量，也是特色之一。比較有趣的是歐巴馬的競選語言與本書所說哈佛教育特質之間的呼應。

層困境。

　　其實，約翰有關校園裡的地下服務通道與哈佛在黑奴制度的角色這兩個故事，重點不在於是否皆真，或者有多少主觀的色彩，重點在於他看見的哈佛，是鞏固階級與種族差異的哈佛。雖然每個哈佛人對哈佛，都有某種程度的愛恨交織，雖然每個哈佛人都有過視哈佛為「老大哥」的歷程，但是走過民權運動與城市黑街的約翰，對於他在哈佛發掘到的這類「掌故」，不止痛苦，而且極度難堪：做為一個「哈佛人」，他已經與「敵人」合而為一了。這不是一個簡單的課題，在上一章，我們已經讀到院裡回教學生阿夏〈特權的牆〉這首詩，約翰陷入和他同樣的荒謬困境中。兩人都掙扎著想保持自己以前那種清楚的敵我分界，但是又懼怕面對自己的變化：長春藤已經爬到背上來了，他們快要失去自己的顏色了。

　　弔詭的是，「專案王」約翰的生活，一部分正是靠他美洲印第安人加黑人的雙重弱勢族群血統，在美國的高等學府中，擁有這兩種血統的男性學生，比女性稀少許多，這個身份，在申請進 AIE 的過程中，已然幫助約翰獲得麥克西米連獎學金。約翰和可芮到劍橋之後，生活開銷很大，獎學金不夠用，一有空他就往大學與學院的各個辦公室探尋申請專案的機會。有一次他得意地說，要錢的秘訣，就是不接受「不」為答案，不輕言放棄，令我想起第一次見到他時，倚著門框向凱特要資料的樣子，不到手不走。班上比較沒經驗、但也同樣感受經濟壓力的學生，看到他和菲麗斯這種老手四處找錢的榜樣，紛紛對寫專案、申請補助，產生高度興趣，間接使得潔西卡 S-301 的專案寫作單元，特別受到歡迎。

　　對種族問題有一輩子真實經驗的約翰，視院裡的「多元性行動」為不足掛齒的小兒科活動，完全抱著冷眼旁觀的態度，提不起參加的興趣。搭著這機會，他倒是創造了一個獲得學院補助的專案活動，此活動的靈感，是受到租處附近鄰居的啟發。約翰與可芮兩人一向到處救人，在劍橋租處附近，結識了一群西歐來的博士學生眷屬，這些年輕的女子，大都有幼兒要照顧，先

生的補助和研究助理工作所得，不足以讓她們雇用褓姆，這使得同樣受過高等教育的她們，困處家中，整日以幼兒為中心，毫無自我，也無人聞問。可芮來自歐洲，常跟她們聊天，教她們一些在美國生活的常識。她和約翰兩人都覺得，哈佛是個沒人情味的地方，因此決定要推己及人，由約翰向學院申請一筆「多元性行動」的相關補助款，[5] 由兩人作主人，邀請有話要說的學生來家裡晚餐，餐後讓大家輕鬆地談一談各自心中的苦悶，拍成影帶，再整理成報告，給院長作決策參考。

這個案子是批准了，但是進行的過程似乎並不順利。第一次餐會前，約翰上完課就趕著回家，說他和可芮準備了很多上好食材，遠超過預算，他要早點回去下廚。事後，我問他餐會的情況，他淡淡的不想談，只說未來還有幾場，現在還看不出來。很久以後，可芮才告訴我，哈佛的學生，平時私下對學院有很多深入的批評與建設性的意見，很多人感覺受壓迫，很沒有安全感，可是真要他／她們講話，並幫忙院長改進的時候，卻推託躲閃，每次餐會都有人臨時缺席，在鏡頭前尤其不說真話，最後的那一場餐會，臨時缺席的人更多，讓她和約翰頗感失望。後來我想起，同為麥克西米連學者的黛君，也是早期的受邀者之一，同時也是缺席者之一，理由正是要趕報告。黛君與約翰雖然同為「麥克西米連學者」，都認同有色人種，也都爭取種族平等，但由於兩人年齡相差將近四十年，黛安雖絕不怕事，但與約翰實在沒話可談，互動只限於互相尊敬。

失望的事不只如此。為了 1998 年 10 月 16 日 JLB 演講系列的那一篇贈禮詩與自畫像，約翰對潔西卡的感受也有改變。寫作中心的顧問曾對我說，儘管許多學生進得了哈佛，但學術性寫作的能力不一定趕得上、應付得了。

---

5 這筆款項取名「多元性創新基金」（Diversity Innovation Fund），於 1997 年秋季由學院設立，專門以小額款項，資助由學生設計的多元性對話活動，此基金由一個委員會管理，主席是一名學生。

潔西卡看了他的贈禮詩，不但毫無喜色，反而要他加強寫作能力，令約翰極為不悅。約翰心中那種不愉快，可能和上一章裡學院學生伊麗莎白詩作中，「當他們對你說，你好神奇，你竟走了這麼遠的生涯路來到這裡，完成了那麼多。其實他們真正的意思是，你來這裡做什麼？」或許有相通之處。演講活動結束後，我在辦公室看見約翰的禮品，寄放在凱特那兒。[6] 作品是以哈佛的美感標準而言，極為俗艷、輕薄且便宜的鍍金框裱住，框內手寫詩的第一行，有一個明顯拼錯的字，潔西卡對此也很無奈。

巧的是，多年後，亞力克斯提到，他還沒來 AIE 做行政助理之前，是在隆斐勒樓上班，曾聞寇克之名而在場聽講，因此首次見到約翰，他明白地記得，這個贈禮的場面很窘（awkward）。亞力克斯回憶說，高大、棕色、獨眼的約翰，帶著街頭的風霜與強悍，與寇克細瘦矮小、白髮白膚、打蝴蝶領結的優雅紳士風格，形成視覺上的強烈對比，至於作品拿反這件事，他知道一定不對勁，但不知原因。看來約翰的抗爭行動，我可能是現場聽眾裡唯一渾然不覺的。

約翰在一開學的時候，還穿西裝打領帶來上課，顯然重視上學的機會，並且希望受到重視，並幫助他人學習。後來他發現，大家並沒有如他想像的反應，就開始改穿法蘭絨格子工人衫來學校了。約翰戲劇性的人生經歷，對院發展辦公室來說，是極佳的募款故事與哈佛校園「多元性」的象徵符號。1998 年 11 月，一封由學生獎助與補助事務主管具名的募款信，就是以約翰為例，說明各界捐款給學院的價值。[7] 但是在班上，約翰常常使一些比他年輕很多的學生，感覺敬畏或排斥，以致成為同學們零時間、零距離的衝擊性「學習資源」。

2005 年，茹絲回憶 1998 年第一天上課時，聽到約翰自我介紹之後，十

6　很巧的，寇克說要先赴他處，恐攜帶不便，故託凱特郵寄到他的住處，但好幾個月之後，我在凱特的辦公桌旁還看見這幅畫。

分崇敬，下課時興沖沖地過去向約翰打招呼，她向約翰表明她有多高興他能來哈佛，並為非洲裔族群用心，沒想到約翰卻張大獨眼，兇狠地瞪她，一句話也沒說掉頭就走了。上一章日裔四世吉兒說，「我的經驗是_我的_，它們壯大我的生命並且影響我的世界觀，它們是我的歷史，不能被你任意收編」，大概很接近約翰那時的心情。至於茹絲的感覺，她認為約翰大概以為她只是一個金髮傻妞，根本沒資格談什麼種族問題，日後就與約翰保持距離了。

2004 年，1999 屆 AIE 學生分手五年後，瑪麗回憶說，她清楚地記得，在 S-300 的課上，曾發生的一個有關約翰的事件。那天是 1998 年 10 月 3 日，我也在場。「監獄教育」的課題，在 S-300 課的討論中，被偶然提起，一位致力於以藝術教育拯救弱勢兒童的白人女同學舉手說，她不贊成在監獄裡進行藝術教育，因為作姦犯科的代價，就是被剝奪了一般人享受得到的自由、權利與樂趣，這是社會對受害者的補償，因此給犯人藝術教育，是與這個正義原則相左的，在場好幾個同學都點頭同意。茹絲當下舉手提醒同學，有時候正義的體系可能是最不正義的，四下裡，許多隻手舉起來，希望發言，氣氛一如往常般熱烈。就在此時，約翰突然站了起來，全班頓時噤聲，一股低氣壓降臨教室中，潔西卡眼看情況不對，趕緊試圖繼續上課，但約翰完全沒有停下來的意思，在一片死寂中、眾目睽睽之下，他緩慢地走到那名女同學面前，緩慢地當她的面解下他腰間的皮帶，緩慢地把皮帶攤在這位同學面前的桌上，緩慢地舉起手指著皮帶，一個字一個字地說，他曾經因為未能按時繳交給前妻的贍養費而短期坐牢，那次經驗讓他了解到，在監獄裡，一個人是一無所有的，被剝奪的東西，遠不只行動自由或藝術教育，有時連腰帶

7　信中舉了兩個例子，一個是約翰，另一個是單親媽媽博士生叫 Viki，信裡用感性的語調說："The financial assistance the School offers to terrific students like John, Viki, and so many others depends on annual support from alumni and friends like you. Your unrestricted support goes to many areas of need throughout the School. But it also makes stories like John's and Viki's possible."

、褲繩都不准，為了不讓囚褲落在地上以致露出下體，大夥不管做什麼事，都得保留一隻手抓著褲頭，連吃飯、打籃球時都這樣。當時教室中全場倒抽一口氣，那個女同學登時臉色蒼白，憤然抓起背包，衝出教室。一切都發生得太快，我埋首寫筆記，只有在抬頭時，看見事件的片段，我的紀錄上只說：約翰在課堂上對女同學講了有關生殖器的事，犯了大忌，把她氣走了。第二天我詢問一位學生，想了解昨天課堂上的事件，她很快地說完，我還是不懂，要等多年後瑪麗再次談起此事，我才恍然大悟，總算能比較深入地寫出事件的始末。

在旁目睹一切的瑪麗，說她一輩子也不會忘記此事。當時，在聽了約翰的話後，突然感覺到自己的狹隘與封閉，對監獄教育從此有了新的看法。進一步，我也因瑪麗的話而意識到約翰為什麼對「多元性大會」沒興趣，因為，他就是哈佛的多元性挑戰，哈佛接受他，才說明哈佛有「多元性」，其他不必談。我還因此聯想到，約翰曾對我發表他對「多元性大會」的意見，他說「多元性？他們連個線索都沒有，我正等著他們來找我指點迷津」。[8]

漸漸地，約翰說他上課時，必須每天在他的筆記本上重複地寫「冷靜」（Be cool）兩個字，才能避免「爆炸」。有一次，他提到在一門大班課的分組討論上，所觀察到助教間的對話行為。他說，助教們會在臺上就教授給的作業題目，進行引言。約翰嘲諷說，他／她們之間會有一種「沒有對話的對話」（a conversation without conversation）。怎麼做呢？就是一個人先說一段充滿專業大字眼的話，等同是在警告他人勿蹈其專長領域，接著，另一個人會用一樣的方式，說另一段話，這段話聽起來像是回應前者提起的課題，其實是完全避開了前者設下的界線，只就能彰顯自己的學術優異部分來發揮，第三個也是如此，這樣來來回回，在沒有真正對話的情況下，持續「對話」

8　原文 "Diversity? They don't have a clue as to how to deal with it. I am waiting for them to come to me."

許久，成功地互相劃清地盤，彰顯自己的博學，並各自確立了自己比教授低但比學生高的中介地位，臺下的學生們聽得滿頭霧水，被當成耀武揚威的對象而不自知。約翰說完，哈哈大笑。

和約翰一樣，廣播主持人菲麗斯一輩子都是體制外的獨立工作者，一切自動自發、自給自足，潔西卡那種把學生當孩子一樣地寵愛，以及過度細膩的課程設計，對她來說，是沒法接受的。但她最不能苟同的，是潔西卡有關報告寫作的兩項規定：一是必須用 APA 規定的寫作格式，二是除了潔西卡規定的閱讀文獻以外，其餘一律不許引用，除非當面向潔西卡申請獲准。長期親自撰寫廣播稿的菲麗斯說，當她與她的文字寫作團隊工作時，大夥可以為了一個七分鐘的節目片段，花上一星期的時間，透過電話與電子郵件來回琢磨，務使文稿流暢、簡明、口語化而且人人能聽得懂，之後才由菲麗斯以她的成熟而磁性的嗓音，穿插著音樂播報出來，整個過程和任何表演藝術並無不同。來到了哈佛，菲麗斯感到學術格式與論文閱讀不但充滿不必要而艱澀的大字眼，無端製造閱讀者理解的障礙，而且是限制了人與人之間感情的溝通，以及個人經驗的傳導。

菲麗斯還有別的問題，她對電腦不熟，本想修個電腦與教育的關係之類的課，趁機趕上時代。但幾次課上下來感覺異常吃力，除了頻頻在課外向人討教，晚上還要遠道開車回康乃狄克州的家，這麼做雖是節省了房租，但體力消耗可就很大。約翰倒沒有使用電腦的問題，可是寫作時習慣文白夾雜，文法和拼字也有問題，一直不能讓潔西卡滿意。約翰在長春藤大學教書的女兒安慰他說，學術文獻是為了升等發表用的，因此是純為學術上的同儕或審查人而寫，並不是為了一般人。約翰並不是沒努力，他和瑪麗都現身在新生訓練的寫作中心說明會上，為了應付閱讀的挑戰，約翰還採用以前學義大利文的經驗，口袋裡準備了一疊小卡片，隨時寫下不懂的大字眼及其意義，以備有空就複習記誦，心情好的時候，還拿來考我，當作娛樂。

菲麗斯與約翰並不是唯一對學術遊戲有疑議和困難的，除了少部分大學

時代有充足的閱讀與撰寫學術報告訓練的學生，如黛君和茹絲外，大部分藝術工作者或教師出身的學生，對閱讀學術性或哲學性的文獻，都有程度不同的適應問題，這種焦慮是集體性的。

到了上學期末，聖誕假期間，約翰原在維吉尼亞租的小屋，屋旁一棵大樹因積雪過重，半夜裡突然折斷，嚴重地壓壞了房子，連電腦也損壞了，弄得期末作業必須遲交。接下來，就是一連串的不幸與低潮。他參加「紐約日」，連續拜訪大基金會、大美術館、大企業幾天下來，看著年輕學生們興奮地追求著在大機構中工作的夢想，高齡的他已沒有這種就業的可能，一點也高興不起來。下學期，約翰想申請杜博瓦中心的研究助理工作，結果沒成功。接著，他信心滿滿地拿著重量級非裔人物的介紹信，欲申請進入教育學院的博士班，自認因是當年申請者中唯一的黑人男性，故錄取名額雖少，靠族群「平等機會」（equal opportunity）原則應頗有可能性，結果也失敗了。最後，可芮意外地被診斷罹患早期皮膚癌，而他卻沒錢可為她治療。接二連三的挫折，讓約翰的心情越來越凝重。

下學期五月底，畢業在即，我去約翰家拜訪。可芮預告說，約翰搬回南邊會有危險，但沒有明說為什麼。畢業典禮後第二天，約翰說他給了院長一封信，信是正式的打字函，他逗我，問我要不要這封信的手寫草稿。以下是我將手稿打字、簡要翻譯重點並補充說明的結果，英文部分經多次校對，以確保原文原味，標楷體字是我根據平日與約翰相處、聽他說話的體會，所做的翻譯大要，筆跡無法辨認處是標示〔？〕，在譯本文後面的新細明體文字，則是我更進一步的補充解釋。

It is possible that persons of good will trying for a civil society attached to excellence would enter a period of change and not have the map makers on board to get the boat ashore safely. 新的變局須要製地圖的人（意即領袖或守門人）參與，來安全地領導大家。

This could happen to an institution that especially has such a claim to a leadership tradition that it becomes impossible to see the forest for the trees. 但是就算在哈佛這麼重視領袖性的機構裡，也會有見樹不見林的時候。

The Harvard experience for me has been a powerful magical one. And for that I thank you. 感謝你給我魔法般的哈佛經驗。

If I had to posit to what was missing for me that would include: 我以為可再加強之處：

1. That diversity is being sub rose〔這部分我看不懂〕defined as a skin color body count mostly by PM female students from California. It is more important to them what is happening in LA than what are our challenges in Cambridge. 多元性大會雖被定義為種族問題，但從發起的人群背景來看，與其說是與哈佛有關，不如說是跟遠在洛杉磯的情勢有關——意思說 1998-1999 這一波風潮，是一群洛杉磯來的拉丁裔學生簡化出來的，反映的是洛杉磯那邊的種族問題。

2. We have invited students from the margins to take part in without staffing up to meet their needs. 我們邀請邊緣性學生來參與我們，卻沒人手照顧他／她們的需要——「我們」是指哈佛教育學院。

3. We are trying to handle the dealing in groups that are so large everyone there is silenced or reduced to sound bytes. 我們分批處理「多元性」問題，但每批人數太多，以致人人都感覺被壓抑或被忽略。

4. The department that normally should be taking care of students is taking care of graduates and their missing capacity gives us demonstration in the street. 原應照顧在校生的部門忙著照顧校友去了，就是這個疏失導致了街頭示威。

5. Orientation as it is designed is a frivolous waste of time that should be used to allow at least the doctoral students to present their backgrounds and research.

新生訓練時，就應該增加博士生經驗分享的項目——意思是提早提醒
碩士生進入準備申請博士班的狀態，以免措手不及。

6. The debt level being encouraged is part of national assault on the young that needs rethinking and dynamic leadership. 別再鼓勵舉債付學費，這等於是對年輕人的國家級欺侮，領袖應負起改變這種現況的責任。

7. The Harvard Degree is a pledge banner degree that will cause a dramatic change in individual mobility that requires management training that is not currently addressed. 哈佛學位有如誓師旗，既然會帶來學生未來地位的上升，便有必要提供學生管理方面的訓練——約翰曾不止一次表示，他認為S-301中閱讀的五個社區藝術教育個案、專案申請的寫作，以及院裡有關危機青少年的研究，都太象牙塔了，未能反映出現實世界中財務與人事管理的難度。

8. More and more students are arriving without writing and research skills. We face one but have yet to face the second. 越來越多學生有寫作與研究方面問題的學生，我們面對了第一個問題，尚未面對第二個問題——這也是約翰自己的切身之痛。

9. We have an arts in education concentration where we do not include slides as a requirement for admission. Consequently the art desplayed in the halls is amateured. AIE學生入學前不需附作品幻燈片，導致展示在大廳裡的作品，顯得很「業餘」——約翰以藝術家的眼光批評同學的「省思菜色」作品，他顯然沒有體會到，這些作品是同學們內在「了解」及融會貫通所學的外顯跡象，並不是藝術界慣常的「藝術品」。

10. No one is looking at the change in the description of what a student is today and you have missed the fact that many of the students are here with babies and the day care scene in Cambridge is deplorable. 你們忘了有些學生是家有幼兒的，而劍橋的日間托嬰情況很糟——意指托兒服務既稀少

又昂貴。

11. Foreign students are here in significant numbers but there is no way to welcome them and pair them with a U.S. Harvard student sponsor so we are not making the international friends we could. 外國學生很多，但是沒人將他／她們與美國學生一對一配對以提供協助。沒照顧好他／她們，表示我們沒交到我們該交到的朋友。

12. You are about to add staff, if the new staff are not given unusual power to negotiate and get things done they are in for health problems big time. 你未來將要聘用的人員，應被賦予較大的商議權與行動權，否則將有重大健康問題發生──約翰可能是以自己過去在印地安保留區學校工作至病倒的經驗，指出學院行政授權不足的問題，就是累倒下屬。

This letter is given as a gift. 此信是我的贈禮。

Thank you for the gift of being here. 謝謝您讓我來此。

除了經濟與健康困境外，這三頁手稿透露，約翰的寫作的確有問題，他的表達很真誠，但是用字遣辭充滿了特殊的文化痕跡，以潔西卡對文字差遣的菁英化要求，約翰很難只訴求原始想法的力量，而跳過哈佛在語言與文字包裝上的門檻。但是，讓我們看看這份草稿究竟說了什麼。哈佛一年下來，約翰和可芮負債累累，有病不能醫，即令如此，他還是堅持要如日裔吉兒所說「成為解決方案的一部分」，盡一份社區公民的義務，臨畢業仍懇切地提出這十二項有關「多元性」的意見與建議。這十二項，都是以他自己或直接接觸到的狀況為根據，其中幾項和「多元性大會」的一個基本訴求很相似，那就是希望教育學院能更溫暖一點，第七和第九點則顯示，他對潔西卡的課程有根本的誤解，或不同的見解。

回頭來看，約翰對明星宇宙的興趣，止於其強大的社會啟發力；對公司

宇宙的興趣，止於其豐厚的資源；對聖戰宇宙的興趣，止於其自省的深度。不管教授們說什麼，不管他個人的遭遇如何，他還是要繼續相信人、愛人、助人，他抗拒三宇宙的儀式洗禮，不願變成一個只以自己的使命為中心的人，也抗拒重新定義自己成為「哈佛人」，哈佛對他來說，太疏離、冷漠了。總之，畢業時，約翰還是堅持做了自己。

畢業後，約翰和可芮搬回維吉尼亞州，我回臺灣之前去看他倆，他／她們來機場接我，在赴其住處的途中，約翰停下在路邊的加油站加油，他一邊看著加油站的白人老闆擦車窗，一邊與之聊天。可芮西突然把我拉到一邊，叫我遠遠看著約翰與老闆，問我有什麼異狀？我說沒有，她說大有異狀。

可芮說，這種鄉下地方的白人，學歷大都不高，很不能接受一個黑人拿到哈佛的學位，約翰的存在，顛覆了、也戳破了，他們長久以來堅持的黑人是劣等人的刻板印象，約翰的高尚品格本就令他們很不安，到哈佛鍍金後的約翰更令他們缺乏安全感，因此可芮憂慮約翰在美國南方地區居留的處境，比以前還要危險。她說之前還為了阻止約翰天黑後單獨開車出門，曾和他嘔了好幾次氣。我聽了，回頭望向沁在陽光中閒聊的一黑一白兩人，約翰戴著有哈佛標誌的猩紅色棒球帽和夾克，襯著背景裡成片高聳的墨綠色松林，仍是一片謐靜祥和，再回頭看著可芮憂愁的臉，我不知道要說什麼。

我回臺灣之後聽可芮說，約翰不顧四周人的疑惑，窩在家裡好幾個月，等他終於打算找工作了，又大大跌破眾人的眼鏡。他去找了一份郵局的分信員工作，一種非常卑微單純的勞力工作，每天唯一的挑戰是得搬動極為沉重的郵袋。可芮除了擔心他的健康撐不住這麼粗重的工作之外，並沒有表示什麼。她說她了解約翰的感受，約翰需要時間去面對新的自己。哈佛的光環已套在他頭上，周圍的人看約翰的眼神和態度，大不同於從前，而且不會改變了，這讓約翰再度陷入困境。不管約翰願不願意，他都必須適應這個新的情勢，最後他為了證明自己仍是原來的約翰，仍可以和大家維持原來的關係，刻意去郵局上班，順便可以獲得各種保險，好替可芮治病。這是最了解約翰

的可芮的說法。看來，在哈佛時，三宇宙沒能征服約翰，回到維吉尼亞，三宇宙仍然如影隨形，繼續籠罩著約翰。

約翰郵局的工作，在他傷了背部之後結束，養傷期間，他開始恢復申請專案。2002 年初，他出差去外州，旅途中飲食失衡，血糖突然升高，昏倒在路邊，醒來時人已在醫院。可芮兼程趕到醫院探視，當時約翰還坐在床上談笑風生，隔日清晨，卻突然內出血去世了。

菲麗斯當初是因為潔西卡的強力遊說，才進了 AIE，和約翰一樣，也是潔西卡愛向贊助者提到的學生。進哈佛之後，菲麗斯的花銷很大，使她有限的積蓄快速減少，因此頗寄望於找到獎學金，然而她沒有約翰的種族條件，因此機會大減，在一直沒有確切消息的情形下，下學期只好暫時修學。1999 年 5 月初，趁學期還沒結束，她專程到劍橋探詢獎學金的可能性，終究失望而回。行前她跟我說，很多人不了解，像她這種自由工作者的生活，是一天過一天的，若不小心，就會沒錢了。2004 年，我回到劍橋時，凱特已辭職去 AIE 助理職去做網路藝術設計師，繼任的亞力克斯告訴我，菲麗斯之前某晚，在康州家中因心臟病發，於睡夢中過世了。

早在 1998 年，我就曾聽博士生荷西說，院裡的夭折率（fatality rate）很高，他是就之前院裡兩位年輕教授相繼罹癌死亡，有感而發。後來的田野經驗告訴我，在哈佛，夭折的意義很廣，好端端的教授發生醜聞、盛年罹病、驟然自殺的時有所聞，如今看來，學生的狀況看來也差不多。我比約翰和菲麗斯年輕，佔著訪問學者的優勢，在三宇宙裡四處奔走，也常覺得吃不消。我想，約翰和菲麗斯到達哈佛之前，已操勞了許久，兩人過去的生命中，有許多的機運與成就，但從沒有白吃的午餐，樣樣事情都得奮鬥，安定與富足總是遙不可及。來到哈佛，面對隨處可見的資源、機會和魔法般的可能性，一時燃起了希望的火花，不知覺地付出了更多心力。加以哈佛是一個重視商議、不斷商議、什麼都要商議、商議不一定成功但不商議一定不成的環境，需要人人以大量的精力來長期應戰。面對三宇宙之重，所謂「試圖從消防栓

喝水」的生活，以他／她倆此生的餘力來說，已不能承受了。如今願他／她倆在天上一切都順心快樂，尤其是約翰，如果知道 2008 年的美國大選，真的出了一位黑人男性總統，不知會有多高興。

黛君、茹絲（與瑪麗、比娜）

黛君

　　從布朗大學那種熱熱鬧鬧的學生運動裡來的黛君，可說是有社運經歷，但沒有社會經驗。在 AIE，最初她很專心地上課，第一次繳作業前，還先給潔西卡看過，問潔西卡的意見，導致她把本來很「革命性」的作業，修改成上面第 7 章裡我所描述的那樣。

　　黛君堅持不向父母要錢，自己負擔自己的生活開銷，一個星期要在哈佛的法閣美術館裡打十五小時的工，做些協調中小學校學生參觀、教師資源整合和導覽的工作，如此馬不停蹄只為將來找工作的時候，履歷上不會出現空白，由此可見，她雖年輕，心中還是有長遠打算的。可是黛君入學後不久，就無預警地漸漸退出人群，上學期期間，就幾乎不與同班同學來往，自顧自打工做作業，到後來，連潔西卡的 S-300s 也常常遲到或不來，即使面無表情地來了，一下課也立刻消失不見，電話留言則概不回覆。說到電話，黛君的母親說，以前黛君在布朗大學日以繼夜地苦讀，到了哈佛，從臺灣打越洋電話給她，竟然還可以大白天在她租的公寓裡找到她，感覺很驚訝。黛君的轉變，倒底是怎麼回事？她從來沒明說，我自忖在她這個年紀時，根本說不出自己的處境是什麼，實在也不能勉強她。

　　不過，蛛絲馬跡還是有的。入學後不久，黛君就表示，她覺得比起布朗大學來，AIE 的要求一點也不高，課堂上與作業的學術性也不夠，證據之一

是，上學期的 S-300，她毫不費力就拿了 A。「太容易了！」（Too easy!）她不屑地評論 AIE。當黛君得到高分成績單時，她更進一步推測，潔西卡其實知道她沒有用心去做作業，基於黛君是麥克西米連學者，故還是給了 A，以免除院內外的人──尤其是麥克西米連太太──懷疑潔西卡鑑選麥克西米連學者候選人的能力。前面已談過潔西卡給學生高分的脈絡，但黛君當時可能陷在種族問題以及亞裔學生重視學業成績的模式裡，不能領會。

上學期期末時，呼應該年柯林頓總統代表美國為併吞夏威夷而道歉的時事，黛君的公開報告是以美國人欺騙夏威夷王室，以及美軍在夏威夷群島的暴行為主題，全班聽了為之動容，課後許多同學圍著她，表達敬佩與關切之意，她卻表現得很客氣淡然。很久以後，我才知道黛君那時已決定要離開哈佛。可是，下學期註冊前，黛君又來找潔西卡，說要回 AIE，原來是由於臺灣爸媽的堅決反對，加以申請其他學校的時間已過，眼看將會空白一年。潔西卡一聽便知教育的機會來了，她對黛君說，除非她每週來辦公室向她報告過去一週的狀況，否則不答應。黛君十分氣憤，但潔西卡毫不讓步，黛君只好答應。就這樣，整個下學期，黛君說到做到，每週都會自動跟凱特安排一次與潔西卡的面會（依常情應該不會超過二十分鐘），談談生活上的點滴，潔西卡耐心地聽她發牢騷、講心情、批評學校、討論作業等，過程中，潔西卡不斷地要她把那口口聲聲的「社會正義」朝更專業的方向演進，要她由業餘味道的街頭革命與「缺陷模式」心態，轉向專業者的體制內改革，這和墨菲面對持續多年的「多元性行動」的態度，如出一轍。

就這樣，黛君繼續她離群索居的生活，下學期中唯一「出現」的時候，正是在「多元性大會」上。會前，她密集地參加籌備會議，規畫各種活動。1999 年 5 月 3 日那場公開的號召活動當天早上，我看見黛君一個人蹲在隆斐勒樓前的馬路中間，專心地以彩色粉筆在柏油路上畫著抗議的大字。到了大會開始，我才知她竟是該場大會的總召集人，是第一個發言並且介紹其他人員的人。比講桌面沒高出多少的黛君，有一種籠罩全場的力量，只見她神

態沉穩、語音鏗鏘，大大的杏眼銳利堅定地提醒大家，要注意社會中和教育
環境裡潛藏的陰謀與歧視，要堅定抗爭的決心。我在現場四處拍照的時候，
發現潔西卡站在牆邊，很仔細地聆聽黛君和其他人的演講，滿臉了解。

　　5 月 3 日那天，學生們公開給院長下了通牒，要求院方在 5 月 6 日前一
定要就先前學生提的九項要求，做個交代。[9] 院長長達 12 頁的回應，在三天
之後出現，[10] 詮釋了問題的癥結，[11] 感謝了學生及對學院的誠意關懷，並對
學生的每項要求提出相當細的工作進度報告。之後，消息傳來說包括黛君在
內的有色學生們，對院長的回應不滿意，說院長那些好話（nice talk），學
生們已經聽膩了，問題是他／她們的要求並沒有得到充分的解決——商議顯
然還沒結束。

　　在 AIE，黛君是以美術館教育為副修，秋季時，她選了潔西卡開的美術
館教育獨立研究課，[12] 以便春季班可以在法閣美術館修田野實習課。[13] 上學
期獨立研究的作業，包括美術館教育的文獻回顧，黛君的報告題目是一個很
長的問句：〈有關美術館之多元主義、多元性與多文化教育文獻將如何促進
其進行批判性教學？〉文中對於如何區辨「說一套，做一套」的文獻與「真

---

[9] 這是根據學校報紙 *The Harvard Crimson*，5/4 的報導所言，資料源自 http://www.
thecrimson.com/news/article.asp?ref=2042，後由葛特曼圖書館特藏室館員收藏，下載日期
不詳。

[10] 該文件是 5/6，由墨菲院長具名，以電子郵件發給院內所有同仁，主題："Diversity
Initiative Update"。

[11] 原文是針對學生的多元性冬令營結論報告，解釋為什麼沒有及時以文字回應："What
occurred, I believe, was an honest misunderstanding about next steps. We were concentrating our
energies on addressing a number of recommendations in the report, while the report's authors
were waiting for a formal response. I hope that in the future we all can do a better job of keeping
each othe informed, and that we can move beyond this misunderstanding to the important work
at hand."

[12] "Independent Study"，一個由老師監督的文獻探討研究工作。

[13] "Field Placement"，在老師的監督下赴特定的機構工讀，以獲取實務經驗。

正有用的」文獻，提出了兩個辨別方法，第一是觀察其教學計畫是否以觀眾為關注焦點？第二觀察教學計畫是否注意到揭發潛在的意識型態？[14] 期末，她為美術館安排了一個兒童美術教育營，招攬哈佛大學附近的小朋友來報名，以促進美術館與社區兒童之間的關係。那天，黛君忙進忙出的，還抽空過來跟我禮貌地打招呼。

二月份，下學期開始前，當 AIE 同學們積極地送履歷表找工作時，我問黛君會不會留在東岸，她說她對這個區域已經受夠了，她還是要回西岸，會在美術館工作。話雖如此，她與潔西卡的關係，卻在畢業前完全轉向了。潔西卡說，畢業前許多學生來她辦公室道別，黛君也是其中之一，特別的是黛君主動問潔西卡以後還願不願意保持聯絡。潔西卡聞言大感欣慰，覺得就是因為她當初和黛君做過該做的鬥爭（struggle the struggle），兩人才得以一起翻過了誤解的山頭，讓雙方間最後得到了和平與互信。

1999 年暑期，黛君先去了舊金山的一所美術館，在那所巨大的美術館裡，她自覺沒有發展空間。2000 年，黛君轉到了另一所較小型的美術館。在這個風景幽美的小館裡，黛君是教育部門的主管，領導兩個負責教學的教師和兩個實習生。

那年，我與她聯絡上，並獲得她寄來的美術館通訊、活動通告與剪報資料，又打電話跟她確定資料中哪些是她開創的、哪些是之前館裡就做過的。我很驚奇地發現，黛君一個人發動了文宣中大部分的新活動，像規畫教育特展、派館內教育人員主動為鄰近的公立學校舉辦「藝術日」，還有安排貧窮青少年與藝術家一起創作壁畫等等。其中有一個項目特別引起我的注意，那是為了克服學校教師帶學生參觀美術館的交通障礙，所設計的一個藝術教育專案，內容包括四個重點：為教師辦理來館參觀的行前訓練、師生搭免費巴

---

[14] 標題原文 "How can literature on pluralism, diversity, and multicultural education in the art museum contribute to a practice of critical pedagogy in the same space?"

士來回、門票全免、禮遇每位來館教師每人一張會員年卡。我回想,潔西卡有一門博物館教育模組課,可能對她還是發生了一些作用。記得當時在課堂上,潔西卡提起一位美術館教育界前輩的諍言,說他奮多年後,覺得只有一項資源是美術館教育的最終關鍵,那便是安全的集體交通工具,因為只要老師和學生們都安全地到達館裡,一切就好辦了。這個故事,在課堂上曾引起持久的迴響與討論。

除了美術館的工作之外,黛君積極投入當地的公益活動。她和一群地方上的年輕專業工作者,成立了一個草根政治團體,每隔一段時間,就邀請一位地方政客來演講並交換意見。另外,她又協助一些朋友創辦了一個影展,是專為各國的獨立製片者所設的,宗旨是要讓全世界低成本、有理想性、具議題性的電影,能有一個觀摩交流的場域。這兩個活動,在積極的動員與宣傳之下,很快地獲得地方上的注意與報導。配合這個影展,黛君還將影展與美術館活動結合,請專業電影工作者指導青少年拍片。

2004 年 5 月,我和黛君恰好都在劍橋市。我問她對自己美國少數族群身份有什麼感受。她說,過去年輕時,學校就是她的全部社會環境,這個身份深深地影響了她的成長;現在她大了,比以前有自信、有自覺,這種事就沒有那麼大的影響了。我又問當年在 AIE 的感想,她說 AIE 是一個極好的學程,唯一的遺憾是,她大學一畢業就進了 AIE,沒有事先充分想好自己為什麼要來 AIE,底蘊不足,加上大學時代教育與藝術雙主修的課業,已經把她弄得筋疲力竭,AIE 對她來說,只是大學的延伸、堆疊與重複,一些作業,當時她都覺得很容易,其實回想起來,她並沒有真的了解作業的意義,也不知道作業裡頭的概念究竟與自己的生涯何干,同時為了避開打工的時間,也影響了選課的全盤規畫等等。聽起來,當年在哈佛時,黛君是從上學上課與完成學業的角度,去判斷 AIE 教育的價值,如今她已意識到,這是錯過了 AIE 教育的精義。

2005 年暑假,一項美術館的活動讓她和一群從紐約過來的藝術家結識

，幾番深談後，她興起了赴紐約再進修的念頭。我問她為什麼？她說她被這些藝術家的「群體精神」（collective spirit）所感動，這群人有男有女和來自各種文化背景的人，但相處很和睦尊重，讓她因此很嚮往紐約這個城市。就這樣，她提出辭呈，並申請了位在紐約的哥倫比亞大學商學院，唸商學碩士班（MBA），很快地獲得優先錄取，並於 2006 年入學。繞了一圈，黛君又回到東北角的長春藤大學校園裡。

這個決定來得突然，臺灣的爸媽很替黛君擔心，說美術館的工作，是沒有什麼前途，向上升遷的「天花板」很快就能被碰觸到，但是唸 MBA 似乎又很突兀，不知將來會怎麼樣。我得此消息，打越洋電話給在辦公室裡的黛君時，她正忙著收拾東西，電話中，她用生澀的中文夾雜英文，慢慢地說。

我現在已經工作了五、六年，每一年學得越來越多。剛畢業的時候，出來，學的東西最重要的，就是跟別的人學怎麼做 organization，怎麼用我的想法、我的 philosophy，跟別人的 organization、別人的 mission〔指美術館經營理念或使命〕混在一起〔結合〕。

我問她，畢業之後到現在的感想如何？她回答：

You have to deal with 別人〔與人相處〕，做很多 compromise〔妥協〕，特別是我這邊〔這個美術館〕比較小，organizational management 很重要。

我再問什麼是 management？她說：

包括啟發他人去工作（inspire people to work）、和別人一起工作（work with people），還有就是管理一個組織（manage an organization）。

她發現，事關開源節流的財務管理，越接觸越感覺複雜，卻常又是特別重要的成敗關鍵。最後她評估自己，說：

別人看我太年輕，我的經驗不夠，因為一直在讀書，經驗不夠，我自
己想做的，也要讓別人認為我可以做〔得到〕。……我想做的那些
program〔美術館教育活動〕，很難〔為美術館〕賺錢，很難 produce
income。……我覺得我應該自己生產一些 profit，不能只靠 philanthropy
〔慈善捐獻〕……不能只靠 fund-raising，太 uncertain 了，必須要有其
他的 income……比如說 Café、gift shop、membership，我不知道。

黛君去紐約後，我反而得到一筆旅費補助，到這所交通不便的小型美術
館去參觀，並了解到黛君上面這番話中自省之深。

這所美術館上下都是白人，所在的小地方，生活節奏遠比劍橋慢，別有
一種令人流連忘返的悠閒。館裡的人說，黛君勤奮積極，她做主管的那幾年
，教育部門辦的活動極多，都很創新，而且有社會自覺性；黛君最重要的貢
獻是，在她的遊說與爭取下，館址的擴建計畫中，主要的新闢空間，竟不是
用於開闢更多的展覽廳，而是更大、更正式的藝術教育空間，一舉讓館裡的
教育部門擺脫了要在入口處與穿堂辦活動的窘境，大家因此都很欽佩她、愛
護她。但是，這位館員面帶歉意、委婉地表示，這個美術館究竟太小，人手
和資源都有限，黛君開發的業務規模很大，弄得大夥人困馬疲，幾位資深的
同仁甚而陷入天人交戰，一方面他／她們喜愛這個工作，希望能長久做下去
，另一方面在黛君的領導下，工作量和壓力之大，讓他／她們必須思考辭職
這條路。對照黛君上面電話中的思考，我想黛君對同仁的想法，是有意識的
，同時，我想在這個美術館的經驗，可能增強了她對資源之重要性的體會：
沒有資源則巧婦難為無米炊，理想也很難發揮。因此，即令爸媽都希望她唸
博士學位，她卻選擇去念商學碩士。後者這個路徑，與潔西卡那一番從街頭
走進體制的開導，以及在體制內革命的激勵，精神上是吻合的。

2007 年冬，我到哥倫比亞大學商學院和黛君見面，她又恢復了半工半
讀的生活，這次是在藝術拍賣公司打工。課業上，因為之前沒有會計與統計

的根底，處在大批資深會計統計專業出身的同學間，很有壓力，在花了很多時間與精力之後，才漸漸趕上。我觀察她整個人黑瘦了一些，穿得很樸素，但是神采奕奕，比以前更見成熟穩重。我問她將來準備做什麼？她說她未來不一定會回西岸，也不一定回美術館教育領域，也不一定需要在藝術相關的領域發展，話語間那種低調又兼具大鵬展翅的氣勢，絲毫未減。這一次的對話也讓我感覺，高中時代、大學時代與 AIE 的往事，似乎已離黛君遠去，問她一些以前她說過的話，已多不記得了。黛君跟其他 AIE 人沒有聯絡，但是每年都會給潔西卡寄卡片或以電子郵件問候。潔西卡沒退休之前，黛君如果去波士頓，一定會和潔西卡約著聊聊，談談近況。她申請哥倫比亞大學唸 MBA 這件事，事前也曾得到潔西卡的鼓勵。潔西卡退休後，兩人就沒再繼續聯絡。到此，黛君已經漸漸脫掉了藝術與教育的小圈圈，邁入了新的境界。

2008 年，黛君拿到商學碩士學位（MBA），成為 AIE 畢業生中到 2008 年普查為止的少數異數。[15] 哥大畢業前，她打工的那家藝術品拍賣公司決定聘她為專職的經理，為了兼顧學業，工作時間最初只算四分之三，說好畢業後即成為全職，期間她參與了重要的國際性地產購買工作；再數月，黛君即擢升為歐洲總部的經理，薪水較之前擔任西岸美術館教育主管時倍增，手下有八個全職人員，除了拍賣細節以及與顧客交接的事係由他人負責之外，其他的事全由她統籌規畫領導。2008 年暑期，我在歐陸時間晚間八點打電話給她，辦公室裡其他的人都走了，只有她還在，她說這是常態。對於她被聘用的原因，她說，哈佛人這個身份，是個加分，讓人對她有信心，但是最重要的，是因為她同時有藝術和商業兩種專業能力，而公司內其他的人員，都只有藝術或藝術史方面的背景。

---

[15] 根據 Rhodes & Seidel (2006)，以問卷調查所得初步的結果，寄回問卷的 AIE 畢業生中，只有另一位再修得此學位。

　　關於工作內容，她很專業地說，她每天早上八點半之前到達辦公室，晚上七點到八點左右離開，中間，30% 的時間處理人力資源管理以及回應員工問題，30% 的時間用在新專案的開發，譬如說與其他機構的合作，以及增加利潤的計畫案，15% 的時間是與公司合夥人做策略性規畫，15% 的時間花在監督公司的建築案。黛君她從非營利的美術館，改道營利的拍賣公司，同樣是開發專案、執行專案，但前者的專案常因為沒募到錢或者其他理由，而無法實現，後者就比較沒有這樣的問題，效率可以提高很多。

　　以黛君現在的工作來說，她覺得 MBA 的訓練比較實在，AIE 學到的研究資料收集與寫作訓練，也是有用的，但不是每個項目都如此，如果可以再來一次，她說她會直接修 MBA，而不會繞道 AIE。未來，黛君說她會朝向「組織領導工作」（Leadership in organizations）的方向發展。

　　我忍不住稱讚她的成就，她並不動搖，她說她不覺得自己有什麼了不起，以她一貫工作努力的程度，不管在哪個崗位，她本來就會有至少中上的表現，再說，以她的「社會基礎和教育基礎」，[16] 意思是她的家庭背景與學業成績，她的成功更只是正常，她若失敗，反而是不正常。對於以前常常記掛在心的社會正義，黛君現在說，不必用字面意義看待社會正義，工作上遇到需要「正直與倫理之考量」（integrity and ethical concern）的事，所在多有，社會正義自有發揮之處，就算是與藝術直接相關的倫理課題，也一樣層出不窮，不怕使不上力。比如，她在工作上會遇到藝術家，她幫助這些藝術家發揮長才，「擴大人類視野的地平線，拓展社會規範的前緣」（expanding human horizons and pushing boundaries of society），這就是社會正義。我聽了欽佩不已，看來，黛君的觀念與想法在十年之中，成熟開擴了很多。2008 年這一年，黛君才三十出頭，她的故事，顯正方興未艾。

---

[16] 原語 "social foundation and educational foundation"，意思指社經背景與教育程度，所謂「社會資本」也。

茹絲

　　茹絲進 AIE 的時候是全時生，在劍橋地區高昂的物價下，她的財務狀況很快地惡化，必須趕快想辦法。來劍橋之前，茹絲每年有兩萬美金收入，她知道如果不受更進一步的教育，她的收入不可能有進展，但為了 AIE 這段教育，算算畢業後她必須每年再增加兩萬美金的收入，否則無法同時付貸款並維持基本生活水準。焦慮之餘，在上學期開學不久，她就又去找了一份熟悉的餐館工作。潔西卡得知此事，認為影響課業過鉅，強烈要求她辭去。茹絲見狀，轉而要求潔西卡協助她申請改成半時生，以便減少一點學費的壓力。院裡的政策是不希望有太多的半時生，[17] 以免造成風氣，影響學生整體的專注，茹絲此議，若無潔西卡的支持，不可能成功，幸好她和潔西卡陸續談了很長一段時間，終於獲得院方准許，從下學期起開始改變身份，成為半時生。此時，透過 A，她與早一步轉到哈佛文理學研究院教書的 B 接上頭，B 正好接下海外一個新博物館的籌備工作，需要一名全職助理，可以獲得哈佛減免學費的優待，外加微薄的薪資，雙方一拍即合，自此茹絲半工半讀加上省吃儉用，生活大獲喘息。

　　茹絲能幹任事，視 B 為冥冥中安排的導師，因此就像之前對 A 一樣，對 B 也一片忠誠，盡心盡力，有時忙到夜深，就在辦公桌下和衣席地而睡。茹絲能和新老闆 B 合作愉快，與之前擔任 A 的秘書之經驗很有關係，她因這前份職務獲得一個特長：抓得住老闆。不管 B 多忙、行蹤多飄忽，茹絲都有辦法找到他、攔截他或者留話給他，弄清楚老闆的意思，了解下一步要做什麼，然後主動將工作推動下去，這點讓其他同事都很佩服。與新博物館籌備處的合作很順利，除了和新加入的紐約建築師事務所團隊溝通之外，她還負責安排新博物館籌備處派來的訪問團，在六個美國大型博物館所在的

---

[17] 根據 1999 屆的最後統計，半時生只佔 7%。

城市，辦理巡迴研討會，使案主與美國各大城博物館教育專家、學者以及文化人見面，聽取各方意見，此舉也等於為計畫中的新博物館做了巡迴宣傳。

茹絲有一個懸念，就是一位住在紐約的朋友。法蘭克（假名）年紀比茹絲大得多，受過很好的教育，是個全職的社運工作者，他沒有固定居所，全身投入推動新聞平衡報導以及國際正義的工作，有大群在各行各業互通聲氣的朋友，一同在世界各地旅行奉獻，工作包括揭發賽爾維亞戰爭暴行、邀請中東人士來美巡迴演講以提高美國人對回教世界的了解等，開銷很大，自己經常弄得很貧困，連高血壓藥都無法定時服用。茹絲為此時時透過手機四處追蹤他，確定他的健康狀況，跟他扯笑話聊天、聽他講冒險故事以鼓勵他。有一回，法蘭克失聯了很長一段時間，茹絲焦急地從劍橋親赴紐約尋找，待輾轉發現他時，他竟是住在一輛破舊的汽車裡，精神意志都不錯但相當潦倒。有一次我問法蘭克怕不怕 CIA 和 FBI 找他麻煩，他笑說如果這兩個機構沒這麼做，就表示他沒做好他的工作。茹絲對法蘭克萬分敬愛，深深欣賞他為理想奉獻一切的精神，即使法蘭克總是工作第一，茹絲也始終不離不棄，繼續看守著他。

對於潔西卡的強勢，以及哈佛這種東岸的上層社會文化，茹絲和瑪麗的反應一樣。兩人因為都曾在大機構、大公司裡任職過，對於大機構裡的文化瞭然於心，深深了解其間的政治藝術，習於「與上位掌權者相處」、「應付膨脹的自尊」、「注意儀節」、「觀察入微、隨機應變」。以瑪麗來說，她聰明風趣，重點上自我調侃幾句，自然化解困境，加上靈活的社交能力，逢事總能履險如夷，保持風風光光、快快樂樂。茹絲性格分明，但是知道什麼時候要低調合節，私下裡說話可就百無禁忌，夾著很好笑的銳利字眼，在公開場合，則會盡量地克制自己的左傾言行，凡事皆以旁敲側擊、滲透的方式達成目的，而且她有很長的市井經驗，因此特別關愛弱勢小人物，絕不對這種人擺架子，故能到處結交朋友。

茹絲在劍橋毫不寂寞，繼續與哈佛附近的社運分子、藝術家及各種心靈

導師、諮商師等來往，給自己建立了一個很大的後援體系。茹絲對朋友極為忠誠，朋友對她也一樣，生活與學業上都會互相照應。比如她和黛君一起修習潔西卡的一門獨立研究課，對文獻回顧與探討的作業有困難，就自己找朋友教她。她說，她知道教授們的時間很有限，所以總是自己想辦法解決問題，準備就緒了才去見他／她們，問有份量的問題，以免浪費他／她們的時間，也避免留下負面的印象。我想，她做秘書多年，知道大人物們每日繁忙，對人難於有心、用心，她知道在上位者如何看待對自己有求的人，小人物們不必心存幻想，企求大人物會有同理心、為你解決問題，因此萬不可在大人物面前示弱或動感情，務必要保持自己「一切都在掌握中」的形象與尊嚴。

茹絲是 B 的專案經理，不像當年沒有決策權的秘書工作，她現在有權力設計專案，因此也給了她為弱勢族群發聲的機會。她一來哈佛就聽說，哈佛的自然科學博物館與皮巴第博物館，就像很多其他類似的老牌博物館一樣，收藏有許多美國印第安人的聖物與遺骨，這些藏品進入館藏的過程大多不合法、不人道、不尊重原生文化，許多印第安部落遺族日後紛紛要求歸還與歸葬（repatriation and reconcecration）。[18] 她告訴我一個故事，說某大民族學博物館的藏品中，有一件印地安小女孩的上衣，胸前精緻的珠繡間，有一個彈孔。就像之前印地安鬼魂的故事一樣，這種不正義、不平等、淒美的故事，對茹絲非常有吸引力，一直念念不忘，如果我們見面，話題總圍繞著這種事，連她在潔西卡獨立研究課的文獻報告，最初題目也是〈神聖的與政治的聖像：在政治化的博物館情境中之博物館教育與神聖藝術展示〉。[19] 茹絲是

---

[18] 1999/5/20 的 *Harvard University Gazette* 有一篇報導，可以一窺端倪。該文在第一版的標題是 "The long voyage home: Peabody returns Native American remains to Pecos Pueblo"，繼續到第四版的標題是 "Largest repatriation of remains takes place"，內容說哈佛大學的皮巴第博物館在 1999/8/19，將 1915-1929 年間一位哈佛考古學者發掘的 Pecos Pueblo（婆布羅印地安人之一支）1,912 位先人遺骨，以一個聯結卡車啟運回新墨西哥州，以便由後代安葬。

半時生，她比約翰與黛君晚一年畢業，如果她到時就畢業離校，將會喪失她當時擁有的一切利基，包括學生保險與專案經理的收入，而且要馬上開始償還就學貸款與卡債。未雨綢繆，她早早準備了申請文件，獲准進了哈佛教育學院的博士班，博士研究的方向，就是神聖物品與遺體的歸還與歸葬。

　　當茹絲尚與 A 在一起工作時，就接觸到文物歸還與重建的議題。1990年，美國國會通過了「美國原住民墳墓保護與歸還法案」（Native American Graves Protection and Repatriation Act，簡稱 NAGPRA），當時各大博物館對此法案的態度，都很消極保留，更多者是視之為燙手山芋。茹絲透過閱讀 A 指定的文獻了解此事後，卻很興奮。她認為，還給這些她並不認識的弱勢族群一個公道，是白種人必須面對的事。何況，博物館若要平等看待其多元的「選民」（constituencies，在此指觀眾），博物館的作為，必須要能面對來自文物原生文化的觀眾，因此，她認為幾個指標性的大博物館，在這種事務上拖腳步是極不可取的。但當時的她，只是有心，並沒有實際經驗。

　　茹絲到 AIE 之後，機會來了。1999 年冬，我不在劍橋時，教育學院院長召開了院長顧問會議，請來的都是各界名人以及重要的贊助者，潔西卡推薦約翰和茹絲作學習報告。其中有一位委員，安靜地坐在最後一排，全場聆聽了茹絲的學習心得，茹絲並不知此人就是她心儀已久的文物歸還與文化重建的倡議者 C，更巧的是，她當時所報告的有關那瓦荷印地安文物典藏的批判性想法，正是大量源自 C 的各項著作。等她下來知道臺下坐著的是誰時，驚喜萬分，認為她的心理力與生命奇蹟又發生了。

　　顧問會議之後是午餐會，約翰參與過印地安事務，與茹絲至少有一點相同之處：都很崇敬 C。當約翰知道茹絲也為 C 的出現而興奮時，就指點她

---

[19] 標題原文 "Sacred and political icons: Museum education and the exhibition of sacred art within the politicized context of the museum"，後來繳卷時，改成比較溫和的〈對幾個博物館教育課題的反思〉（Reflecting on selected issues in museum education）。

：第一、與約翰同坐在一張角落的空餐桌旁；第二、在兩人之間，留下一個空位。茹絲懷疑這有什麼用，約翰說：妳等著瞧。果然，C 一進門就朝他／她倆走過來，問可不可以坐在中間那個空位上。三人就這樣興奮地交叉說話，一片相見恨晚，最後 C 竟說，會找時間回劍橋來再與他／她倆深入談話，茹絲說她當時高興得簡直要發狂，事後並將此經驗轉述給 B，埋下後來一連串重要的互動與合作根苗。

見到 C 的時節，茹絲正安排新博物館籌備處訪問全美六大城，每到一地，都邀請當地博物館界人士討論有關再現、詮釋、敬護與典藏的各項課題，以便為新博物館的規畫，提出綱要。應邀者中人次重複最多的，就是 A、B 與新結識的 C。我曾在賓州旁觀其中一場座談會，只見茹絲忙進忙出，打點一切，憑她做過外燴的經驗，照顧的細節當然包括極為精緻的餐盒與飲品，總之，她抱定的目標是，唯有賓主盡歡，座談才能字字珠璣。

2001 年，她以 B 之名申請了一大筆錢來研討「博物館即社會教育機構」的議題。她利用哈佛以及 B 的聲望，以動人的信函，邀來世界各大博物館館長與博物館教育界名人，包括 A 與 C，都紛紛從世界各地飛來哈佛，與幾個茹絲十分讚賞、曾經成功歸還聖物與遺骨的小博物館館長，還有學術界關切這個議題的名人，齊聚一堂，交流想法。閉幕典禮上，高朋滿座，專案經理茹絲首先致辭，旁邊臺上一字排開坐著的，都是她一路欽佩的導師與作者，包括研討會的主持人 B 和她所崇拜的 C，臺下坐著聆聽的則是 A，還有許多重要人物與明日之星。後來，這個研討會的論文集由美國博物館協會與哈佛大學聯合出版。

儘管茹絲認為世界上所有的博物館都應該一舉歸還每一件經掠奪而得的文物，才是破釜沉舟的覺醒，但她知道此事要一步一步做，不可讓博物館界受到太大的打擊和羞辱，反而會導致破局，甚至倒退。在研討會後的派對上，她對我說她的直覺是，雖然她沒有能力直接推動此事，但她有能力把關鍵人物集結起來，只要讓保守的博物館界和 A、B、C 這類高人混在一起，面

對面說說話，他／她們就會受到感染，會再思考而慢慢改變。另外一條路，就是透過一些較溫和的提案，比如根據她在 AIE 時的一篇報告的結語，她主張大家在展出神聖文物時，不要只看見美感的價值，要同時尊重文物原生文化對待文物的原有方式，並搭配展出文物的相關文化社會脈絡，這麼做，一方面可以提供觀眾更豐富的博物館美感教育，以及跨文化對話的經驗，一方面可以避免粗暴地把文物本來的宗教或神秘意義剝除，代換為西方主流文化下的藝術觀點，強將文物視為藝術品，而且只視為藝術品。

研討會後不久，茹絲卻轉任哈佛的募款專員。原來，研討會將要開幕之際，B 與上級意見嚴重相左，當下提出辭呈，茹絲為 B 所受的委屈而心情沉重，曾在籌備會議中憤怒發言，贏得旁觀的公司宇宙無名小職員們的讚賞，當她將因 B 離開哈佛而失業甚至失學的消息傳到眾人耳裡時，這些第二方的行政小卒們立刻動員起來，將她轉介到這個新差事，有驚無險地保住了茹絲的生活現狀以及博士學業。

就在這段時間，又來了一個晴天霹靂，潔西卡退休的消息突然傳來，茹絲必須趕緊另找一位教授指導論文，一切幾乎都要從頭開始，加上才進入新職位，一時之間還需適應。雪上加霜的是，新職位的工作內容與茹絲有興趣的美術館教育工作漸行漸遠，反而與伺候有錢人的工作越走越近，使她十分不悅。她說她上任的第一年底，就為哈佛募到了一筆巨款，讓同事們刮目相看，但她說，為哈佛募款並不難，她形容說對方在電話上一聽是哈佛打來，就馬上接通大老闆了。這工作最令她厭煩的部分，就是為那些挑剔做作的富人服務，比如為他／她們辦精緻的派對，讓他／她們可以驕其同儕，說哈佛派人來為我服務云云。不過，工作之中也不全只有壞事，她在此職位上認識了一位好朋友康妮（假名），康妮是哈佛的資深募款人，層級與資歷都比茹絲高，但和茹絲一樣，是潛藏在大機構裡的良心，兩人因為一次的共事而惺惺相惜，從此調皮地攜手利用哈佛的資源，顛覆現狀、伸張正義。

如果這份工作募到的錢，可以用在有意義的方向，茹絲可能不會輕易放

棄，可惜事與願違。茹絲認為上頭有些人並不在意經費的分配方式。茹絲藉著薩摩斯校長與全校校務發展人員（即募款人員）開大會的機會，起立發言，要求薩摩斯注意款項使用必須合乎倫理原則，一時語驚四座。就這樣，茹絲熬到博士論文大綱通過，就放棄了這份優渥的工作，轉到紐約市內一所中型美術館，做了館長一人之下的專員，專門解決單位與單位之間的協調問題，以及提升全館的效率與服務品質。

2007 年我到紐約去看茹絲時，她帶著我在館內四處參觀兼辦事，一路與黑人館員及清潔工打招呼閒聊，並不停地接聽手機解決突發問題。在一個小型會議裡，我看見她處理事務的獨特風格。她與人進行商議時，並沒有特定形式，看起來心不在焉，公私事夾雜著談，似無沉重感，但是重點上相當堅持（比如要求大家遵守跨部門共同的工作時間表）且能四兩撥千斤地獲得協議。在各部門間穿梭時，她為我解釋美術館在經營與管理上的問題，大多是我這外人看不見的，像單位習性、結構包袱、個人性格、計畫盲點、觀念不一等這類常見的結構性問題。在她來之前，部門之間的鴻溝很大，互不溝通，策展品質待加強，觀眾的數量也沒有進展。現在，經她一番走動管理，至少部門之間開始嘗試合作，展覽準時開幕，青少年的參觀人數也增加了。

當天晚上八點之後，我和茹絲才在風雪中下班，接了到紐約出差的康妮，一起回到茹絲在中央公園旁住宅大廈中租的一個小公寓，我們三人熱烈聊到深夜。康妮興奮地告訴茹絲，說她下午去見了一位大型基金會的負責人，對方正缺人手，康妮當場推薦茹絲，還跟對方替茹絲開價九萬美金的年薪，茹絲卻只是笑而不言。第二天早上，一片柔和的天光由客廳大窗傾瀉而下，按照臺灣人的習慣，我問茹絲打不打算買下這間公寓，她說巧得很，她正在接受大樓管理委員會的審查，後天便知她是否會被批准購買這間公寓。我再問她，哈佛人的身份，在審查中算不算數，她說當然算，而且很重要。後來，她真的順利通過。更不可思議的，茹絲多年疏離的母親，竟出面要替她付買房的頭期款，她怕茹絲不接受，還說茹絲身後，房子歸母親所有，現在茹

絲只需自付分期款。我聽了，並沒多想，只不住感嘆哈佛的魔法。

從茹絲接到哈佛的入學通知後，表姐們就傳來母親要負擔她學費的消息，被茹絲一口回絕，那麼為什麼這次她接受了母親的資助呢？這背後，有一個大為陰暗的原因。茹絲緩緩地告訴我，她剛被診斷患了帕金森氏症，怕我不懂還說就是拳王阿里和電影明星麥可‧J‧福克斯得的那種病，她的左手會不自主地抖動，未來，也許很久以後，這種腦部的病變會惡化到讓她無法工作。啊，又來了，哈佛的夭折率⁉我的心頓時沉到谷底，一些安慰的話也說得破破碎碎，原來這就是為何她母親會談什麼身後事的原因。茹絲倒是平靜，那時她和我走在中央公園的玫瑰園裡，天寒地凍，整園只剩醜惡雜亂的枯枝，一片蕭瑟，她卻向我描述春末玫瑰園盛開的景象，要我下次來紐約要選時間，好與她一起賞花。

最後，2008 年暑期，我再去紐約見茹絲。經過一番中醫、食療和瑜珈的幫助，她看來氣色很好，左手抖的情形比之前明顯，打電腦全用右手，一字一字地敲。那時國際原油因惡性炒作而暴漲，美國發生了新一波的經濟緊縮，市政府大砍了美術館的補助，影響了館裡剛做好的年度計畫。以茹絲的個性，絕不願讓資本主義自由市場機制得逞，她立即忙著在館內四處走動，敦促、監督大家務必依照她與各部門主管達成的共識，大幅度削減預算與開支，以免發生被迫裁員的憾事。大夥都很敬愛她，紛紛對我說，她一點也不像一般人心目中高傲冷漠的哈佛人。那天她說她還是要努力把博士論文寫完，我問她，對於現在的生活有什麼感想？她說現在是她有生以來最順遂的時候，工作滿意、真心喜歡她的上司與同事、收入好、買了房子、與法蘭克的關係也有進展，只有一個小麻煩，就是腦袋有毛病！說完我倆相視大笑。

瑪麗

茹絲的故事說完，接下來補充瑪麗和比娜的發展。先說瑪麗，她來哈佛

之後，判斷課業的要求與對自己的時間與精力的負擔，立刻申請改為半時生，她是以擁有一個自創的設計公司需要維持作為理由，到下學期喜獲批准。瑪麗說，她很高興她是半時生，可以在校園裡待兩年，得以慢慢「品嚐」（savor）哈佛，不必在一年內匆匆結束學業。以半時生的身份，瑪麗 1999 年下學期，在教育學院只修了 AIE 的 S-301 和商學院的「私領域的企業精神」課，其他則是旁聽一些晚間的大班課，並時常在校園各處聽演講，享受哈佛的一切。那學期，她是商學院裡唯一的教育學院學生，受到很熱烈的待遇。原因是她義務幫忙「牆洞幫」募款工作很久，而此門課裡研究的兩個募款的重要案例之一，正是影星保羅‧紐曼的義大利麵醬公益事業，[20] 同學們都對她的實際經驗很有興趣，使她大獲發揮。

開學前，瑪麗已把工作室由波士頓郊外搬到城中的時尚區，開幕酒會則在初冬舉行。她的邀請卡是牙白粗面粉彩紙，裡面有以沾水筆手寫的書法字，外頭用精緻的白紗帶紮起來，每一張邀請卡都由她親手送到同學或來賓的手上，加上幾句寒暄和誠懇的口頭邀約，周到地進行這項社交儀式，沒有半點生澀或者不自然之處。派對那天，同學們即使有要趕的報告，還是來了很多，大家站著啜飲雞尾酒談天，並參觀她的工作室，整個活動氣氛正式而愉快。回想起來，瑪麗辦的這場，是 AIE 這一屆第一個也是唯一的一個社交活動，其他的聚會都因為大家太忙而作罷。

在瑪麗的世界裡，用不著鬥爭或批判，因為你泥中有我、我泥中有你，大家一起合作努力，絕對是較佳之途。這種風格，讓潔西卡以二元對立方式催化反思的設計，顯得無從發揮。然而，瑪麗並不以為意，大部分上課的時間，瑪麗是在感嘆同學們與教授們的智慧（包括約翰的震撼教育），歎息世間竟有這麼好的地方，讓她每日學而不倦。對於課業，她沒有出類拔萃的需要，一切坦然、盡力而為即可。由於巧妙的安排，許多客戶根本不知道瑪麗

---

[20] 另一個案例，瑪麗說是當時經營相當成功的咖啡連鎖店星巴克（Starbucks）。

在求學中，但少數客戶發現她在哈佛就學，不但不刁難她，反而加意配合、幫助她。來哈佛最令瑪麗高興的，是在哈佛找到了另一半，他是一個大型基金的投資經理人，是在商學院選課時遇到的。結婚場地原訂在哈佛校園中的一座老教堂，但因為父親病重，改在賓州老家。兩人婚後在賓州的漂亮住宅，則是透過哈佛校友會的網絡，順利租到的。

　　2007 年我從劍橋打電話到賓州給瑪麗，她說她之前已有過一次懷孕，但是因故流產，自以為再不能生育，卻又意外懷孕了，我一疊連聲地恭喜她，她卻告訴我，胎兒確定有唐氏症，讓我在電話另一端頓時語塞。她說，她自認一輩子都在幫助身體有障礙或者有病痛的兒童，不可能逢到自己身上，就推翻了一直以來對生命價值的信念，再者，相較於其他父母，以她的經驗，她更知道如何幫助這種孩子，因此在和先生一起不斷禱告後，兩人接受了上帝的安排，為新生兒做了一切準備。2008 年我接到瑪麗以電子郵件傳來的訊息，就在預產期之前，她流產了。在家人環繞下，瑪麗在病床上與胎兒見面、擁抱，之後隆重地葬在家族的墓園裡。

　　瑪麗親愛的父親也是那年過世，瑪麗決定減少在自己公司的工作量，保留在牆洞幫的義工工作，隨先生調差到倫敦，一面休養生息，一面恢復思考她一直想畫的那本童書。2008 年，她寄給我她的童書圖稿、文稿、致出版社函，以及出版企劃等文件，內容完全脫開之前從病痛負面角度出發的手法，設想大人擁著孩子一起閱讀此書時，大人唸出要孩子放心、會永遠愛他／她、保護他／她的話，傳達出一種特別溫馨的感覺。我想，只有一個常常擁著自卑孩子講故事的人，才知道這種感覺對孩子的重要性。

　　至於哈佛大學那一段經驗，在瑪麗的生活裡一點也沒有消失。在企劃書中，她提到她 HGSE 的教育背景，提到一位哈佛教授對她書的肯定詞，還有一段，瑪麗寫道：

公關與行銷企劃　透過哈佛大學教育學院，利用插圖製作一系列問候卡

或生日卡，開發一系列根據插圖製作的、具有相似簡單表情的布偶。[21]

看來企業界出身的瑪麗，很清楚哈佛大學教育學院並不只具有字面的價值，就像哈佛的品牌、哈佛的人脈等等，它本身就是一個公關與行銷的管道與資產。

比娜

比娜在 AIE 求學期間擁有多重身份，包括 AIE 全時生、音樂學院全職教師、音樂學院院長特助、猶太（包括意第緒語與希伯萊語）樂團主唱，所有這些進 AIE 之前的身份與工作，進 AIE 之後全部保留，外加與幾位音樂學院的同事一起創辦了一個音樂實驗學校，並擔任該學校的校務顧問，這還不包括私下的音樂家教，以及數個偶爾參與的義工項目，精力之充沛、時程之滿，達不可思議的程度，要約訪她，非得等一個月以上不可。我觀察她的法門，猜測是大膽推進、精密收成。比如說，當潔西卡要「反思菜色」作業時，她就清唱相關主題的猶太歌曲或朗誦希伯萊詩，這是她平常就練習好的；再比如說，創辦新學校的企劃書、過程、個案、問卷結果、課程設計與實驗、辦學檢討，都可以加工成好幾門課的大、小報告，而且用的都是一手資料。再者，整個創校經歷就是極好的博士班申請理由，以及未來寫博士論文的研究方向，不消說，因為此計畫而遇上的大人物，還可以請來寫很正面的介紹信。比娜不但順利完成一年的 AIE 學業，是班上唯一畢業後立即進入院內博士班的，也是唯一在 AIE 畢業五年後，即完成第三個哈佛學位的學生。

美國的種族歧視問題，焦點多集中在有色人種身上，但白種的猶太人、

---

[21] 原文 "Publicity and promotional ideas Network through Harvard University Graduate School of Education. Develop series of greeting cards or birthday cards using the book's illustrations. Develop a line of cloth dolls based on the figures in the book with same simple look and feel."

天主教徒也曾因為先前發生在歐洲的宗教與文化宿怨，而受到排擠與歧視。這種情況到五〇年代就已漸消褪，但這兩個族群在波士頓特有的集中居住區域，像中國城一樣，仍然存在。1999 年夏初，我應比娜邀請，到波士頓的猶太人區聽比娜和樂團的演唱。當天是一個猶太節日，一整條街封街慶祝，街上人群熙來攘往，樂團的舞臺搭在區內最大的猶太教堂前，比娜一首接一首的猶太歌曲，成了整個節慶的背景音樂，而且引得幾位小小朋友在台前隨著音樂起舞，景象很歡樂。

如潔西卡所言，比娜的確把 AIE 當作中繼站，她覺得 AIE 在學術研究上介紹的內容不深，學術方法還待加強，同學們很有趣但是意見不怎麼高明，她是直到進了博士班，才覺得有了真正的挑戰性，並因而感覺正式進入了音樂師資教育的專業。比娜認為 AIE 對她最重要的幫助，是讓她看到了藝術教育的整體狀況，使她更加清楚地了解自己在其中的位置。當然，後來我也可以看得出，這個位置是不斷上升的。學院曾訪問比娜，並做成校友簡介，內容非常輝煌，說她是市交響樂團音樂教育部門的主任，掌管三個學士後的教師養成班，訓練幼稚園到高中階段的音樂老師，她還開授數門課，並進行以音樂教師的專業形象為主的學術研究，在期刊上發表。至於比娜其他的頭銜，包括全國性研討會的州級顧問、高教聯絡人、學刊編輯，顯示她已經進入一些相當核心的圈子。簡介最後預告，比娜即將擔任「少年聽眾」委員會主席，任期兩年。我看，以比娜向前衝的速度，她很快就會對全美國的音樂教育發生影響了。

潔西卡

S-300 剛開始的時候，當新生們還在揣摩整個情勢時，少數學生便已按耐不住，抱怨課上沒學到什麼，他們希望潔西卡多作演講，把他們該學的直

接說出來，不要一直叫他們問問題、分享想法。但是潔西卡並不放棄，堅持
這是一堂討論課（seminar），大家都有發表的自由，她強調她經營這個課堂
有如經營一個庇護所，AIE 人就是一個「志同道合的戰鬥團體」（cohort）
，每個人都可以很安全的發表他的意見，她絕不會介意。然而每個學生漸漸
也就都知道，潔西卡與學生私下對話時，態度並非完全如此，對各種藝術教
育的情形或問題，潔西卡的態度相當分明，學生經過一學期上課、聽演講、
個別面談、私下交換意見之後，大家逐漸摸熟了潔西卡真正的態度。於是，
課室裡的氣氛，開始有了微妙的變化。尤其到了下學期 S-301 開始後，在課
堂上，學生群基本上不公開質疑潔西卡所說的一切，討論時就順著潔西卡的
問題，或者就其他學生意見而發。

　　這種情況持續發展，到了 2004 年上半年，院內同仁突然接到潔西卡宣
佈暑假前將退休的消息，更驚訝的是聽說潔西卡絕不接受慰留。那年我正好
在劍橋，再到 S-301 旁聽，這時此課已在當時的院長要求下，改為演講課，
地點則換在一個大型的環型階梯式演講廳。在現場，我感覺到有一群聲勢頗
大的「合唱團」，他／她們應和著潔西卡的每句話，流利地使用著潔西卡的
各種隱喻，來解釋或表達各自的想法，其熟練的程度比 1999 屆要高得多，
對潔西卡的崇敬之情也更明確。比如其中一位年輕學生在走廊上與我談到潔
西卡本學期即將退休的事，當下激動地表示，AIE 不能沒有潔西卡，任何其
他人來接這個位置，都不會比她更好，解決之道？「我們得人工複製一個她
」。[22] 之後不久，在波士頓附近的一個郊區藝術高中裡，我看見潔西卡全程
主持了一個一整天的教師研習營，現場工作的輔導員多是 AIE 的校友，PZ
的溫納與海特蘭是主要講員，臺下坐著一位從其他城市前來觀摩的大學藝術
教育主管。在結束前的綜合座談會上，來自麻州數個學校的在職教師與行政
學員們分組報告，也不約而同地流利運用潔西卡的「真問題」、「庇護所」

---

[22] 原語 "We'll have to clone her."

、「菜色」等名詞。我的驚訝之情，一定是溢於言表，一位 AIE 學生笑著提醒我說，「AIE 已經佔領東岸了。」[23] 我才恍然有所覺悟。一段時間不見的潔西卡，地位快速上升，已儼然成為一個可以號召一方的藝術教育領袖。當年潔西卡口中的「志同道合的戰鬥團體」，已不只限於 AIE 了。透過一年生產一屆的校友勢力，潔西卡的影響力快速擴散，AIE，或者更明確地說，潔西卡的藝術教育主張，已經產生沁潤效應（saturation），而她，則已變成一個可與格林相提並論的美東藝術教育界「教母」或「地方勢力」了。

潔西卡用母親般的心情愛護、容忍學生，他／她們之中許多人也以寵愛與敬重回報她。當然，潔西卡將學生視同兒女，可能會引發學生兒女般的依賴，或相反的，引起如兒女般的小叛逆，無論如何，這都還不出 AIE 猶如家庭的總體氣氛。相對於一些我所知道的教育學院其他教師，潔西卡的風格的確有其獨特性。一位男性同事注意到潔西卡的「母性」（motherly）、「儀式性」（ritualistic）、「慶祝性」（celebratory）及「人性化」（human-centered）。他說，潔西卡和院內大部分人不同的地方，是她真心地想讓學生「感覺特別」（feel special），其他人也許不會讓學生感覺不特別，但至少不會像潔西卡一般「慶祝」（celebrate）學生的特質，相對的，其他人可能會激勵學生去「自力求生」（fend for themselves），甚至不惜讓他／她們先自覺「愚蠢」（stupid）以衝擊他／她們。這位老師將院內很多老師的教學風格說得很生動，突出了潔西卡對學生的獨特態度。潔西卡自己也說，她視學生如兒女，守護學生如「母熊」（mama-bear），並自嘲說，如果可以，她希望學生們永遠不要畢業。

潔西卡以母親形象掌握著的，不只是學生修她的課時的成績，還有他／她們的未來，在 AIE 沒有其他相等重量的教師之下，潔西卡一人集 AIE 草創者、主任、唯一必修課教師、大部分學生的學業顧問，地區藝術教育守門

---

[23] 原語 "AIE has conquered the East Coast."

人，也是以後學生在 AIE 整體表現的見證人、未來各種介紹信的寫作者、學生們未來老闆的諮詢對象，甚至是學生未來在藝術教育行內的靠山，潔西卡的意見對學生來說，代價既重又高，不容大意。正如潔西卡在與 AIE 的新導生會面時說的：「未來一年，我將會對你們很重要。」學生面對潔西卡，就是面對「高代價遊戲」、「高權力遊戲」與「高壓力遊戲」。

說到「高代價遊戲」、「高權力遊戲」與「高壓力遊戲」，前面已經提過，我到 AIE 時，AIE 還是個專修班，至 1999 年初，院裡同意按原訂時程，將 AIE 升為專班，同年六月，院長在全院教師面前突然宣佈，潔西卡為第一任「派翠西亞・包曼與約翰・藍諄・布萊恩教育中的藝術講座」（Patricia Bauman and John Landrum Bryant Chair in Arts in Education）的受贈者，潔西卡從此也是院裡講座教師之一了。對於這個消息，在一份院內刊物的訪談中，潔西卡說她「被感動得說不出話來」。這個任命也許真的是個驚喜，但是為了這 150 萬美元的捐贈，之前潔西卡可下了很大的功夫，連約翰、黛君、茹絲和我，都曾在其中扮演了一個小角色。

話說 AIE 從一開始就設了外部顧問會議，成員有兩種：對藝術教育有興趣的贊助者、藝術教育專家，每年開會一次，由嘉德納和潔西卡聯合主持。1999 年冬，潔西卡選了一些 AIE 人，還有我這個訪問學者，她慎重地告訴我們每個人都要在會上做一個 10 分鐘以內的報告，講講自己在哈佛的經驗。事前她還與大家一個一個見面，了解我們準備要說什麼話，並分別做了些建議。當天晚上，我和學生都著正式服裝提早到場，潔西卡對顧問極為友善，跡象之一是在她言談中展現幽默與自嘲的次數，較一般頻繁許多。顧問並未全體到場，但是出現的人已夠有來頭，有些人光看姓氏，就算我這外人也知道是響噹噹的。顧問會議的整個程序是先由潔西卡做 AIE 現況簡報，接著她敦請每位顧問自我介紹，然後是我們分別的報告，與針對顧問所提問題的回答，最後是顧問輪流對 AIE 發表意見。大家大體依約行事，只有約翰一貫不馴，不接受任何發言的限制，向顧問們講了近 30 分鐘。之後，我們退出

，讓嘉德納、潔西卡與顧問們討論，然後我們[24]一起去用餐。集合時，只見凱特配合潔西卡的要求忙進忙出，潔西卡光是為了誰坐誰的車、走哪條路過去比較好等等，就客氣地與賓客們及凱特來回討論了很久。晚餐在哈佛教師俱樂部樓上，俯瞰花園、以古典壁紙裝修的房間，菜色非常精緻，著黑白制服的服務員穿梭上菜，潔西卡不斷在顧問之間走動聊天碰杯，最後還一一拍照留念。當時我直覺這頓晚餐可能不尋常，但我對這整件事究竟在做什麼，是滿頭霧水。過了幾天，潔西卡從她的辦公室走出來，很愉快地宣佈她剛剛得知，AIE 募到了 150 萬美元的捐贈，之後我才漸漸知道，AIE 的生存以及潔西卡的未來，因此都多了一層保障，而那場顧問會議與晚餐，就是傳說中的哈佛募款活動。

　　不談理論背景，潔西卡課程設計中的一些附帶規定，對學生來說，有些是很難超越。S-300s 的學生們，除了獨特的「菜色」作業外，還是有很重的文字報告要繳，已取代碩士論文寫作。和學院裡所有的學生一樣，AIE 學生的文字報告，都必須依照嚴格的學術寫作與智慧財產規範，以及大學與學院另訂的各種撰寫規定。即使絕大部分 S-300s 學生並沒有這方面的訓練，對於這類技能，潔西卡並不提供太多協助。潔西卡會說這是學生自己的責任，她只會指點他／她們去 AIE 辦公室翻閱美國心理學協會[25]出版的論文寫作指南，再若不懂，可以向學院的寫作中心求助。教育學院的寫作中心並不是一個正式單位，裡面有幾位約聘人員（多是學院自己的校友或博士生）開一些寫作技術、閱讀技巧、課堂筆記、文獻回顧、論文格式等方面的課，另外還有一對一的諮商，都不計入畢業學分也不收費，主要是要讓被報告截止時間弄得心急如焚或者深感才不如人的學生，有個依靠。[26]

---

[24] 黛君說她要打工，所以沒參加聚餐。
[25] "American Psychological Association"，簡稱 APA，每隔一段時間會出版論文寫作規範。
[26] 前面提到的學生生活顧問以及圖書館員，也都是學業的後援系統。

　　以田野中的觀察，學生尋求寫作中心協助後，要在各自滿檔的日程裡，抽出時間持續加強，並不容易，所以學期開始的時候，還很熱鬧，到學期中，來的人就少了。以我自己的教學經驗，這類寫作規範其實很難入門，它們牽涉到西方文化累積下來的學術態度、知識規則、生活習慣與心理框架，並不是簡單的技能。事實上，觀察大部分 S-300s 學生，也可以看出他／她們孤立無援的困境。學院對此的態度，卻跟潔西卡一樣，很消極。據一位教授說，院內大家都知道，SAT 分數的高低與學術寫作的能力無關，哈佛學生的身份也不一定代表擁有很好的學習技巧，學生需要這方面的輔導，但設立這種中心、提供這種服務，會讓校內上層以及其他學院看不起教育學院，完全呼應了前面曾討論過，身處綜合大學中的美國各教育學院之尷尬處境，亦可知潔西卡在這件事上的態度，是遵循著學院的文化與期待。

　　對另一項技術問題，部分學生也很難適應。潔西卡規定學生文字報告的參考資料，只限於 S-300s 課綱裡所指定及所列的補充閱讀文獻，不能逾越此範圍，也不能引用 JLB 講員的話做為立論依據。這個規定，引來不少民怨，但她極為堅持。她的理由是，以她規畫的必讀及補充書目，已儘夠學生發揮了；何況作業的目的在於考察、考驗學生「學習移轉」的狀況，是針對問「真問題」的能力與思考技巧，並不在於引用範圍之大小或參考書目的多寡；再者，整個哈佛大學也好，學院內也好，一直發生作業上有意或無意的學術爭議事件，嚴重者包括直接剪貼與一稿兩用。大學與學院對此非常注意，每年都出版手冊要求師生，不但要注意引用來源的正確、明確、精確標示，而且要注意避免諸如斷章取義、以偏概全或者引用失據等更抽象的學術問題。潔西卡此規定，一方面固然是要維持學生學習的焦點，一方面可能也是要徹底處理這種後顧之憂，保護幼年的 AIE 免受學術水準的質疑。潔西卡用意雖深，但是學生本非白紙，過去已讀過許多東西、見過許多世面，進哈佛後四處選課，也會自然地觸類旁通，不准他／她們引用課綱以外的文獻，等於讓學生必須死了一文多用之心，重新在 AIE 給的新基盤上，從零開始建構、

思考藝術教育。

　　潔西卡不是不知道從真實世界來的「老手」們會有什麼問題，除了必要的文字報告外，她讓學生盡量用自己的方式認知與學習，平衡不同學生的學習瓶頸，使 S-300s 的學生們個個都順利畢業。這看在院內人的眼裡，卻是標準鬆弛的事實。潔西卡教學時做得很好的理論整合與實用化，在學術競爭的環境中，容易引起學術價值不高、「太軟」（too soft）的批評。其時 AIE 成立不久，學生畢業後再進博士班深造的學生尚不多見，儘管潔西卡多麼希望營造良好的學術形象，AIE 比起後來院裡成立的「心智、腦與教育專班」（Mind, Brain, and Education），在學術抽象層度與科學屬性上，還是遜色不少。這使得 AIE 在學院的定位，無法擺脫「終極學位班」的印象；也就是說，潔西卡操持 S-300s 的方向，以了解 PZ 理論、建構志同道合者圈、操作實務應用之道為主，而不是以學術研究為主，學生的訓練是以現實世界的實務為關切點，準備畢業後進入學術圈以外的工作崗位，因此 AIE 這個學位，會是大部分學生最後的學位。

　　潔西卡的作法雖然有其背景理路，但 AIE 成立後，「潔西卡的 AIE 只搞軟學術」、「AIE 學生只講熱情不講思考」的傳聞即不曾間斷。[27] 這種說法反映院內一直有的一種菁英自許：不隨流俗、不貪速效，以學術說服等。與聖戰宇宙的精神結合後，很難任意動搖。因此，雖然誰都知道，哈佛的學術領先地位是靠教授、研究員與博士生支撐，不是靠像 AIE 這樣的碩士班或大學部學生，這種言論的出現對潔西卡或 AIE 來說，還是很棘手。

　　行政結構上的改變，也有意想不到的影響。AIE 由專修班升格為專班之後，失去了原有的全院性特質，不再有三大領域的學生來此選課，所有的學

---

[27] 根據後來 Rhodes & Seidel (2006) 以問卷調查所得初步的結果，AIE 畢業生中，有 19 位進了不同的博士班，其中修習教育博士的有 10 位，佔全體繼續進修之回應者 22%，修習教育哲學博士的有 7 位，佔 16%，修習非教育領域之哲學博士學位的，有兩位，佔 4%，仍可說相當有成。

生都是衝著 AIE 本身而提出申請的，這就使學生群的理念共通性增高、差異性降低了。而之前靠著在三大領域之間流動以獲得支撐的 AIE，由於學院高層終於決定將學院的結構扁平化，消除了三大領域，只留下學院與專班這兩個層級，也使 AIE 這個小單位必須更加獨立強韌，不能借力使力了。AIE 在美東推廣藝術教育上的成就，雖然亮麗，但哈佛本來就對外在因素不那麼敏感，真正能影響哈佛的，只有哈佛自己，因此 AIE 對外的勝利，不見得能為 AIE 加分，反而是三宇宙內部的因素，深深牽動著它的生存發展。

　　從較高的層次來看，潔西卡與 AIE 的兩難，某種程度上也是哈佛教育學院的兩難，可能也是整個美國各綜合大學中教育學院兩難的縮影。根據前面提過的可立佛與古德瑞一書，教育學與其他學科相異處之一，在於「選民體」（constituency）極為龐大，是很多其他強勢領域所無法想像，教育學院的消費人口涵蓋了各級、各類教師、家長與學生，這個由實實在在的人口數建立起來的硬道理，是各地教育學院存在的堅實基礎。[28] 但是，在大學校園現實中，不可避免的是一有限資源的生存競爭，學門的「專業性」與「科學性」印象，常常左右所分配資源的多寡。做為一個「不確定的專業」的教育界，「專業性」與「科學性」本就難於認定，強調銜接實務的內容，是對「選民」負責，回到高教圈與大學校園裡，實用的色彩卻被認為屬於應用性質，加以教育學院學生的出路難於富貴，以致教育學門本身的特色與強項，就是它與其他學院競爭時的罩門，哈佛教育學院也不例外。進一步以 AIE 來說，因注入藝術這個因素，益使其在教育學院內的競爭困境，雪上加霜。

　　面對這樣不利的環境，潔西卡不是沒有因應，她的作法，包括加強學生自信與團體力量、追隨古德曼藝術與科學的論述、自行撰寫「案例」、自行整理「畫像」研究法、輪流到各領域開會宣揚藝術教育、在院內最重要的走廊上展覽學生的成果、透過顧問會議展現藝術教育吸金的能量等等，她做得

---

[28] 參見 Clifford & Guthrie (1988)。

低調但一步一腳印。然而，在一個高度政治敏感的環境裡，大家都在看、都在計算著潔西卡的得分與失分，潔西卡推動藝術教育的終身信念，漸漸轉入逆勢。

當然，潔西卡不是沒有贏過，建立 AIE 已然功勳彪炳，根據我的拼湊，她的另一個事蹟，是院內人所謂的「潔西卡的復活」（The resurrection of Jessica）。2001 年，潔西卡的第一個五年合約到期，她與院長協商，院長不答應她進入終身職系統，她於是辭職回家，宣稱是為了空出位置，好讓 AIE 獲得一個終身職教授兼主任的職缺。學院接著發出全球聘人通告，[29] 五位美國、英國與加拿大的藝術教育界大人物，包括一位 PZ 的重量級人士，進入了最後蒞院面談的階段，不料面談過程中委員會發生出乎意料的僵局，最後宣告整個新聘程序失敗，五人均不予採用。眼看新生即將入學，墨菲院長火速電召潔西卡回任 AIE 主任，潔西卡當然藉機商議，墨菲允許將 AIE 主任的位置以講座缺的頭銜，放在全院募款的計畫中，由院裡的募款人員與潔西卡通力合作推動募款，這等於是要潔西卡自己籌出自己的人事費和部分 AIE 的營運費，以減少院裡的負擔，但提升了 AIE 的位階以及潔西卡的可能位階與薪資，堪稱多贏策略。潔西卡接受挑戰，很快地募到前面所說的那 150 萬美元，敗部復活。

潔西卡重回 AIE 之後，緊密追隨她的校友多額手稱慶，哈佛藝術教育碩士班維持原狀的消息，傳遍全美，申請人數漸漸增長，PZ 或者 AIE 的藝術教育理念，也開始傳播出去，潔西卡演講的邀約多不可勝數，S-300s 則被要求提升為大牌教授常見的演講課形式，地點換到大演講廳。表面上潔西卡聲勢正隆，但是私下裡卻暗潮洶湧。在招生上，學生入學的成績在院裡持續殿後；學院為 AIE 花大錢卻聘人不成而致潔西卡回籠的事件，餘波蕩漾；AIE

---

[29] 通告的對象包括全球的校友、各大學術機構、各種通訊錄等，連我都得到一份，禮貌地要我宣傳此一哈佛聘人的消息。

學生與校友對潔西卡的強烈支持，演化為批評潔西卡搞個人崇拜的耳語；協助募款的人員也有微詞，說潔西卡區區一個講師卻有名牌教授的架子；加上原有的 AIE 學術水準不足、學生特徵窄化等等非議，趁勢升高，可說八方風雨。潔西卡自己的學術出版方面，自從某次一份書稿被哈佛大學出版社評為「怪」[30]之後，只能由哥倫比亞大學教師學院出版，使她在哈佛的學術發展前景受挫。總之，潔西卡此番回來，原有的逆境並未稍減，反而更加險峻。

　　2007 年，我請潔西卡回憶 2004 年她宣佈退休之前的情形。她說，她向院裡要求的一些資源，都被新上任的院長打了回票，那時節正逢她過六十歲生日，午夜夢迴，自問來日無多，難道要繼續這樣生活下去？看看堆在角落、還沒整理的母親傳記資料，念及許多一直想寫但沒時間寫的藝術教育想法，再想想可愛的孫子、孫女日漸長大，就這樣，儘管那時她與哈佛的新合約尚未期滿，她就清晨起床寫了一封辭職信寄出。同一件事，其他的管道是說，潔西卡某次與院長為了 AIE 經費的問題，起了嚴重的爭執，一個是熱血的革命家，一個是冷靜的管理人，雙方僵持不下，潔西卡當場就說要辭職。這兩個故事其實也不算矛盾，它們都是在說，潔西卡打過了她的戰役，現在商議的空間緊縮，推動藝術教育理想的工作碰壁，就到了換戰場的時候了。

　　經過一番慰留與婉拒、還有許多歡送會後，終於到了潔西卡正式離開的那一天。那是個星期六，院裡空蕩蕩的，我來到 AIE 辦公室，看見潔西卡正在做最後的整理，亞力克斯在旁幫忙。潔西卡略有唏噓之感，但是保持風度，以不斷自嘲、扯笑話來軟化氣氛，我幫著搬東西，堆在隆斐勒樓門口，好讓亞力克斯搬上車，其中，有一張哈佛椅，是哈佛老師才能購買的哈佛辦公室專用家具，潔西卡說是她自費買下的。正如博士生格萊蒂斯所說，「我帶走我需要的，並且留下對我沒用的東西」。

---

[30] 潔西卡說，哈佛大學出版社的外審人員看了她的稿子之後，說很有創見但是有點怪（funky），與哈佛大學出版社的調性不合，故建議她找別處出版。

　　潔西卡退休之後，得回自由之身，勤奮寫作出書，包括 AIE 的辦學經驗都已出版。[31] 2007 年上半年，潔西卡特別到波士頓來與我午餐，我們互道現況，長談近三小時。她說她在幫忙出版社評審，並且到處演講，並很興奮地告訴我說，在外州與加拿大已聽聞有兩個藝術教育碩士班，是參考 AIE 的模式建立的。之後，她多次回 AIE 演講，知道以史帝夫 PZ 主任的身份看來，PZ 和 AIE 之間將繼續密切地相互扶持下去，AIE 的募款工作有很好的進展，學生的獎學金增加，院內意見反映 AIE 學生的學術水準提升，但是新生篩選率仍低於其他專班，學生水準提升的速度也還待加強。2007 年新上任的佛絲特（Drew Gilpin Faust）校長，突然無預警地宣告成立全校性的藝術專案小組，將「檢視藝術在研究型大學中、在博雅教育中，特別是在哈佛中的角色」，這本應是好消息，但整個宣告，通篇隻字未提 AIE，也未提教育學院或 PZ，反而引起院內疑慮。種種跡象顯示，撐過頭十年的 AIE，前面還有關卡，革命尚未成功，大家仍須繼續奮鬥。[32]

　　以上四位旅人的「哈佛旅程」與「後哈佛旅程」，其共通之處，即「哈佛人」認同教育與「領袖性」教育乃是並行，前者是主，後者是輔，兩者連動，密不可分。四位主要旅人以及對照旅人的發展顯示，「哈佛人」不由當事人選擇，是入哈佛後不可逃避的身分，認同此一身分與否，關乎哈佛整體教育經驗的成敗。哈佛師生之「哈佛人」認同若順利，則其「領袖性」教育惑任何其他影響易順利；反之，若當事人未能主動接受轉換、認同「哈佛人」身分，則哈佛的「領袖性」教育或任何其他影響，都難免不順。

　　在上述的前提下，進一步似還可以說，哈佛強大的三宇宙，在其間自在

---

[31] 參見 Davis (2005)。

[32] 2008/08/11 下載自 Harvard University Gazette Online，http://www.news.harvard.edu/gazette/ 2007/11.08/99-arts.html，2007/11/1 的報導，報導標題："Harvard president announces task force on the arts"。原文 "examining the role of the arts in a research university, in a liberal arts education, and at Harvard specifically."

行走，本身就是巨大的挑戰，因此操作哈佛的三宇宙，有如各人未來改變周遭世界的一種演習；或者套用「失去世界、背離世界、推動世界、震撼世界」的「世界」隱喻，視「做哈佛」為「做世界」（do world）的準備。除了潔西卡本就是院內公認的「做哈佛」高手外，三位主要旅人以及三位對照旅人，個個一進哈佛就「做哈佛」，努力要讓哈佛為自己所用，或因自己而改變。雖然在哈佛時，各人「做哈佛」的規模與成果不一，相同的是其「做哈佛」的經驗或結果，均關鍵性地改變了他／她之後的旅程。相形之下，旅人在哈佛的學業表現，或者進哈佛前的先備條件等，影響卻不如想像中那麼重要。

這一章的資料，表面上看跨越了很長的時間，因而對本研究的結論非常重要。第一、它有助於我對四旅人的整體了解，由回顧中我找到寫作本書的理路。第二、本章報導的時間跨距很大，場域變化亦然，這使這些資料成為好的對照基準，足以讓我體會到，我所觀察或紀錄下來的，什麼是相對恆常的本質，什麼是相對變化的現象。第三、時間是發現田野真相的最好夥伴，長期觀察可以讓文化的紋路得以不斷重演、多樣化地展演，使我更有信心去決定全書的描述與最後一章的討論調性。我的哈佛田野旅程至此已走完，本書也已進入尾聲，但故事並未因此結束。

10
有關 AIE 的文化詮釋與討論

　　哈佛 AIE 的田野工作，到 2008 年暫告一段落，分析詮釋出的研究結果，就是本書各章中所報導的複雜層次，全書的寫作是要將 AIE 這個故事說得夠細，讓讀者較能自在地使用自己的經驗，去感通故事中的情節與人物，並且產生各自新的理解與判讀。本章的內容，則是我個人在本書結束前的理解與討論。

　　我研究之初的問題：「AIE 是什麼？」曾附帶一些比較零碎的問題，例如為什麼只修業一年？為什麼不用寫碩士論文？經過一番研究歷程與思想演化，終於脫離瑣碎，跳開 AIE 只是一個藝術教育碩士班的框架，超越課程與教學的技術層面，擺脫見樹不見林的陷阱，將 AIE 放在「哈佛大學／教育學院— AIE —旅人」的較大架構之中，看見我田野頭一年時無法看見的 AIE 文化意義：AIE 是一個藝術教育碩士班，向下，它是由許多旅人組成，向上，它同時也是哈佛教育的微型。雖然，我下面所歸納的 AIE「紋路」，不是唯一可能被歸納的結果，也不一定能反映 AIE 的全部，至少可以在各種已提過的研究條件、限制與前提之下，就著前面九章的資料，試著回答：「AIE 是什麼？」

　　AIE 表面上是一個在哈佛大學教育學院中的一個小型學術單位，學術標

籤是「藝術教育」。藉著追蹤 AIE 四位旅人分別的「之前、之中、之後」的旅程，分析 AIE 的藝術教育思想與現實展演，釐清 AIE 周遭撲朔迷離的大環境及其與 AIE 人的互動。我發現 AIE 不僅是一個藝術教育碩士班，AIE 所實施的，也不僅是藝術教育，深入了解會發現，AIE 是一個文化保存的機構，同時也是一個文化變遷的機構，AIE 維持的，是哈佛，AIE 促變的，是哈佛以外剩餘的世界；AIE 的雙重教育現象，讓我意識到其做為「哈佛人」認同教育及「領袖性」教育樣本的意義，並注意到「哈佛人」認同教育及「領袖性」教育之間的聯合意義。要了解 AIE，我認為不能忽略這三個子項。

哈佛魔法解密

「哈佛人」教育

　　AIE 1999 班沒有留學生，師生全體都來自美國各地，AIE 創設者透過課程與活動，希望學生們以做為一個 AIE 人為榮，是很顯而易見的，但對哈佛大學的認同呢？要談這問題之前，可以先以我自己的經驗做為對照。我留學的學校是美國奧勒崗州的奧勒崗大學，我填各種表格的時候，它是我的博、碩士證書的授與機構，這兩張證書，對於我進入現有的大學教職，有決定性的意義。我在奧勒崗大學校園中，跟蹌學習多年的所得，是我這些年來教學與研究的一個基礎。它也是我年輕時種種往事發生的地點。我不覺得做為這個學校的校友，是一個沉重的身份。我對我修業的研究所有親切感，就算它已不存在，但對學校的感覺遙遠，我對之沒有心理負擔，也沒有為它而調整我原有認同的需要。「奧勒崗人」（Oregonian）對我來說，只是尤金地區地方報紙的名稱，並不是我的頭銜。當年我在學校時，「奧勒崗人」就沒有什麼特別的光環，畢業後加持的效果，僅限於那兩紙文憑，與一些我不用太

加理會的募款信件與少數的校友通訊。我是留學生，我知道我的學習經驗是與美國學生很不同的。觀察我在奧勒崗求學時代的美國同學，他／她們畢業後，也並不覺得個人會因學校而不凡，其中有一些同學後來在美國藝術教育界努力有成，當她／他們的意見相似時，偶爾會被同行以「來自奧勒崗大學」的方式辨識之，僅此而已。

「哈佛人」（Harvard people 或 Harvard man，或者較不常見的 Harvardian）可就不同了，從前面九章的內容可知，這是一個意義重大的頭銜。哈佛學生也許隸屬不同學術單位、術業也各有專攻，大家學習過程卻有共同處，就是都被烙上了哈佛的印記。一旦進了哈佛，不管是哪一行，「哈佛人」就是一個終身的、明確的標籤，世界通用。這是一個幾乎人人有反應的標籤，哈佛的學生一旦入學，就沒有摘去這個標籤的自由，每個學生註定要與哈佛永不分離，因此遲早都必須處理這個新標籤所帶來的新情勢，學習著適應這個新身份。

約翰對哈佛的感覺先盛後衰，始終遲疑於與哈佛合一，但外人的眼光，讓他事與願違；黛君與茹絲不屑倚賴哈佛，但也必須承認哈佛的光環對她們有實質的影響；瑪麗從一開始就感謝哈佛，來哈佛的這個機會，也真的讓她的生命改觀；菲麗斯是「哈佛人」的家長，自己也想做「哈佛人」而不得；比娜是拿了三個哈佛學位的老「哈佛人」；潔西卡因為父親的緣故，是第二代「哈佛人」，而且本身又是哈佛學生與教師，比娜與潔西卡兩人對「哈佛人」身份，不但自在，而且「做哈佛」遊刃有餘。我書中曾提到的其他「哈佛人」，從漢納斯，到墨菲，到嘉德納，到格萊蒂斯、勞夫、格里哥雷、亞娜、瑞貝卡、阿夏、伊麗莎白、吉兒、荷西、薩布里娜、普麗亞等，都可以落在旅人處理哈佛認同的三種模式裡：被迫接受、接受、樂在其中，而且，其與哈佛實際共處資歷的長短，又與其接納哈佛的程度，似有關聯。這些例子，說明哈佛認同不只是標籤，而是一個具有內化過程的學習項目。

稱之為戰鬥經驗也好、「做哈佛」也好，「哈佛人」認同教育不只是課

堂上公開傳授的內容，因為這種教育並未明言，而是在哈佛內外、在字裡行間、在生活中隱約陶養的。在現實中，絕大部分的學生，即使經過一番掙扎與商議，終究不同程度地內化了「哈佛人」這個身份，但是大多數人在過程中，除了自己選擇的專業內容之外，並未意識到此一潛在的薰陶。事實上，以美國人注重的「個人性」與「自主性」來說，若「哈佛人」認同的薰陶是顯而易見，一定會遭到整個社會的嘲諷與自家人的抗拒，因此「哈佛人」認同不可能是擺在檯面上的教育內涵，也不是學校有意暗渡陳倉的教育內涵，而是整個學校的傳統、學校所在情勢及操作習慣使然。

　　「哈佛人」認同，不是單純的學校歸屬感而已，像約翰這樣的老手以及有色人種，會特別警覺到哈佛這股同化的力量，由於他個人與族群過去的經歷，他的迎與拒，都相當艱辛。約翰哈佛旅程的困境，卻是我研究的窗口，要不是約翰，我可能不容易意識到「哈佛人」認同教育的存在。不但如此，就是因為看到連寫作都有問題的約翰仍能進入哈佛，讓我意識到哈佛高標準下掩蓋的真原則：如果你是聖戰種籽，我們可以為你改變，選取聖戰種籽後剩下的名額，才是給那些落入「客觀」標準之內的學生，包括一些銜著金湯匙出生的「遺產兒」（legacy child）。其他的旅人，也毫無例外地幫助我看到我原先不可能看見的。比如說，約翰與黛君兩位非白人對哈佛的不屑，可以推測這個認同，與種族、文化有關。看茹絲對哈佛的不屑，可以推測這個認同，與階級、意識型態有關。看茹絲及瑪麗對哈佛的處變不驚，可以推測這個認同，又與在大機構中求生經驗有關。再看潔西卡與比娜，可以推測此類經驗累積的厚度，也與哈佛認同有關。

　　總之，對哈佛的認同與否，以及認同的程度，取決於與這個認同有關的一大套事物，包括種族、文化、階級、態度、眼光、價值取向、意識型態、戰鬥經驗的面向。哈佛認同的內涵，還有「信念中心」、「任務導向」、「高品質、高成就導向」的價值觀，「我的舞臺」、「世界等待救贖」的世界觀，「實現理想」、「追求正義」的人生觀，「捨我其誰」、「犧牲奉獻」

的道德觀，「菁英角度」的社會觀，「工作至上」的生活觀。同時吸收進去的，還有比較冷漠疏離的人際關係、比較緊張的時間與效率要求、特殊的生命意義建構方式，特殊的生涯支持體系、生活圈的發展模式，以及特定的衣、食、住、行、育、樂習慣與偏好等等。每個進哈佛來的學生，對這些元素不可能產生一樣的反應，因此除非是那些早已適應的老「哈佛人」，新到者都不得不嚴陣以待，仔細檢視選擇自己的新立足點與應對之道。

畢業後的「哈佛人」，一樣要面對自己以及環境中的挑戰，「哈佛人」並非每個人都是「好人好事」樣板，也不保證所做的每件事都理想、成功，更不排除有沽名釣譽、心存僥倖、濫竽充數者列身其間。我要說的，不是「哈佛人」一定會如何，而是說，學生們在哈佛所受的教育，有特殊的成分存在，那成分就是與哈佛合而為一、成為「哈佛人」的教育。

「領袖性」教育

哈佛同時也是創新改變的教育場域，至少在教育學院，不管學生來學的是什麼專業，都進入了「領袖性」教育中，而在我眼中，AIE 就是一個藝術教育者領袖質地養成的機構。「領袖性」教育這個名詞，不是我創造的，是哈佛教育學院的自許之一，我認為可以用來命名我所觀察到的教育現象。

在此，「領袖」不一定是一群人的領導人，也不一定是指掌握大權、受到尊崇、指揮別人的頭頭，比較是指向一個立志改變世界的人，他／她不但因此志向而勞苦，大部分的時候，還是孤獨而且波折的。「做為領袖」與「成為領袖」因此有基本的不同之處。「做為領袖」是個人成為領袖後的事實，是某種巔峰狀態的既定描述，因此討論時容易導向一種是否天縱英才、是否成功或失敗、後世如何評價、以個人為中心突出特殊事蹟等種種「去生活」、「去脈絡」的角度。「成為領袖」是個人的旅程，沒有結束的一天，因此指向一種較可培養、較可為、較無關成敗、較具個人性、且較少傳奇性的

角度。1973 年時沃卡特質疑為何校長訓練中缺乏某種專屬的、且可檢驗之「專門知識」,[1] 在本研究裡,也沒有觀察到有領袖「專門知識」的存在,事實上,在田野中我所觀察到的,是由一整套有意、無意的措施、反應或氛圍組合成的「領袖性」薰陶,下面就做一個簡述。

　　哈佛「領袖性」教育的第一步,根據我的觀察,是從招生時就開始了。AIE 從一開始就招入了具有強大推動藝術教育使命感的學生,這些學生相當普遍的一項共通處,就是立志驅除某種人間之大惡、樹立某種人間之大善,且不是口頭說說而已,是具有「運動」的事實以及「運動者」的特質。這些人基本上是深具使命感的個體,關懷自己以外的人和事並引為己任,已充分顯示能為使命犧牲個人眼前的利益,會堅持理想、會為之奉獻所有的情形。除此之外,被哈佛招進來的學生,還附帶著一些特質,譬如思想獨立不受世俗干擾,不因自己的出身而改變使命方向,習於面對挫折以及變化多端的客觀條件,相信改革,而且其改革的能動力(con-do spirit)已與個人的生命意義完全結合。就因為他/她們相信哈佛能有助於達成各自使命,而哈佛也認同這點,他/她們才進入了哈佛。也許每個哈佛新生在這些方面的特徵,有程度上的不同,也不排除哈佛有看走眼的時候,但以田野中觀察的結果,選入聖戰種籽的招生原則是明顯存在的。

　　約翰、黛君、茹絲和潔西卡四旅人在進入 AIE 之前,基本上是對抗者或單打獨鬥者,各人容或有一些小型的戰鬥經驗與成果,均尚不具一個「變局製造者」意義下的「領袖性」,只能說是接受「領袖性」教育的良好材料,即聖戰種籽。一旦獲得進入 AIE 的許可,每人入學前所有的藝術訓練或經驗均立即獲得合法化,學生與學生之間的客觀差異性,也就因此極大化,這使每個學生與其他學生幾乎沒有重疊,完全沒有在使命方向與專業態度上被迫同化的必要,如此創造了一個具有廣泛平等且具有多元觸發可能性的團體,

---

[1]　參見 Wolcott (1973)。

其內聚的能量即足以推動教育效果的發揮。使命感與差異性這兩個招生要點，使 AIE 的「領袖性」教育，容易發揮而且有價值。

進入 AIE 之後，AIE「領袖性」教育的內涵，可以分成兩個方向來談，一是專業支撐的，一是商議的。以 S-300s 來說，有關專業的課程結構涵蓋了理論、歷史、學校藝術教育、社區藝術中心、博物館藝術教育、專案寫作、經費籌措、政策設計與評量評鑑等，照顧的專業面向完整，理論與實際兼顧。至於教學內容，主要是來自像 JLB 講員等革命先鋒的藝術教育研究與操作經驗，有 PZ、學院及大學的學術研究做後盾，有大量優秀校友事蹟做保證，有案例教材所提供的各種藝術教育經驗，還有 AIE 學生群本身多元的經歷與角度，都是鮮活的學習材料。在學習習慣的維持上，AIE 的課程不要求學生記誦或做學術性研究，反而是知識的運用與再定義，不但沒有成績的壓力，而且刻意以二元對話式主題，來保持學生的認知高度與對話空間，「菜色」作業以及個人檔案所鼓勵的是將學習個人化、創意化與彈性化，並將學習成果與個人信念做深度的結合。整體來說，AIE 明顯的教育，確實具有領先性，能挑戰但不質疑學生入學前的生命邏輯，足以做為「領袖性」教育的支撐，達到賦權增能的效果。再以此為基礎，AIE 學生在哈佛大學內四處修課，重新打造自己，利用各種學習內容各自再加深各自的獨特性，這些都已在第 4、5、6、7 章中介紹分析。

但是衡量起來，以短短九個月的在學時間，值得注意的內容，除了具有全球領先性的理論與實務知識外，應屬商議的教育。商議教育，包括對商議之重要性的體會，以及如何操作商議，以各式各樣的商議，催生由無到有、使暗室發光、化腐朽為神奇、令不可能成為可能的效果。搭配學生艱難且永無實現之日的終極使命，商議是一套十分相襯的持久戰策略，正因為聖戰使命是翻過一山又一山永無止境的旅程，個人何必追求一戰功成或投身成為瞬間烈士，反而應求滴水穿石，求緩慢但明確地朝改變邁進。

在一個多元性的碩士班裡，在一個人人都秉持某種信念的金牌校園裡，

商議不只是一般性的討價還價、周旋交涉，商議是內在與外在世界的深度互動，也是不同主體之不同使命間的辯論，以及資源的掌握與運用，牽涉到對事務的掌握、洞見、再定義、再架構與建構。在哈佛，學生面對的商議課題，可能是被引發的自我懷疑，或者膽怯失衡的心理狀態；可能是一個擋在理想前面的障礙，或者亟待解決的問題；可能是一種既存但尚不足的理論，或者基礎不穩的假說；可能是一種需要釐清、需要修正、但現階段大眾尚不知覺的觀念等等。商議的目標，就是要改變現狀，而改變現狀會牽涉各方使命信念之所在，必須透過在群體中的商議來推動，過程要注意的因素與條件，複雜且不斷變動。其實，從另一個角度來說，當使命是個永無完全勝利可能的聖戰時，則追求勝利的過程，就遠比勝利本身重要了。

聖戰與商議，兩者間似乎存在著對立，那麼兩者如何能相提並論呢？聖戰是一個秉持著信念向不相信此信念之人的挑戰，也是不惜以暴力懾服、死而後已的奮鬥。商議，則是跳開單邊信念，追求多邊理解與對話，在折衝樽俎之間，同樣不排除震撼性手段，但最終是要達成各方都能接受的改變，或者階段性的演化。聖戰與商議，一個是抽象的隱喻，一個是現實手段；一個是共同的工作與目的，一個是達成眼前階段性任務的方法，兩者實際上並無衝突，反而是互相引導、互為表裡的。

聖戰的信念也許是學生自己帶到哈佛來的，但是商議是他／她需要去學習的。不論是在 AIE，還是在哈佛大學或哈佛教育學院，商議同時是一種需要學生重新學習的態度與習慣，它是策略、手段，也是目的，它是人人可以參與、永不停止的儀式，每個人都可能是對手，但也可能是夥伴或第三者，端視當下商議的是什麼。商議是個人與集體力量消長的介面，機構的傳統因商議而被重新肯定或改變，新事物在商議中被檢視、納入或排除，新的角色被賦予、創設或轉型，定位、定義、價值與觀念，也透過商議不斷地被維持、改變或揚棄。

如果聚焦於 S-300s 課上的「領袖性」教育，除了潔西卡一開始就提出

失去世界者、背離世界者、推動世界者、震撼世界者的勉勵之外，問題導向
教學所維持的思考高度、持續對話不求結論的習慣、刻意保存學生主體與信
念的基本態度、種種鼓勵「再架構」的創造性作業、引導面對實務上不定因
素的案例教學、尋求與出資者共同雙贏的企劃與專案寫作能力、公共目的與
價值等的思維與語言建構、挑戰跨界整合認知的「菜色」作業、公眾贈禮儀
式的操作等。另外，還有在「高代價」、「高權力」、「高壓力」下高效率
工作的能力、快速消化資料為己所用的能力、高水準寫作能力，以及語言表
達的能力等等。這些項目，在充滿真實角色模範的環境中，可以得到耳濡目
染、不斷增強的效果。

　　歸納起來，AIE 學生隨時都要進行下面的工作。一、與自己對話，「了
解」、「再定義」、「再框架」，商議自己的認同與使命方向；二、商議外
在的理論、結構、常識、習慣，與包括理論作者、同儕、外行者、甚至反對
者對話，以自己為主，「了解」、「再定義」、「再框架」外在世界；三、
發現問題，掌握課題，主導有關解決方案的商議；四、以多贏為目標，以結
合志同道合者的組織戰方式，持續以各種方式商議，產生變革；五、商議的
過程中，利用各種資源、人脈、儀式與包裝手法；六、觀察並體會具「領袖
性」前輩與導師的行止；七、在「高代價遊戲」、「高權力遊戲」與「高壓
力環境」中，演練上述六項要點，使「領袖性」教育特別具有張力，特別刻
骨銘心。這七項，都是「『領袖性』教育」的操作性內容。

　　更進一步來說，商議的型態多不可勝數，可能是尋求理想過程中的內心
掙扎、可能是針對難解議題摸索解答的行動、可能是協商結果的執行與反思
、可能是對突發情況的思考與反應、可能是設計並操作具有傳達意義效果的
儀式、可能是斟酌解決特定問題的文字方案、可能是透過與各方討論達成多
贏的利益交換、可能是透過細微的姿態來改變互動氣氛、也可能是公開辯論
與私下的遊說等等。實例比比皆是：約翰面對種族問題的抉擇與反應、漢納
斯和潔西卡在大機構中相似的工作本質、PZ 由初始的狀態變成影響全世界

重鎮地位的過程、學生閱讀理論之後對內心或理解衝突的處理、學生為表現學習所得而做的作業、學生受三宇宙衝擊而身心困頓的自我療癒、多元性運動中三方的微妙互動與長期關係等等,都是形式不一但本質相同的商議。

　　以我的旁觀,在永遠指向更美好未來的「領袖性」商議中,個人參與其間,並從中獲得突出的成就,需要有清晰到幾乎心無旁鶩、甚至偏執的使命感與信念,極高的聽、說、讀、寫與論述能力,運用自如的智慧與創意,無窮的體力與意志力,政治敏感度與人格彈性。相形之下,我最初階段所關注的 AIE 課程規畫、學術訓練與研究成果,不是不重要,反而是需要最少商議的空間、遵守最多既定規則的表淺部分,因此只能說是低階的商議,或是商議者的基本訓練與資格。

　　大部分的 AIE 學生在畢業典禮當時,即已不大記得自己過去 1998-1999 之間學到了什麼,而且畢業之後越久,越無法完整地回憶當時上課的內容,甚至當初極為得意的作業成果,也都煙消雲散。十年間,我訪問過包括旅人在內的許多 AIE 學生,想知道他/她們還記得在校時學到了什麼?我發現,他/她們即使用力也想不出細節,有些甚至直說沒學到什麼。這種情形,與院內其他部門畢業生的情況差不多。很獨特的是,他/她們都不約而同地表示,雖然大部分的哈佛課堂經驗已經消逝,但有幾樣重要的、抽象的東西留了下來:做事及做研究的方法、自信心與虛心、對院內某幾位教師的衷心敬仰與欽佩。這三樣東西的意義,其實遠較當事人的懷念層次要來得深刻,因為它們都不是掌握特定專業的訓練,卻可說是商議能力的訓練:做研究,是商議特定的問題,尋找解決之道;建立自信心與虛心,是經由自我與周遭世界的互動與商議而來;仰慕做事做得好的人,則可說是受到感召、商議自我方向的舉動。

　　即使以四旅人後來的發展來說,除了約翰早逝之外,三人都進入了或維持著某種實質的領袖地位。黛君由美術館的實習生,變成小美術館的教育主管,再擔任跨國藝術拍賣公司的經理。茹絲由助理/秘書的身份,變成 B

的專案經理，變成哈佛的募款專員，再轉到美術館擔任展覽規畫與特別專案主任。以上是指修業時間很短的碩士教育而言，同樣的原理，若使用在與哈佛關係較長的博士生身上，解釋力更加明顯，潔西卡就是一例。哈佛教育讓潔西卡由剛畢業的博士，變成 AIE 的創始者，變成 AIE 的主任兼講師，再晉身講座教師，退休後再轉為東岸藝術教育界的導師級人物。四旅人中，除約翰畢業後故意維持原地位之外，其餘三人的上升狀況明顯，成就也堪稱輝煌。他／她們各自的「之前」、「之中」與「之後」故事，間隔十年以上，中間的變數或許無從估量，其生涯的進展，與個人的個性、背景、資質、努力、際遇等並不容分割，還有心智的自然成熟，也必然有關，是故在哈佛 AIE 短短的一年時間，究竟有什麼影響，並無從明確追溯，只能說，從四人的旅程中可以看出一些共通的紋路，而紋路，就是我的研究要找的東西。

從「做哈佛」到「做世界」

　　深入追究 AIE 人在校時的教育可以發現，所謂藝術教育，只是 AIE 的學術領域名稱，並非最核心的重點，真正值得注意的，也是 AIE 同時進行著的，是兩種教育的合體與對話：一個是「哈佛人」的認同教育，一個是「領袖性」教育，而且，以商議為主的「領袖性」教育，和改變身份的「哈佛人」認同教育，是同步進行且功能交錯的，因此也必須將兩者放在一起檢視。

　　首先，「哈佛人」認同教育與「領袖性」教育兩者，是互相矛盾也相輔相成的。從本研究的資料來看，對 AIE 的碩士學生而言，入學之前，都已經有了自己的認同，除非「哈佛人」這個認同與個人原有的認同未發生嚴重矛盾，或者至少有磨合的可能，否則，拒絕或抗拒認同「哈佛人」，其作用力，可能會反向導致「領袖性」教育的失落。相對的，學生們如果可以接受「哈佛人」認同的教育，包括接受哈佛之名並努力使自己承受得起外人對哈佛水準的期待、學習進一步落實聖戰事業、學習從高處以哈佛的眼光來看待世

界、學習以領袖的姿態行走世界、以已知的校內人物或先鋒校友為模範、在高壓力環境中生存發展等等,則他/她們的「領袖性」教育會比較順利,或者可以說,即使在校時有一時不順,離開學校到了機構性的環境裡,仍然還是會繼續受到類似的洗禮。

哈佛三宇宙在此的作用,就是造就極度的「高代價遊戲」、「高權力遊戲」與「高壓力」環境,激發個人內在的質變。個人對外在世界的態度、使命感與熱情,在三宇宙中,會與「哈佛人」的新身份結合,凝聚新的力量;如果能接受並且善於利用三宇宙的能量,則不枉費成為「哈佛人」,可以得到三宇宙的加持,成就其「領袖性」、甚至領袖的身份。不僅如此,由於哈佛就是一種標準的巨大型體制以及主流中的主流,成功適應哈佛的人,將來與體制共存、在體制內工作、或順著體制的紋理改革,也就是「做世界」的功能性,應該會比較強。套句美國俗語,「如果它殺不了你,它就會讓你更強壯。」(If it doesn't kill you, it'll make you stronger.)

其次,「哈佛人」教育和「領袖性」教育兩者順利聯合的結果,是使哈佛因此能維持永恆性。「哈佛人」的認同教育,對哈佛大學而言,講的是保存哈佛體制、認同哈佛的影響力、接受哈佛之名的教育,它的功能主要是向內的。「領袖性」教育,講的是對哈佛以外的他人或外在世界,製造變局、引進新事物、改變現況,它的作用方向主要是向外的。一個向內保存哈佛和一個向外改變世界的力量,加起來,不管成不成功,都指向團結內部、一致向外。

「哈佛人」與「領袖性」的聯合認同,隱含一種預設:所有哈佛的子民是一個團體,而餘下的世界,則是另一個團體,一個需要被領導的團體。「哈佛人」這邊,是聖戰旗手、騎士領袖,另一邊,則是永遠可以再更完美的大環境、可以更明智的大眾,或者說,需要「哈佛人」來領導與改變的世界。這種「我族」與「他者」之間永無止境的平行旅程,以及以領袖的熱情為方向的單向商議關係,無怪使「領袖」的形貌,朝向一個身處世界之中但是

扮演著失去世界者、背離世界者、推動世界者、震撼世界者之角色的個人。

　　以哈佛教育學院的「多元性行動」為例，即使在校時會反哈佛，畢業後，不論在不在意、同不同意、喜不喜歡，所有學生都一體成為外在世界統稱的「哈佛人」。此時，否定哈佛就等於否定自己，若刻意劃清界線，反而會顯得矯情或者不知感激，解釋起來很費唇舌。校友中在意「哈佛人」這個身份、享受「哈佛人」的好處者，必不會以哈佛為敵，哈佛因此就是「哈佛人」聖戰的同志與後盾，不會是聖戰對象了。即便不理或不屑「哈佛人」這個頭銜者，本不會刻意突顯哈佛，引起他人注意其與哈佛的關係，哈佛也因此置身事外：變成非批判對象，或者與批判無關的對象。

　　如此，哈佛不僅可以置身於被動變局之外，而且可以因「哈佛人」而益發強大。由於這些世世代代的聖戰士，哈佛大學始終等同站在改革者的一邊，各個戰士的成就，可能永遠不被社會接受或不受歡迎，可能失敗，可能要到身後才被認識，但是三百多年來的前仆後繼，累積的數量、能量與成就，就足以使哈佛保持聖戰鬥士派遣中心的地位，在變局中掌握主動權，讓哈佛繼續維持無與倫比的三宇宙符號性能量，繼續成為全世界大學的領袖。換句話說，真正在這整個脈絡中的保證得利者，其實並不是 AIE 或者 AIE 人，也不是社會或世界，而是哈佛大學。這就是哈佛教育的文化傳承、文化保存的作用，AIE 身在其間，只是一個一窺哈佛究竟的窗口。

　　當外人仍沉浸於哈佛三宇宙的表象時，哈佛靜靜地收入它的聖戰種籽，不管他／她們是來學什麼專業，不管他／她們來自何方、出身如何，哈佛呵護他／她們的使命感與任務理想，激勵其奮鬥精神，調教其商議能力，賦予思想理論與人脈以及哈佛的光環，以校園為聖戰者充電的基地，以龐大的有形與無形資源為聖戰後盾。學生畢業後即使重返凡塵，卻已不是凡胎，只能向前成為製造變局的使者、先憂後樂的奮鬥者，以及可能將弘揚哈佛之名的「哈佛人領袖」，只要三宇宙的傳承順利，哈佛會比任何「哈佛人領袖」更永恆；而像 AIE 這樣的機構，也將繼續有意、無意地進行新一代「哈佛人藝

術教育領袖」的訓練工作。

同樣重要的是，透過看見、聽見像教育學院建立史、PZ成長發展史、「多元性行動」及潔西卡 AIE 創建史的這類實例，學生可以體會到「做哈佛」就是「做世界」的微型。哈佛是三宇宙，三宇宙就是哈佛人「領袖性」不可能逃避的魔幻困境之縮影，因此從「做哈佛」開始，「做世界」不過是規模的改變。想改變世界的學生，在哈佛可以見習到領袖要面對的一切、要擅長的與要避免的一切，這也是為什麼哈佛旅程是如此充滿了魔法之故。

藝術教育上，從「做哈佛」通往「做世界」的魔法，也一樣歷歷在目。

1920 年，第一代「做哈佛」高手漢納斯，在哈佛大學商議創建了教育學院，此院生產了無數教育聖戰鬥士，深深改變了世界教育的樣貌，他的「做哈佛」等同是「做世界」。1996 年潔西卡再「做哈佛」，成功商議創建 AIE，並將其「做哈佛」的經驗納入教學，如此散播變革種籽，她由「做哈佛」而「做世界」的意義，在臺灣也體會到了。

2007 年，我在臺灣參加一場由國立花蓮教育大學辦理的藝術教育國際學術研討會，[2] 兩位從美國大學來的知名研究者，發表了他／她們對未來的預告，兩人在臺上的演講內容，聽在我耳裡，等於是共同宣告藝術教育認知時代的來臨。[3] 先不論這少數人的看法是否具有代表性，我在臺下，回想十年的 AIE 研究，有如目睹一個藝術教育思潮崛起多幕劇中的一幕，而現在又親睹其席捲美國藝術教育界大老後，傳入臺灣的一刻，感覺既滄桑又激動，非常奇異。深具義意的是，這一次，我在臺下並沒有被動的感覺，因為我曾

---

[2] 第三屆亞太藝術教育國際研討會：文化與創意——在地性全球化之藝術教育。2007/10/24-26，國立花蓮教育大學主辦。

[3] 一位來自 Ohio State University 的 Arthur Efland，他回顧了有關「創造性」的不同概念，並提醒聽眾重視其中與認知發展心理學有關的觀點；另一位是來自 The Pennsyvania State University 的 Christine M. Thompson，她說兒童不只是被動發展的個體，也是主動建構的個體，其生活經驗，會雙向影響兒童繪畫時使用的象徵語言，這與古德曼及 PZ 的藝術教育論述，很有相通之處。

在這個潮流破繭而出的片刻，在旁觀察，深入理解其來龍去脈以及內涵演化的情形，我認為我這個研究所呈現的思潮建構過程，遠比它傳入臺灣時的樣貌，更有價值，因為我所報導的，是釣竿，不是魚，讀者可以從中獲得很多開創的啟發，以及自行建構論述的勇氣。

回看 1994 年博士生潔西卡參加的那場圓桌會議，到我自己參與的這場國際研討會，中間有十三年，而距離 1997 年 AIE 第一屆學生入學，中間則僅相隔十年。雖然認知導向的藝術教育，絕不是哈佛教育學院或 PZ 的專利，也不僅是 AIE 師生少數人的功勞，但我可以說，AIE 是一個重要的關鍵。在十至十三年這麼短的時間裡，AIE 聚集了全美三山五嶽的鬥士，在 AIE 的藝術教育旗幟下，相濡以沫。以哈佛滋養自己，也貢獻自己的專長於建構、擴展藝術教育的道路與內涵，然後，隨著各自教藝術教育聖戰的開展，以及 AIE 眾聖戰種籽的成長，將各自理解中的藝術教育理念，散播出去。這些人個別的生命起伏與頓挫，固然可歌可泣，但結合起來，這麼一小撮人的集體力量，卻足以在短時間內，就讓遙遠的世界角落感受到「新藝術教育潮流」的浮現，成為其他藝術教育者必須後續商議的對象。這就是 AIE 藝術教育「領袖性」教育的意義，以及 AIE 師生作為失去世界者、背離世界者、推動世界者及震撼世界者的角色的價值。

AIE 人在進入 AIE 之前，有的自認是藝術家，有的自認是美術館員、偶戲工作者、藝術義工、設計師、多媒體技術員、音樂人等等，大部分的人即使畢業之後，也並不一定會自稱是個藝術教育者，但是他／她們都有一些共同點，不以個人的美感滿足為滿足，不認為藝術是封閉、自我的傳統想法，拒絕接受藝術是個不理性、不關心且沒有文化社會功能的領域，更不認為喜歡藝術必定就排除了救世、助人的角色。他／她們都一心想讓更多天下人跟他／她們一樣，享受藝術、運用藝術、創作藝術，在藝術中成長，透過藝術擴大認知、傳達真理，藉藝術找到每個人都可以有、而且不同的幸福感，甚至以藝術矯正亂象，使所有的人的生命更有義意。他／她們畢業後可以發揮

的場域，完全不是我在臺灣所可想像，不只在學校、在美術館，也在社區、醫院、傳播媒體、出版界、劇場、音樂廳、街頭、藝術市場……各行各業，完全沒有極限，或者說，想像力才是唯一的極限。而他／她們的藝術教育服務對象更無從列舉，簡直是包含所有，永不匱乏。縱使 AIE 人個人的遭遇不一，從藝術教育的角度來說，在研究歷程中，我看見的是藝術教育的大解放、大發展、無邊無際的可能性，以及開拓新地平線的興奮心情。這種「只看你要怎麼做」的積極性，將失去世界者、背離世界者、推動世界者、震撼世界者的躊躇與孤獨感，一掃而光，換上了大步邁向新世界的輕快與光明。這不是魔法，還是什麼？

哈佛與美國──指向未來的思考

每個文化的內涵都會反映在文化中的各種場域裡，只是不同的文化展演版本。反過來說，版本的本身，需要解碼，才能看出其與文化之間的脈絡關係。不管是 AIE 還是哈佛大學，都並不是孤島，我在哈佛所見，是美國文化的一部分，雖然我無法研究美國文化這麼大的課題，但研究哈佛 AIE 的體會告訴我，哈佛是個美國機構，我所發現的 AIE「哈佛人」認同教育與 AIE「領袖性」教育，絕不是孤立的現象。

一個社會接受怎樣的人成為領袖？認為什麼樣的人具有領袖的潛力？認為領袖應該有或沒有什麼特質？什麼樣的領袖特質值得崇敬、具有啟發性，什麼則否？一個社會如何回答這類問題，常反映出這社會是個怎樣的社會。

臺灣教育界習慣追隨美國教育的理論與成果，但是鮮少不增強美國教育中個人以世界為己任、隨時準備以各自不同的方式「拯救世界」的這一部分。對於美國式開放教育，臺灣社會常懷疑其教學品質低落，並擔憂學生會過度自我中心，多不了解學生主體以及主觀在主體行動力上的意義這是文化接

觸時，自然會有的在地化反應，探究這種反應，可以讓我們更了解自己。

　　臺灣孩子們被鼓勵去照顧自己與家庭、奉公守法，行有餘力則回饋社會，罕見直接指向社會服務，也較不傾向因堅持正義而傷害自己或周圍人的做法，致改革的芽苗常受集體性巨大打擊而夭折，甚至衍生整體性的劣幣驅逐良幣情形。同時，在臺灣，「受教育」被稱做「讀書」，是吸收抽象知識，是為了增強自己在社會競爭中的優勢而讀，不是為淑世，因此領袖是榮華富貴、功成名就的代名詞，像甘地、曼德拉的事業，就容易被視為代價太高、極不值得。還有，臺灣的教育領袖被認為是「讀書人」、「勝出者」或「純粹既得利益者」，不是改革者，改革者反而是不負全面責任的教育受害者、批評者、外行人，這情形不斷地在國家社會造成長遠的問題。相對地，美國的人民，普遍地認為自己對大我、甚至整個人類負有高度責任。不論是文學、戲劇、電影，還是老少咸宜的動畫卡通片，美國故事的內容，總不斷地重覆著同樣的主題：不排斥一廂情願，鼓勵擁有並跟隨自己的使命感，在沮喪時透過檢視自己與自己的使命來重新上路，將生命詮釋為奉獻、服務、發聲振聵以及改變現狀的公共事業，同時，整個社會也認可這樣得來的利益、名聲與地位。凡此種種都只有從文化層面才看得到，才能得到深入的探討。

　　然而，就像希臘神話裡千辛萬苦奪得金羊毛歸來復國的傑遜王子，故事並未完結，妻子米迪亞玉石俱焚的憤怒還在等著他；十年征戰勝利攻破特洛伊城的奧德賽，仍須承受諸神的懲罰，繼續面對長期迷航與重重的劫難；似乎他們故事的每一個章節，就是一個歷險重生後再上路的情節。如果用一種母題（motif）的方式去理解這類故事的意涵，就可以發現領袖旅途的共同特徵，就是面對生命及生命旅途中一個接一個永無止境的難關，每個難關都打擊了信念但也強壯了信念。除了甘地、金恩，以及總統、總裁、州長、市長等等大型領袖性（macroleadership）外，班級的教師、家庭裡的父母、專案管理人、會議主持者、社區與教團領袖等，這些小型領袖性（microleadership），[4] 還有任何像 AIE 人一樣，想發揮藝術教育影響力的個人

，都各有各需要面對的質疑與挑戰。哈佛榮譽博士、南非人權領袖曼德拉的功勳，並不只是顛覆了南非的白人獨裁，或限於對全世界受壓迫者的無限啟發，更多的，是他與根深蒂固之種族主義長期纏鬥的勇氣與毅力，或者，換一個角度說，長期與之周旋、商議的過程。這個研究告訴我，「領袖性」就是要從挫折與難關來看，而領袖就是受難者，因此以後見之明來計算的代價高低、周全與否，從集體的角度批判的自以為是、一廂情願等等，都不適用於美國文化定義的領袖與領袖性。

　　一位不是哈佛出身的美國教授，聽了我的研究簡述之後，赫然發現，我故事中的「旅程」母題，是如此深深地鑴刻在美國人的文化、歷史與生活訴求之中，簡直隨處可見。不管是大小選舉的口號，還是商業廣告的訴求，不論是美國歷史裡西部先鋒路易士與克拉克的探險旅程，還是華頓湖畔的心路歷程，[5] 都是美國人從小所受薰陶的重要主題。這主題是如此普遍，以致讓這位教授回憶起，中學時代一個常見的作文課作業，就是要學生們以自己的「追求故事」（quest story）為題，描寫自己。[6]

　　「追求故事」不只是一個文學形式，也是一種文化敘事。美國版「追求故事」的特色，可以先從我之前對一所荷蘭師範學院 PABO D 的田野經驗

---

[4] Macroleadership 與 microleadership 的概念來自 Sternberg (2008)，頁 144。

[5] Meriwether Lewis and William Clark 兩人在 1804-1806 年的美國內陸探險隊，測量並紀錄了一路上所見的印第安人與歐洲各國勢力狀況、動植物與地理資訊，哈佛的皮巴第考古學與民族學博物館一樓，就展覽了兩人攜回的印地安文物，他們的報告，激發了後來大規模西部拓荒者的想像。《湖濱散記》（*Walden Lake*）是梭羅（Henry D. Thoreau）於 1854 年出版的一本小書，此湖位在麻州，附近是美國獨立戰爭第一場戰役所在，梭羅以半自傳、半小說、半評論的方式，寫他住在湖畔小屋約一年的情形，書中充滿人與自然、與社會、與自我的反省，以及追求純樸之心靈與生活的思考。路易士與克拉克的旅程以及梭羅的心路歷程，都是伴隨美國人的成長模範以及學校讀物。

[6] 其他文化也有「追求故事」，像中國的《封神演義》、《三國演義》、《西遊記》、《水滸傳》與《紅樓夢》，東南亞的猴王故事、印度的佛陀生平、回教世界的默罕默德行止等，也是。

討論起。在研究 PABO D 的文化脈絡時，我觀察到荷蘭文化有一種在二元之間擺盪並尋求立足點的傾向，[7]正與 S-300s 課程的基本架構相互映照。但是，我研究當時的荷蘭是個白人為主的社會（現在應該也是），荷蘭的教育機構儘管也注重個人性，個人的「追求故事」主要是發生在下班後的私領域，在公領域裡，一般會以社會規範約束，整個社會，相當排斥以外力影響個人，或任何高調改變現況的企圖。美國版的「追求故事」，其源頭與西歐及南歐文化有關，如神話、地方傳奇、宗教與戰爭、科學發現、海上冒險、異國殖民、工業發展等，所有對新奇世界的壯遊與征服，在歐洲已經被世故與謹慎所代替，卻仍是美國式冒險犯難事業的原始藍本，而且美國版的「追求故事」似乎更加有那種我就是世界、世界就是我的味道，也就是 S-301 兩首開場詩中那種以世界為己任的氣概。這是不是一個世界領袖國之國民的特殊教養呢？很值得玩味。

2008 年暑期，我在紐約大都會美術館觀賞了一個特展，名叫「超級英雄：時尚與奇幻」（Superheroes: Fashion and Fantasy），只見一尊一尊的人偶，被套上漫畫中的超人服裝以及超人意象的時尚，出現在奇幻的情境展場中，獲得現場美國觀眾明白的讚嘆與留連，尤其在目睹父母與子女共同享受這個展覽的時候，更能體會，藝術是重要的文化薰陶工具，而藝術教育是整個文化傳承過程中，毫不遜色、而且可能是最吸引人的環節。

很重要的是，文化薰陶的作用是循環的。「超級英雄：時尚與奇幻」這項展覽中，有一個子題叫「愛國的身體」（The Patriotic Body），館內的時尚策展人安德魯・波頓（Andrew Bolton）闡釋這個主題道：

> 超級英雄們，就像爵士樂、電影和棒球，是標準的美國產品，他們不只
> 體現美國社會的理想與價值、神話與信仰，並且反向迴映，以各種方式

---

[7] 參見袁汝儀（1995）。在這份教育民族誌研究裡，我是以荷蘭人的社會制度、行為準則以及一個師範學院中的田野觀察為基礎，看見這樣的文化特徵。

形塑那個社會。超級英雄們，根據定義，是法律與秩序、正義與權威、平等與容忍的符號，他們在意的，是保護社會秩序。當善與惡對峙時──此傳統超人敘事的基礎──召喚著漫畫書中英雄們的，是正義之戰，其間通常要鞏固的，是那表達在獨立宣言以及憲法裡的美國式烏托邦主義。[8]

　　這就是說，虛構的超人故事背後，有實質的文化取向，而文化的取向，也會因為虛構的超人故事，而被肯定、被宣揚、被傳習。回看前面九章的內容，看看哈佛大學與教育學院、AIE、四旅人在三層次裡的人與事，也許少了超人故事的戲劇性與炫麗戲服，卻多了相對真實而且有血有肉的旅程。我相信，小小 AIE 之「哈佛人」教育、「領袖性」教育及由「做哈佛」到「做世界」教育的背景框架，是大於 AIE 或者哈佛的，而且是埋在美國文化的深層結構中的。AIE 與哈佛，和許許多多看起來截然不同、互不相干的文化展演，一起分享同一場景中的多樣演出，一起形塑美國並代表美國，以及所有受到美國直接與間接影響的世界。就這樣，本書不只呈現了一個微小的美國藝術教育案例，而且具體提供了有關哈佛大學、領袖教育、美國研究、高等教育研究、比較教育、教育社會學、文化人類學、民族誌、教育民族誌、教育人類學等範疇一些對照資料。

　　這個研究的結果還可能啟發其他的思考。譬如，高等教育機構在追究學生畢業後的薪資所得以及就業率、教師論文發表的質與量之前，是否應當先問問學校能為學生和社會、乃至整個世界做什麼？並且動手朝實現各自答案的方向調整。譬如，在今日這個知識流通、全球共命的時代，各級教育的意義是什麼？要如何更緊密地與學生價值、氣質與胸襟的養成、視野與遠見的形成、並智慧地應用知識與技能？又譬如，在地球上各文化相互依存度快速

---

[8] Bolton (2008)，頁 47。

提升的同時，為使本身的參考框架能擺脫膚淺與僵硬，能更無障礙地與他者合作共存，則以類似本研究的民族誌研究為例，田野方法是否可以更大規模地被運用在任何需要跨文化了解的任務上？再譬如，當今華人，作為世界上人口極大、文化極悠遠的一群人，其領導菁英的教育特徵為何？這（套）特徵，又如何展現在當下的華人文化中，建構了華人的「領袖性」教育？都很值得探究。

　　我很榮幸能在跨越二十與二十一世紀的十年間，追蹤哈佛 AIE 與旅人的足跡，目睹其在廣大世界中定位自己的努力，也看見了一個以前並未注意到的事：藝術教育或教育工作的聖戰本質。我意識到，所有藝術教育者或教育者，不管願不願意，都已被迫站在說服者、捍衛者、宣揚者的戰鬥位置，必須長期地拼下去。四旅人的故事告訴我，要正面看待生命的挑戰以及理想的落差，這些東西會替我們短暫的生命，建構長遠的意義，讓我們的旅程不凡。我在 AIE 看見的，可說是一個新藝術教育理念走過草創時期的奮鬥，也可說是不同藝術教育者在大千世界中屢挫屢起的平行歷程。我華人文化的深層，雖然也有歷程意識，而且重視事功的評鑑，但文化中更有一種對宇宙規律（相對於個人意志）的尊重，有許多「放下」、「看開」的薰陶，以及由無盡的歷史回顧堆疊起來的相對感與渺小感，還有對「平凡」、「平庸」的珍惜，這與本研究所揭露的美國文化一角，比較起來，確實別具風情與深意。可是，美國文化這種堅持「能動」的態度，也令我欽佩。想想一個微小的單位，藉著周遭的力量所散發的影響，竟然會傳到地球另一端的臺灣。這個現象的出現，不能模糊地歸因於全球化或者文化傳播的結果，這首先是因為有實實在在的人，在奮鬥、在堅持，有人拿起被放下的擔子。

　　AIE 的命運，可能是全球藝術教育領域、乃至教育領域的縮小版，藝術教育也好、教育也好，與社會、文化與人類整體的福祉息息相關，它們的意義，不是眼前可見，影響則在當事者的靈魂深處、在電光火石之間、在心靈與心靈感通之時，它的光熱可以傳諸久遠，但它的價值很難量化，很難說服

急功近利者。旁觀哈佛教育學院以及 AIE 多年，使我更加理解藝術教育工作者的行動，與學術研究一樣重要，理解到它是一個需要推動、需要宣揚的領域，不是一個可以坐享其成、安於專業分工的領域。同時，我也學到，與其等待海晏河清，不如自行開始、商議下去，如此，容或微弱的改變力量，才可能凝聚出足以觸發哈佛、PZ 或 AIE 那種正向的循環與累積。

研究 AIE 以前，對這類「實務」，我並未多加思考，下意識地認為只要做好份內的工作，藝術教育就會正常發展。回想起來，這正是缺乏宏觀、「陷在盒子裡的思考」，也就是藝術教育的價值未獲發揮、未被看見的原因之一。這個覺悟，對我來說，是意外的收穫，它很大程度地導致我令一個小型的藝術教育研究做大，期待讓世人體會到，藝術教育是如何緊密地鑲嵌在一群人的文化之中，與該文化所有其他的部門，如科技、財經、政治、宗教等，密切地連動，一同傳承、創新、建構、展演這一群人個別與共同的認同，因此藝術教育對人類的貢獻，與文化中的各部門無分軒輊；同時，我也期待讓世人看見，相較於其他的文化部門，藝術教育的眼光與理解角度，可以如此獨特、如此生動。

聖戰是永無止境的，所有的聖戰事業都是「未完的事業」，因此所有的結束，都不是真正的結束，而是開始。1961 年 1 月 20 日，哈佛校友，美國總統約翰‧F‧甘迺迪，在總統就職演說中，列舉了很多他任上想做的事情之後，說：

> 所有這些，將不會在一百天內完成結束，也不會在第一個一千天完成，也不會在這一任總統任內，甚至也許不會在我們於世間上的有生之年內完成。不過，就讓我們先開始吧！[9]

---

[9] 原文 "All this will not be finished in the first hundred days. Nor will it be finished in the first thousand days, nor in the life of this Administration, nor even perhaps in our lifetime on this

　　謹以這段話，頌揚所有本身不盡完美但勇於嚮往完美，不顧身心困頓與重重險阻，心甘情願地為不認識也不見得領情的人掃除暗蕪、照亮人間的真領袖。

planet. But let us begin." 位在波士頓南區海邊的甘迺迪紀念圖書館，係由華裔建築師貝聿銘設計，整棟建築物充滿了符號性。甘迺迪遺孀賈桂琳要求建築師，在觀眾參觀路線的末端，即圖書館面向海灣的一面，刻意設計成未完成裝修的大堂。在這個充滿回音的空間裡，除了上方飄揚著一面巨大的美國國旗之外，此段文字即是牆上唯一的裝飾，遊客們若轉過身來，會發現玻璃帷幕牆外的草地上，停放著甘乃迪生前最愛的單桅帆船，船首朝向灣口外的大海。

附件

表一　1996-1997 哈佛大學教育學院各種學位與單位架構

★：領域（行政待遇上的第一層），☆：專班（行政待遇上的第二層），＊：專修班（行政待遇上的第三層），外框顯示制度上學生專修或選修 AIE 的可能空間

學位 Degree	領域、專班 Area, Program	選課規定大要
博士 Ed. D. （Doctor of Education）	★管理、計畫與社會政策 Administration, Planning and Social Policy（APSP）	核心課、方法課、專修課、選修課、資格論文或另訂之選修課、博士分析報告或論文，其中專修班是六選一： 1. ＊社區教育與終身教育 Community Education and Lifelong Learning 2. ＊初等與中等教育 Elementary and Secondary Education 3. ☆高等教育 Higher Education 4. ＊國際教育 International Education 5. ＊學術研究 Research 6. ＊都市教育督導 Urban Superintendency
	★人類發展與心理學 Human Development and Psychology（HDP）	核心課、方法課、基礎課、資格論文、博士論文，學生可專修本科或☆語言與識字 The Language and Literacy Program。

	★學習與教學 Studies in Learning and Teaching（L&T）	核心課、必選課、資格論文、選修課、博士論文，其中必選課為以下五類課中各選一門： 1. 量性研究法 quantitative methodology 2. 質性研究法 qualitative methodology 3. 臨床研究法 clinical methodology 4. 歷史 history 5. 哲學 philosophy
碩士 Ed.M. （Master of Education）	個人性專班 Individualized Program	第一類：自行設計 Self designed，但其中至少四個半年課必須在教育學院內修習。 第二類：專修以下五之一。 1. ＊管理、計畫與社會政策 Administration, Planning and Social Policy 2. ＊教育中的藝術 Arts in Education 3. ＊有經驗教師專班 Experienced Teacher Program 4. ＊人類發展與心理 Human Development and Psychology 5. ＊國際教育 International Education 6. ＊學習與教學 Learning and Teaching 7. ＊教育中的科技 Technology in Education
	☆語言與識字 Language and Literacy	必選課（從 HDP 之相關課中選修六門，其中至少四門必須是在 HDP 下的 L&T 類課）、選修課、臨床課。（可同時完成麻州聯盟閱讀教師執照）
	☆危機與預防 Risk and Prevention	必選課，選修課。

教師訓練 Teachers Education Programs	☆數學與科學中等教師執照專班 Midcareer Math and Science（執照與學位雙修）	先修課、中等學校課程設計相關課、自選方向（數學或科學）相關課、跨院選修（其中一門必須與自選方向相關）、實習準備課、實習課、臨床見習課。
	☆教學與課程中等教師執照專班 Teaching and Curriculum（執照與學位雙修）	先修課、中等學校課程設計相關課、自選方向（包括 5-9 年級、9-12 年級各科，如生物、地球科學、英語、一般科學、數學、社會學、世界語言、化學、歷史、物理、拉丁文、古典科、人文學等）相關課、跨院選修（其中一門必須與自選方向之教學相關）、實習準備課、實習課、臨床見習課
有證進階學習 C.A.S. （Certificate of Advanced Study）	★管理、計畫與社會政策 Administration, Planning and Social Policy	與顧問商量後決定。 可專修下列專修班： 1. ＊教育中的藝術 Arts in Education Concentration 2. ＊有經驗教師專班 Experienced Teacher Program 3. ＊國際教育 International Education 4. ＊教育中的科技 Technology in Education 5. ☆語言與識字 The Language and Literacy Program 6. ☆危機與預防 Risk and Prevention 7. ☆數學與科學中等教師執照專班 Midcareer Math and Science 8. ☆教學與課程中等教師執照專班 Teaching and Curriculum

★人類發展與心理學 Human Development and Psychology	與顧問商量後決定。 可專修下列專修班： 1. ＊教育中的藝術 Arts in Education Concentration 2. ＊有經驗教師專班 Experienced Teacher Program 3. ＊國際教育 International Education 4. ＊教育中的科技 Technology in Education 5. ☆語言與識字 The Language and Literacy Program 6. ☆危機與預防 Risk and Prevention 7. ☆數學與科學中等教師執照專班 Midcareer Math and Science 8. ☆教學與課程中等教師執照專班 Teaching and Curriculum
★學習與教學 Learning and Teaching	與顧問商量後決定。 可專修下列專修班： 1. ＊教育中的藝術 Arts in Education Concentration 2. ＊有經驗教師專班 Experienced Teacher Program 3. ＊國際教育 International Education 4. ＊教育中的科技 Technology in Education 5. ☆語言與識字 The Language and Literacy Program 6. ☆危機與預防 Risk and Prevention 7. ☆數學與科學中等教師執照專班 Midcareer Math and Science 8. ☆教學與課程中等教師執照專班 Teaching and Curriculum

非學位進修 Non-Degree Study	博士後研究 Postdoctoral Study

專業進修專班
Programs in
Professional
Education
	1. 教育行政學院 The Institute
	  for Educational management
	2. 終身教育學院 The Institute
	  for the Management of
	  Lifelong Education
	3. 行政發展專班 The
	  Management Development
	  Program
	4. 新校長哈佛討論課 The
	  Harvard Seminar for New
	  Presidents
	5. 哈佛學校領袖性學院 The
	  Harvard Institute for School
	  Leadership
	6. 教育局長討論課 The
	  Seminar for new
	  Superintendents
	7. 評鑑學院 The Institute on
	  Assessment
	8. 都市特殊教育之重要議
	  題 Critical Issues in Urban
	  Special Education
	9. 教育局長討論課 The
	  Seminar for Superintendents
	10. 各種研討會與討論課
	  Conferences and Seminars

校長中心 The Principal's Center	

其他特定 專班 Other Special Programs	1. 實習專班 Field Experience Program 2. 哈佛 - 柏克萊交換專班 Harvard-Berkeley Exchange Program 3. 大學部教師訓練專班 Undergraduate Teacher Education Program 4. 教育與法律共同學位安排 Concurrent Degree Arrangements in Education and Law
認證與執照 Accreditation and Certification	1. 麻州公立學校教師執照 Massachusetts Public School Teaching Certification 2. 麻州閱讀教師執照 Massachusetts Certification as a Teacher of Reading 3. 麻州地區校長執照 Massachusetts Provincial Principal Certification Pattern

表二　1998-1999 哈佛大學教育學院各種學位與單位架構

★：領域（行政待遇上的第一層），☆：專班（行政待遇上的第二層），＊：專修班（行政待遇上的第三層），外框顯示制度上學生專修或選修 AIE 的可能空間

學位 Degree	領域、專班 Area, Program	選課規定大要
博士 Ed.D. （Doctor of Education）	★管理、計畫與社會政策 Administration, Planning and Social Policy（APSP）	核心課、方法課、專修課、選修課、資格論文、博士分析報告或論文，其中專修班是六選一： 1. ＊社區教育與終身教育 Community Education and Lifelong Learning 2. ＊初等與中等教育 Elementary and Secondary Education 3. ☆高等教育 Higher Education 4. ＊國際教育 International Education 5. ＊學術研究 Research 6. ＊都市教育督導 Urban Superintendency
	★人類發展與心理學 Human Development and Psychology（HDP）	核心課、方法課、專修課、研究報告、博士論文。學生可專修本科或＊語言與識字 Language and Literacy。
	★學習與教學 Learning and Teaching（L&T）	核心課、方法課、必選課、資格論文、選修課、博士論文，其中必選課分屬下列三組：學習與理解 Learning and Knowing、學習與教學 Learning and Teaching、在社會與組織中學習 Learning in a Sociological-Organizational Context

碩士 Ed.M. （Master of Education）	個人性專班 Individualized Program	第一類：自行設計 Self designed，但其中至少四個半年課必須在教育學院修。 第二類：專修以下五之一。 1. 管理、計畫與社會政策 　　Administration, Planning and Social 　　Policy 2. ★人類發展與心理 Human 　　Development and Psychology 3. ＊國際教育 International Education 4. ＊有經驗教師專班 Experienced 　　Teacher Program 5. ★學習與教學 Learning and Teaching
	☆教育中的藝術 Arts in Education	單領域類：核心課、藝術類課、非藝術類教育課、選修課，其中非藝術類教育課與選修課必須是三大領域之一之項下課目。 跨領域類：核心課、藝術課、非藝術課、選修課，除核心課外完全開放。
	☆高等教育 Higher Education	核心課（包括討論課、實習課、教育史課、教育財政課）、選修課（由特定課單中選擇）、選修課。
	☆語言與識字 Language and Literacy	必選課（從 HDP 之相關課中選修六門，其中至少四門必須是在 HDP 下的L&T 類課）、選修課、臨床課。（可同時完成麻州聯盟閱讀教師執照）
	☆危機與預防 Risk and Prevention	全年的研究課或全年的實習課二必選一、選修課（部分須在院內選）。
	☆教育中的科技 Technology in Education	核心課、必選之科技相關課、選修課（在 L & T、HDP、APSP 三領域內選修）、選修課。

	☆數學與科學中等教師執照專班 Midcareer Math and Science（執照與學位雙修）	先修課、中等學校課程設計相關課、自選方向（數學或科學）相關課、田野課、跨院選修（其中一門必須與自選方向相關）、實習準備課、實習課、臨床見習課。
	☆教學與課程中等教師執照專班 Teaching and Curriculum（執照與學位雙修）	先修課、中等學校課程設計相關課、自選方向（包括 5-9 年級、9-12 年級、5-12 年級各科，如生物、地球科學、英語、一般科學、數學、社會科學、世界語言、化學、歷史、物理、拉丁文、古典人文學等）相關課、田野課、跨院選修（其中一門必須與自選方向相關）、實習準備課、實習課、臨床見習課。
進階學習認證 C.A.S.（Certificate of Advanced Study）	★管理、計畫與社會政策 Administration, Planning and Social Policy	至少四門半年課要在院內選修。證書若欲加註專修，可從下列專修中選擇： 1. ＊有經驗教師專班 Experienced Teachers Program 2. ＊國際教育 International Education
	★人類發展與心理學 Human Development and Psychology	與顧問商量後決定。證書若欲加註專修，可從下列專修中選擇： 1. ＊有經驗教師專班 Experienced Teachers Program 2. ＊國際教育 International Education
	★學習與教學 Learning and Teaching	與顧問商量後決定。證書若欲加註專修，可從下列專修中選擇： 1. ＊有經驗教師專班 Experienced Teachers Program 2. ＊國際教育 International Education

特殊進階學習認證 Specialized C.A.S.（Specialized Certificate of Advanced Study）	☆教育中的藝術 Arts in Education	
	☆高等教育 Higher Education	核心課（包括討論課、實習課、教育史課、教育財政課）、選修課（由特定課單中選擇）、選修課。
	☆語言與識字 Language and Literacy	必選課（從 HDP 之相關課中選修六門，其中至少四門必須是在 HDP 下的 L&T 類課）、選修課、臨床課。（可同時完成麻州聯盟閱讀教師執照）
	☆危機與預防 Risk and Prevention	與顧問商量後決定。
	☆教育中的科技 Technology in Education	核心課、必選之科技相關課、選修課（在 L&T、HDP、APSP 三領域內選修）、選修課。
非學位進修 Non-Degree Study	－博士後研究 Postdoctoral Study －研究所階段進修 Graduate Study Only －教育專題進修 Special Studies in Education －校友進修 HGSE Degree Holders	
專業進修專班	－教育行政學院 The Institute for Educational	

Programs in
Professional
Education

Management

－終身教育學院 The
Institute for the
Management of Lifelong
Education

－行政發展專班 The
Management Development
Program

－新科技領袖：明日學校
策 Leadership in the New
Technologies: Strategies for
the School of Tomorrow

－新校長哈佛討論課 The
Harvard Seminar for New
Presidents

－哈佛學校領袖性學
院：學校改革策略
The Harvard Institute
for School Leadership:
Effective Strategies for
School Reform

－新教育局長討論課
The Seminar for new
Superintendents

－教育局長討論課
The Seminar for
Superintendents

－標準與評鑑學院 The
Institute for Standards and
Assessment

－都市特殊教育之重要議
題 Critical Issues in Urban
Special Education

－學習障礙研討會 Learning
Disorders Conference

	一各種研討會與討論課 Conferences and Seminars
校長中心 The Principal's Center	
其他特定 專班 Other Special Programs	一實習專班 Field Experience Program 一哈佛 - 柏克萊交換專班 Harvard-Berkeley Exchange Program 一大學部教師訓練專班 Undergraduate Teacher Education Program 一教育與法律共同學位安 排 Concurrent Degree Arrangements in Education and Law 一教育與商學共同學位安 排 Concurrent Arrangements in Education and Business
認證與執照 Accreditation and Certification	一麻州公立學校教師執照 Massachusetts Public School Teaching Certification 一麻州閱讀教師執照 Massachusetts Certification as a Teacher of Reading 一麻州地區校長執照 Massachusetts Provincial Principal Certification Pattern

表三 AIE1999 屆上學期 S-300「藝術在教育：課題與學校」（Arts in Education: Issues and Schools）課程架構與內容大要翻譯

大主題	小主題	上課時間 月／日	JLB 演講題目 講員 講員簡介	學生作業
		9/17 逛課週		
基礎課題 Fundamental Issues	一、藝術過程 ：是思維還是 感覺？ The Artistic Process: Thinking or Feeling?	9/22		
		9/24		繳交 2-3 頁小報 告：什麼經驗使 你決定你是不是 藝術家？
		9/29		
		10/1		部分學生做「學 習檔案」發表（ 小主題一）
	二、藝術家： 是世界撼動者 還是世界犧牲 者？ Artists: World Movers or World Forsakers?	10/6	「寫作與閱讀的 樂趣」 Kenneth Koch 得獎詩作家、詩 教育家	
		10/8		

		10/13		
		10/15		部分學生做「學習檔案」發表（小主題二）
	三、兒童做為藝術家：是浪漫還是理性？The Child as Artist: Romance or Reason?	10/20	「當我們小時候：從藝評家的眼光看兒童藝術」Jonathan Fineberg 伊利諾大學藝術史教授、普立茲獎得獎人	學習檔案現況繳閱（小主題一與二）
		10/22		
		10/27		
		10/29		部分學生做「學習檔案」發表（小主題三）
學校本位課題 School Based Issues	四、藝術教育史：是慶賀還是正名？History of Art Education: Celebrate or Justify?	11/3	「藝術家生命中的教學角色」Robert Freeman 鋼琴家、音樂學家、新英格蘭音樂學校校長	繳交期中報告：內容有關大主題「基本課題」
		11/5		
		11/10		
		11/12		部分學生做「學習檔案」發表（小主題三）

五、藝術教育的作法：創作或溝通？ Approaches to Art Education: Creating or Communicating?	11/17	「製作藝術的藝術：一個動手的工作室」 Deborah Putnoi 職業繪畫與拼貼藝術家、教育者、研究者	學習檔案現況繳閱（小主題三與四）
	11/19		
	11/24		部分學生做「學習檔案」發表（小主題五）
	11/26 （感恩節假日）	（停課）	
六、藝術在非藝術教育中的角色：轉型或傳遞？ The Role of the Arts in Non-Arts Education: Transform or Transfer?	12/1	「以學科為基礎的藝術教育：連結藝術到教育」 Stephen M. Dobbs 蓋蒂藝術教育學院資深策劃、馬林社區基金會總裁	
	12/3		
	12/8		
	12/10		部分學生做「學習檔案」發表（小主題六）

總回顧	12/15	「『藝術家集團』舞蹈教與學的藝術」Cheryl Smith、Aca Lee Thompson 與學生「藝術家集團」是康乃迪克州哈特佛市一個非洲舞蹈社群，Smith 是舞團總監，Thompson 是編舞者與紀律維持者	
	12/17		學習檔案現況檢閱（小主題五與六）
聖誕節與新年	（停課）		
	1/5	（期末聚會）	繳交期末報告：內容有關大主題「學校本位課題」

表四　AIE1999 屆下學期 S-301「教育中的藝術：超越學校的圍牆」（Arts in Education: Beyond School Walls）課程架構與內容大要翻譯

大主題	小主題	上課時間 月／日	JLB 演講題目 講員 講員簡介	學生作業
		2/4 逛課週		
社區／社會課題 Community/ Social Issues	一、學校教師與社區藝術家結為夥伴：合作還是共生？ School Teachers in Partntrship with Community Artists: Collaborative or Cohabitate?	2/9	「黑色的自己／白色的自己」Wendy Ewald & Robert Hunter 前者是白人女性攝影家，後者是北卡羅萊納州一所學校的黑人教師兼藝術家，兩人曾合作教學	
		2/11		繳交 250 字內小報告一份或一首詩，主題：在十八歲以前改變過你的一位學校外藝術家
		2/16		
		2/18		部分學生做「學習檔案」發表（小主題一）

二、都市社區藝術中心：另類還是附屬？ Urban Community Arts Centers: Alternative or Adjuncts?	2/23		為指定閱讀文獻的每個部分，提出一個「個人問題」
	2/25		為指定閱讀文獻的每個部分，提出一個「個人問題」
	3/2	「大道藝術中心：透過藝術來發展社區」 Patricia Devine-Reed 「大道藝術中心」主持人	
	3/9		
	3/11		部分學生做「學習檔案」發表（小主題二） 全體學生「學習檔案」現況繳閱（小主題一與二）
三、藝術博物館的角色：保護文物還是教育大眾？ The Role of the Art Museum: Conservation or Education?	3/16		

		3/18	
		3/23	「看得見的知識」 Rika Burnham 大都會藝術博物館教育者
		3/25	繳交 5 頁期中報告：內容有關第一大主題「社區／社會課題：夥伴關係合約書」
		4/6	
		4/8	部分學生做「學習檔案」發表（小主題三）
政治／經費課題 Political/ Funding Issues	四、教育中的藝術與學校改革：藝術是手段還是目標？ The Arts in Education and School Reform: The Arts as Means or End?	4/13	
		4/15	
		4/20	「透過藝術夥伴關係建立機構與社區」 Michell Korn 「藝術視野」 主持

	4/22		部分學生做「學習 檔案發表」 全體學生「學習檔 案」現況繳閱（小 主題三與四）
五、教育中的藝術 經費：用以維生還 是用以啟發？ Funding for the Arts in Education: Sustenance or Inspiration?	4/27		
	4/29		
	5/4	「藍吉他的聲 音：學習社群 之中的藝術與 美學」 Maxine Greene 哥倫比亞大學 哲學與 教育退休資深 教授 社會想像中心 主任	
	5/6		部分學生做「學習 檔案」發表（小主 題五）

六、藝術教育的未來：新的還是重劃的前線？ The Futnre for Arts Education: New or Remapped Frontiers?	5/11	
	5/18	部分學生做「學習檔案」發表（小主題六） 全體學生繳交完成之「學習檔案」（包括小主題五與六） 繳交 15 頁期末報告：經費申請案

學術性引用文獻

流心（2004）。《自我的他性——當代中國的自我系譜》。常姝譯。上海：人民出版社。（原著出版於 2002 年）

袁汝儀（2010 出版中 ）。《荷蘭視覺藝術教育與師資訓練：一個西方案例的教育民族誌研究》。南投縣：國立暨南國際大學人類學研究所。

袁汝儀（2006）。〈SAE 與 JAE 視覺藝術教育熱門與前瞻議題：1996-2005 〉。於行政院國家科學委員會人文學研究中心（編），《人文學熱門及前瞻學術議題調查計畫調查報告》，頁 445-461。臺北市：行政院國家科學委員會人文學研究中心。

Arnheim, R. (1981). *The genesis of a painting: Picasso's Guernica.* Berkeley. Los Angeles, London: University of California Press.

Blanding, M. (Fall, 2007). Can we talk? *Ed. LI* (1), 16-21.

Bolton, A. (2008). *Superheroes: Fashion and fantasy.* New York: The Metropolitan Museum of Art.

Buchbinder, J. (Winter/Spring 1999). In a new key: Reinventing music education. *Harvard Education Bulletin. VLIII* (1), 14-17.

Clifford, G. J. & Guthrie, J. W. (1988). *Ed School: A brief for professional education.* The University of Chicago Press.

Davis, J. (1991). *Artistry lost: U-shaped development in graphic symbolization.* Unpublished Doctoral Dissertation. Harvard Graduate University School of Education.

Davis, J. (Ed.). (1996). *Another safe haven: Portraits of Boulevard Arts Center then and now.* Cambridge, MA: Project Zero.

Davis, J. (1997 I). Drawing's Demise: U-shaped development in graphic symbolization. *Studies in Art Education. 38* (3), 132-157.

Davis, J. (1997 II). Does the u in the u-curve also stand for universal? Reflections on provisional doubts. *Studies in Art Education: A Journal of Issues and Research. 38*(3), 179-185.

Davis, J. (2005). *Framing education as art: The octopus has a good day.* NY: Teachers College Press.

Davis, J. & Gardner, H. (1992). The cognitive revolution in human understanding and education of the child as artist. In Bennet Reimer & Ralph A. Smith [Eds.], *The arts, education, and aesthetic knowing: Ninety-first yearbook of the National Society for the Study of Education. Part II,* (pp. 92-123). Chicago, IL: University of Chicago Press.

Davis, J.; Soep, E.; Maria, S., Remba, N. & Putnoi, D. (1993). *Safe havens: Portraits of educational effectiveness in community art centers that focus on education in economically disadvantaged communities.* Working draft of Project Co-Arts. Cambridge, MA: Harvard Project Zero.

Dewey, J. (1934). *Art as experience.* New York: The Berkley Publishing Group.

Di Mento, M. (2005). Measuring endowments: How the survey was conducted. *Endowments: the Chronicle of Higher Education and Philanthropy.* Section B, Aug 4-5, p. 5.

Dobbs, S. M. (Ed.). (1988). *Research readings for Discipline-Based Art Education: A journey beyond creating.* Reston, VA: National Art Education Association.

Efland, A. (1990). A history of art education: Intellectual and social currents in teaching the visual arts. NY: Teachers College Press.

Gardner, H. (1983 I). *Frames of mind: The theory of multiple intelligences.* Tenth Anniversary Edition. New York: Basic Books.

Gardner, H. (1983 II). Artistic intelligences. *Art Education, 36* (2), 47-49. Reprinted in

H. Gardner. (2006). *The development and education of the mind: The selected works of Howard Gardner.* NY: Routledge.

Gardner, H. (1985). *The mind's new science: A history of the cognitive revolution.* NY: Basic Books.

Gardner, H. (1989). Zero-based arts education: An introduction to Arts PROPEL. *Studies in Art Education, 30* (2), 71-83. Reprinted in H. Gardner (2006). *The development and education of the mind: The selected works of Howard Gardner.* NY: Routledge.

Gardner, H. (1993). *The unschooled mind: How children think and how schools should teach.* NY: Basic Books.

Gardner, H. (1995). *Leading minds: An anatomy of leadership.* NY: Basic Books.

Gardner H. & Winner, E. (1982). First intimation of artistry. In S. Strauss (Ed.). *U-shaped behavioral growth.* NY: Academic Press.

Goodman, N. (1976). *Languages of art: An approach to a theory of symbols.* 2nd Edition. Indianapolis/Cambridge: Hackett Publishing.

Goodman, N. (1978). When is art? In N. Goodman, *Ways of worldmaking,* (pp. 57-70). Indianapolis, IN: Hackett Publishing.

Greene, M. (2001). *Variations on a blue guitar: The Lincoln Center Instititute Lectures on Aesthetic Education.* NY: The Lincoln Center Institute.

Hanus P. H. (1937). *Adventuring in Education.* Cambridge, MA: Harvard University Press.

Harvard Graduate School of Education (1988). *Reflections on the Harvard Graduate School of Education 1948-1985: An oral history recorded on the occasion of Harvard's 350th anniversary.* 3-21. Cambridge, MA: Author.

Harvard Graduate School of Education (1993). *Academic Plan.* Limited distribution document. Office of the Dean, Harvard Graduate School of Education.

Harvard University (September 21, 1911). Division of Education 1911-1912. *Official Register of Harvard University. VIII* (41).

Harvard University, Graduate School of Education (June 9, 1999). *Standing Committee on Diversity: Final Report 1997-1999.* Cambridge, MA: Harvard Graduate School of Education.

Harvard University, Office of News and Public Affairs. (2002). *The Harvard guide: The faces, places history and lore of Harvard University.* Cambridge, MA: President and Fellows of Harvard College.

Hechinger, G. & Hechinger, F. M. (1968). *The New York Times guide to New York City private schools.* NY: Simon and Schuster.

Heifetz, R. A. (1994). *Leadership without easy answers.* Cambridege, MA: The Belknap Press of Harvard University Press.

Honan, J. P. & Rule, C. S. (2002). *Using cases in higher education: A Guide for faculty and administrators.* San Francisco, CA: Jossey-Bass.

Howard, V. A. (1982). *Artistry: The work of artists.* Cambridge, MA: Hackett.

Hutchens, J. (Ed.). In their own words: The development of doctoral study in art education. Rston, VA: National Art Education Association.

The J. Paul Getty Trust (1985). *Beyonf creating: The place for art in America's School.* L.A., CA: The Getty Center for Education in the Arts.

Kulberg, K. M. (Ed.). (2007). *Finding God at Harvard: Spiritual journeys of thinking Christians.* Downers Grove, IL; IVP Books.

Labaree, F. D. (2004). *The trouble with Ed Schools.* New Haven, CT: Yale University Press.

Lawrence-Lightfoot, S. & Davis, J. H. (1997). *The art and science of portraiture.* San Francisco: Jossey-Bass.

Lowenfeld, V. (1947). *Creative and mental growth.* New York: Macmillan.

Mattil, E. L. (Project Director). (1966). *A seminar in art education for research and curriculum development.* Cooperative Research Project No. V-002. University Park, PA: The Pennsylvania State University.

McCartney, K. (Summer 2008). Dean's perspective. *Ed. LI* (3).

McFee, J. K. & Degge, R. (1980). *Art, Culture and Environment: A Catalyst for Teaching.* Dubuque, IA: Kendall/Hunt Publishing.

McFee, J. K. & Ettinger, L. F. (2001). The doctoral program in art education at the University of Oregon 1965-1993. In James Hutchens (Ed.), In their own words: The doctoral study in art education, (pp. 80-102). Rston, VA: National Art Education Association.

Mead, M. (1973). Preface to the 1973 Edition. In M. Mead (2001), *Coming of Age in Samoa: A Psychological Study of Primitive Youth for Western Civilization,* (pp. xxiii-xxviii). Originally published in 1928. NY: HarperCollins Publishers.

Mead, M. (1975). Preface to the 1975 Edition. In: M. Mead. (2001). *Growing up in New Guinea.* xxv-xxxii. Originally published in 1930. NY: HarperCollins Publishers.

Kulberg, K. M. (Ed.).(2007). *Finding God at Harvard: Spiritual journeys of thinking Christian.* Downers Grove, IL: IVP Books.

Nalkur, P. (Summer, 2008). Street kids, health, and lots of questions. *Ed. LI* (3), 8-9.

The National Art Education Association (1994). *The national visual arts standards.* Reston, VA: National Art Education Association.

Ogletree Jr., C. J. (2004). *All deliberate speed: Reflection on the first half century of Brown v. Board of Education.* NY: W. W. Norton & Company.

Pariser, D. & van den Berg, A. (1997). The mind of the beholder: Some provisional doubts about the U-curved aesthetic development thesis. *Studies in Art Education. 38* (3). 158-178.

Pariser, D. & van den Berg, A. (1997 II). Beholder beware: A reply to Jessica Davis. *Studies in Art Education: A Journal of Issues and Research. 38* (3), 186-192.

Perkins, D. (1992). *Smart schools: Better thinking and learning for every child.* NY: The Free Press.

Perkins, D. N. (1994). *The intelligent eye: Learning to think by looking at art.* Los Angeles, CA: The J. Paul Getty Trust.

Powell, A. G. (1966). A historical perspective. Appendix A of *The graduate study of education: Report of the Harvard Committee.* 77-99. Cambridge, MA: Harvard University Press.

Powell, A. G. (1980). *The uncertain profession: Harvard and the search for educational authority.* Cambridge, MA: Harvard University Press.

Rhodes, A. & Seidel, S. (Dec. 18, 2006). *Arts in education alumni study: Summary report.* Unpublished report of the Harvard Graduate School of Education. 2008/7/17 downlooded from http://www.gse.harvard.edu/academics/masters/aie/documents/aie_alumni_study.pdf.

Samuels, S., etl. (1998). *Guidebook to Harvard University: Celebrating Crimson Key Society's 50th Year.* Cambridge, MA: President and Fellows of Harvard College.

Schaler, J. A. (2006). *Howard Gardner under fire: The rebel psychologist faces his critics.* Chicago, IL: Open Court.

Scheffler, I. (September 26-28, 1991) *Philosophy of education at Harvard: In retrospect.* Transcription of talk given at "A celebration of 100 years of research and practice: New directions through research". Harvard Graduate School of Education.

Scheffler, I. (Fall, 1991). Philosophy of education at Harvard-A retrospective. *Allumnibulletin*, Fall Special Issue Educational Research. *XXXVI* (1), 6-7.

Schlesinger, A. (2005). *Veritas: Harvard college and the American experience.* Chicago, IL: I Van R. Dee.

Sizer, T. R. (1962). *Master of Arts in Teaching: Harvard's first twenty-five years 1936-1961.* Prepared as an attachment to the annual report for the year 1961-1962 by author. Cambridge, MA: Harvard University.

Sondheim, S. (1984). *Sunday in the park with George* [Cassette]. NY: RCA.

Sternberg, R. J. (2008). Leadership as a basis for the education of our children. In Anna Craft, Haward Gardner & Guy Claxton (Eds.), *Creativity, wisdom and trusteeship,* (pp. 143-157). Thousand Oaks, CA: Corwin Press.

Tolstoy, L. (1996). *What is art?* NY: Viking Penguin Books.

Veenema, S., H. L. & Chalfen, K. (Eds.). (1997). *The Project Zero classroom: New approaches to thinking and understanding.* Cambridge, MA: The President and Fellows of Harvard College (on behalf of Project Zero, Harvard Graduate School of Education).

Vingeland, C. A. (1986). The making of Harvard's fortune. *Harvard Magazine.* September-October, *89* (1), 99-104.

Walsh, C. (Winter/Spring 1999). Reconstructing Larry: Assessing the legacy of Lawrence Kohlberg. *Harvard Education Bulletin. VLIII* (1), 6-13.

Wiske, M. S. (Ed.). (1998). *Teaching for understanding: Linking research with practice.* San Francisco, CA: Jossey-Bass Publishers.

Winner, E. & Simmons S. (Eds.) (1992). *ARTS PROPEL: A handbook for visual arts.* Cambridge, MA: Harvard University.

Wolcott, H. F. (1973). *The man in the principal's office: An ethnography.* NY: Holt, Rinehart and Winston.

國家圖書館出版品預行編目資料

哈佛魔法：從Do Harvard到Do World的哈佛人領袖性教育
民族誌／袁汝儀著. -- 初版. -- 臺北市：遠流, 2010. 03
面； 公分. --（綠蠹魚；YLH08）
參考書目： 面
ISBN 978-957-32-6604-4（平裝）

1. 哈佛大學（Harvard University） 2. 高等教育 3. 藝術
教育 4. 美國

525.0952   99001897

綠蠹魚 YLH08

哈佛魔法
從 Do Harvard 到 Do World 的哈佛人領袖性教育民族誌

作者——袁汝儀
執行主編——林淑慎
特約編輯——趙曼如
發行人——王榮文
出版發行——遠流出版事業股份有限公司
臺北市 100 南昌路二段 81 號 6 樓
郵撥／0189456-1
電話／2392-6899　傳真／2392-6658
法律顧問——董安丹律師
著作權顧問——蕭雄淋律師
□ 2010 年 3 月 1 日　初版一刷
行政院新聞局局版臺業字第 1295 號
售價新台幣 420 元（缺頁或破損的書，請寄回更換）
有著作權・侵害必究　　Printed in Taiwan
ISBN 978-957-32-6604-4

遠流博識網　http://www.ylib.com
E-mail:ylib@ylib.com